海外中国研究文库

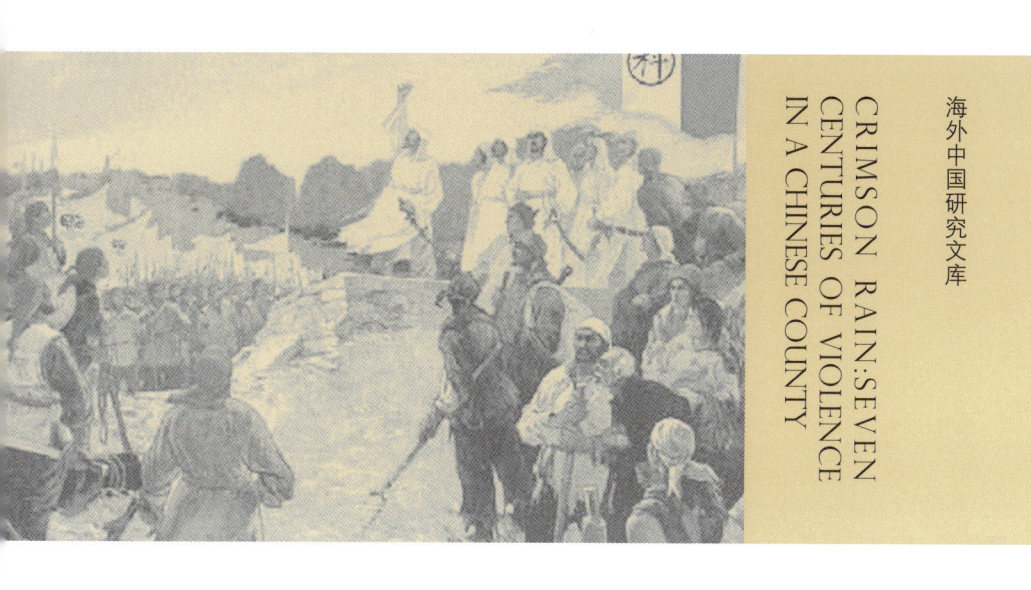

CRIMSON RAIN: SEVEN
CENTURIES OF VIOLENCE
IN A CHINESE COUNTY

[美] 罗威廉 著
李里峰 等译

红雨：
一个中国县域
七个世纪的暴力史

中国人民大学出版社
·北京·

序

　　从西南方向的湖北省会向麻城进发，游客们首先会遇到一座蓝色的拱门，上面写着"麻城欢迎您"。这时候路况迅速好转，道路两侧的店铺可以提供种种便利。人们的穿着比一路上其他地区更加光鲜，也不再有什么家畜挤在马路上。游客们很快会看到另一座拱门，写着湖北省金针科技园。县城又大又新，干净整洁。这里有一座三星级酒店，提供各种中、英文导览手册。大多数地方的居民，看起来都像是闲适的中产阶级。环绕县城的乡村地区，也点缀着新建的砖房，屋边停着摩托车，表明这里的农业发达（尽管大部分地区还没有实现机械化）。人们得到的总体印象是一派欣欣向荣，政府热情周到，居民干劲十足。这是后毛泽东时代中国一个显而易见的成功故事。

　　当笔者于1970年代初开始学术生涯时，我很清楚西方中国史研究的焦点在于乡村。人们假定中国缺乏重要的本土城市传统，直到这一传统被西方引入。学者们最重要的问题，是要解释中国"现代化"的失败，解释中国共产党在内战中的胜利，这两个问题似乎都需要对乡村传统和农业历史做深入而广泛的分析。在这样一种学术环境中，对我来说，一位有抱负的学者可做的最新颖、最有价值的事情，就是尽可能细致地考察一个中国大城市的历史。那正是我所要做的。尽管如此，随后的三十年里，情况似乎倒过来了。在全球化语境中，商业经济在中国高度繁荣，"文化研究"在学界大获全胜，历史学家们越来越聚焦于中国城市史，尤其是20世纪初期大都市的文化史，他们含蓄地假设，后毛泽东时代的变迁模式和文化选择可以从这一时期得到最好的探讨。除了宏观比较政治经济分析这一重要的例外，乡村史似乎已经大半失宠了。因此，作为一名坚定的特立独行者，我感到有必要将自己的研究转向显然属于中国乡村地区、甚至边缘地区的地方史。这是一种自我下放。

和中国上一代的知识青年一样，我靠着很多人帮助才在学术道路上幸存下来。其中首先包括我在霍普金斯大学历史系的同事梅尔清（Tobie Meyer-Fong），她仔细阅读全部初稿并改正了许多错误。我还要感谢霍普金斯大学的其他朋友，理查德·卡根（Richard Kagan）、戴维·尼仁伯格（David Nirenberg）、蔡欣怡（Kellee Tsai）、伊娃·冈萨雷斯（Eva Gonzalez）和曾媛媛（音，Yuanyuan Zeng）。我的研究生王笛（Di Wang）、格兰特·埃尔加（Grant Alger）、赵刚（音，Zhao Gang）、马钊（Ma Zhao）、彭娟娟（音，Peng Juanjuan）、朴世英（Saeyoung Park）和艾米·冯（Amy Feng）都提供了很有帮助的建议，并替我留意着一不小心就会错过的资料。对部分书稿惠赐评论的人还有卜正民（Timothy Brook）、毕仰高（Lucien Bianco）、孔飞力（Philip Kuhn）、兰金（Mary B. Rankin）、萧邦齐（Keith Schoppa）、濮德培（Peter C. Perdue）、包弼德（Peter Bol）、罗伯特·安东尼（Robert Antony）、玛丽·伊丽莎白·贝里（Mary Elizabeth Berry）、周锡瑞（Joseph Esherick）、毕克伟（Paul Pickwicz）、阿尔弗雷德·林（Alfred Lin）、伊丽莎白·辛（Elizabeth Sin）、田海（Barend ter Haar）、王汎森（Wang Fan-sen）、杨格（Ernest Young）、冯客（Frank Dikotter），以及我的老朋友穆里尔·贝尔（Muriel Bell）编辑。吴应滕(Odoric Wou)、姜进（音，Jin Jiang）、芭芭拉·佛克马（Barbara Volkmar）、陈永发（Ch'en Yung-fa）和韩晓蓉（音，Xiaorong Han）不仅给予评论，还和我分享了他们自己研究麻城地区时的印象。第五章、第七章部分内容，以前曾以《明清之际的大别山区域》为题发表（台北："中研院"近代史研究所，2005）；感谢惠允在这里重新使用这份材料。

华中师范大学（武汉）中国近代史研究所的诸位同仁让我受惠良多，尤其是马敏、章开沅、付海晏、刘家峰、朱英、田彤和高卓南（音）教授，以及他们的几位研究生。武汉大学的冯天瑜教授作为湖北省档案馆、湖北省图书馆、湖北省方志办的成员，也为我提供了很大的帮助。在麻城，我必须深深感谢范益中（音）副市长、麻城县方志办钟世武（音）主任，麻城县档案馆和麻城县博物馆的工作人员，尤其是非常博学的当地历史学者李敏女士。我还要感谢阎家河和乘马岗镇的镇长，特别是曾家湾村热情好客的曾家，他们为我访问麻城乡村提供了必不可少的帮助。

一直以来，我对自己的家人——Jill，Josh 和 Sara 亏欠得最多。

目 录

导 论 1

第一章 暴力的社会生态 16
  人 口 16
  战利品 19
  中心与边缘 22
  城镇和乡村 27
  常规的暴力 30
  逃跑新娘的案例 36
  抗 争 39
  国家暴力 43

第二章 明 王 45
  蒙古统治下的麻城 45
  红巾军 50
  宗教、阶级和民族 56
  逃 难 62

第三章 繁荣时代 65
  农业商品化 66
  宗族的发展 69
  邹来学对儿子的忠告 78
  功名与做官 81

第四章 异 端 88
  麻城走上中心舞台 88

	梅国桢和1570年税收改革 …………………………	90
	耿定向与黄安县的设立 ……………………………	96
	周氏兄弟与龙湖 ……………………………………	100
	李贽来到麻城 ………………………………………	101
	李贽与麻城的宗族争斗 ……………………………	109
	李贽与明王朝衰落 …………………………………	112
第五章	在虎口之中 …………………………………………	116
	奴 役 ………………………………………………	117
	梅之焕与麻城的东林党运动 ………………………	122
	奴仆叛乱 ……………………………………………	128
	梅之焕归乡 …………………………………………	129
	筑城防御 ……………………………………………	136
	蕲黄四十八寨联盟 …………………………………	140
第六章	灭 绝 ………………………………………………	144
	汤志和乡村自保会 …………………………………	144
	改朝换代 ……………………………………………	150
	联盟的复兴 …………………………………………	153
	效忠与地方主义 ……………………………………	161
	改朝换代与个人解放 ………………………………	164
第七章	东山叛乱 ……………………………………………	170
	麻城家族捱过征服年代 ……………………………	170
	三藩之乱中的麻城 …………………………………	173
	刘君孚会见于成龙 …………………………………	175
	保甲、民团和山寨 …………………………………	185
	东山的多事之秋 ……………………………………	190
	阶级战争 ……………………………………………	194
	作为记忆与历史的东山叛乱 ………………………	197
第八章	天 国 ………………………………………………	201
	学术复兴 ……………………………………………	203

"盛世"中的麻城 ································· 206

　　　余雅祥、胡林翼与鄂军 ··························· 210

　　　肃　清 ······································· 214

　　　焦　土 ······································· 216

　　　全面军事化 ···································· 220

　　　叛乱中的叛乱 ·································· 225

　　　重建与纪念 ···································· 227

第九章　现代性的间奏 ································· 231

　　　麻城作为边缘地带 ······························ 231

　　　改　良 ······································· 234

　　　政权更替 ····································· 236

　　　谘议局里的谋杀 ································ 243

　　　夏斗寅的崛起 ·································· 245

　　　混　乱 ······································· 249

第十章　鼎　沸 ······································ 252

　　　经济崩溃 ····································· 252

　　　激进的一代 ···································· 256

　　　政治夺权 ····································· 260

　　　全面军事化 ···································· 261

　　　激进分子夺权 ·································· 268

　　　麻城惨案 ····································· 277

第十一章　幼　稚 ···································· 283

　　　夏斗寅返回家乡 ································ 284

　　　性别之战 ····································· 290

　　　对激进一代的再教育 ···························· 296

　　　黄麻起义 ····································· 301

第十二章　灭绝回归 ·································· 307

　　　地方自治的间奏 ································ 308

　　　清　乡 ······································· 310

麻城的"新生活"……………………………………… *314*
　　　游击战争与鄂豫皖苏区的兴起……………………… *318*
　　　围　剿………………………………………………… *322*
　　　清　算………………………………………………… *325*
　　　被遗弃的麻城………………………………………… *333*

结　论……………………………………………………… *338*

缩略语……………………………………………………… *345*
附　录……………………………………………………… *347*
参考文献…………………………………………………… *348*
索　引……………………………………………………… *375*
译后记……………………………………………………… *412*

导 论

1928年5月，中国共产党与从前的革命盟友中国国民党的统一战线破裂之后，在位于大别山区（它将长江流域与华北平原分隔开来）的麻城县，当地百姓报道了一起异乎寻常的自然现象：突然之间一阵红雨倾盆而至。① 该县居民或许有些震惊，但他们明白这意味着什么。此时他们的家乡正处于一场血洗的风口浪尖，大规模的暴力狂欢夺走了当地许多士兵和平民的生命。这样的事情绝非第一次发生。麻城人民的集体意识和地方认同中，深深铭刻着穿越过去的记忆：动乱时期一再发生的同样血腥的杀戮，以及和平时期数不清的日常暴行。他们很清楚，自己的家乡就是一个暴力②之地。

我们将会看到，帝制晚期和民国时期的官员和文人们，对麻城的暴力倾向有着充分的了解。西方观察家也注意到了这种倾向。例如，在1969年一篇有影响力的论文《中国共产党成功的生态学》（"The Ecology of Chinese Communist Success"）中，美国政治学家小罗伊·霍夫海因茨（Roy Hofheinz Jr.）试图研究在通往1949年共产党之最终胜利的数十年间，中国的某些地区为何比其他地区更适合共产主义革命的成长。他借助计算机所做的细致分析表明，多数情况下，在社会生态与共产主义诉求的接受程度之间确实没有显著的相关性；事实上，正是在共产党组织力量最强大的地方，革命最容易获得成功。但霍夫海因茨的确发现了几个例外（他称之为"温床县"），这些地方"共产主义运动的迅速扩散和持续成

---

① 1993年《麻城县志》，13页。
② 译者按，英文"violence"一词，中文通常译为"暴力、暴虐、激烈"等意，但此词中还含有"因愤怒而导致的过激行为"之意。读者阅读过程中请注意甄别。

功"对这个总体模式构成了挑战,他只能推断,其根深蒂固的"社会背景因素"对暴力革命有着非同寻常的助益。霍夫海因茨从中国2 000多个县中辨识出8个"温床县",其中两个就是麻城及其邻县黄安,后者在1563年之前一直是麻城的一部分。①

　　本书要探讨的是:为什么是麻城?更确切地说,我要探寻的问题是:当我们将革命最重要的熔炉——苏维埃根据地——置入极长时段的历史视角时,中国革命看起来会有什么不同?但是更主要的,我想知道为什么中国的某些地区会呈现出异乎寻常的暴力倾向,其延续时间之长,超越了文化、经济、社会和政治变迁历程。为什么在这些地方,采用暴力方式解决问题似乎是一种习以为常的选择?以相当长时期内——从14世纪蒙古人被驱逐到1938年日本人入侵的7个世纪——单个小地方的经历为基础,本书希望对中国乡村社会中的暴力现象进行更广泛的探讨。我将表明:集体记忆、历史意识及其他日常文化实践,在这一过程中扮演了至关重要的角色。

　　暴力作为一个概念范畴,是西方思想传统中许多作者的关注对象,包括批判性的政治思想家②、功能主义的社会科学家③以及年鉴学派的社会文化史家④,这一反思性群体共同有助于我们探讨麻城的暴力。它首先提醒我们,暴力行为也许是正常的或经常的,而并非异常的。尽管暴力是非理性的、不道德的这一看法深植于当代西方文化,可在许多其他文化和大多数传统社会中,情况却并非如此。关于暴力之构成要素、暴力行为之合法性的流行观点,其实是与社会历史背景相关的。而且,即使在同一背景中,关于暴力及其合法性的观念通常也存在着相互竞争,其中包括由国家将其视为犯罪行为的法律/政治观念(尽管国家本身也和私人或群体一样,惯于从事暴力活动),也包括一种或多种在流行道德观中起作用的不

---

　　① Hofheinz,73—74。其他人也曾注意到这一点。最近的一项研究称麻城为华中"共产革命的核心地区",中共历史学家自己也时常提到这一特殊地区"真正辉煌的革命传统";见Wou,123—129;又见刘曼容,77页。
　　② 这一传统的三部经典著作为Sorel,Benjamin和Arendt。
　　③ 此处不仅参考了Marx,Fox,Riches,也参考了Coser,这部著作充分吸收了20世纪初德国社会学家西美尔(Georg Simmel)的思想。
　　④ Davis作出了开创性研究。我发现Nirenberg的著作很有价值。

同理解。社会、国家和文化建立了习俗或规范,在其范围之内对暴力实践加以组织化、常规化乃至仪式化,以便抑制或引导它。面对这些习俗或规范,暴力行为可能会构成蓄意的合法性冲突,或者社会主流规范和主流话语的注脚。换言之,暴力有其表达性的一面,它是交流的媒介。暴力又是一种表演,它不仅意味着实施者和受害者的在场,还意味着一个或多个目击者的在场。它也许会被用于明确的戏剧性目的——例如,展示被割下的头颅作为"越界的象征"①。但即便是更平淡的暴力行为,通常也要依赖其可见性,依赖"所有卷入者都能从相关的行为和形象中至少获得某种基本共识的可能性"②。

那么,我们该如何在中国文化独特的历史运行过程中解读暴力的含意呢?我们首先必须承认,在整个历史时期人们的日常实践经验中,中国和大多数人类社会一样暴力。不仅有本书中的证据,而且我们关于中国历史和社会的大多数知识,都雄辩地证明了这一事实。与此同时,中国也和所有社会一样,设计了文化手段来驯服或抑制这种暴力实践,或者更恰当地说,来为人们提供应对其日常生活中暴力现实的工具。事实上,我们似乎可以有把握地说,在其用文字表达的文化传统中(尤其是我们统称为"儒家"的文化单元),中国在谴责暴力行为、将人与人之间的和平与和谐共存确立为道德规范方面,要比许多其他文化传统积极得多。至少在20世纪之前,这种文本传统对于和谐、和平、礼貌的偏爱是如此一以贯之,以致许多历史学家(显然包括我自己在内)将中国历史的诸方面描述得更加平静,也许超过了它能够被证明的程度。我们必须时刻注意如下事实:这整个文本传统在很大程度上是一种应对机制、规范的幻象,并非事实的描述。

人类学家斯蒂芬·哈雷尔(Steven Harrell)在阐述暴力对于中国历史和文化之意义的出色成果中,强调了这一深刻的文化传统。哈雷尔指出:和其他文化相比较,中国文化对暴力的谴责和憎恶达到了异乎寻常的程度——它"贬损军事成就的荣耀,将最高声望给予文人而不是军人,追

---

① Nirenberg, 131.
② Riches, 11–12.

求和谐甚于任何其他价值"。哈雷尔注意到，在童年时代的社会化过程中，中国的儿童总会因打斗而受到惩罚，即使他们是受害者而不是侵犯者，因为他们没能坚决地共同避免冲突。① 我本人对汉语中最常用来描述我们称之为暴力的词汇做了粗略的调查——诸如暴、猛、悍、横、凶、戾、烈和某些用法中的狂、乱等字眼，以及在意义上具有细微差别的无数种组合，都为哈雷尔的观点提供了某种支持。在最常见的用法中，这些词似乎具有明确的谴责意味。"暴力"用来形容剧烈而无理性的自然力量（暴风、狂雪），野生而未驯服的动物（暴虎、暴犬、悍马），低于人类的、半开化的文化（蛮、横），以及被斥为顽固、桀骜、恶毒的个人行为和性格。这些形容词被轻蔑地用在那些不服从共同规范的社会类群身上：强盗和土匪（悍逆、暴寇），难以驾驭的下层人（暴徒），不受管教的奴隶或仆人（悍仆、悍婢），反抗给定的性别角色的女性（狂女、悍妇、悍妻），以及各种社会群体中最受鄙夷的官府吏役（暴吏、酷吏）。至少在公元前 3 世纪的经典文本《荀子》中，暴力词汇就被借用来描述残暴的统治者和他们的政权（暴国、暴君、暴主）。②

不过从很早的时期开始，也存在一种反向的理解方式，其用法远没有那么不近人情。勇敢、无畏、热诚正直的人会被称为悍勇或猛勇、猛士或烈士。"狂"在通常的用法中表示狂犬意义上的"疯狂"，也开始用来形容令人钦佩、具有大胆独创性的诗人、画家、哲学家。早在公元前 1 世纪，司马迁就用"暴抗"来描述同时具有暴力性和正当性的政治抗争行为，这一激进用法在后世产生了许多有力的回响（暴起、暴动）。这些用法起码为如下观点打开了方便之门：至少在某些情境下，中国用文字表达的文化包含着接受暴力的可能性。

那么，中国文化是如何让自己接受暴力的呢？也许有很多方式来回答这个问题，但最近的学术文献提供了三种答案。首先，人们可能认为中国精英文化是明确反对暴力的，因而将暴力行为的偶然发生及其在特定环境中的合法化视为异常的或者（更宽容地视为）反文化的。当哈

---

① Harrell, 1, 8.
② 这些例子都来自 Morohashi。

雷尔说到"真正的文人"会完全接受明确谴责暴力的正统思想，而容忍暴力则意味着其"文人"身份不充分时，他似乎倾向于这种观点。我想这里他显然是走过头了。17世纪的梅之焕（见第五章）、19世纪的余雅祥（第八章），甚至20世纪的军阀夏斗寅（第十一和十二章）等麻城本地子民的例子，都显著地证明了自觉文人身份与残酷暴力倾向之间的密切联系。

新近出现的将暴力与主流儒家文化协调起来的第二种途径，是将暴力视为中国男性特质的一个特定组成部分。例如，该研究路径的先驱之一曼素恩（Susan Mann），将共有的暴力倾向（至少在某些场合）视为"男性纽带"的关键，这种纽带是帝制晚期中国社会的一种重要组织机制。① 另一些人，例如文学史家卡姆·路易（Kam Louie），将文与武比照为理想化的中国男性的选择性模式，不过他注意到，在这一对范畴中，文"包容"着武，就像阳包容着其对立面阴。② 但是，尽管这种路径或许颇有可为，对我来说却似乎尚未形成一种真正有用的指导，以便理解暴力及其在中国历史和文化中的面目。

第三种途径，也是使我能接受的本书的实质，首先坦率地承认中国文化内部其实为"被许可的"暴力提供了充裕的空间，无论是在平民层次还是在精英层次。马克·刘易斯（Mark Lewis）出色地展示了这种暴力是如何与中国早期的主流文化相适应的。③ 在最近一篇富有创见的论文中，田海（Barend ter Haar）令人信服地勾勒了直到帝制晚期和现代时期仍然被文人本身所充分认可的暴力行为的巨大范围。田海承认中国精英文化中的确存在一种"远离暴力的长期趋势"，但他坚持认为这种趋势是高度"变异"和"分化"的。精英们不会把暴力技能（例如在流血的消遣活动中）当做确定自己身份的工具，在某种程度上也不赞成用这种方式来处理相互关系，但是暴力作为"一种控制和征服他人的手段"（仆人、未独立的家庭成员、佃农）仍得到了文化上的充分认可，尽管最残酷的惩罚

---

① 见 Mann, "The Male Bond in Chinese History and Culture"。

② 见 Louie。

③ 见 Lewis。

是针对那些被视为罪犯、叛乱者及其他非正常人的。①

在帝制晚期和现代中国更广阔的大众文化中（精英们总是习惯于与之竞争，即使当他们本人也参与其间时），被认可的暴力甚至扮演了更加重要的角色：如大批学者最近所指出的，草根中国在许多方面实际上是一种暴力的文化。儿童在社会化过程中会目睹杀鸡宰鱼等血腥行为，在令人激动的特定场合，还能看到鞭笞罪犯或残忍的公开处决。大众娱乐如斗鸡、本地年轻人之间激烈的斗殴，在某些地方还有用石头打群架的仪式化流血行为。儿童成长过程中听到的民间故事和传说、时常可以看到的戏剧，使暴力行为得到了美化。以动物的流血牺牲、巫师和招魂者极端暴力的表演为特征的民间宗教，强化了将暴力视为人类生存中一种自然要素的习惯。男性平民往往会在暴力行为中展示自己的威力，以图在当地获得社会地位；作为整体的村庄社区则会进行军事训练以防止外人进入——最近一位学者称之为"在持续的敌对环境中维护集体自身的生产和再生产所必需的暴力"②。在麻城，那些环境几乎总是充满敌意的。

戴维·罗宾逊（David Robinson）着眼于与这种大众文化同时存在（并有助于其延续）的物质利益网络，描述了帝制晚期中国的"暴力经济"，这对我们解释麻城的经历很有帮助。罗宾逊说道："非法的力量是社会秩序的重要组成部分，正如它也是对这种秩序的重要威胁。"③暴力不仅长期延续，事实上还全面嵌入了当地社会经济和国家行政机构。秩序的力量（地方强人和军事首领这样的"权势者"）与反秩序的力量（经常被随意贴上"土匪"的标签）共存于一种妥协达成的粗略平衡中。政权想要抑制或驯服暴力行为时当然会令人不安地依赖于前者，尽管官方和非官方的个人当权者往往也会支持后者。当然，支持和平的人可以通过

---

① ter Haar, "Rethinking 'violence' in Chinese Culture", David Robinson 同样告诫不要过高估计精英从尚武到尚文的转变，这种转变通常被确定在唐宋之际；见 Robinson, 171。

② Boretz, 97. Boretz 的研究是近期循此进路展开的几种论著之一，又见 Ho; Antony, Banditry and the Culture of Violence in Late Imperial South China（感谢 Antony 教授允许我引用他的论文，以及关于这一主题的启发性谈话）。

③ Robinson, 167.

与自己的对手打交道维护其既得利益,这是他们自己拥有武装力量的合法理由;事实上,在不同角色边界之间有着巨大的流动性。这是国家繁荣时期的情形;而在中央权威崩溃之时,地方社会的平衡会灾难性地瓦解。

在麻城历史中,两种特定的暴力文化模式似乎尤为突出,尽管它们并非该地所独有。一种是众所周知的英雄或武侠观念,及其更普遍、更现实的变体——好汉理想。由于这种传统作为儒家和谐传统的替代选择对底层阶级极有吸引力,可以将其称为一种反文化,但是这种做法掩盖了这套观点对精英文化本身的影响程度之深。事实上,最近有位中国学者声称英雄观念正是文人的"千古旧梦"①。这种修辞至少和司马迁在公元前1世纪对游侠——刘子健(James Liu)巧妙地将该词译为"游历的骑士",但伯顿·沃森(Burton Watson)译作"刺客"更加准确——的歌颂一样古老,并在文学史中不绝于书,一直到当今电影里史诗般的武术情节。② 詹纳(W. J. E. Jenner)出色地表明,"硬汉"这一文化角色以最广泛的形式占据了各个时期中国儿童和青年(并不仅限于男性)的想象。帝国刑法不时想要将这种传统排除在民众接受范围之外,但从未取得多少成功。③ 我们将会看到,对真正男性特质的这种认同(它对容忍暴力和惩罚暴力都有一种可敬的、浪漫的甚至有趣的渴望),在麻城县环境恶劣的高地地区具有特别的吸引力。它贯穿了明代后期该县著名的造访者之一冯梦龙的小说,并在该县最有争议的长期旅居者李贽所阐发的道德英雄主义观念中(尤其是在他旅居麻城期间编辑并大幅改写的小说《水浒传》中,见第四章)处于核心地位。显而易见,我们将在麻城历史上遇到的许多暴力人士,他们至少部分地在践行英雄原则。

另一种模式甚至更为基本和无处不在,它实际上使暴力成为人类生存的一种基本需求。这种模式就是田海所称的"魔鬼学范式",认为世界就是田海所说的(也是我认为的)属于"中国宗教文化最古老的沉积层",

---

① 见陈平原:《千古文人侠客梦》。另一项经典研究,见 Ruhlmann。
② Ssu-ma;又见 J. J. Y. Liu。
③ 见 Jenner.(又见 Robinson, 21)对"豪杰"一词令人钦佩的研究。

构成了中国民间宗教的一般基础。① 田海以武雅士（Arthur Wolf）的开创性研究为基础，后者将中国民间信仰中的超自然存在区分为祖先、神灵和鬼魂三种类型，分别与人类社会中的某一类人相对应，当事者与之共存于特定的关系中：祖先对应于家庭；神灵对应于官员或其他上层人物；鬼魂则对应于陌生人，或者更具体地说，对应于游民、乞丐、土匪、叛乱者之类的危险人群。② 田海从第三种类型中抽取出有害的含义，证明中国民间宗教建立在由这些"鬼"，或者用他更偏爱的译法——"魔鬼"，所导致的"持久而根本的暴力危险"这一基本假设之上。这些恐怖、血腥、非人却又类人的实体，有的"停留在人类文明的边缘地带，但还有许多一直就生活在人们中间"。它们尤其潜伏在岔路口、桥梁下、房门口、窗户缝以及其他局促之地，但实际上它们无处不在。魔鬼热衷于吃人，尤其是人的鲜血和内脏，而且喜欢以最令人憎恶的方式将人们"吞食和碾碎"。只有精心而持久的努力才能避开它们：护身符、八卦图、象征"生命力"的红色、贴在门口的武将画像以及事实上所有的传统中医文献，都是防御武库的一部分。驱邪仪式亦然，暴力亦然。

对这些魔鬼所预示的可憎的暴力，必须同样坚决地、血腥而彻底地消灭它。魔鬼威胁无处不在，对付魔鬼也须臾不可懈怠，这为中国大众文化（在某种层面上也包括文人文化）中的暴力提供了一种潜在的合法性。③ 它使得人类的暴力，正如人类所面对的魔鬼的暴力一样，成为日常生活中必要的、完全"正常"的一个方面。魔鬼如此善于变化，而且总是以人类的形式（当然，通常是武雅士所认为的相应社会类别的人）出现，这

---

① 以下段落参考了 ter Haar, *China's Inner Demons*，以及 ter Haar, *Ritual and Mythology of the Chinese Triads*, chap. 6。von Glahn 的看法有所不同，但同样强调中国民间意识中鬼神的普遍存在。

② 见 Wolf。Robert Hymes 等人批评 Wolf 的分类过于简单，而没有像我所说的那样，讨论其一般意义上的真实性；见 Hymes, *Way and Byway*, 3–5。

③ ter Haar 的 *China's Inner Demons* 承认，民间宗教的鬼怪世界与文人天下的有序世界"正好相反"，后者强调的是和谐整合而不是暴力冲突。但这并不意味着大多数中国文人没有分享这一民间信仰体系。对我来说，要更好地想象这种关系，不如认为文人们提出了一个将鬼怪的破坏性力量拒之门外的更有序的宇宙系统，他们深知这些力量的存在，但它们过于危险而不能明确加以承认。

为针对他人的极端暴力行为提供了特许。在中国的历史经验中，暴力行为的对象（等待惩罚的罪犯、叛乱者、敌军，甚至田海所暗示的现代社会中的"阶级敌人"）总是会被妖魔化，以将针对他们的血腥行为合法化。

魔鬼的威胁无处不在，在某些时刻它会尤其危险。在这种时刻需要做出特殊的反应。反应之一是由社区领袖召唤自己的神兵去反击与社区为敌的大批魔兵；当然，这些神兵本身也有魔力、因而也是危险的，但是以谦恭而娴熟的灵媒为中介，他们也许能成为人类的救星。针对魔鬼造成的危机，另一种反应是去召唤或者让自己成为消灭魔鬼的救世主，这种做法受到土匪、叛乱者等被社区疏离之人的偏爱。田海认为，这种"魔鬼学救世主传统"是和佛教宗派的千年王国传统并存的，二者在某种程度上颇为相似，但产生于异质的宇宙观系统，后者多少有别于中国本土的民间宗教体系，前者则直接根源于此。① 在这两种危机反应方式中，杀死敌人（以人类形式出现的群魔）、发挥净化功能的暴力行为都得到了广泛而自由的认可。

本书将要讨论的麻城县，其实正是这种"魔鬼学范式"的典型代表。实际上，田海本人引用了18世纪以麻城为中心的一次叛乱，作为其论点的主要例证之一。② 人们为肃清鬼域的魔将修建寺庙、准备供品，一支神兵会在某个时候回应他们的祈求，拯救该县免遭杀戮（第一章）。地方民团、叛乱者、土匪、政党同样用红色装饰自己（红巾、红军、红枪、红卫兵）并使用祛魔的语言，例如将自己的敌人妖魔化为"阎罗"，或者像17世纪那位极其残忍、被称作"刮地王"的叛军领袖一样，以驱尽群魔为己任。此等做法，使摧毁、根除、歼灭或清算敌人的要求变得极为合乎人意。对魔鬼的战争是毫不仁慈的战争。

麻城的暴力文化是与集体记忆的运作和地方历史的实践密不可分的，正如一位历史学家所指出的，"所有的记忆都是前兆"③。莫里斯·哈布瓦

---

① 见 ter Haar, *Ritual and Mythology of the Chinese Triads*, chap. 6. 又见 Antony, *Demons, Gangsters, and Secret Societies in Early Modern China*。

② 见 ter Haar, *Ritual and Mythology of the Chinese Triads*, 236—262。

③ Blight, 397。

赫（Maurice Halbwachs）指出，真实的回忆是由个人展开的，但记忆必定是在社会群体的层次上形成并指向群体，随着时间的流逝，记忆会和群体的结构及关注点一起发生变化。① 个人可以使自己远离群体的集体记忆，可以批评它，但这是极其困难的；只有参加新的群体或者多个群体才有助于这么做。记忆的载体或场所，诸如文字记录、老物件和纪念碑、纪念性典礼，参与了集体记忆的建构（及其不断重构），但这一过程的发生总是与现在相关联，与当前群体的理解、态度和需要相一致。集体记忆不断地受到挑战；既然记忆是维持或质疑当下权力关系的重要因素，它便具有相当活跃的政治性。这种政治的一部分就是发明虚假记忆并与准确的记忆相混杂；"社会健忘症"也是如此，也就是对过去那些不愉快、不适宜、或者看起来不合规则的现象的集体遗忘。

对哈布瓦赫和随后的作者们来说，历史与集体记忆之间有一种令人尴尬的关系。虽然有一种与记忆更相符合的"实存过的"或"实存着的"历史，可书写下来的历史常常正好与之相反。两者的目标是不同的。历史属于少数的职业专家，而记忆是更广泛的集体的财产。历史努力成为"客观的"或"真实的"，而群体记忆则无可辩驳是"主观的"。历史努力实现意义的明确性，而记忆是无限多样的。历史为线性时间中的过去提供一种"固定的"描述，试图"让过去停留在过去之中"，而记忆将过去的事件置于与现在的持续对话中。哈布瓦赫的后继者之一皮埃尔·诺拉（Pierre Nora），将这种二分法提到了夸张的程度。历史对记忆天生怀疑，不断致力于征服或摧毁它，而且最近似乎取得了成功；诺拉说到了"历史对记忆的征服和根除"，他将这一过程与"集体记忆之宝库……农民文化"的消亡联系起来。②

但我逐渐认识到，麻城的历史与这种两极对立适相悖谬，或至少使它复杂化了。在具有如此深厚的地方历史著述传统的文化中，文字记载的历史（即使在县级和县级以下范围）从未取代集体记忆，但总是和后者进

---

① Halbwachs（法文初版于作者去世后的1950年）。又见 Nora；Confino；Spiegel。
② Nora, 7—9。

行着活泼的对话，就像它与纪念碑、石碑、民间传说、民谣、戏剧和文学传统，以及其他无数现存的（和不断生产出来的）过去之遗迹进行对话一样。定期重修的县志、宗谱及其他文献与口述传统之间，不同文献之间，就如何理解共同的当地历史进行着持续的交流。或多或少，这些文献希望绝大多数识字的甚至不识字的当地居民成为自己的读者。最近几十年麻城涌现出大批这样的材料——高度口语化的镇区历史，带有浪漫的/与战争有关的情节和具有煽动性的例证，歌颂自己家乡（暴力）的革命历史——但我们将会看到，这绝非共产主义时代的首创。①

所有这些地方历史著述都试图利用过去为当前服务，但始终不乏争论或抵抗。当地历史中长期充满了令人欢呼的英雄和让人鄙薄的恶棍，但这些人身份的确认总是需要商榷的。例如，李贽究竟是革命的殉道者，可鄙的社会秩序威胁者，个人自由的捍卫者，抑或只是以其存在给麻城带来荣耀的名人？过去的特定英雄行为——比如说，明清之际四十八寨的抵抗活动——究竟是中国式民族主义发端的明证，地方主义抗争的表达，抑或只是地方强人重新控制叛逆的一种手段？社会健忘症也对重构过去发挥着作用，例如，颂扬明朝末年当地人梅国桢的"平民主义"，却轻易忘记了他是该县最大的奴隶主；为李贽长期旅居该地而自豪，却淡忘了狂怒的居民是怎样粗暴地把他赶走的；纪念当地国民党支持者的北伐，却遗漏了他们带给麻城的残酷的阶级斗争；或者当地的中共党史对令人尴尬的肃反清洗所作的巧妙处理。

在这里我仅叙述两个稳妥的例子，来说明记忆与历史之间的这种复杂互动是如何在麻城起作用的。明朝末年的叛乱者张献忠（他作为屠川的刽子手在历史演义中被人所熟知）曾数次席卷该县，造成了巨大的生命损失。尽管他在当时赢得了相当一部分居民的支持，但其残酷嗜血使他注定无法得到麻城历史学家，甚至其中最左倾者的赞许。然而一个当地古老的传说对张的刻画却不无同情，而且视之为当地的骄傲。这个传说和一处自然遗址联系在一起，后来被编入1993年的《麻城县志》。传说中提到，

---

① 一个绝佳的例子是中馆驿镇方志办编的《麻城文史资料》，至今已出7册，其中包括更多这样的材料。

张年轻的时候在四川当马贩子。他因为盗窃而被捕，并被押送到身为麻城人的提刑按察副使陈楚产面前。这位按察使注意到张气度不凡，下令放了他。张保证日后有所报答，问陈家乡所在。按察使颇为谨慎，含糊其辞地答道，"湖广屋挂包茅树挂草，无河却有二道桥那地方"。多年以后，张的叛军占领了麻城。看到包茅和稻草像陈说的那样垂挂着，张突然涌起一种负疚感。他下令修建了一道城墙和一座祭坛，在那里供奉祭品，以纪念死去的陈按察使。这道城墙以"拜郊城"而知名，它一直是民众感伤情绪的焦点之一，直到1939年日本侵略军意识到它具有唤起当地抗争的潜能而将其摧毁。①

我们的第二个例子是不那么有名的叛乱者、麻城人鲍世荣。鲍是一位地方强人，参加了1674年的东山叛乱（第七章）。他的活动以麻城东南部山村张家畈为中心，据说为害数十年之久，发展到拥有10 000人的武装。最后是清代著名的模范官员于成龙成功地组织一支队伍，以惨重的人员伤亡为代价将鲍击败。于随即下令在鲍被打败的地方树立一座石碑，以纪念该地的永久平定。这座石碑一直是对于成龙在该县卓有成效、受人爱戴的任期的纪念。但附近的另一处地方遗迹，一座曾断断续续地做过鲍的指挥部的石马厩，也作为鲍氏叛乱（它被视为激烈反抗帝国财政汲取的一种地方性行为）民间记忆的焦点留存至今。清朝末年，当地历史学家王葆心的一部半学术性畅销书，就是建立在普遍同情鲍世荣的基础上的，该书将当时的叛乱视为作者本人所处时代反满的汉人民族主义的原型而加以褒奖。在中华人民共和国时期，鲍作为一场农民起义的领袖，仍以不同的方式被铭记在官方史著中。②

本书采用的方法，是毫不掩饰的叙事史方法。就是说，我要讲述的故事，如劳伦斯·斯通（Lawrence Stone）所描述的那样，是按年代顺序排列的，它更加文学化而不是科学化，行文更具描述性而不是分析性，聚焦于细节和特殊之处，关注人类经历的种种复杂性。③ 它是一部社会史著

---

① 1993年《麻城县志》，485页。
② 王葆心；又见《农民起义领袖鲍世荣》。
③ 我所参考的当然是Stone为叙事史所作的颂辩书。

作———一种我仍然深深服膺的体裁，但是和更新近的文化史（本书似乎不属此列）相比，它在某种程度上对社会科学史那种充满自信的结构主义方案进行了反思。和德国历史学家彼得·杰拉维奇（Peter Jelavich）一样，我承认"对结构看得越清晰，对它们嵌入其间的混乱也就看得越清晰"。为了撰写一部以中心问题（对我来说就是暴力）为线索的史著，不回避在恰当的时候进行结构主义的微观分析，但更依靠历时性叙述并将其作为组织素材的核心手段，似乎是在结构与混乱两极之间界定一个方法论中间地带的途径之一。①

将本书称作微观历史似乎有些夸张（在本书考察的整个时期，麻城人口数以十万计），但是在当地人和外人的眼中，该县往往被界定为更宽广的中国内部的一个小地方；而且我的目标和微观史学家们一样——再现普通人的感知和生活经历，试图像彼得·珀都（Peter Perdue）最近强调的那样，去理解这些人是怎样"解释自己时代之变迁"的。② 与此同时，本书还是一部长时段的地方史，这种年鉴学派的方法曾经风行一时。本书的长时段视角使我们能够探讨如下因素的延续与变迁：生产体系、对小地区的认同、城乡关系、地方社区的团结和对外来控制的反抗、支配体系和对它的质疑、性别角色与性别关系、强制性机构、集体行动的动员模式、以及地方暴力文化的诸话语。③ 但我们的故事很难说是令年鉴派史家屡受苛责的那种"遗漏了事件的历史"，事实上它也不可能是，因为麻城县深深地卷入了中国历史宏大叙事中许多至关重要的事件：元朝末年的红巾军起义，明朝末年的白莲教起义，满人的征服，清初的三藩之乱，19世纪中叶的太平军和捻军起义，20世纪20年代的国民革命，以及20世纪30年代的国共内战。我希望读者合上本书的时候，就像我写完它时一样，能

---

① Jelavich, 84.

② Perdue, *The Qing Empire in Eurasian and Space*, 60. Perdue 呼应了 Charles Tilly 关于社会史的任务在于探讨"宏大结构变迁……与普通人经验变化"之关联的描述；见 Tilly, 11. 关于微观史学方法的宣言，见 Levi. 关于运动目标的分析，见 Muir; 又见 Iggers, chap. 9.

③ 布罗代尔列出了年鉴派史学的主要议题。有两项将长时段理论应用于中国的研究，令我备加赞赏：Schoppa & Dardess, *A Ming Society*.

够从根本上对中国历史上这些大冲突的含义以及它们如何将当地人民联系起来，有一种全新的认识。毕竟，这是微观史和地方史被特意发展起来所要发挥的功能之一。

让我在此提供一个相对典型的例子，来说明全国性以及地方性的长期延续和变迁是如何与麻城连接在一起的。麻城人民对本县暴力现实的一种习以为常的反应是入山，即到山寨里去寻求世袭地方精英强人的保护。这种强人的典型是万人崖黄氏。面对元末极度混乱的当地局势，黄武孟于1350年前后率领家人和邻居，迁入他在麻城中西部自己家乡附近悬崖上修建的一座寨子。据说最后有大量人口来到黄氏山寨寻求庇护，他因此将山寨称为万人崖。这个名字和它的变体，在随后几个世纪里成了黄氏宗族的地名。由于他在改朝换代之际的英勇行为，武孟得到明朝开国皇帝的注意，皇帝在南京的宫廷卫队中赐给他一个职位。武孟的好几代后人一直占据着这个职位，并在15世纪初永乐皇帝迁都北京时随同前往。不过，一位叫黄奇的后人回到麻城，于1456年通过湖北省乡试，开始了知县生涯。在整个明代，还有另外三位万人崖黄氏后裔考中了举人，其中黄卷（第四章）于1529年成为进士，官至陕西按察使。但是，这个家族从未丢掉自己的军事特征。他们重建了悬崖边的要塞以躲避明末的叛乱者；面对晚清的太平军和捻军叛乱，他们又新建了另一个卫星山寨，以容纳为数更多的乡人。在20世纪30年代的血洗中，这些山寨仍被用来提供庇护。在大约七个世纪中，黄氏就这样一直充当着麻城西部零散地带的军事保护人，也曾得到过帝国的赏赐，占有相当充裕的土地，偶尔还能享受到科举成功的乐趣。①

本书的章节安排将麻城历史放入两个很长的周期中，分别以17世纪和20世纪的两次大规模清剿为顶点。这构成了一种有用的叙事手段，但它是否暗示着更多呢？对欧洲区域社会进行长时段考察的年鉴派历史学家发现了相似的多个世纪的循环，并在很大程度上赋予它们以重复性，以及因此而可能具有的可预见性。② 一位受年鉴派影响的研究中国的历史学家

---

① 王世贞：《万崖黄公墓志铭》；《麻城县志前编》，5：2页，8：4页，8：26页。

② 一个经典的例子是 Le Roy Ladurie 所识别出来的"大农业周期"。

皮埃尔-伊泰恩·魏尔（Pierre–Etienne Will），也在中国发现了由生态决定的循环，由于国家生态控制所导致的有规律摆动，这些周期与明、清两朝的时间范围高度一致。① 施坚雅（G. William Skinner）也曾对中国发展和衰落的周期模式作过著名的论述，虽然他喜欢强调这种周期的区域独特性和非共时性。② 在这一点上，他挑战了人们更熟知的王朝周期模式，该模式由中国本土的历史编纂传统所形成，并得到了魏尔至少是含蓄的认可。当然，也许二者都是完全正确的。

麻城的暴力规律是在司空见惯的日常杀戮、残害和强制之上，添加了周期性的大规模屠杀事件。这些事件——本书的两个部分都以它们作结——中的两起尤其属于集体屠杀，造成了该县空前的死亡率（见第一章）。这两起事件虽因外族征服和意识形态输入等其他因素而复杂化，但究其实质，是本质相同的两类人之间仇恨不断恶化的结果：麻城那些阶级分明的富人与穷人。考虑到清王朝周期的终结并非辛亥革命（革命期间麻城仅有一人死亡）而是国共内战，认为王朝周期在这个偏僻的山区县具有某种真实性，也许并不是不合情理的。我邀请读者诸君一道追随麻城历史的传奇，并做出他们自己的判断。

---

① 见 Will。
② 见 Skinner，尤其 16–28，219–220。

第一章
暴力的社会生态

麻城位于大别山南麓,这道山脉将华北平原与长江中游地区分隔开来。纵贯大别山脉的五关,尤其是该县东北角的松子关和长岭关,在当地历史和帝国历史上都扮演了至关重要的角色。① 麻城是一处自然景观胜地,用19世纪一位地方官的话来说,"如画紫云之岭"。② 它还是湖北省的东北部边陲,北面与河南接壤,边界线漫长而松散;与安徽的边界线较短,但交通更加繁密。麻城和这些毗邻地区以及鄂东的黄州、蕲州一起,形成了一个天然的高地次区域。"积旁薄之万山",当地历史学家王葆心在1908年写道,"左右列河环之"③。

人 口

这一蹄形的中心高地,是中华帝国最持久稳定的地区之一。虽然有周期性的移民出入浪潮,该地却是一批相当稳定并扎根于此的人口的发源地,他们往往操一种圆润的地方口音,与毗邻各县有显著区别。④ 除了偶

---

① 例如,五关是南宋1222年抵御金兵、1246年抵御元兵的水防要塞;见1670年《麻城县志》,卷2。
② 见易光蕙。据康熙年间的县志,麻城位于湖北省省府武昌的东北方,距离仅有240里;位于北京的西南方,陆路距离2540里(水路距离几乎两倍于此);见1670年《麻城县志》,卷1。
③ 王葆心,1:6页。王只是稍有夸张:麻城的平均海拔是500米,但遍布全县的山区村庄海拔可达1300米或者更高;见《麻城县地名志》,1页。
④ 仿效新文化运动中流行的方言研究,20世纪的《麻城县志》提供了一份长长的国语与方言对照表。例见《麻城县志续编》,1:10~13页;1993年《麻城县志》,544~568页。将该县描述为马蹄形,见1993年《麻城县志》,25页。

有旅居于此的商人之外，该地族群的同质性极高。本书附录收入了关于麻城人口的官方报告。此类官方数据虽然令人怀疑，但其一般趋势并不出人意料。就是说，麻城人口稳定地增长了十倍，从明初的10万增至20世纪80年代的近100万。假定漏报人口的比例随着时间的推移而降低，总体增长幅度会有所降低，但仍然令人印象深刻。

当然，各个时期的情况并不一致。明代前期和中期出现了异乎寻常的激增，增幅在两倍以上，这表明在帝国持续和平的时期，这个并不富庶的县份会出现怎样的人口增长。[1] 相反，人口显著减少的两个时期，则显示了大规模暴力对当地居民死亡和逃亡的影响。明末的人口下降（从1556年到1644年征服期间下降了25%以上）或许反映了帝国的一般趋势[2]，但20世纪20年代后期和20世纪30年代的人口锐减（1923至1941年间减少了将近20%）则更具体地证实了该地区在这一时期所经历的可怕暴力。[3] 这两个悲惨时期，就是本书上下篇之作结的"大屠杀"时期。

根据官方数据，1923年麻城县的男女性别比例为129:100，我猜测这也是此前几个世纪的大致特征。由于麻城绝不是一个拓荒者或男性旅居者为主的社会，这一严重失衡的性别比例暗示了溺杀女婴行为的高发率。（经过国共两党数十年的反溺婴运动，1964年达到了更加平衡的性别比例

---

[1] 中华人民共和国的前几十年，经历了另一次人口急剧增长。当然，无论这一次还是18世纪更早的那次增长，都和我们基于更宽泛的中国人口史所做的预期相一致。

[2] 这些数据显示，明末的人口锐减早在16世纪中期就开始了，这和我们从关于17世纪危机的文献中所做的推测并不一致。然而，麻城的人口数据并不准确，因为1563年该县的一部分在行政上被切割出去，并入了新设的黄安县。两县的人口锐减更可能是到17世纪20年代才发生。

[3] 几乎可以肯定，还有并未在这些数据中得到准确反映的第三次人口衰减：19世纪中叶的动乱时期。1993年《麻城县志》(71) 列出1859年（太平军进入前夕）的人口为283 888。如果这个数字可信，则意味着人口在19世纪60和70年代持续增长，到1876年达到368 312。然而，如初版于1935年的《麻城县志前编》(3:2~3页) 所揭示，1859年的数据实际上反映的是1795年的人口，显然只是简单照抄了早期的材料来源。我很怀疑，1859年的实际人口要比这个数字高出许多，1876年数据反映的并非新的增长，而是恢复到太平军和捻军进入前已经达到、随后又在这些年失去的人口规模。

102∶100，上述推测似乎由此得到了证实。① 还明确揭示了男性独身现象的高发率。奴仆制度对底层男性结婚率的强行控制（我们将会看到，这是数百年间麻城社会的一个特征），对于独身人口的长期存在起了关键性作用。这个人数众多的没有家庭纽带的男性群体，以及独特的暴力行为倾向，共同构成了帝制晚期和民国时期的所谓"光棍亚文化"②。

麻城曾经是，现在仍然是一个农业社会，是美国农学家卜凯（John Lossing Buck）所说的中国"长江稻麦区"的一部分。据估计，20世纪初其经济产量的80%仍然来自农业，绝大部分来自谷类作物。麻城的大部分土地不适合耕作。方志资料往往把该县描述为"四山三陵三平原"，或者"七山一水二分田"。卜凯本人在20世纪30年代发现，该县总计4 531平方公里土地中，只有790平方公里的耕地，17%的耕地比例与黄州地区是一致的，但远远低于整个长江流域地区的38%。③ 不过可耕作地区总有很好的土地，土壤肥沃，并得到充足雨水和山溪泉流的良好灌溉。例如，清朝地方官在17世纪的原始调查中登记了麻城约一百万亩可征税的农田，其中近四分之三属于一级稻田。④ 当地气候往往风调雨顺，温度适宜，四季分明，常有大量降雪，适合农作物生长的时间很长，最好的耕地可以种两季作物。县志中不乏干旱、洪水、大风雪之类的记载，而且往往伴随着歉收、饥馑和瘟疫，但其频率和程度并未超出华中地区的总体情况；事实上，麻城在历史上更多地不是制造难民，而是从农业匮乏地区接受难民（通常是穿过山区而来的豫南难民）。⑤ 当地作家（无疑是精英）总是把本县描述为一块丰饶富庶之地、欢乐之地（乐壤或乐土），只要能将暴力和混乱拒之门外。⑥

---

① 1993年《麻城县志》，71，75页。
② 见Watson。
③ Buck，25。
④ 即总计1 044 967亩中的742 466亩。见《麻城县志前编》，3∶3~12页。
⑤ 仅举一例，见雍正皇帝1731年的谕旨，收入《世宗宪皇帝朱批谕旨》。
⑥ 例如，知县易光蕙1858年在县衙外树立的石碑（碑文收入《麻城县志前编》，15∶19~20页）。同样的感想在20世纪初（王葆心，1∶6页）和中华人民共和国时期（《麻城县简志》，40~41页）得到了共鸣。

战利品

但是毫无疑问,由于该县在帝国地缘政治上的战略中心地位,战争常常是难以避免的。整个黄州地区是长江流域东西部交通的关键接合点(这是中国现代史上至关重要的一个因素)。但在长江显示出作为现代交通动脉的重要意义之前一千年,麻城县及其山脉关隘已经是连接北方和南方的要冲。它从未失去过这种战略中心地位,即便是在技术和人口变化使东西向的水运贸易超过了南北向的陆上交通之后。每逢中央控制完全失效的乱世,麻城总会变成战利品。用帝制晚期的说法,它是一处兵冲或严邑,用现代白话来说则是兵家必争之地。① 自远古以来,每逢朝代衰落之际,它都会面临外部的入侵,而且如王葆心立刻补充的,常常还伴随着内部的叛乱。② 面对着西周时代的城墙遗迹,麻城人民很难不知晓该县的血腥历史。的确,麻城几乎所有的地方志都会从该县的军事历史说起,首先是1535年熊吉的记载:

> 然崇山大川,重关复壁,天限南北。三国六朝晚唐季宋,是为形势必争之区,如[三国]满宠之所度,陆逊之所筑,[晋]石虎庾亮之所争,毛宝樊峻之所效死,[唐]吴少阳之所窃夺,李道古之所扼隘,[蒙古征服时期]阿海张柔之所觊觎,李埴夏阳之所防截,胡氏真氏之所经画,分合荡析殆无宁日,元气方复,疥疡迭乘,救死不赡,虽有名世之英、山泽之癯,谁则书之。③

在当地人的意识中,最让人铭记在心的英雄传说,正是使该县得名

---

① 龙仁夫【译者按,原文误作"Liu Xian"】;王世贞:《麻城穆侯均赋颂序》,收入《四库全书》;Wou,私人通信。

② 王葆心,1:6页。

③ 熊吉:《〈麻城志略〉序》【译者按,原文误作《麻城县简志》】。该书已轶,但序言在1882年、1993年县志中被重印。熊吉文本中提到的多数人名的传记条目,可以在《中国人名大字典》中找到。该县军事史上类似的例子,见孟广澎:《〈麻城县志前编〉序》;又见1993年《麻城县志》,340页。关于西周城墙,见1993年《麻城县志》,526~527页。

"麻城"的那一个。东晋时期（317—420），亚洲内陆一个叫麻秋的将军在朝中野心家石虎手下任职，他占据着今天麻城所在的地方。为了巩固这一有利阵地，他责令当地百姓修建一座令人畏惧的城池。他急于完成这项工程，让人们彻夜劳作，只有在每天早上公鸡打鸣、小鸡尖叫的时候才允许他们回家看望亲人。根据传说，麻秋的女儿麻姑同情这些人，学会了鸟语。一天夜里，拂晓还远未到来，她模仿打鸣的公鸡，接着全县的公鸡和小鸡都叫了起来，工人们早早地回家睡觉了。她的父亲发现这个花招后暴跳如雷，麻姑只好逃进了一个山洞。她在那里修习道家炼金之术，最终在

麻城县

去世后成仙。① 她得道升天的地方麻姑仙洞，至今仍是麻城人珍视的地标。几个世纪里前来造访的当地诗人、先后记述其重要意义的方志编纂者，都颂扬了麻姑神话所蕴涵的种种抗争叙事：爱国主义者对蛮族侵略的抗争，和平主义者对军事征服的抗争，地方主义者对中央政令的抗争，以及普通民众对精英侵夺的抗争。②

麻姑仙洞，作者摄。

但麻城不仅仅是全国范围内军阀的战利品（他们常常穿过东北的关口或西南的河流席卷而去），它还见证了更具地方色彩的长期战斗。麻城漫长的北部边界位于大别山脉的中心，对大规模军队构成了障碍，但对当地交通来说却并不是不可逾越的。我们已经提到该县接纳华北平原南部地区饥民的能力；关于这些多达数万人的饥民的报道，以及尽可能使之过上安宁生活的计划，

---

① 这个传说最早的文字记载也许出自著名的晚明文人王世贞（1526—1590）之手，我们将会看到，他和麻城县的士绅世界有着诸多联系；见王世贞：《有象列仙全传》，308~309页。但是请注意，还有来自不同时代和地区的许多其他故事，汇入了如今在中国广为崇拜的仙女麻姑的传说，见宗力、刘群，719~724页。

② 例见梅国楼：《麻姑洞史》，李巍：《麻姑仙洞赋》，均收入1882年《麻城县志》，卷3；《麻城县志前编》，123~124页；1993年《麻城县志》，485页；《中国人名大字典》，215，1128页。

成了好几个世纪当地文献中反复出现的一个主题。①大别山非但不能庇护麻城，反倒是掠夺的通道、抢劫者的避风港。如1920年的《湖北通志》所说："豫南汝宁、光州、南阳一带民性狂悍，当地无赖成帮结派，劫掠敲诈。"② 我们将看到，这些来自河南的掠夺者是对麻城和平的一种（常常是毁灭性的）侵扰。他们通常是自己为了掠夺财物而来，但也时常会应某一党派之请穿越省界，卷入该县本地的暴力行为。这种事件不一定是单向的，早期共产主义活动家王树声坦承，他的麻城同胞可能也经常翻越大山，到光山和商城县进行劫掠："[湖北]农民[把河南]当作外国，到了那里就会为所欲为。"③ 大别山两侧的居民，总是彼此怀着恐惧、敌意和蔑视。

中心与边缘

我们不妨把麻城县地图方便地想象成呈45度夹角放置的一片树叶，茎在西南（指向武汉），尖（松子关）在东北。树叶的中心是平地，边缘是山脉，大别山位于北边和西北边，东山位于东边和东南边。叶脉是水道，支流似树枝一般汇入主脉举水。主要萃取点宋埠镇位于叶茎附近，县城座落在叶片中心许多支流的交汇处。这样，麻城按照自然和人为生态被分成三个界限清晰的地带——也就是"树叶"的茎干和中心，以及两侧的边缘地带。明代伊始，中央权威试图以一个人造扇形为基础，把该县分成四个乡——东北、西北、东南、西南，但是到1475年，他们开始承认需要调整这一行政结构以适应当地生态，将四乡中的一个并入其余三乡：麻城中部和西南部（仙居乡）、多山的北部和西北部（太平乡）以及东部和东南部丘陵地带（亭川乡）。④

---

① 例如《禁谕荒民》，初版于1674年，收入于成龙，2：61~62页；1882年《麻城县志》，39：5页；《麻城县志前编》，15：6~7页；《麻城县志续编》，2：4~5页。
② 《湖北通志》，卷73。
③ 如他对张国焘所说，见Chang，220。
④ 这一结构为清朝所继承，一直延续到20世纪初的"地方自治"运动，这场运动激起了对县以下地区的不断划分和再划分，到1927年合并为9个区（它们在中华人民共和国的大部分时间里得以延续）。见《麻城县志前编》，1：35页；《麻城县志续编》，1：2页，9：1~11页。

麻城中部和西南部,即仙居乡,从任何角度看都是该县的中心。它拥有该县最高的人口密度(1795年约占总人口的44%,面积却远远不到三分之一)和行政密度(不仅有知县、县丞、乡镇行政人员,还占有清代124个区中的大约44%)。① 这个地区拥有最肥沃的耕地,位于通常被称为"关厢"(意思是城市边缘的房屋)的中心平原,以及使该县通往西南的丰饶河谷。这一富饶、常绿的地区大多一年两熟,普遍种植水稻,直至明代中叶的棉花革命将稻田挤到点缀在平原中的丘陵上。丝绸、小麦、蔬菜的产量也很丰富。我们将看到,这块中心低地是麻城最富有的地主、最成功的士绅、最强大的宗族的发源地,但它也因包括佃农在内的普通居民的舒适生活而广为人知。②

繁荣的山村,麻城中部阎家河区。作者摄。

这一中心地区还拥有该县绝大部分的批发商业,以及最大的集镇和城市。③ 麻城县城直到元代才形成,但到本书考察时段之初,已完全成为麻城的政治和文化中心、大部分士绅精英的家乡以及该县精心编织的宗族网

---

① 《麻城县志前编》,1:35页,3:2~3页。
② 1882年《麻城县志》,卷10;《麻城县简志》,40~41页;《麻城县地名志》,473~476页;《麻城县委报告》,5.237;个人观察,2004年5月。
③ 以下段落依据1670年《麻城县志》,卷2;《麻城县志前编》,1:41~42页;1993年《麻城县志》,63~64页,412~425页;《麻城县地名志》,31~34页,39~40页。

络的焦点；而且作为肥沃的中心平原与西南河谷的联结点，这里也是重要的经济中心。它的码头区曾有活跃的水上交通，到我们考察时段结束之时，拥有将近 600 家店铺和大约 30 000 人口。中心平原的东部边缘是阎家河，一个在 19 世纪中期拥有 100 多家店铺的富裕集镇，它是山区居民把低地产品交易到东部地区的中介。麻城南部的类似角色是由通常被视为东山门户的白果镇扮演的。白果比阎家河还要富有，它从整个鄂东地区买卖商品，容纳了来自湖北各县以及河南、安徽的商人，到明代中期，已经在棉纺织和金属加工领域形成了重要的手工业部门。①

不过，麻城市镇最密集的地方是举水沿岸，这条河使县城轻而易举地与武汉——长江中游的大贸易中心汉口和更大区域的行政及文化中心武昌——直接联系起来。举水各支流将麻城县的西部和中部连为一体，并在长江中游与华北平原之间的跨地区贸易中占据了最大份额。如知县郭庆华在 1882 年所说，水路沿岸的利润"为楚地之首"②。被当地人称为"三大集"的市镇位于县城和该县西南角的河流出口之间，在举水沿岸紧密地排成一行。这些市镇都很繁荣，到 19 世纪都由当地商人出资建起了围墙。从武汉进入该县，首先会经过岐亭。岐亭是帝制中期该县的政治和商业中心，在元代时失去了行政地位，但 1526 年又有所回升，被指定为黄州一个区的所在地。该镇直到 19 世纪仍是跨县贸易的中心，但是 1934 年国民政府修建跨举水河谷的机动车道时绕过了此地，加速了它长期以来的经济衰败步伐。在前往麻城的途中溯流而上，座落着中馆驿。如其名称所示，该镇最初是帝制邮差的驿站，但它在商业上的重要性迅速增强，到本书考察时段的末期，已有超过 300 家店铺。

但和位于它们之间的集市——麻城县最大的市镇宋埠——相比，岐亭和中馆驿都相形见绌。整个帝制晚期和民国时期，宋埠无疑都是麻城最具开放性的地方，拥有各种旅居商人的同业公会。麻城县城由富有的本县士

---

① 如今的白果比本书考察的时段面积要大得多，由于日据时期其他贸易中心的商人来此定居，其规模扩大了将近一倍。见 1993 年《麻城县志》，414 页；《麻城县地名志》，39~40 页。

② 收入 1882 年《麻城县志·食货志》，卷 10。

绅统治，宋埠则由旅居者和本县散居外地的商人所控制。宋埠被称为小汉口和武汉门户，明清时期45种主要贸易物资都从这里用船运往遍布华中和华北地区的各目的地。1909年，英商和记蛋厂在宋埠设立办事处，购买鸡蛋运往汉口，加工成蛋粉，再出口到欧洲和美国的糖果店。德国和日本的公司接踵而至。到20世纪30年代后期，宋埠据称已有近800家商业企业，有的规模相当可观。

被委婉地称作太平镇的麻城县北半部，本不该有那么大的差别——它是仙居中心地区的外围。这里是真正的大别山区，人口密度低于麻城其他地区，是我们曾经提到的土匪的巢穴和主要受害地区。强大的军阀对该县的周期性扫荡会让各地遭殃（他们经常围攻县城），但太平镇往往首当其冲而且受害最深。这个地区大致是山区和丘陵参半，基本上没有平原地带，大部分土地无法耕作。最主要的生计是农业（迟至1984年，乘马岗区还只有1.5%的人口不是农民），也有部分牧业、渔业和林业，但手工业几乎不存在。直到今天，这块边缘丛林地带上的农业基本上仍是糊口型的。充足的雨水允许在梯田里种旱稻，还有小米、芝麻，以及在16世纪和美洲稻同时引进的花生。占有农田几乎无利可图，所以毫不奇怪，地主所有制的规模比南部小得多；但已有的地主对向下层流动总是很恐惧，因而表现出异乎寻常的掠夺性。①

由于商业化程度长期较低，麻城北部乡镇的城市化水平并不高。市镇规模很小，几乎完全依靠当地零售市场和少量跨越省界的短途小型贸易；即使在今天反复出现的"乡村工业化"运动之下，其人口也很少超过1 000。这些市镇自西向东包括顺河集、乘马岗、黄土岗、福田河、三河口。在地方市场体系这一层级有很强的社区认同，但这种认同很少超出社区之外。例如，福田河形成了一种独特的民间戏曲类型，据当地人说起源于唐代，其表演从经过该地双庙关的跨省运输中受到启发，让一个花旦沿着山路，肩上挑着花篮，停下来用挑逗性的韵文和两个丑角对话。②

---

① 1882年《麻城县志》，卷10；《麻城县地名志》，157~160页；1993年《麻城县志》，92~93页，414~415页；个人观察，2004年5月。

② 1993年《麻城县志》，483~484页。

1920—1930 年，乘马岗和顺河集一带涌现了大量的共产主义积极分子（仅乘马岗就出了至少 26 位中国人民解放军的将军）；很显然，当地的市场纽带对于人们投身革命运动发挥了关键性作用。

　　麻城东部和东南部山区（亭川乡）被中间的山脊（被称为"麻城屋脊"）与该县其他部分截然分开。山脊的最高处是龟山，位于白果镇以东约 60 里。龟山是战国时期吴、楚两国间的著名战场，也是 1234 年蒙古人首次入侵时南宋官员的避难之所。龟山山脉海拔超过 1 000 米，形成一道天然分水岭，流经东部的亭川乡并将其主要市镇（木子店、张家畈、盐田河）连接起来的河流，没有像麻城县其他河流那样向西汇入举水，而是向东南方进入罗田和黄冈。① 这个三县交汇之地，是所谓东山地区的核心。

　　东山属丘陵地带（只有 15% ~ 20% 的平地），人烟稀少。② 直到今天，豹、狼、獾、野猪还在山上游荡，打猎一直在当地人生活中占有重要地位。东山长期以来还是佛教和道教隐士们青睐的漫游之所。但是，这里虽然弥漫着荒凉的气息，却并不格外贫穷。松树、竹子及其他林业产品提供了充足的生计来源，还有兽皮、桐油和种类繁多的药草。主要作物是稻谷、小米和栗子，养蚕和种茶也大大增加了当地的财富。很早就有的木材和榨油作坊为当地农民提供了充分的就业。木子店规模不大，迟至 20 世纪 90 年代商店数目也不超过 50 个，但它是通往罗田、鄂东以及安徽、豫东南的重要驿站。它曾多次被从松子关或长岭关席卷而去的匪帮、叛乱者或逃兵占领，敲诈勒索。③ 镇上主要的佛寺定惠寺，在某种程度上是动荡的东山北部（在某种程度上也是整个东山地区）的政治和社会神经中枢。

　　东山是和北边的大别山区完全不同类型的边缘地带。东山虽然在行政上隶属于麻城县，而且我们的故事将表明，它对全县政治和军事控制的重要性与日俱增，但它从未真正成为中心低地的附属品。相反，这个地区具

---

　　① 地形图《山水全图》中对此有清楚的描绘，收入 1882 年《麻城县志》。又见 1670 年《麻城县志》，卷 1；《麻城县地名志》，1 页。

　　② 本段依据 1882 年《麻城县志》，25 页：4 ~ 11；1993 年《麻城县志》，415 页；《麻城县地名志》，605 ~ 610 页，829 ~ 833 页。

　　③ 例见《麻城县志续编》，5：24 页。

有强烈的个人认同和社区团结，与该县其他地区相比尤其如此。这种自治欲望在暴力中表达得最为典型：武汉大学的历史学家、东山当地人王葆心，在1908年自豪地写到，其家乡民风强勇，东山人以武抗为乡俗。①包括历届国家政权在内的外来者，也都注意到了这一点，几个世纪以来，"东山叛乱"或"东山贼"之类的说法已经成为官方话语中的常用语。②

晚明时期有一首打油诗，用诗歌的形式表达了对不同地区的麻城人的刻板印象。县城及周围平原地带的居民文雅而有教养（修），出仕为官（达）。西南部的商人聪明（巧），四处游历（游）。比较而言，东山的居民生活能够自给自足（足），却又老实憨厚（朴）。大别山西部（乘马岗和顺河集）的不幸居民穷困潦倒（贫），只有靠狡诈的伎俩（狡）而生存。③ 20世纪初的一首民谣，更直接地把每个地区简化为一个象征性形象：中心地区是文章，西南商业地区是经商，东山是田庄，而大别山区，唉，是酒浆。④【译者按，本段意译。】

这些成见背后，显然蕴涵着地区之间的竞争甚至相互蔑视。仅举一例，17世纪70年代反清复明主义者对某些东山强人的鼓动之辞，被中心地区更文雅的（和与清统治者合作的）文人学士斥为该地冲动小人物（小蠢）的鲁莽之举。⑤ 我要补充的是，这样的态度你来我往，为麻城的政治生活增添了挥之不去的紧张潜流。

城镇和乡村

这种动力掩盖着该县长期存在的另一种张力——乡村和城市之间的张力，二者交互作用。乡村与该县主要城镇中心之间的相互敌意是一种地

---

① 王葆心，2：12页。王来自罗田县内的东山东麓。

② 一个相对较早的例子，见1653年湖广巡抚迟日益的报告，收入《清代农民战争史资料选编》，第一册下：252~253页。

③ 引自已佚的1535年《麻城县志》，收入1670年《麻城县志》，卷3。这首四行诗的变体出现在后来20世纪的地方志中，尽管其中更轻蔑的用语被弱化了。

④ 《远游谣》，收入《麻城县志前编》，1：45页。

⑤ 周维柜：《东山记咏叙》，初版于1674年，收入1795年《麻城县志》，《文征》2；《麻城县志前编》，14：22页。我们将在第七章阐述这一评论的背景。

方病，它在麻城市最为显著，但在宋埠、中馆驿、岐亭和白果也不同程度地存在。在这个程式里，"乡村"或许有理由把乡村精英（乡绅）也包括在内，而不仅仅是他们更贫穷的邻居。有很多因素胁迫和激发着乡村对这些哪怕规模不大的城镇的怨恨之情。它们毫无疑问是该县最富有的地主和商人的所在地，这些人在当地被称作城内士绅。中心城镇还是该县大部分食物储备的仓库，所以总在匮乏时期成为目标。在经济困厄之时，城里人承受的痛苦显然没有农民那么严重和直接。① 到19世纪，这些市镇每一个都筑起了围墙，挖掘了护城河，其中麻城和岐亭是由政府、其他各地则是由定居于此的商业精英发起的。实际上，这个极其显著的成就对于乡村百姓来说，或许是一种矛盾的福祉；就像1573年大规模重建麻城县城一样，修建这些城墙的劳动力和原材料往往完全来自乡村，但这样的劳动也可能是政府在歉收时节为饥饿的农民提供工作机会的一种方式。②

同样重要的是，这些城镇（尤其是麻城，但偶尔也包括其他城镇）是国家政权在当地的代理人的居所。它们是政府国库和法庭的所在地，是该县评估和征收税款的地方，也伴随着（我们将看到）可能引起的各种怨恨。它们是政府军队的来源地——不仅是在和平时期维持乡村治安，由知县、同知和县丞率领的小股部队的来源地，更重要的是在动乱时期充当更大规模军事力量的基础。我们将会看到，麻城历史为这一原则提供了充分的证据：统治者守卫筑有围墙的城市，而将乡村留给自己的敌人，或者确切地说，在撤到城里之前采取措施防范对乡村的大肆抢劫（清野）。这意味着要全面满足城市居民的生活需要。例如，1858年麻城知县致书湖北巡抚胡林翼，询问面对太平军的进攻该如何处理粮食供给问题时，胡的答复残忍而直率："至城守以积储米粮为第一，城中各富户租谷，应勒限搬入城内。"③（而不是留在或运往乡村救济乡民。）不仅如此，从蒙古人到国民党的历届政权，总是将中心和西南地区的城镇当做根据地，借以

---

① 例见《麻城县委报告》，234~235页。

② 刘廷举：《钱邑侯新建县城序》，收入《麻城县志前编》，2：1页；又见《麻城县志续编》，2：4~5页。

③ 胡林翼：《麻城县禀陈各局绅筹办捐输情形批》，收入胡林翼，2：1012页。关于帝国历史上的这一普遍现象，见Franke。

"肃清"该县边缘地区骄横的反叛者。

所有这些因素还使得城镇成为乡村袭击的首要目标，这也是麻城历史上不断出现的主题。来自内部或外部的威胁出现时，中心平原和举水河谷的精英会大批涌入城镇避难。他们在那里为乡村民众是否可以信赖而烦躁不安。自己的佃农会不会逃亡而让土地抛荒？他们会不会成群涌向城镇？或者他们会不会转向叛乱者那一边？面对外来的武力，乡村民众究竟是精英们可以信赖的同胞，还是敌人的"内应"？负责麻城防务的帝国官员一再报告了这些被围困的城镇和城郊精英的恐慌情绪。① 也许没有人比孟广澎更好地表达了这种心态，他是出生于当地的一位全国知名的社会科学家，应国民党县政府之邀为1935年的县志撰写了序言。孟回顾他所看到的历史教训，识别出了一种重复出现的事变模式：由失学年少者和无业奸民组成的乌合之众从该县的山区沿界向下流窜，给正直而富有的平原居民带来难以形容的灾难。②

但凑巧的是，麻城县乡村—城市或者中心—边缘的动力机制还要复杂得多。麻城人文生态的显著特征之一，是在动乱时期存在着驻扎精英、掌握财富和拥有食物补给的一种有围墙的安全避风港，它们在帝制晚期发展迅速，这就是寨或堡。随着故事的推进我们会详加论述。这些筑有工事的乡村居住区，有时甚至会完全改变在社会动乱时期独自盘踞在城市中心的官员和文人精英的传统习惯。这并不是说麻城的主要城市和集镇没有受到围攻——它们确实经常被围攻。但当这种情形发生时，城市显贵们在极端的情况下其实会放弃城市，藏身于一处山区堡垒，就像1234年该县遭到蒙古人蹂躏时南宋县令所做的那样。这可能意味着，乡村叛乱者们控制了他们所夺取的城市，却又陷于朝廷官员和堡寨精英的联合围困之中。它还意味着，来自麻城某一边缘地区（最典型的是东山丘陵地区）的乡村强人并未被排除在以县城为中心的行政机构的防御事务之外，反而或应邀或主

---

① 例见湖广总督罗绣锦的奏折，顺治7/8，以及御史聂杰的奏折，顺治9/6，《明清档案》，A12-6，A14-161。又见于成龙，1：55~56页。关于内应（或第五纵队）的传统观念，见 Wakeman, *Localism and Loyalism during the Ch'ing Conquest of Kiangnan*, 59-60。

② 孟广澎：《〈麻城县志前编〉序》。

动地实际负责这类事务。在接下来的章节里，我们将探讨这种复杂的机制。

常规的暴力

本书的历史叙事难免会突出麻城县大规模暴力的间歇爆发。的确，历史学家不能不被该地（它在其他方面并无独特之处）非同寻常的狂暴、凶残以及在全国性或地区性社会动荡时卷入血腥冲突的人口规模所打动。但对这些时刻，我们需要更多地探讨日常状态，强调这些更大的"爆发"是怎样嵌入麻城人文生态的——暴力在这种生态中普遍、持续、常规地存在着。如晚明的造访者王世贞所写的那样，该地乡俗暴戾好斗，目无法纪。①

我们已经看到，麻城县在任何时期都是一个危险的地方。长期存在的祸害是通常所称的土匪。土匪从未真正离开麻城的丘陵地区，但当地文献中的大量报道揭示了其规模和强度的消长。考虑到整个中国历史更大规模的动乱模式，这些趋势并不令人惊讶。② 我们在明代中期（15世纪70年代）首次看到定期活动的麻城土匪，到两个世纪后的17世纪70年代，他们在清朝统一过程中仍是一个日益重要的话题。当地文献总是抱怨政府官员和乡村士绅在土匪活动中串通一气，这证实了大卫·罗宾逊（David Robinson）的发现，即至少到19世纪，精英的庇护对于巩固帝国的"暴力经济"发挥了关键性作用。③

1673年镇守岐亭的清初"模范官员"于成龙，想出了一个极其果断的办法来识别并摧毁这些庇护网络。他直接派自己的部队抓来了九个有土匪嫌疑的人，然后召集当地文人开会，问是否有人愿意在于面前为任何嫌犯担保。只有两人得到了担保。同样富有戏剧性的是，接下来于

---

① 王世贞：《弇州四部稿·续稿》，收入《四库全书》，90：24页。

② 这些报道中的例子，见吴敬道（音）奏折，顺治6/7/3，《明清档案》，A10-100；1882年《麻城县志》，37：7~9页；《黄州府志》（1884年编），卷10；《麻城县志前编》，5：20页；《麻城县志续编》，5：24~26页，5：48~49页。

③ Robinson, 100. Robinson书中的一个核心论点再次得到了麻城资料的支持，即遍布华北的盗匪并非明朝衰落时期的新现象，而是在王朝的强盛时期同样长期存在。

有条件地释放了剩下的七人,派他们作为自己的私人代表去镇压该县其他土匪的活动。①

和明代相比,土匪在"盛清"时期显得异常沉默,这有力地证明了王朝鼎盛时期的治安权力,特别是(我们将看到)这种权力在地方上的执行。由于19世纪中期的叛乱,我们又开始听到定期活动的土匪,这一问题在整个民国时期迅速蔓延并日益严重。直到20世纪50年代,新生的共产党政权还不得不从位于麻城、黄安边界的指挥部发起异常坚决而持久的"剿匪斗争"②。

土匪蹂躏该县,时常对农业造成灾难性的破坏。他们毁损交通,使该县商业凋敝;贩卖私盐(虽然出人意料,但没有什么证据表明这个边缘地区卷入了卖淫、鸦片及其他营生);绑架当地精英,勒索赎金;焚烧当地寺庙。掠夺者常常翻越大别山席卷此地(如我们所见,有时多达数万人),抢劫乘马岗这样的北部市镇。但土匪也会劫掠并不时占领更发达的南部城镇——宋埠、岐亭和白果。1512年,他们占据了县城。1927年春,麻城和黄安被统一战线的革命军占领,他们再次包围了这两座县城。1926年,在最大胆的一次行动中,两名当地土匪被叛变军阀袁英任命为联团营长,司令部设在该县孤儿院(并将其资产据为己有),连续数月有系统地向县政府、当地商人和乡镇"自治"组织勒索财物;县自治局领袖江化龙(清末新政和辛亥革命中的士绅英雄)奋起抵抗,结果和他的儿子一起被绑架、杀害。③

这些土匪到底是什么人?明朝将军、出色的剿匪者梅国桢在1590年说到,其家乡麻城的农民擅长于在紧急关头变身盗匪以度过匮乏时期。④但更严重的匪患来自职业土匪。在过去的千年间,不计其数的职业匪帮都

---

① 陈廷敬:《午亭文编》,41:5~6页。
② 1993年《麻城县志》,356页。
③ 关于这起事件,见《麻城县志续编》,5:23~25页,10:1页,11:11页。关于其他盗匪活动的代表性报告,见《明实录类纂》正德六年、七年的各类记录,620~624页;湖北巡抚谭继洵奏折,光绪18/7/28,《宫中档光绪朝奏折》,7:293~295页;1882年《麻城县志》,37:7~9页;《麻城县志前编》,2:2页,5:20页;《黄安工作报告:关于"黄麻暴动"的经过》,11~14页;《民国日报》(汉口),1927年1月18日、2月6日;People's Tribune (Hankow), June 10, 1927。
④ 梅国桢:《与某粮储》,收入1670年《麻城县志》,卷10。

是大别山区（包括河南和湖北两边）——某种程度上也是东山地区——的地方病。在骚乱时期他们的队伍会膨胀，例如在14世纪70年代、17世纪40年代、19世纪60年代以及民国初期，被打败的反朝廷叛军残部都会加入其中，此外还有军阀部队的散兵游勇（溃兵）。这些部队与当地民团和互助结社（会）——如红枪会——之间的关系颇为复杂，我们回头再讨论它。①

国家政权及觊觎政权者都会在其公开通告和内部文件中，把拥有武装的政治对手指称为"土匪"，这就使对土匪进行社会分析变得更复杂了。清王朝的征服者和统治者在麻城经常这么做。清代文献使用"土匪"或其变体"土贼"，通常是指职业歹徒，但有时也指忠于明朝的不合作者或叛乱者。"盗"不仅用来指强盗团伙，也用来指叛乱的佃仆甚或明朝的残部。②

后来的国民党政权当然也学会了这种做法，娴熟地将意识形态对手诽谤为纯粹的罪犯——"共匪"。（麻城的共产党人也如法炮制，在20世纪50年代的运动中把忠于国民党的人归入应"剿"之"匪"的行列。）大别山区的共产党武装和其他土匪结成松散的联盟，但我们将看到，他们之间的关系往往十分紧张而并不融洽。③ 麻城国民党当局的确花费了大量精力，与根本不是共产党人的"土匪"作战。官方话语有时揭示了这种差别，有时又忽略了它。④ 例如，20世纪30年代的国民

---

① 关于20世纪，有大量文献涉及土匪的来源及其与其他"动乱势力"的关系。见张振之；Nagano，尤其是237~238页，该书提供了20世纪30年代大别山职业土匪的细节；戴玄之；蔡少卿，《民国时期的土匪》；及其他著作。稍后本研究将谈到裴宜理（Elizabeth Perry）对该讨论的贡献。

② 例见《明清档案》，A10-100；《宣慰陈恢恢谕》，收入于成龙，1：64~65页。David Robinson也注意到帝制晚期的官方文献会轻易地给完全不同的社会力量贴上"土匪"标签，以及这种做法给历史学家带来的问题；见Robinson, 25, 67。

③ Chang, 215; Billingsley, 34-35. 我们将会看到，队伍内部的土匪，无论是真实的抑或想象的，也是当地共产党领导人在20世纪30年代清洗的主要对象。

④ 在南京时期送到省政府的月报中，麻城官员们报告了被抓获的共产党游击队员和当地土匪的姓名，承认他们是两种不同的类型，但将其归并记录在一起。见《麻城政府办理共军土匪案件月报表》，1929—1934，湖北省档案馆。

党地方文献在描述最近的历史时,提到"匪患"逐渐让位于"赤祸","赤匪"危机超过了"土匪"危机——但二者都不彻底。① 阅读这些文献并想象自己处在保守的地方精英的位置上(像他们经常做的那样,努力保护当地社会免受动乱力量的侵害),我们就有可能理解,后来国民党"共匪"修辞的根源不仅仅是轻蔑的政治宣传。至少从当地人的角度来看,把共产党游击队简单地看做困扰该县的一长串土匪中的又一群,是合情合理的。

长期存在的土匪威胁,是麻城社会渐进而长期的军事化进程中最基本的要素,这将是本书的首要主题。但地方文化的反应远远超出了制度的反应。梅国桢和他的侄子梅之焕等当地英雄,以及穆炜、于成龙等地方官员,因为他们血腥的剿匪运动而被颂扬了好几个世纪。将土匪视为经常存在的魔鬼威胁的化身这一普遍观念,使这种暴力被合法化了,许多匪徒自身的立场则强化了这种观念。也正是由于这个原因,驱魔的神灵,例如供奉在县城岳王庙的武穆岳王、供奉在七里山梅氏故里惠云庵的东岳神,不断被用来保护该县免受恶魔般土匪的伤害。②

毫不奇怪,土匪也在当地的民间传说中大量出现。一个广为流传的故事与李忠素有关,他是清初一个非常富有的士绅家庭的后代。李在孩提时代被土匪绑架以勒索赎金,却自己加入匪帮,变成了一名优秀的骑手和射手。他还写过关于土匪生活之乐趣的诗歌,尚书龚芝麓被这首诗和诗中流露出的威武勇气深深打动,让李在平定台湾郑成功政权的军队中担任军官。③ 另一个当地传说更揭示了麻城人民面对土匪的长期威胁时所体现出的黑色幽默。这个故事讽刺了 15 世纪中期的文人刘仲普,一天晚上闯进他家院子的土匪叫醒他,让他交出贵重物品。他说自己唯一真正值钱的就是他妻子的珠宝,并把它们交给了这些人。他们收下珠宝后离去了,警告刘不要告诉任何人(也就是官府)他们来过。几天后,刘的妻子发现珠宝不见了,问刘是否知道失窃之事。他回答说:很抱歉,但

---

① 例如张群:《湖北宪政概况》,508~509 页;《麻城县志续编》,5:48~49 页。
② 《麻城县志前编》,2:13 页,2:18 页,7:5 页。
③ 《麻城县志前编》,15:33 页。

我答应过不说的。①

麻城的地方性暴力远不仅限于来自土匪的威胁。火器很早就出现了，而且数目庞大。最晚到17世纪，东山和大别山高地的猎户已经普遍配有欧式火枪（鸟枪），他们也会警觉地将其用于人类目标。②每当该县遇到外部威胁，当地的守卫部队就会将更重的武器运进来，其中包括明朝末期梅之焕从甘肃和赣南带来的大炮。③ 由于19世纪中期的叛乱，该县的火器数量出现了实质性增长。在重建时期，县城和超过六个市镇都建起了军火库，其目的据称是要控制散落的武器，但这种努力收效甚微。清末的土匪拥有数以百计的步枪。到民国初期，用1935年县志中的自豪说法，文明进步带来了新型的高科技武器，各种类型的战士现在都携有自动武器。县志记载了掌握在亲政府民团手中的1 388件自动武器，但承认这只是该县实际数量的一小部分。④ 这些数目庞大的武器一旦运进麻城，大多都会留在这里，供落入其手的任何派别使用。

但是，如果说枪是当地生活中的一个外来主题，那么更深地植根于麻城社会结构中的则是武术，尤其是拳术。就像同知于成龙在17世纪70年代所写，将麻城和毗邻东山的罗田县相比，"两县文武格局殊异，罗田以文胜，麻城以武胜"⑤。【译者按，查原文并无此语，系意译。】修习少林、武当和近六种当地其他拳术的学校和结拜组织（会）遍布全县。这些会社的成员（会友）又分散到大别山区的邻近各县，元明清时代形成的

---

① 《黄州府志拾遗》，卷6。此处为意译。有人怀疑，这个带有贬损之意的故事也许出自麻城当地对刘氏心怀怨恨的其他家族。

② Taniguchi, *Yu Seiryū no hōkō hō ni tsuite*（《于成龙的保甲制》），73。据狄宇宙（Nicola di Cosmo），鸟枪最早是由葡萄牙人发明的，经日本人改进后，于16世纪中期由东南沿海的海盗传入中国。鸟枪没过多久就传到大别山区，许多为海防军务效力的当地人显然在传播过程中发挥了作用。

③ 王葆心，3：5页。David Robinson乐于强调刀剑、棍棒、弓箭及其他武器在明代的中国乡村随处可见，但他也看到使用火器在该地区主要是国家的专利。麻城似乎又一次领风气之先。见Robinson, 91~96, 133。

④ 《麻城县志续编》，5：22~23页；《黄安工作报告：关于"黄麻暴动"的经过》，11~14页。

⑤ 于成龙，2：13。

几个更大的麻城人聚居地,创办自己的学校,使他们的家乡获得了全国武术中心的声望。该县武功名获得者多半也是如此:麻城在明代出的61名、清代出的76名武举人,几乎全都来自某所拳术学校。在清末民初的动荡时期,即使火器在乡村泛滥,当地人对肉搏格斗术的热忱反而更加高涨。①

明清时期,麻城因民风好斗而全国出名。这种争斗通常是非暴力的,但仍具有很强的报复性,其方式之一是民事诉讼。如16世纪初一位观察者所说:

> 楚俗谲诡而好讼,动抵谰词相报怨,其所株染以百数,经岁莫可竟案,麻城为最……②

麻城一起涉及谋杀指控的独特案件,以贞妇传说的形式广为传颂,并被写入了《明史》。某位李姓妇女嫁给麻城本地出生的官员王宠麟【译者按,原文误为Wang Longlin】。王死后,他的尸体被带回家中,忠实的妻子绝食了四十天,变得奄奄一息。当地人认为她确实已经死了,把她放进棺材等待下葬。同族一位被撤职的地方官员,觊觎本该由王前妻之子继承的财产。为了剥夺其继承权,他散布谣言说这个儿子杀死了自己的继母。李氏棺木下葬时,一群人在这位族人的煽动下聚集起来,喊叫"杀母!"但李氏在棺材里说道:"已知汝辈计必出此也!"人们羞愧四散,儿子得到了应得的遗产,李氏也平静地断了气。③

另一个麻城传说与一起真实的谋杀案有关,它在《狄公案》之类的断案故事中声名远扬。滕兆是一位因擅长断案而知名的当地官员。在1416年担任黄州知府期间,他遇到了一桩麻城士兵被谋杀的可疑案件。虽然腾知道谋杀者是谁,但因为尸体没有找到而无法对罪犯进行审判。他决定到麻城的城隍庙住一晚上,寻求神启。他在半夜突然被惊醒,看见一只老鼠跑到庙里来,围着他的小床转了几圈,然后冲出门外,钻进了附近的一个池塘。早上,知府下令在老鼠跳进去的地方挖掘池塘,千

---

① 1993年《麻城县志》,514页;《麻城县志前编》,卷8。
② 皇甫,《四库全书》,49:2~3页。
③ 《明史》,《四库全书》,302:18页。

真万确,士兵的尸体被找到了。①

逃跑新娘的案例

在麻城这样由宗族统治的地方社会,家族群体间的冲突是一个无可争辩的事实。例如,晚明时期该县占据文武官职的望族之一梅氏,与自己的邻居发生了长期冲突,其中最著名的冲突对象是身为哲学家和官员的耿氏家族。② 在习惯使用暴力的居民中,敌对家族群体的暴力资源很难说有什么不同。例如在1628年,比邻而居的胡氏家族和田氏家族卷入一连串谋杀官司,最终引起了明朝廷的注意。③

但麻城最著名的家族冲突是在涂氏和杨氏之间,从18世纪20年代到30年代延续了十多年,并成为当地民间传说的素材。④ 不仅如此,18世纪的诗人袁枚将其作为一篇"纪实小说"进行改写⑤,直到1996年畅销杂志《法律与秩序》(*Law and Order*)⑥ 又连载了这个故事,这一事件强化了麻城地方宗族在全国读者中广为接受的粗野形象,正如福克纳(Faulkner)在《斯诺普斯三部曲》(*Snopes Trilogy*)中对密西西比乡民的嘲讽性描述影响了后来的城市文人读者。

袁枚的说法如下:麻城一位殷实农夫涂如松,娶邻家杨氏为妻。两人不和,杨氏逃回娘家。⑦ 经劝说调停,杨氏回到涂家,但涂经常殴打她,

---

① 李贤:《中议大夫黄州知府致仕滕君墓表》,收入李贤:《古穰集》,见《四库全书》,16:14~15页。

② 梅氏与耿氏的冲突将在第四章论述。另一起与梅氏有关的世仇,见梅国桢:《与刘邑侯书》,收入1670年《麻城县志》,卷10。

③ 《明实录》,崇祯元年实录,收入《明实录类纂》,1009页。

④ 地方传说版本,见1993年《麻城县志》,485~486页。

⑤ 袁枚:《书麻城狱》,收入王英志,2:162~164页。感谢我的同事梅尔清(Tobie Meyer-Fong)提醒我注意到袁枚对这个故事的记述。

⑥ 见刘建业。

⑦ 根据刘建业极富想象力的描述,主要问题在于杨氏举止失礼:当有抱负的学者涂邀请文人朋友到家里做客时,他年轻的妻子总是忍不住和这些男人一起说笑话,让涂很没面子。

当涂母生病时,杨氏趁机逃走。没有人知道她的去向,两家间的指控和反指控随之而来。杨氏的弟弟杨五荣声称涂杀死了她。他向当地无赖赵当儿问及此事,赵诡称"固闻之",于是杨把赵拽到衙门作证人,但知县汤应求发现给涂定谋杀罪的证据不充分。赵父前来首告其子无赖妄言,他的证词被否决,这个案子因此悬而未决。

汤知县的进一步调查表明,杨氏此前曾被送到王祖儿家当童养媳,但未来的丈夫在完婚前就死去了,她被家里重新许配。知县还发现杨氏家族的族长、生员杨同范,策划了"虎狼似的"的婚姻欺诈行为,所以开始请礼部褫夺杨的功名。他不相信杨氏已死,派胥吏四处寻访缉捕她。

事实上,年轻的杨氏从涂家逃走后又回了自己家。她母亲担心她的安全,在瞒着所有人将她藏了一个月后,决定告诉官方。但被她派去见官的儿子杨五荣很不明智,他没有去见官,而是直接找了族长杨同范。同范嗅到了从中获利的机会,说道:"我生员也,藏之,谁敢篡取者?"所以同范和五荣一道,把活生生的杨氏藏在院子里一处隐秘的复壁中。之后,他们对涂如松提出了谋杀指控。

同年年底前,一位姓黄的邻居把他夭折的孩子埋到河滩边一个很浅的墓地里。随后发洪水,孩子的尸体暴露出来,被狗刨出并吞吃了一部分。地保请汤知县前去调查,但汤因暴风雨而被迫折回。这是杨同范的又一个机会:他和杨五荣一起,谋划伪认这是杨氏的尸体。他贿赂当地仵作李荣,让他证明这尸体是一个年轻女性的,但被李一口回绝。两天后,当汤知县终于来到现场时,尸体已经完全腐烂,无法辨认。汤只好将尸体着衣入殓。

这时候,仍未得逞的杨同范发动数十名族人,带着武器袭击涂家,暴力纷争接踵而至。械斗的消息传到了驻在武昌的湖广总督迈柱那里,他命邻县广济知县高仁杰重新调查整个案件。高本人私下觊觎麻城知县的职位,想利用这个机会败坏汤知县的声誉。他召来一批腐败的衙役去寻找一具年轻女性的尸体,和杨同范共谋指认为杨氏的尸体,并向迈柱报告说汤知县接受涂的贿赂而掩盖其谋杀罪行。迈柱信以为真,将汤知县革职,让阴险虚伪的高知县取而代之。果不其然,高被证明是一个残暴的统治者。他冷酷无情地向被诬告谋杀的涂如松敲诈勒索,逼得他和家人想要自杀。

为了让正直的仵作噤声，又秘密杀害了李荣。

随后杨和涂分别进行了一系列努力，试图证明那具尸体是或者不是杨氏的（袁枚以令人毛骨悚然的兴致描述了这些努力）。高宣布那具尸体就是被谋杀的杨氏，将案情报告呈送给他的上司黄州知府蒋嘉年，但知府不肯相信。蒋让一名来自邻县的仵作掘出尸体重新检验，确定这是一具男性的尸体。但高仍不罢休，他声称尸体被调包了，并将报告直接呈送总督迈柱，迈柱又赞许地转呈给皇帝。

麻城人民当然都很清楚案件中的冤情，但找不到杨氏其人作为证据，他们无法证明这一点。某天清晨，机会终于来了，邻家的一名老妪在杨家院子里发现了洒落的血迹。这是仵作李荣的血，他在那里被殴打致死。邻居恭敬地向杨同范问及此事，他不屑一顾地说："与你何干！"满怀狐疑的邻居趁同范离开时在院子里打探，听到了从墙里传来的呻吟声。这当然就是杨氏。被囚禁的新娘回应了老妪的问题，诉说了自己的悲惨命运。杨同范突然回来了，愤怒地向老妪扑过去，但她设法逃走了。她把自己的发现告诉儿子，让他向知县报告这个消息。

这时麻城的新知县是来自浙江海宁的孝廉陈鼎。① 陈上任后早已听说了这个案子，并立刻怀疑其中有诈，但只有得到了邻居所提供的这种证据，他才能将真正的罪犯绳之以法。陈将最新进展报告给湖北巡抚吴应棻，吴又将其报告给湖广总督，仍旧是迈柱。暴怒的迈柱终于意识到自己被愚弄了，下令立刻将杨氏带到他面前来。陈知县担心如果公开行事，可能导致杨氏真的被杀或被迫自杀，解决案子的钥匙就又消失了。于是他声称杨同范在开办妓院，以此为名亲自带人突袭杨家大院，拆毁复壁，抓获了杨氏。随后他带着杨氏和各方人等在县衙升堂，麻城的"数万"良民相伴而行，他们被邀请来见证审案过程。当着众人的面，陈知县让涂如松与杨氏相见，当众确认杨氏是他的妻子，并为自己给她带来的不幸而沉痛道歉。书中记载，聚集的人群雨泣良久。杨同范和杨五荣一言不发，叩头

---

① 1935 年《麻城县志》显示陈鼎于 1735 年成为麻城知县，并对解决这起著名案件的该能吏表示赞赏，提供了关于该历史事件的基本事实。见《麻城县志前编》，6：19 页，7：12 页。在我看来，可能正是陈为袁枚的故事提供了主要来源。

认罪。

　　1735年夏末，吴巡抚向皇帝报告了案件的最后处理办法。但还有最后一项举动很值得一提。在吴提交报告和收到皇帝签署的结案意见之间，总督迈柱再次考虑到整个事件让自己有多尴尬。于是他捏造了另一份对自己更有利的报告，声称陈知县说杨同范开妓院的指控确有其事。根据迈柱修改后的描述，在复壁里找到的年轻女性事实上并非杨氏，而是杨同范所雇的娼妓。总督强迫已经精疲力竭的杨氏串供，并说服杨同范伪认开妓院，以免于死刑。随后迈柱上报了他自己的结案报告。

　　这样，皇帝（也许是刚登基的25岁的弘历，他于1735年10月继承皇位）收到了两份相互冲突的报告，他派户部尚书史贻直前往武汉，与迈柱总督和吴巡抚当面对质，查明真相。最终知县陈鼎（以及吴巡抚）的描述被认定为事实。被废黜的麻城知县汤应求得到赦免并官复原职。杨同范和杨五荣被定罪处决。袁枚论曰：公正并不总是立刻出现，但只要耐心和坚持，真相总会大白于天下。

　　袁枚讲述的迷人故事，强调了欺诈、民间诉讼、野心家的官场阴谋以及帝国的公正。这个故事在麻城当地传说中的版本稍有不同，传说意味深长地更关注冲突中的武力元素。根据这个版本，从大院复壁中救出杨氏的突袭行动不是由坚定的陈知县及其忠实随从发动的，而是一群效力于涂氏的当地恶棍所为。当"死者"重新出现没有带来令人满意的判案结果时，涂的反应是动员更庞大的"数百人"之力将整个杨家大院夷为平地。他们仍不满足，又在建筑所在之处掘地三尺，至今那里仍是一块沼泽洼地：杨基塘。在当地百姓看来，官方通过断案来解决这类无休止的冲突是不明智的，相反，应该使用武力。在麻城，武压倒了文。

抗　争

　　毕仰高（Lucien Bianco）曾对数千起事件进行量化分析，表明中国现代历史上精英组织的"大型"叛乱是嵌入于（在数量上也远逊于）更常规、更小型的民众集体力量动员的：食物骚乱、抗税斗争、抗租斗争。麻城在几个世纪里不时发生"大型"叛乱，但其历史仍证明了毕仰高的看法。① 我们将会看到，这是一个阶级矛盾始终居高不下的县。著名的文学批评家、1573—1574年任湖北按察使的王世贞这样描述麻城："而其称羯羠不易均者，亦莫麻城若。"②

我找到了1472、1590、1831、1855、1898和1929年粮食骚乱的资料，但是很显然，还有更多的骚乱被淹没在文字记录之下。③ 一旦发生歉收或粮价上涨，饥饿的村民就会训练有素地要求政府禁止价格上涨，强迫私人以"公平"或"平稳"的价格售粮，以及开仓放粮。如果这些要求得不到满足，国家和私人的粮仓就会遭到强行劫掠，这通常是专为这一目标而形成的武装民众组织（会）干的。地方当局非常熟悉也完全理解这些行为，以至于这些组织几乎得到了官方的容许。麻城知县或者像李兆元那样，在1831年忠实地逮捕了主要叛乱者并将其定罪，然后仅仅判他们待在家里悔过自新；或者像刘棨那样，在1855年屈服于百姓的压力，将首恶分子释放出狱。④

抗税运动则是麻城更为常见的一种集体抗争形式，其根源部分在于中央与地方之间、国家与社会之间的长期紧张关系，我们在整个研究中会一再看到这种紧张。毫不奇怪，此类事件在国家濒临崩溃的民国时期会四处蔓延，但规模可观的反对强行征税（无论是以现金、实物还是强迫劳役的形式）的斗争在整个明清时期也时常发生。例如，一个叫李添保的麻城人发起一起抗税叛乱，事败后逃往湘西山区；他在那里联合"苗"人，自称唐朝皇室后裔，发动了一场数千人的短暂暴动。⑤

抗税斗争可能会促使精英和平民联合起来对抗官府，使之分裂甚至碎片化为以地缘或其他因素为基础的社会阶级（尤其是当地方权贵进行包

---

① 见Bianco。

② 王世贞：《麻城穆侯均赋颂序》，收入《四库全书》，59：26页。王引用《史记》中的典故，将麻城社会的行为与某种极其注重长幼之序的山羊相比拟。

③ 例如，见1670年《麻城县志》，卷10；1882年《麻城县志》，37：7页；蔡寄鸥，30~31页；何玉琳，34页。

④ 《麻城县志前编》，7：15页；1993年《麻城县志》，560页。关于帝制晚期谷物骚动的常规化和地方政府的半容忍态度，见Wong。

⑤ 《明史》，收入《四库全书》，166：14页。

揽，即代办事务并中饱私囊时）。有两个例子可以为这些抗争添加一些趣味。

第一个案例涉及该县的公粮征收。15 世纪后，麻城属于南漕项下，每年要交总计 4 200 石公粮，在当地有产者中分摊。但由于麻城的多山地形，这种征收方式对该县纳税者形成了异常沉重的负担，他们和其他地区的居民一样，需要以附加税的形式承担将公粮运到官方收粮站的运输费用。如果交粮期限恰逢该县运粮干线的枯水期，只有改用成本更高昂的陆路运输，这时运粮更是一项尤为沉重的负担。衙役甚至会利用这种局面进一步剥削纳税者。将应交公粮折算成现金似乎是一种解决办法。16 世纪后期，当地官员和精英一再设法有效地解决这一问题，但总是导致纳税者的内部纷争。将平均运输费用按统一比率折算成现金，事实上不利于那些富有的低地种粮者，他们（把粮食）运到收粮站相对比较容易。这些农户宁愿继续以实物交纳公粮，因而反抗比过去更激烈。直到 16 世纪 90 年代，经过数十年的争吵和湖北巡抚的视察，才达成某种妥协。①

第二个抗税案例涉及高地居民季节性的柴禾征收。这种征收系清知县及其衙役所为，旨在满足他们自己的柴禾需求，这显然加剧了麻城长期潜在的国家与社会、城市与乡村间的紧张关系。18 世纪上半期，人数渐众的东山有产者一直在强行抵制这种征收。最终在 1753 年，新上任的知县单言扬，一个始终反对行政高压的改革者，彻底废除了柴禾征收。单在石头上镌刻布告曰："荒茅任民樵采，烟火得以不匮。"麻城文人称赞单的举动是导致该县农业利润足以维持生计的主要因素。②

在麻城，以阶级为基础的抗租斗争不如针对食物或税赋的群体行为那么持久，但也绝不罕见。在 20 世纪 20 年代末和 30 年代初的动荡时期，该县的暴力抗租运动频频发生。据 1929 年上海党中央派来的一位

---

① 梅国楼：《漕运解折记》，收入《麻城县志前编》，3：9 页。梅氏家族是麻城南部中心平原的大地主，船运到县治的距离很近，他们显然是起初折算方案的最大受害者之一。

② 《麻城县志前编》，7：13 页。

调查员报告，这些行动大多完全是由本地因素促发的，很少或者没有共产党员的策划。① 但如果说这些运动的频繁程度和凶残程度在 20 世纪前期达到顶点的话，它们却绝非这个时期的新事物。例如 18 世纪初，位于麻城、罗田边界的东山天堂寨一带，江氏家族的几名富人买下了大片山腰土地，聘马家为佃户，在此开垦、耕种。这安排一直没有问题，直到持续耕种数年后土地的产量开始下降。1750 年，马家提出相应降低地租的要求被姜家拒绝，马朝柱和两名族人（被称为"马三少年"）奋而起事。最后湖广总督永常和两江总督尹继善联手，叛乱才得以平息。②

贯穿几个世纪的民间集体暴力，究其实质大多具有回应性特征，是为了在面对他们感知到的威胁时保卫习以为常的谋生之道和行为方式。19 世纪末，这种逻辑延伸到了由西方人（特别是基督教传教士）带来的文化革新方面。传教士进入麻城相对较晚。1890 年，新教瑞典传道会（SMS）在武汉成立，决定分赴尚未接触过其他教派传教士的湖北内陆各地进行传教。两年后，两名瑞典传道会成员，维克霍姆（O. S. Wikholm）和约翰逊（A. D. Johansson）到达宋埠，租了一条商船用于传教。但人们不欢迎他们。该镇拳会成员在 16 岁的武术奇才李培祥率领下，动员民众反对外国人。在端午节和秋天龙舟节所激发的地方主义热情的驱使下，拳民们指控传教士调戏一名霍家少女，在大白天把他们当街打死。③ 此后数十年间，想在宋埠（这时仍是麻城最开放的地区）和该县其他各地传教布道的各种尝试，遭到了更温和、但是依然坚决的反抗。

这种民众骚动偶尔会发展成超越地方规模，甚至要求改朝换代的叛乱或者民变。当然，这里说的就是 14 世纪五六十年代、17 世纪 20—40 年

---

① 何玉琳，34 页。

② 王葆心，2：13～15 页。

③ Chinese Recorder 23（June 1892）；Chinese Recorder 47（Feb. 1916）；蔡寄鸥，27 页；1993 年《麻城县志》，11～12，514，536 页。感谢瑞典历史学家 Marie-Christine Skuncke 为我提供关于这一事件的其他信息。关于华中地区端午节成为攻击外地人的常见导火线，见 Perdue,"Insiders and Outsiders"。

代、17世纪70年代、19世纪五六十年代以及20世纪二三十年代那些主要的暴力动乱，它们构成了此项研究的基础。但是还有许多其他更常规的变乱，它们从未发展到那种程度，却对恐慌的当地社会构成了十足的威胁。例如，15世纪90年代的董官【译者按，原文误为"Dong Guanpan"】、16世纪20年代的胡廷凤，都是自称为王，一度反叛朝廷的麻城土匪。1524年，一个叫万敏福（音）的巫书贩子引起了这种恐慌，致使明朝军队从汉水河谷前来清剿。1905年发生了一场自称白莲教的运动，在当地活跃分子李仕英、郑大鹏【译者按，原文误作"Deng Dapeng"】、胡巨成【译者按，原文误作"Hu Qucheng"】的领导下，将支持叛乱的人系统组织起来扶清灭洋。① 对叛乱的深切忧虑绝不仅限于官府和上层阶级。例如在1513年，出于对鬼兵降临的巨大恐惧，乡民们强烈要求县级官员和精英将防卫警报提升到更高的等级。② 但是对变乱的忧虑，尤其深刻地扎根在麻城有产精英的意识中。

国家暴力

有些时候，民众变乱的可能性会影响统治者，使之在执行政策时采用更谨慎的方式：例如，在1573年修建麻城城墙的计划中，这种可能性促使官府从征募劳动力部分地转变为雇佣劳动力。通常情况下，这种忧虑引发了精英们持续数个世纪的运动：向底层阶级宣传教化（恰当的顺从和恭敬），向全体居民灌输四维八德。③ 但麻城官府和精英更习以为常的做法，仍然是以他们自己模式化的恐怖暴力来应对民众的叛乱，这种做法集中体现在一个含糊不清的单字上——剿。

以下各章的叙述，将主要聚焦于这种得到认可的残暴行为。对妖魔化的国家敌人采用进攻性的、先发制人的暴力，在1630年代由梅之焕令人

---

① 《明实录》，嘉靖3/1，收入《明实录类纂》，629页；1670年《麻城县志》，卷3；《麻城县志前编》，5：13页；1993年《麻城县志》，12页。

② 1882年《麻城县志》，37：8页。

③ 孟广澎：《〈麻城县志前编〉序》；《麻城县志前编》，2：1页。

不寒而栗地辩护为"弹压妖犯";它那些可怕的技巧,则在三个世纪后由自称"阎王"的国民党保卫团长林仁敷发展到了极致。① 这甚至成了一项神圣的使命:血腥捍卫宇宙道德秩序,使之免受动乱力量之害。在这种独特的地方情境中,此类战斗极为频繁和残酷。

---

① 梅之焕:《与黄州司理周芝田》,收入梅之焕,3:25页;《风云变幻》,43~47页。

第二章
明　王

　　1346年的冬天，据元末明初的学者叶子奇回忆，华中地区的太阳突然变成了血红色。① 它预示了这样一个时代，在长达近四分之一个世纪的时间里，该地区将为凶猛的起义和大规模的屠杀所充斥，而此时元王朝正经历着灭亡的剧痛。正像叶将要记载的那样，在这个净化过程中，麻城及其邻县将扮演一个关键而又相当暴力的角色。

蒙古统治下的麻城

　　14世纪早期的麻城社会是什么样子？就可以复原的历史来看，它与我们所熟悉的16世纪及以后的历史画面是完全不同的。麻城在元代已经是一个古老的定居地，也是历来兵家的必争之地。但是此时，它还没有那么多退休的政府官员和将在明朝中叶出现的著名学者。明清两代的大家族在很大程度上还没有形成。虽然已经有了使用暴力的苗头，但是元代当地社会还没有什么有组织的军事力量，而这正是它后来的重要特征。该县是一个重要的贸易通道，拥有大量运输工人和在此做买卖的流动商贩，但是没有明显的证据表明它已经形成了一个富有的本地商人阶层或一种出口导向型的商业农业。粮食生产主要是为了生计，当地的农业看起来是掌握在自由佃户和自耕农手中。将在该县今后历史中扮演重要角色的仆役，似乎还没有成为一股社会力量：农业奴仆曾普遍存在于以前金朝统治下的华北大部分地区，并在14世纪中叶江西和江南爆发的起义中非常活跃②，此时却从麻城及其附近辖区的历史记载中完全消失了。

---

① 叶子奇，41页。叶的小传见《中国人名大字典》，1300页。
② 蒙思明，170～206页；Schurmann，22—32；杨讷，120页。

然而当地社会并不是停滞的。唐王朝时（618—907），朝廷记录中提到的几百个有全国影响力的世家大族中，没有一个认同麻城为自己的家乡，他们对广阔的大别山区或鄂东地区（黄州和蕲州）的其他各地也确实没有这样的认同。① 对那些世袭贵族来说，麻城几乎是不存在的。在唐朝统治的三个世纪中，根据当地文献的记载，只有一个本地人做了官，他叫阎伯玙，在江西西北部的洪州任上干得很出色。② （为了纪念阎，当地的地名志将一个集镇命名为阎家河，但到明代时，这个家族事实上已经从当地精英行列中消失了。）但是，伴随着中国历史中后期人口和社会政治的巨大变迁，麻城的地位提高了。根据罗伯特·哈特威尔（Robert Hartwell）的分析，黄州和蕲州辖区跟其他中部、南部地区一样，大大得益于早熟稻的传入以及由此产生的更高的人口密度。哈特威尔坚持认为，到宋代时它们已是长江流域中部的核心地区。麻城还成为宋朝政府茶叶专卖机构的主要供应地；到11世纪后期，它的茶厂每年可以生产近30万斤茶叶。③ 在作为官员选拔主要途径的科举考试中占有优势，拥有功名的士绅取代了旧贵族，新儒学（理学）道德学说的兴起，以及韩明士（Robert Hymes）所描述的精英群体认同的"地方转向"——这一切似乎都为麻城县开启了更大的机遇。④

麻城真正获得全国声望，或许要以该县历史上最值得文人相庆的一件大事，即伟大的北宋诗人及官员苏东坡（苏轼，1037—1101）的到来为标志。苏成年后在黄州辖区住了几年，期间流连于名山古刹，同隐士陈慥这样的朋友们畅谈该地烽火连天的往事。旅居期间，苏数次应一位富有的岐亭本地人王翊之邀到他的家乡麻城县城小住。苏欣然为许多麻城前贤写就了充满溢美之辞的传记，并为当地名胜创作了许多诗歌，此后的几个世纪，这些诗歌都被自豪地收入各种县志。⑤ 麻城始终和邻县黄冈聚讼不

---

① 见 Johnson。
② 1670 年《麻城县志》，6：1 页。
③ 胡我琨，收入《四库全书》，5：27 页；欧阳修，收入《四库全书》，25：1 页。
④ 见 Hartwell；又见 Hymes, *Statesmen and Gentlemen*。
⑤ 苏轼，收入《四库全书》，11：20 页；1670 年《麻城县志》，卷 9；1882 年《麻城县志》，4：13~15 页；《麻城县志前编》，15：20 页。陈慥及其与苏轼的关系，见《中国人名大字典》，1097 页。

休，为的是苏东坡一首标题为《定慧寺》的诗，指的究竟是黄冈县城外的那座寺庙，还是位于麻城东山高地上木子店镇的那一座。

和其他各地一样，宋代麻城的新儒学中显然有一种狂热的元素，即所谓"教化"（通过教导使人开化）开始成为文人对世俗文化进行攻击的新形势。例如，当时另一个著名的来访者是四川学者张行七，他起初是来探寻麻城的群山并创作诗文来描绘这里的自然风光。但是，他对盛行于当地的令人毛骨悚然的邪教异端感到震惊，将住所搬到了县城，并与当地的革新派官员联手，全身心地投入了一场旷日持久的肃清邪教的斗争。他只要发现一个淫祠就拆毁一个，并在五脑山上建起紫微侯庙取而代之，它正好位于县城的西门外，以便人们更好地敬奉正统的富主神①（掌管好运的神）。

麻城新理学文人文化的核心——以及所谓"地方转向"的物质体现——就是万松亭，这个亭子是由11世纪中叶的知县张仁甫，在举水西边的高地万松岭上建造的。在这里，当地学者和著名来访者济济一堂，讨论当时新颖而令人兴奋的道德和本体论问题；在这里，苏东坡在论道时写下了著名的诗句"十年树木，百年树人"②。万松亭渐渐发展成一个书院，形成了一个引人注目的图书馆，获得了越来越多来自出租土地的捐赠，后来它又搬到了麻城新县城。万松书院也赢得了全国性的声誉（直到18世纪，历任书院山长都是蜚声全国的博学鸿儒），直到帝制时代终结，它始终是该县学术界的中枢。③

虽有这一波智识主义的高潮，然而出人意料的是，麻城的学者们却没能将其转化成科考的成功和官场的显赫。留存下来的历史记录也许会有些出入，但在整个宋代，通常很细心的地方志仅记载了一例考中进士的麻城

---

① 张反对异端信仰的运动或许没有发生持久的影响，但他建造的庙宇却无疑发挥了这样的作用。连续几个世纪，该庙供奉富主神以及其他各种神，在整个20世纪被普遍认为是全地区最灵验的庙宇之一；见《麻城县志前编》，2：11～13页。帝制晚期文人对淫祠的声讨，见Schneewind。

② 苏轼，收入《四库全书》，11：20页。

③ 1882年《麻城县志》，2：27页，9：1～9页；《麻城县志前编》，4：29～35页；王瑞明、雷家宏，243页。

本地人，他就是后来著名的田家寨田氏家族的田蕙。除田蕙之外，只有他的兄弟田桂（他没有更高的功名）在宋朝得到了一个重要的官位。接下来的元王朝在1315年前一直没有举行科举考试，但从恢复科举直到元朝灭亡的半个世纪，也只有两位麻城人——赵玉峰（进士）和毛文穆（举人）——得到了比生员更高的功名，同样只有少数其他人（赵和毛的亲属）通过举荐获得了官职。直到几个世纪后，麻城才在科举和官场上取得令人瞩目的突破与成功。①

蒙古征服本身或许只留下了浅浅的印记。麻城县隶属于新设的黄州路，由一个蒙古的达鲁花赤监管，但日常行政事务是由县尹（县级地方官）和他手下的属吏负责的，他们都是华北地区的汉人。② 正如我们在第一章中看到的那样，麻城县经常面临金军的威胁，但它从未沦于金帝国的统治，而是直接从宋朝过渡到元朝。虽然东山的知识精英们在13世纪70年代针对元朝军事征服组织了零星的抵抗活动③，但元朝却在1279年以相对和平的方式占领了麻城。和大部分中国淮南地区的情形一样，根据元朝的种族划分政策，麻城的居民没有被划为"汉人"，而是被划为"南人"，即前南宋王朝的臣民。因此，元朝的政策大体上是让当地的社会结构和土地所有制度维持原样，相对未受干扰，这和北方的情况迥然不同，在那里元朝延续了金朝的革新举措，没收汉族大地主的土地，形成了王公大臣的庞大地产，主要用没有人身自由的劳动力耕种。

保罗·史密斯（Paul Smith）认为，在像麻城这样的前南宋辖区，元朝政府的影响事实上是很小的。为了统治的需要它要在很大程度上依赖衙门里的下级属吏（他们在麻城精英和平民看来是一个掠夺性和寄生性的阶层），为了实现社会控制，它又要依赖有势力的大地主（包括佛寺和道观，它们在麻城就像在帝国其他地区一样，显然是由佃农耕种的土地的共

---

① 1670年《麻城县志》，6∶1页；《麻城县志前编》，8a∶1页；《麻城县简志》，21页。关于1315年元朝恢复科举考试，见Endicott-West, 97。

② 1670年《麻城县志》，5∶1~2页；《黄州县志》（1697），1∶2页。元朝地方政府的大体情况，见Endicott-West。

③ 王葆心，1∶6页。

同所有者)。① 我们很快会看到，元代麻城确实有很多大地主，但可能农村人口主要由小农家庭构成。在忽必烈统治结束后，元朝为了加强对南方农业发达地区的税收汲取能力，将某些本地地主正式任命为村领袖（里正）或五十户领袖（社长），但是有人怀疑，大多数地方这些职位事实上究竟有多少人去干，也没有证据表明麻城有很多人担任这些职位。② 蒙思明在1938年的经典研究中认为，尽管元朝的国策是给予蒙古人和其他亚洲内陆人比汉人和南人更高的地位，但是在实践层面，多数情况下财产所有权而非行政命令规定的种族差别，仍然是决定社会地位的主要因素。③

我们已经看到，少数麻城本地人在异族的统治下获得功名并成为了政府官员。至少还有一个非本地人的例子，来自江西的邹迁八被元政府派往麻城为官，他在这里得到了一块不错的土地，并繁衍出了整个明清时期该地最持久、最富有、最著名的家族之一。④ 但邹的例子虽然很突出，却不具有代表性（我们将看到，帝制晚期的麻城精英大多数是在明朝建立之后才奠定自己的基业）。元朝统治下当地大地主的一个更典型的例子可能是秦氏家族，关于它的仅存的文献保存在其邻居在大约1350年刻写的石碑上，儒家学者龙仁夫将其编入了1935年的县志。⑤

作者开篇就写道："秦氏是麻城的第一大家族。"人们没有理由对此表示怀疑。当时这个家族的族长秦朝卿，就是在南宋时期的1160—1170年代迁到麻城的几个兄弟的第六代孙。龙没有说明他们来自何处，但我们知道他们在江西有几位亲戚；很可能他们是由于金兵征服北方而南迁的移民的一部分，起初在12世纪中期迁到江西，随后又从那里来到了麻城。在麻城，他们曾得到宋埠附近的土地，家族的各分支就在这些土地上繁衍

---

① Smith, 89-94。又见 Schurmann, 6。
② Endicott-West, 105-119。
③ 见蒙思明。
④ 见《麻城县志前编》，10∶62页。邹氏家族是麻城西北部地区的领袖，该地区在16世纪晚期分出来成了新设黄安县的一部分。关于邹氏家族在这个新辖区的重要地位，见1697年《黄安县志》，卷3。
⑤ 龙仁夫：《秦氏义田记碑》，见《麻城县志续编》，14∶14~15页。

起来。他们拥有的土地迅速扩张（他们的资本从何而来？是否参与了宋埠的商业活动?），但他们总是担心会失去他们的财产，因为在南北之间——先是宋与金，然后是宋与元——的军事对抗中麻城处于危险境地。尽管如此，元朝的最终胜利和政权巩固却证明是非常有益的。1337年，新上任的族长秦朝卿同几位家族长者商讨建立家族义田的可能性。他们随后这样做了，并在14世纪40年代晚期鼓励开垦以增加田产面积。最终，义田达到了总计70万亩（超过10万英亩）的惊人规模。义田由专业管理者（大司农）负责经营，其收益（表面上）用于建立一个粮仓来接济贫困的家族成员，支付婚丧嫁娶的费用，以及创办一个家族私塾。尽管取得了上述成就，秦氏似乎未能使家族地位有效地延续到明清时期：在明清两代的记录中麻城秦氏只出了少数举人，而没有进士。① 但在有元一代，他们的确做得很好。碑文记载了家族领袖们就秦家地产的适用税率与元朝地方官员之间的谈判，以及保护秦氏财产权的承诺。因此我们将看到，当元朝面临无产者起义的威胁时，秦氏这样的本地有产精英会联合起来保卫"异族"政权，这并不令人惊讶。②

48　红巾军

14世纪初期，蒙古的统治开始显露出严重的张力。1314年公布的一份南方地主的地籍调查，引发了自封为王的蔡五九在江西的叛乱；虽然实质上是针对精英的抗税斗争，蔡的起义还是赢得了佃农和其他平民的支持。从14世纪20年代开始，黄河一再泛滥，导致了粮食歉收和大批难民潮，而元朝廷执意将他们定性为逃贼。1325年，赵丑厮在河南息州发动教派起义；十多年后的1337—1338年，胡闰儿或棒胡【译者按，原文误作"Peng Hu"】在同一个省的汝宁县（从麻城穿过大别山就是此地）发动了起义。与此同时，周子旺和他的妻子（佛母）在江

---

①　《麻城县志续编》，8：26~27页。
②　根据 Schurmann, 22-32，土地如此大规模地集中在个人（通常是商人）手中，在蒙古人统治下的前南宋区域是很典型的。

西与湖南交界的袁州领导了有5 000名青壮年参加的起义,周自称周王并颁布了自己王朝的历法。①

元朝内部最有希望的改革派人物是脱脱,他是蔑里乞部落的蒙古人,一个儒家学者,也是王朝的右丞相。他在1344年的派系斗争中有原则地退出,此举赢得了汉族文人的同情。1349年他再度为官,随即全力投入治水事务。尽管如此,他于1351年宣布的雄心勃勃的黄河改道计划(将黄河河道引到山东半岛北部),产生了巨大的政治代价。他为了给这项计划提供财政支持而征收新盐税、实行货币贬值(发行没有储备金的纸币),这招致了精英的不满;他还征召15万多名汉族平民在华北平原修筑新的堤坝,这引发了在华北平原四处蔓延的起义。②

在湖北,对元政权的反感由于宽彻普化在武昌的封地而进一步激化,他是一个异常腐败和遭人鄙视的蒙古王子。③ 随后,如同北方日益恶化的形势一样,华中山地也遭受了一连串农业歉收的打击。麻城遭遇了连续三年的灾难性大旱(1352、1353和1354年),以及随之而来的传染性疾病。饥荒如此严重,以至当地文献记载了普遍发生的人相食,这是该地区长时段历史中周期性粮食短缺的特殊例证之一。④ 虽说如此,这个时候的麻城已经被另一种性质的流血所淹没。

麻城对元朝的覆灭有其独特贡献,归因于一个叫邹普胜的铁匠。关于这个人我们所知不多。⑤ 他的名字普胜(普遍的胜利)是一个假名,被其他的元末起义者所分享(好像是他的变化形式)。从他的姓氏来看,我们可能认为邹是前文提及的元朝官员邹迁八所建邹氏家族的一个心怀不满的后代,但是这又不大可能,因为邹普胜不是来自迁八开拓地的麻城西北

---

① 吴晗,26页;杨讷,109~110页;Schurmann,31-32;Mote,37-41。
② 权衡,19~21页;王瑞明、雷家宏,437~439页;Dreyer,18-19。
③ 王瑞明、雷家宏,446~447页。
④ 1882年《麻城县志》,36:6页;《麻城县志前编》,15:2页。
⑤ 关于邹的叛乱,主要文献包括《元史》(1976年版),2.892~893(对应于《四库全书》卷42);《明史》(1974年版),7.3687~3689(对应于《四库全书》中的《明史》卷123);徐乾学,收入《四库全书》,174:8页。一份小传见于1993年《麻城县志》,560页。

部地区。他来自位于县城东南约15里的小村落花桥，中部平原在这里开始隆起，通往东山。13世纪末与村庄同名的桥建起来后，花桥就开始合理地繁荣起来。① 邹普胜看起来是一个真正的军事天才。他同时还是一个宗教领袖。他在1338年（与袁州起义同时，可能并非偶然）创建了一个教派——圣人堂。十年后，他见到了早期起义的精神领袖彭莹玉，彭当时经过麻城，既是为了躲避元朝当局的通缉，也是为筹划中的叛乱而扩展已经很广泛的关系网。②

彭莹玉是江西袁州（今宜春）人，活动于江西、湖南交界的山区——并非巧合，这个山区正是1906年爆发萍浏醴起义的地方，也形成了1930年代江西苏维埃政权的核心。（江西、湖南交界地带的山区与东山和大别山以北山区——后者在1930年代成为鄂豫皖苏维埃政权的核心——之间的历史联系和相似之处，至少可以追溯到元朝末期。）彭大约在13、14世纪之交出生于一个穷苦农民家庭，九岁时被送到袁州南泉山慈化寺作小和尚（他的父母很可能是寺庙土地上的佃户）。他在青年时已经精通神秘医术并开始在边界地带游荡，以宗教治疗法或者在正统精英人士看来是巫术的方式来谋生。他同时也开始宣传起义的信仰。周子旺及其妻子佛母就是他的热情皈依者，但当他们在1338年的起义失败、周氏夫妇被擒获处死时，彭却逃走了。他在接下来的十年间足迹遍布长江中游的山区，传播佛教，经营他的信徒网络，并监督建立教派组织。他的信徒中还有另一个安徽的游方僧人朱元璋，他最终成了明王朝的创建者。一时间，彭在袁州的慈化寺被视为这场运动西支的大本营，而朱在濠州的皇觉寺则被视为东支的大本营。我们已经看到，彭的第二个信徒邹普胜，可能就是在1348年彭莹玉的影响席卷麻城时转变了信仰。而他的第三个信徒是浏阳当地人，后来的"天完帝"徐寿辉。③

徐寿辉身材高大，仪表堂堂，但据说在谋略上要稍逊一筹。14世纪

---

① 关于花桥，见1795年《麻城县志》，3：4页。王葆心认为邹是该地人，1：6页。
② 1993年《麻城县志》，9页；杨讷，109~110页。
③ 叶子奇，43页；1670年《麻城县志》，卷3；吴晗，21~27页；王瑞明、雷家宏，444页；杨讷，109~110页。

中期他从湖南老家前往湖北，在东山东部的罗田县安家，并作为布贩子游走于黄州、蕲州一带。1351年的某个时间，在一个像极了中国戏剧传统的场景中，徐受彭莹玉的委托，在邹普胜开设于麻城的铁匠铺中拜访了他。对过特定的教派暗号后，邹明白了徐真正想要的是邹善于制造的武器。他们认真的起义动员开始成形了。①

与此同时，出生于自称宋王室后裔的教派领袖家庭的韩山童（死于1355年）和他的儿子韩林儿（死于1367年），正在淮河流域西部的安徽、河南一带招兵买马。韩山童自封为大明王，韩林儿被封为小明王。韩家父子表面上与彭莹玉及其信徒朱元璋形成了一个松散联盟，似乎韩氏的派别被称为北支，彭则被称为南支。韩山童利用百姓对脱脱征召劳力修筑堤坝的愤恨，1351年5月在安徽颍州发动起义，并取得了显著的初步胜利。他的红巾军起初只有3 000人，随后迅速壮大到近万人，起义范围也扩展到直隶南部和山东西部地区。韩的成功给邹普胜和徐寿辉发出了信号，他们在当年8月发动了自己的起义。② 邹、徐起义反过来又成了爱德华·德雷尔（Edward Dreyer）所说的"元朝势力在长江流域崩溃的近因"③。

邹和徐直接模仿韩山童的北方起义军，称自己的军队为南红巾军，然而他们在14世纪的文献中总是被简称为"红军"，对现代人来说有些时代错置的刺耳之感。他们在麻城和更大区域内集结部众，并承诺彭莹玉的法术可以令其刀枪不入。他们逐渐控制该地区的交通要道，赶走了元朝官员，并于九月在蕲州府会师，顽固的元朝知府李孝先力战身亡。红巾军现在已经控制了整个鄂东北地区，并在蕲水县的莲台省建立了自己的政权。高大英俊、有着漂亮浓眉的徐寿辉在盐池中沐浴，身上散发出帝王的光芒，他随即被拥立为皇帝，并封能干的邹普胜为太师。新建政权仿照元朝的结构：中央设中书省、六部、御史台和翰林院，地方政府由四个行省及其下属的路组成。徐的年号为治平，国号为天完。也许邹和徐的意图不是

---

① 叶子奇，51页；王葆心，1：6~7页；Romeyn Taylor, "Hsu Shou-hui（徐寿辉）"，见《明代名人传》，600~602页。

② 权衡，21页；叶子奇，44页；王瑞明、雷家宏，440~441页；John W. Dardess, "Han Lin-er（韩林儿）"，见《明代名人传》，485~488页。

③ Dreyer, 15。

那样明显，但天完的"完"字正好是元朝的"元"字头上戴了一顶帽子。①

天完政权的势力范围在1352年和1353年初迅速扩张。被吸引而来的大多是来自华中"内陆三角洲"的船工和渔民，天完政权利用水师来扩展它对该地区迷宫般错综复杂的水路的控制。当时一个叫王峰（音）的人声称，红军显示出非凡的军事纪律，严格遵守宣告的不杀不淫政策，尊重占领地区的平民。②邹普胜的军队兼并或联合其他分散义军，势头席卷了湖北的中部与西部。1352年早春，邹攻克了与省城武昌隔江相望的汉阳，不久又直接占领了武昌；令人不齿的宽彻普化王子坐船逃跑，此举使他随即被朝廷撤职。邹挥师顺流而下，占领江西的重镇九江，这时他的部将已攻下了江西省城南昌和湖南省城长沙。在随后的几年里，天完政权的军队还占据了四川大部和山西的部分地区。③

进军四川的关键人物是明玉珍（1331—1366）。明出生在汉水边的随县，其家乡被迅速扩张的天完政权占领时，他是县里的一名捕快。他领导当地抵抗一年之后，在1352年看准时机投靠了天完政权。徐寿辉让明负责巩固他在麻城和其他邻县的统治，直到1357年派他率一支西征军，沿长江挺进四川。明统率的军队据称有万人之众（其中绝大部分是从麻城招募的），攻克了重庆和成都。他挽救了天完的衰亡，将自己塑造成明主的形象，并在1360年建立了以四川为基础的大夏政权。明玉珍的儿子小明主于1366年继位，却在5年后被朱元璋的明王朝废掉。④

然而到了1353年，天完政权的形势开始出现逆转。这一年的开端本来是大有希望的：三年来的干旱与饥荒到达顶点，导致春季在长江流域发

① 关于天完政权的建立，主要文献有叶子奇，51页；《元史》，卷42，收入《四库全书》；1670《麻城县志》，卷3；1884年《黄州府志》，10下：17；《湖北通志》，1777～1778页；王葆心，1：6～7页。王提到有一部1907年《天完国志》，但是我没有发现能证明其存在的独立证据。现代的看法，又见王瑞明、雷家宏，445～451页；杨讷，109～110页；邱树森。

② 杨讷，120页。

③ 权衡，23页；《湖北通志》，1778页；王瑞明、雷家宏，446～447页。

④ 《湖北通志》，1779页；王葆心，1：7；陈世松主编，5：19～27；Entenmann, 160-165; John W. Dardess, "Ming Yu-chen（明玉珍）"，见《明代名人传》，1069～1073页。

生了许多独立的、受人同情的起义,其中包括江苏张九四【译者按,即张士诚,小名"九四"】的起义。但是蒙古军队也集结到脱脱麾下,到这年夏天,已经在天完政权的中心——湖北东部地区——形成了一支由约 40 万义兵组成的大军。初秋,一支元军攻克了都城蕲水;虽然皇帝徐寿辉得以逃脱,但是大约 400 名天完政权的高层领袖(包括主要军事将领,麻城的邹普胜)被杀。徐和他的小朝廷在东山地区一个接一个的山寨中东躲西藏,但这些山寨又一个接一个地遭到脱脱军队的围攻,徐被迫逃到了黄梅县的山区。然而,帝国的政治家们将矛头指向了他们的拯救者;脱脱在朝中的政敌指责他镇压天完政权时行动迟缓,并且强调起义正是源于民众对他的极度不满。快到年底时脱脱被革职,起义军立刻又重现生机。到 1355—1356 年的冬天,徐寿辉在湖北核心地区、长江与汉水交汇处的汉阳,重建天完政权。①

但是,最终导致天完政权瓦解的内讧和谋杀很快就初现端倪,主要体现在徐的部将倪文俊和陈友谅身上。倪出生于黄陂县的一个渔民家庭,就像其他许多好斗的湖北中部水上人家一样,倪家也有尚武和好斗的传统。他曾散布过这样的传奇故事,即他出生时一只白虎奇迹般地出现在他母亲产房的门口,足见其野心勃勃。倪是天完军的早期成员,在蕲水朝廷中被任命为丞相,并负责统率水军。蕲水失陷和邹普胜死后,他成了天完政权中更核心的人物。他的水师在 1355 年初首先设法占领了绵阳,随后又重新占领了汉阳。多数文献承认,就这一点来说,倪而非宽宗②徐寿辉才是该政权事实上的领袖。他封自己的儿子为长沙王,控制天完政权的南部区域。但是倪显然走得太远了。1357 年,他试图暗杀徐寿辉,以夺取皇帝宝座。计划失败后,徐反过来暗杀了他。③

---

① 权衡,28~29 页;叶子奇,44 页;王葆心,1:7 页;王瑞明、雷家宏,451~452 页;Romeyn Taylor,"Hsu-Shou-hui(徐寿辉)",见《明代名人传》,600~602 页;Dreyer,21。关于脱脱被革职,见 Dardess,"Shun-ti and the End of Yuan Rule in China",578。

② 叶子奇,51 页。

③ 《元史》,卷 45,收入《四库全书》;叶子奇,52 页;《湖北通志》,1778 页;王瑞明、雷家宏,454~458 页;杨讷,125 页。

暗杀在倪信任的部将陈友谅那里根本算不了什么，他的野心同他的长官一样大。陈于1320年出生在另一个习武的渔民家庭，曾断断续续地做过县里的办事员（帖书）。在1354—1355年的军事行动中，他在老家沔阳加入了倪的军队。陈在这些战斗及随后的汉阳战役中，表现出色，被倪任命为天完军的元帅；倪文俊被杀之后，陈自命为平章。陈为了篡夺汉阳的皇帝宝座而离开了徐寿辉，逐渐将自己的活动地盘沿江而下，转移到江西北部地区。1360年初，他自称为汉王，以长江的主要港口九江为都城，随后一个月里他在汉阳杀掉了徐寿辉和他的朝中大臣，以此结束了对他的效忠。陈随后建立的大汉政权继承了天完政权的东部地区（就像明玉珍的大夏政权继承了其西部地区），并加入正在进行中的与朱元璋大明政权的战争。当地传说认为发生在麻城大胜山（就在宋埠的东面）的战役是一个转折点，在那里，朱及其部下英勇地与围困他们的陈友谅军队大战七天。① 最终，在1363年秋鄱阳湖发生的中国历史上一次有名的水战中，陈被朱打败、处死，天完政权灭亡。②

宗教、阶级和民族

　　现存的文献只允许我们用推测的语气，来论述红巾军起义背后的复杂动机和天完政权的社会基础。这是汉人民族主义者反抗异族统治的革命吗？它当然是反体制的，而且是非常恶性的。红巾军残忍地杀死了每一个抓到的元朝官员：例如，《元史》记载，义军活生生地剥了一位官员的皮并挖出了他的肠子。③ 红巾军对被俘的元军士兵同样残酷：据时人刘仁本回忆，天完军对待这些被妖魔化了的敌人："置诸杻械，劫以锋刃，裹以绛帛，又帕其首，令鼓噪从行。"④ 但是，没有多少证据表明这种反体制的暴力是由种族的或民族的原因所激发的。红巾军提出的口号中没有流露

---

　　① 麻城县地名领导小组编，1105页。
　　② 《元史》，卷445，收入《四库全书》；《明史》，卷123，收入《四库全书》；叶子奇，53~54页；王葆心，1：7页；Wang & Lei, 467-469。
　　③ 《元史》，卷195，引自王瑞明、雷家宏，449页。
　　④ 引自杨讷，120页。

出反蒙古（或反异族）的情绪。事实上，除了武汉那个可恨的（明显还很无能的）宽彻普化王子，长江中游地区的元朝官员和地主精英中似乎只有极少数蒙古人激起了百姓的怨恨。元朝地方政府中掠夺性书吏人数的泛滥有时被认为在部分被征服民众中引发了反朝廷的情绪，但我们有必要回忆一下天完政权中两个关键的领导人明玉珍和陈友谅，他们自己都曾是县里的下级属吏。或许最稳妥的结论是，反元起义的动因与其说是民族矛盾，不如说是军事天才和觊觎帝国权力（事实上是对暴力的合法使用权）的狂热野心家们，由于察觉到王朝虚弱带来的可乘之机，而作出的主动回应。

一个更吸引人的问题是，红巾军起义在何种程度上是阶级间的经济怨恨甚或土地革命的产物。1938 年蒙思明在关于元代社会结构的经典研究中认为，由于蒙古人设想的基于种族的社会等级制度从未有效建立起来（特别是在华中和华南地区），推翻朝廷的"革命"必定是以经济因素为特征的——实质上是汉族内部的阶级战争。① 难怪中华人民共和国的历史学家会特意将红巾军运动定性为"农民起义"，将天完政权定性为"农民政府"。② 但西方学者往往对此表示怀疑。例如牟复礼（Frederick W. Mote）就这一主题为《剑桥中国史》撰写的论文断定，"在元朝末年费尽心力地搜寻无果的阶级战争"是"牵强附会的"社会史。③

然而，同时代的见证者们非常一致地用经济术语来描述他们观察到的各暴力派别。元朝官员的儿子唐桂芳，同时也是积极为华中地区大屠杀的死难者撰写墓志铭的作家，将黄州起义者描述为"小人"，而把他们的攻击对象称为豪右之家。叶子奇较温和地把参加红巾军的人称为"贫者"。④ 虽然我在 14 世纪的文献中没有发现独立的证据，但似乎没有理由不相信中国历史学家的共同看法，即邹普胜和徐寿辉起义誓师的一个核心口号是"劫富济贫"。⑤ 唐桂芳也记载了叛乱者的均贫富思想："金珠我有也，牛

---

① 蒙思明，210～212 页。
② 例如，杨讷；邱树森；王瑞明、雷家宏。
③ Mote，39。
④ 唐桂芳，20：40 页；叶子奇，3：14 页。
⑤ 杨讷，120 页；邱树森，104 页；王瑞明、雷家宏，450 页。

羊我有也，谷粟我有也。"①

  没有记载表明天完政权明确提出了当时长江下游叛乱运动中的"苍头弑主"口号，——在湖北东部的记载中看不到这样的口号也许反映了当地的社会结构还没有那么僵化——但是许多行为表明这里的阶级关系同样很紧张。大批麻城地主非常警觉，躲到山区保护自己，直到动乱结束。② 唐桂芳撰写的墓志铭令人战栗地记述了长江中游精英确实受到了残酷的袭击，以及他们面对平民时的恐惧与蔑视。一个汉人元朝官员的寡妻吕夫人，几次被"不安命分"的"乡里小人"攻击，他们不但抢了她的珠宝、粮食和家畜，并"欲辱之"。她抗议道："吾儒家女，义不受辱，乞死。"众人遂杀之。精英们四散奔逃，却像动物一样遭到渔猎，被抓住后剁碎烹煮（菹醢）。③ 人们也许会把此类记载视为常见的夸张而予以忽略，但是考虑到麻城连年歉收致使饥饿者人人相食的记载，我们看到的确有可能是吞食富人的真实一幕。

  事实上，极度饥饿也许不是偶然发生的。麻城及周边地区对地主财产的恶性攻击，可能并不是基于根本性经济变革的冲动，而是基于一种典型的粮食骚乱心态：富人和政府粮仓里的余粮本就是属于广大饥民的。当然，除此之外地主精英也被（恰当地）认为是元朝统治的同谋，事实上正是这些精英领导地方反暴民武装去对抗天完政权。引人注意的是，即便最激进的马克思主义者在记述天完政权的兴衰史时也承认，一旦红巾军掌权，他们政纲中的均贫富和阶级斗争成分都会烟消云散。邱树森注意到，天完政权的地方官员毫不犹豫地复制了元朝的财政汲取制度；甚至其不时宣称的轻徭薄赋计划，似乎不仅吸引了其他群体，也同样吸引了地主。1353 年后，在倪文君和陈友谅统治下，地主精英们被热情地吸纳进天完政权以及后继的汉政权。总之，专家们已形成共识，即没有任何证据可以表明 14 世纪的红巾军真的打算改变现有的财产所有制度。④

---

① 引自杨讷，120 页。
② 王世贞：《万崖黄公墓志铭》，见王世贞《弇州四部稿·续稿》，收入《四库全书》，95：20~29 页。
③ 《吕氏嘉贞传》，见唐桂芳，20：40~41 页。
④ 尤其见邱树森，104~106 页。

起义的领导者中没有一个是农民或任何类型的农业劳动者，而是游方的僧侣和占卜师、货郎、小五金商、渔民、船家、捕快和衙门里的书吏——一群杂七杂八的人，他们在《元史》中被令人信服地统称为"无赖"。① 事实上，我们把天完政权看做是一群没有产业、无家可归的社会边缘男性针对有产（或至少是定居）地主的一次叛乱，或许也没有什么不妥。正如我们看到的，徐寿辉起初不过是一股流动势力，流窜于长江中游地区的河流和湖泊，对两岸百姓以恐怖治之。② 在这样的情境下，我们很难将红巾军运动描述成一次农民革命，至少在麻城及其周围地区是如此。因此，我们将看到，它和明末以降席卷该地的民众暴力浪潮有着显著的差别。

　　除了饥饿和王朝前景不明外，能够将这群无赖聚集起来的就是显然令人着迷的宗教信仰。自1950年代吴晗的著作以后，即便最具唯物主义倾向的元末起义研究者也承认这些运动中的虔诚信仰，并认为在起义的复杂动因中（至少天完政权是这样），千禧盛世理想比经济因素和阶级因素更重要、更持久。天完政权存在期间，领袖们总是在烧香、诵经、喊宗教口号。马克思主义历史学家们哀叹道，14世纪的农民没能成为一个自觉的阶级，这使他们从阶级经济利益转向了宗教迷信——"人民的鸦片"③。相比之下，我更赞同这样的看法，即天完政权的千禧理想与大众的想象和信念产生了共鸣。在回应对西方类似的千禧年运动的唯物主义描述时，E. P. 汤普森（E. P. Thompson）这样说道：我们低估了这些运动，将其斥为迷狂或虚妄的想象，"……少数群体用这样的想象来表达自己千百年来的渴望……当我们说到'想象'时，指的不仅是将更深层动机隐藏起来的言说中的想象。这种想象本身就是强大的主观动机的明证……在其历史代理人那里，它们完全和客观一样'真实'，一样'有效'"④。在14世纪的中国，确实有理由相信宗教相对于阶级认同具有优先性。就像早先

---

① 《魏中立传》，《元史》，卷195，引自王瑞明、雷家宏，450页。
② 叶子奇，51~52页。
③ 邱树森，104页；杨讷，109页。
④ Thompson，49.

新儒学信徒们通过毁掉他们在麻城见到的淫祠向大众信仰宣战一样，元末的红巾军夷平了县城中作为精英宗教霸权象征的儒学宫来应战。①

　　天完宗教的真正本质是什么？让我们从可以确定的少量事实开始。据记载，彭莹玉在黄州和蕲州的信徒们各自提出的宗教口号是：一个叫做弥陀、弥勒、弥勒佛或是明王的神将会出世、下世或显圣；该预言的一些变体，进一步宣称这个神"当为世主"②。《明史》中记载了14世纪末该地区围绕弥勒降世而组织起来的许多小规模起义，另一些起义则被视为白莲教。③ 当时的观察者叶子奇列举了一连串民间教派，它们为天完及其竞争者和后继者提供了混杂的来源，其中不仅有白莲教和头陀教（可能是弥陀或弥勒崇拜），还包括肯定和摩尼教有关的满摩教。④

　　红巾军起义分明是一场千禧年运动，致力于迎接一个救世主来统治尘世，他将涤荡这世界上累积的一切邪恶和污秽，并在这一过程中推翻了元朝。这就是田海所说的中国大众宗教"鬼神救世主传统"的一个典型例子，在这里表面上是佛教，实质上更可能是摩尼教。⑤ 起义的领导者宣称是救世主降临的预言家，有时甚至声称自己就是救世主。在其他情境中，弥陀总是被解释为汉语译名"阿弥陀佛"，虔诚的信徒会在他的指引下轮回重生到极乐净土，而弥勒这个名字被理解为未来之佛——弥勒佛。然而在彭莹玉那里，这两个神显然被合而为一，弥勒的使命就是作为世界的复仇者和拯救者，这是起义动员的核心特征。至于运动中的白莲教因素，显然不同于后来与信奉无生老母有关的白莲教，而是一种更古老的信奉阿弥陀佛或弥勒佛的宗教变体。杨讷认为，如下事实可以证明红巾军与白莲教有关，即麻城的邹普胜及其不同追随者名字中的"普"字，正是宋代白莲教鼻祖茅子元指定为"定名之宗"的四个汉字之一。⑥

　　天完与摩尼教可能有关，激起了学者们更大的兴趣。"明王出世"的

---

① 《麻城县志前编》，4：1页。
② 杨讷，122～124页；邱树森，105页；王瑞明、雷家宏，444页。
③ 《明实录类纂》，606～607页。
④ 叶子奇，61页。
⑤ 见ter Haar, *China's Inner Demons*, 37。
⑥ 杨讷：《天完大汉红巾军史述论》，121页。

口号，红巾军领袖明玉珍以"明"为姓氏，朱元璋将"明"作为王朝的名称，韩山童和韩林儿自封为大明王、小明王，明玉珍父子自封为大明主和小明主，似乎都表明了明教或摩尼教对红巾军意识形态的关键影响。叶子奇也证明，当时该地的文化场景中显然具有摩尼教（满摩教）因素。最坚决支持元末起义有摩尼教根源的，是朱元璋的传记作者吴晗。① 吴认为，激发红巾军信仰的主要经文是宋代的《大小明王出世经》，而它毫无疑问是一个摩尼教的文本。

根据吴晗的研究，这个由波斯先知摩尼（216—277）创立的宗教关注黑暗与光明、善与恶的原始对立，崇拜他们的主神救世明王，并在唐朝女皇武则天时代，于694年传入中国。摩尼教成了回鹘的国教，而回鹘在9世纪初隶属于唐朝。840年代，作为武宗皇帝大规模捣毁佛教寺庙运动的一部分，摩尼教被禁止，寺院被没收。此后，没有寺院、没有外国传教者帮助的明教变成了一个更加汉化和多样化的秘密教派，其教义中光明战胜黑暗的末世论，吸引了五代与宋朝各种各样的平民反叛运动。它在东南沿海地区影响很大，但到南宋和元代其范围也扩展到了江西、安徽和华北平原的南部地区。明教信徒都是严格的素食者并在菜堂聚会，宣扬适度节俭和相互帮助，有强烈的集体意识和团结精神，经常与本地居民发生冲突。主要基于对现世之腐败和需要用暴力去净化它的共同看法，明教教徒与摩尼教和白莲教教徒逐渐开始融合。正是这一传统，嵌入了彭莹玉及其各种武装支持者的教义中。

吴晗的看法得到了后来学者不同程度的接受。大部分研究红巾军起义的西方史学家，包括爱德华·德雷尔、牟复礼和明玉珍的传记作者约翰·达迪斯（John Dardess），沿着吴的指引去探寻摩尼教的影响，只是他们在这一问题上更为谨慎和踌躇。但西方研究摩尼教的知名学者刘南强（恰巧也是华裔）反对上述观点，认为"明"字出现在两个传统中不过是一种偶然。刘承认《大小明王出世经》对反元叛乱的重要性，但他认为这一文本完全是标准的弥勒佛经，并没有明显的摩尼教色彩。② 与刘没有联

---

① 吴晗，21~27页。
② Lieu, 260-261.

系的中国学者杨讷,发现弥勒本身在佛经中被称为"主佛光明之王",基于此他认为"明王"的称谓未必来自摩尼教的影响。① 不过,最近石汉椿再度重申了摩尼教教义在红巾军运动中的核心作用。②

在我本人看来,现存的有限证据更能支持吴晗而不是刘的观点,但是我也感到,一度引人注目的异国信仰对元末麻城起义的影响是怎样被削弱的这一问题,也许很有趣,但并不是真正最吸引人的问题。定期爆发的大屠杀打断了从 14 世纪到 20 世纪中叶麻城的历史进程,而千禧宗教仅仅在元末起义中扮演了关键性角色。但是其间也有逗留不去、令人极度不安的连续性。美国记者斯诺曾于 1930 年代访问大别山地区,他立刻对共产主义革命产生了同情,把当地人的态度描述为一种独特的"摩尼教"③。他这么说并不是指该地元末起义中的千禧信仰(无疑他没有意识到这一点),而是指对敌人那种完全的、毫不妥协的仇恨,将会纵容(超越了意识形态的)起义者以令人毛骨悚然的野蛮行为去消灭他们的对手。

逃 难

元明易代致使麻城发生了重要的社会变化,不是在社会等级结构,而是在当地人口构成上。在整个华中地区,许多地位显赫甚至曾在元朝为官的精英家族苦苦对抗红巾军和 14 世纪中期的其他叛乱势力,但当朱元璋的明政权在其地盘上成功建立起来后,这些家族又十分轻松地获得了安全、维持了地位。这就是发生在那些文人身上的事情,正是他们将天完政权的暴行记载下来,留给我们——安徽(徽州)人唐桂芳、江西人权衡、浙江人叶子奇和宋濂【译者按,原文误作"湖南人宋濂"】。④ 我们已经提到,麻城的元朝官员邹迁八的子孙们在明朝始终官运亨通,这也是真

---

① 杨讷,121 页。
② Shek, 97-101, 108。
③ Snow, 295.
④ 关于元朝进士、明代《元史》编纂者宋濂(1310—1381),见他的《宋文宪公全集》(台北:中华书局,1965)。其重要内容之一就是记述天完军队如何"杀猎巨室"。关于唐桂芳、权衡和叶子奇,见上述引文。

的。另一些麻城精英抓住机会，在新政权下进一步提升了自己的地位。例如，来自该县北部乡镇的一个富有地主朱伯铭，为正在剿灭陈友谅的明朝军队及时贡献了几千担粮食，他的子孙从此便得到了帝国的特殊关照。①1365 年，一名大胆的罗田反贼蓝丑儿诈称自己是（这时已经失踪或者死去的）"巫师"彭莹玉，自封皇帝并建立了自己的地方政权。这时，一个叫袁宝的麻城本地知名人物设法抓住了蓝，并把这战利品交给朱元璋的官员作为"献礼"②。

但是麻城的人口巨变，无论是在精英还是平民层次上，也许比其连续性更加显著。大概从 1360 年开始，大批朱元璋的同乡作为征服大军中的战士或是他们的直系亲属迁到该县。③ 明代的麻城新精英（将在下一章讨论）主要是依据其职位而产生的。为数更多的人在改朝换代之际迁出了该县，其中大部分去了四川。例如，清朝中期的四川省志中收录了在元明之际迁到该省的 21 人的墓志铭，其中 6 人来自麻城县。④ 在四川省图书馆和四川大学图书馆藏有其族谱的 93 个家族中，有 37 个声称是在 14 世纪末从麻城迁来的。⑤ 麻城移民在四川各县定居，例如在合川县，帝国时代记载的 15 家移民中就有 8 家来自明初的麻城。⑥ 不过，他们在其他任何地方都达到在简阳县和剑州那么高的比例。中华人民共和国时期的《简阳县志》记载，在该县有记录的 329 个移民户中，至少 59 个是来自 14 世纪的麻城；加上后来的移民浪潮，麻城人在该县的所有移民户中占了大概 83%！⑦

从麻城到四川的移民是一个持续不断的过程，早在 1320 年代就开始了，一直延续到该世纪的最后几十年，这是明朝皇帝朱元璋有意实施的定

---

① 《麻城县志前编》，15：27 页。
② 《明史》，至正 25/8，引自《明实录类纂》，606 页。
③ 1993 年《麻城县志》，9 页。
④ 陈世松编，5：171 页。
⑤ 胡昭曦，70 页。
⑥ Entenmann, 165-166.
⑦ （麻城移民比例）在合川为 40%，在广安为 54%，在四川其他县中也非常高。见胡昭曦，69，74~78 页。

居政策的一部分。① 然而大批14世纪的移民声称他们离开家乡是为了逃避红巾叛军带来的混乱。这样的说法，至少一多半是不诚实的。事实是，这些人自己就是为"大明主"明玉珍效力的叛军。明玉珍表面上是被天完朝廷派去占领四川（其实在很大程度上是为了赶走他的军队，并缓解天完政权统治中心湖北在粮食供应方面的压力），明玉珍最后在1367年建立了自己的大夏国，在他死后又于1371年被朱元璋的明王朝成功征服。明玉珍沿长江带到西部的部队，大多数来自麻城，还有少量来自鄂东北的其他邻县，而他们开创的大夏国的中心地区刚好位于剑州。②

　　明玉珍所征服、麻城移民所定居的简阳、合川及其他各县，大多不是边缘之地，而是位于四川盆地最富饶的平原和河谷地区。虽然四川的历任地方官都因此而抱怨这些易怒而好斗的移民，他们中的绝大多数人在新环境下发展得非常好。确实是这样，好几位元末麻城移民的后裔在明朝做了大官——例如杨廷和在16世纪初官至大学士。③ 就像四川那些族谱所记载的，这些人没有忘记麻城是他们的根。他们是麻城移民浪潮的第一波，为明代中、后期麻城的迅速繁荣和改头换面奠定了基础，做出了巨大贡献。我们现在就要转入这一段故事。

---

① Entenmann, 173-174.

② 王纲, 83~84页。关于大夏国的历史，见陈世松编, 19~27页；又见王瑞明、雷家宏, 467~469页。

③ 《麻城县志前编》, 10：65~68页。在《麻城县志》中可以找到杨和其他成功移民的传记，这说明继续留在本地者与移民到外地者的联系非常密切。

第三章
繁荣时代

在明朝的历史进程中,特别是在 16 世纪初期,麻城的经济、社会和文化都发生了根本性的变化。一位当地文人毛凤韶在为 1535 年县志写的序言中,这样描述该县近来的经历:

> 昔孔子论庶而富,富而教,万世为政者之律令条格也。麻城地辟民聚,旧称富庶,比屋有教。①

关于人口增长,毛是正确的,根据明朝的官方数字,在毛写作之前的一个世纪人口已经增长了大约 40%,而在接下来的半个世纪里它仍将持续稳定地增长。② 人口增长部分是因为该地相对和平,部分是因为长期有利的天气和好收成。③ 毛观察到梯田的开垦促进了人口增长,许多始于这一时期的麻城居民点都以汉字"畈"来命名,而且能说明问题的是,有的居民点产生了明朝该县最繁盛的一些家族,其中包括八里畈的邹氏、邓氏和王氏,白田畈的熊氏和刘氏,以及来自古城畈的毛凤韶自己的家族。④ 不过,明代中期麻城的日益繁荣并非简单的粗放型增长;更重要的是,它是伴随着人均生产率和财富显著提升的集约型增长。

---

① 毛凤韶,《麻城志略序》,见 1993 年《麻城县志》,607 页。

② 该县的人口在 1412—1512 年的 100 年间,从 104 180 人增长到 145 095 人,1556 年达到 148 240 人;见 1670 年《麻城县志》,3:1 页。

③ 据 1935 年《县志》中的灾异年表记载,从明朝建立到 16 世纪末只有很零星的农业歉收,这与此前和此后频繁出现的灾异记录形成对比;见《麻城县志前编》,15:2~4 页。

④ 见《麻城县志前编》,8:26~27 页。

农业商品化

关键因素在于该县农业的商品化,满足了地区内部和地区之间的外部市场需求。岩见宏注意到,"湖广熟,天下足"的俗语可以追溯到1528年的记录。这表明,大量种植经济作物、工业化程度高,然而粮食短缺的江南地区从长江中游地区大规模输入商品粮的现象,在16世纪初已经形成了。① 佐藤文俊将麻城县出口导向型水稻种植——特别是该县中部平原和南部河谷地带的双季稻产区——的起源追溯到明朝正德和嘉靖年间。② 该县不仅仅出口水稻。1670年县志列举了近300种该县特产——纺织品、蔬菜、油、动物制品(特别是鹿皮)、茶叶、药材、矿物、各种名贵木材和林业制品——这些特产几乎全都能在本地销售,许多还能找到远方的买家。其中有些商品,像山楂、橘片(一种制作咳嗽药的根茎)和白艾(一种制作红墨水的根茎),作为麻城特产赢得了全国性声誉。③

1670年县志中特产清单的第一项就是棉花。虽然马端临在13世纪的百科全书《文献通考》中记载,那时的麻城人主要穿麻布衣服,但到了明朝末年,这种面料已被更舒服的棉布所取代。这时该县大量出产的不仅有棉花,还有棉线和棉布、纹布织物。起初是由家庭作坊生产,到16世纪末,该县还出现了从事纺织和编织的手工工场。④ 这些产品绝大部分用于外销。换言之,麻城在明中期的繁荣主要得益于新兴的水稻、棉花及其加工制品、还有种类繁多的附加商品的出口。

正是在这一时期,我们在第一章中讨论的市场等级制度开始具备现代

---

① 见 Iwami。
② Sato Fumitoshi, 169。
③ 1670年《麻城县志》,3:5~10页;又见1884年《黄州府志》,3:67页。考虑到16世纪末和17世纪初的持续动乱,我相信可以稳妥地猜测,这些特产并不是那个时代新引进的,如果1535年的县志留存下来,会提到相似的产品。令人印象深刻的1670年清单中的大部分特产,我相信是在明朝初期和中期新出现的。
④ 《麻城县简志》,40~41页。

特征，该县的主要商业城镇开始出现富有而显赫的家族：宋埠的李家，中馆驿的林家，以及白果的董家【译者按，原文误作"Zhong"】、阮家和鲁家。① 起初，麻城新兴外销商品的运输和交易都由外地商人集团把持，很可能是依赖其祖先长期从事的纵贯麻城的南北通商贸易。最主要的商人集团来自江西——事实上，麻城采掘业市场的中心宋埠，就是以一个江西商人的姓氏命名的，这个商人是该镇14世纪末商业发展的先驱。但来自福建和其他地区的商人集团接踵而至，在明朝的某些时候，各个散居的商人团体都在该镇建立了长期的会馆。②

麻城县中部种水稻的梯田。作者摄。

然而，外省人对当地贸易的垄断逐渐被麻城及其邻县商人有组织的努力所打破，他们成立了被称为"黄帮"或黄州会馆的经营性组织。我们将会看到，尽管黄帮经济力量的真正繁荣是在清代，但在16世纪已经可以见到它的发端。到这时当地传统已经认为，麻城举水河谷的居民不仅是商业性的，而且特别具有流动性。③ 地理上的和商业品种上的劳动分工似乎最终都是附属性的：江西和其他外省商人依旧控制着（事实上他们一贯如此）该县向长江下游东部和东南地区的水稻出口，但是到明代中叶，麻城本地人已经个别地将棉花和其他当地产品贩运到汉水上游的湖北西

---

① 《李氏下分宗谱》；《麻城县志前编》，8：26~27页。
② 《麻城县志前编》，1：42页；张建民，438页。
③ 1670年《麻城县志》，3：4~5页。

北部和陕西南部,并利用四川有麻城移民的有利条件,沿长江而上为当地产品开拓了新的市场。麻城与黄冈及其他邻县的"绅商"联合进行商业冒险的迹象也已出现,这为区域性黄州会馆的形成奠定了基础。①

农业和商业日益繁荣的影响之一是引人注目的土地集中。20世纪五六十年代,研究《明史》的中日马克思主义历史学者证明在迅速商业化的华中地区存在这样的过程。例如,李文治在一系列内容详细、资料翔实的论文中,(用明末兵部碑文中的话)探讨了使"富者占地益众,贫者占地益寡"的各种途径。②还有更为本土化的一个例子,安野省三在1962年记载了16世纪湖北中部某地主的案例,他逐步从破产的自耕农邻居那里得到近500亩"内陆三角洲"土地,利用佃农和仆隶种植水稻以供地区之间的贸易。③尽管在过去几十年的讨论中存在许多争议,今天大多数历史学者仍旧接受了明代"土地集中论"的普遍性。④毫无疑问,这也适用于麻城的经验。

当地新一轮的大规模土地集中,有些是通过占有未开垦荒地而积累起来的;我们在上一章中已经看到,至少一个有势力的家族秦氏,早在14世纪40年代就开始将成千上万亩新土地纳入自家名下。毛凤韶和其他人的例子都表明,这一过程在明朝恢复社会秩序之后有增无减。另外,到麻城寻找新商机的商人的财富,也被大量用于购买该县的大片田产。⑤然

---

① 《麻城县志前编》,4:35页。
② 李文治:《论清代前期的土地占有关系》。
③ 见Yasuno。又见Yasuno所参考的Masaaki某种程度上有所重构的英文版论著,最早发表于 *Shigaku zasshi*(1957—1958)。明代土地集中的劳动关系方面(尤其是奴役关系)的出现,将在第五章中讨论。
④ 例如,Frederick Mote(牟复礼)(我们在上一章中看到,他很怀疑阶级分析在史学中的普遍适用性)的一个学生从极为谨慎的分析中得出这样的结论,即明代中期广泛存在的土地集中是不可否认的,尽管它容易受到政治性夸张的影响;见Heijdra,277-278。
⑤ 这方面最明确的证据来自《西村程氏宗谱》。不幸的是,宗谱中(例如,见2:7~19页)对该过程描述最清晰的,是关于发生在清代前期、中期而不是明代的事件。当地宗族力量无论作为商人还是地主的起源都是在14和15世纪,但这样假设似乎也是公允的,即利用商业利润去获得土地,也是早期时代的特征。

而，如果说大家族的土地积累和商人暴发户的土地购买在很大程度上解释了明代早期和中期的土地集中，到了 15 世纪后期，财富扩张的主要手段已变成——无法负担田赋的地主通过捐献一个功名来免税，主要杠杆已变成了麻城迅速壮大的拥有文武官职的精英所享有的税收特权。①

规模可观的新的土地集中是以团体的形式进行的。这些团体有学校，比如越来越有影响的万松书院。② 另一些有寺庙。例如，20 世纪 20 年代龙潭寺拥有超过 5 000 亩土地，100 多个由寺院提供吃住的长工负责耕种，这种做法无疑可以追溯至明代。③ 还有些团体土地所有者是祀产或义田，名义上是用来支付祭祖活动以及其他集体事务、慈善事务的开支。④ 直到 20 世纪初期，这些义田仍然控制着数量可观的麻城耕地，因而长期成为那些收入被精英占用的家族穷困成员抱怨的对象。⑤ 此外，在 20 世纪，麻城更多的耕地作为庄园和庄田成了私人财产，除了牟利之外没有任何"慈善"目的。每个庄园的经营都要考虑到作物的选择（通常是经济作物）和劳力的预算，而且往往一个人或一个家族可拥有多达 12 个庄园。⑥ 虽然缺乏具体的证据，但是很可能这些机构也是明代农业商业化和土地集中的遗产。

宗族的发展

宗族在帝制晚期和民国时期麻城社会结构中的中心地位，怎么估计都不为过。1934 年国民党湖北省政府进行的一次社会调查，将当时的麻城

---

① 最好的当地证据来自后文要讨论的地方官穆炜的例子。许多学者都探讨过晚明利用特权实现土地集中的广泛盛行（例如，见李文治：《论清代前期的土地占有关系》），对这些成果的准确述评，见 Elvin, chap. 15。

② 1882 年《麻城县志》，9：1~9 页。

③ 见王立波。这座寺庙的庙址在 20 世纪 20 年代划入黄安县辖区，但在明朝的大部分时间里属于麻城。

④ 我们在第二章介绍了元末秦家义田的两个例子；明代的一个重要例子，见《西村程氏宗谱》，卷 2。

⑤ Wou, 122, 410。

⑥ 1993 年《麻城县志》，81~82 页。

描绘成一幅充满社会失范和文化绝望的暗淡图画，并将其归因于这一事实，即该县几个世纪间赖以获得财富、秩序、事实上还有信念的豪绅大族，由于几十年的战争和掠夺性税收而崩溃了。① 政权的反对者共产党也得出了相似的结论。1925 年，在该县开展活动的第一个共产党组织者董必武在自己社会调查的基础上认为，祖先崇拜和宗族体系——封建迷信的有效体现——是麻城最核心的制度，需要一并打倒。然而，在接下来的十年间，当地农民协会和红军领导人渐渐懂得，他们试图动员的平民群体和血缘性组织存在着根本性的联系，因而不再打宗族寺庙和坟地的主意，而是把对祖先崇拜的威胁与他们的对手、激进的现代主义者国民党联系了起来。②

两党的看法都是正确的。宗族意识可能是麻城人民个人认同中最根本的要素；正如 16 世纪的哲学家耿定向所说，寻求和维护对宗室的关注是一项基本的道德义务。③ 宗族也是地缘和社会组织的单元。只要看一下麻城村庄的名称（例如王家村）或市中心街道的名称（像曹家巷），人们就会发现用血缘关系来确认共同居住地的普遍模式。虽然最初的名称有许多随着时光流逝而成为了记忆，一些家族衰落了而另一些崛起了，但其中仍有很多连续性：例如，曾家湾的曾家到今天依然是他们在明初建立的村庄的唯一家族。④ 较小的聚居地仍然是单一姓氏的领地，较大的地方则可能为两个或更多家族交替控制，例如明代新店的统治权由周、谢、彭三家分享。⑤ 迟至 20 世纪 20 年代，国民党试图将当地居民编入重新恢复的保甲体系时，往往把特定家族邻里作为这一体系的基本成分，把相应的祠堂作为它在当地的中心。⑥

---

① 张群。
② 王树声，引自 Chang, 221；1993 年《麻城县志》，232～233 页。
③ 《周氏宗谱序》，见耿，11：32～34 页。
④ 个人采访记录，2004 年 5 月。
⑤ 《麻城县志前编》，8：26～27 页。关于新城区街道的命名，见 1670 年《麻城县志》，卷 2。
⑥ 中馆驿镇志编辑办公室编，2～3 页。张群同样强调，按宗族聚居是当地的惯例。

宗族用自己拥有的粮仓来援助当地人的生计,通过团练来负责集体防卫。他们还是当地文化活动的中心。17世纪的河南汝宁(麻城在大别山地区的邻县)县志充分展现了仕宦旺家如何赞助一年一度的节日,以此既巩固了宗族内部的团结,又帮助他们扩大了对邻里的支配权。① 在麻城本县,以邻里关系为基础的宗族赞助庆祝新年的龙灯表演,并组队参加农历五月在宋埠举行的大受欢迎的龙舟比赛。20世纪20年代末到30年代初,宗族的财富因战争而流失,这一世代相传的古老节日因此中断,据说这导致了民众道德的极度堕落。②

虽然麻城最受颂扬的家族——例如邹氏、田氏和梅氏——在元代就已经很有势力了,但是很清楚,接下来七个世纪里几十个望族对麻城县的制度化支配地位,其实是明朝初年的产物。事实上,最近的研究表明,在帝制晚期和民国时期支配整个长江中下游地区的宗族精英,大多是在洪武年间出现的。关于湘江河谷(湖南)、长江和汉水交汇地区(湖北),以及长江下游行政区如徽州(安徽)、无锡(江苏)、宁波(浙江)等地的"支配性"地方宗族的详细研究都表明,这些宗族绝大多数都是在14世纪末已经获得并建立起他们在当地的支配地位。他们的祖先有很多甚至大部分是作为军官、文职官员、商人或者田产所有者,跟随明朝创建者朱元璋的军队进入这个地区的,大多来自朱的老家江西。③ 宗谱记载最详细的四个麻城家族,都与这一模式相吻合。

---

① 引用和讨论见韩恒煜,98页。Timothy Brook 对发生在明代长江下游地区的类似现象做了富有洞察力的描述;见 Brook, "Funerary Ritual and the Building of Lineages in Late Imperial China" 和 Brook, "Family Continuity and Cultural Hegemony"。

② 《麻城县志前编》,1: 9页。

③ Perdue, *Insiders and outsiders*, 170, 173; Rowe, *Success stories*; Beattie, 26–27; Dennerline, *Marriage, Adoption, and Charity in the Development of Lineages in Wu-hsi from Sung to Ch'ing*, 177, 181–82; Brook, *Family Continuity and Cultural Hegemony*。关于江西本省,John W. Dardess 对赣江河谷泰和县的细致研究表明,后来的著名宗族有一些是在元明易代的产物,但大多数在易代之前就已经形成了,见 Dardess, *A Ming Society*, 112–113。Dardess 补充道,到14世纪末泰和县已经"人满为患",随后变成了一个"人口输出地而不是输入地"。显而易见,来自华中其他地区的证据是支持这一观点的。

宋埠郊区罗潭（音）的李家，最初在元末从江西的庐山地区（刚好位于九江南部）来到麻城。后来作为该系祖先而受到尊敬的李省七旅居麻城——也许是一位宋埠商人，在红巾军蹂躏该地区时回到了老家。省七的儿子巨甫为朱元璋的起义军效力，最终升至总兵，死于1377年的一次战斗。李省七在儿子死后返回麻城，作为获胜的明王朝的客人接受嘉奖。省七的孙子李钊继承了他父亲巨甫的军衔，开始得到罗潭附近的大片优等水稻田。但李钊的军事职责使他常常回到自己的老家江西庐陵县，他像在麻城一样，在那里繁衍了李家的又一支血脉。① 最终在15世纪70年代，李氏家族将自己分成三部分——据说三个分支的代表在北京的会试中碰巧相遇——麻城的一份被认为是其中最晚的。②

根据当地小学校长为保存至今的1947年宗谱撰写的序言，罗潭李氏是麻城西部最早建立的家族之一，他们的后代仍在激增，居住于罗潭河两岸的几十个村堡中，历600余年、30余代，积累了大量财富和功名。③ 宗谱本身提供的证据勾勒了居住地扩展、财产积累和当地"慈善事业"——刻在当地石碑上的题词和族规表明李家建造并控制了罗潭地区的桥梁、渡口和实际上整个交通设施——的样板，但在麻城的其他文献中没有确凿的证据说明在科举方面有特别辉煌的范例。（的确树立了这种范例的麻城李氏，来自该县的其他部分，两者几乎可以肯定是不相关的。）还有，罗潭与宋埠的相似表明了与商业活动的某些联系，但宗谱却没有宣扬这一点。看来这样的猜测是最稳妥的，即罗潭李氏的持续繁荣实质上得益于在该县最优质的土地上从事商业化农业，这些土地是他们在14世纪末通过对其邻人的经济、暴力和文化支配而夺取或占用而来的。

宋埠地区的另一个支配性家族——施家畈的施氏——并不羞于提及自己财富的商业来源。施氏从周代的鲁惠公和唐宋一些著名官员那里追溯

---

① 见《李氏下分宗谱》，特别是候补知县李玉达（音）于1805年撰写的序言。

② 李勋牧（音）:《序言》，初见于1805年，见《李氏下分宗谱》，1: 9~10页；李勋牧（音）:《分修宗谱述要》，初见于1800年，见《李氏下分宗谱》，1: 26~27页。

③ 刘如喜（音）:《序言》，见《李氏下分宗谱》，1: 3~4页。

家族的起源之后，更肯定地认为他们真正的始祖是施贤辅，他在元明更替之际从鄱阳湖东岸的江西余干县迁至此地。时光流逝，他们在麻城西南部和毗邻黄冈北部的各地定居下来。① 虽然拥有数量可观的农田，但他们直到 18 世纪，才在宋埠本镇建造了一座壮观的祠堂。到这时，因血缘或商业而扩散的施氏已经分布到中国西部和西北部的许多地方。施氏宗谱自豪地记载，一名六代孙在 16 世纪 70 年代考中进士并在广东担任知县，另一名九代孙在 1612 年考中举人，但从其他的地方文献来看，施氏显然从未跻身于麻城主要的功名世家之列，文武皆然。尽管如此，宗谱中对施氏村庄、寺庙、府邸和坟冢的华美描述，都表明他们是麻城最富有的家族之一。②

第三个家族是西村的程氏，我们已经谈到他们数量可观的集体祀产。像施氏一样，程家也将家族谱系追溯到周朝，把他们起源的古老封建国家的名称作为自己的姓氏。更可信的说法是，他们认为自己是 10 世纪在徽州创建的一个商人官员家族的后代，《新安程氏统宗世谱》中有详细的记录。很有可能和李氏、施氏一样，麻城程氏实际上来自江西北部。麻城程氏的始祖叫程朝二，他声称自己是宋代创建于江西鄱阳县的徽州程氏一支的后代，在明太祖年间的 1374 年从那里迁至麻城。他们在举水沿岸各地定居下来，位于宋埠、岐亭和白果之间的内陆三角洲的西南部，在那里看来已经有了特别的影响力。明代中期，他们在西村郊区建起了第一座祠堂。③

程氏宗谱坦率地宣称，本族累世以经商为业。④ 他们显然是黄帮商会的一股领导力量，其财富和商会成员一道持续而广泛地增长。18、19 世纪，程氏宗谱提供了黄帮商会活动的细节，我们回头再谈这个问题。除了作为宗族集体财产，从贸易中获得的利润还被投资于教育，所以虽然明朝

---

① 见《施氏宗谱》，特别是施丹浩（音）在 1924 年作的序言，卷 2。
② 《施氏宗谱》，卷 4。
③ 见《西村程氏宗谱》，特别是程荫南编，《程氏首姓源流考》。当然难免有人怀疑，与一个无可争议的徽州豪商家族的联系，会不会是基于令人愉快的姓氏巧合所做的事后编造。
④ 《西村程氏宗谱》，2：23 页。

时程氏几乎从麻城众多且不断增加的高等功名拥有者的名单中消失，但在清朝征服之后程氏家族成员获得了数量可观的功名和官职。① 这一人数在民国时期有增无减。例如，1919 年程氏宗谱的编者程荫南就是位很有名的人物，他是一位长期接受西方教育的数学家，辛亥革命期间曾任湖北省谘议局议员，在老家江西几个县做过县长，也是余晋芳的挚友，后者是1935 年《麻城县志》的编者、国民党时期县级政治中最重要的人物之一。②

程家祠堂，西村，宋埠。来自《西村程氏宗谱》卷1。

最后是林氏，他们不是来自江西而是来自福建的莆田县。③ 他们虽然很有可能是因经商而发迹，但在元代已经尝到了某些科举成功的甜头。例如，麻城林氏的开创者林古松是 1348 的举人，并于原籍所在省份拥有一个荣誉职衔。但林尽管接受了元朝的功名和官职，却识时务地投身于明朝的事业。古松的兄弟林棉在朱元璋时期中了进士，并在 1376 年被任命为

---

① 除了宗谱本身中的证据外，见《麻城县志前编》，卷8。
② 自称为程家同里的余晋芳应邀撰写了程氏 1919 年宗谱的序言。关于程荫南，见《麻城县志续编》，8：1 页，13：1 页。
③ 我查阅了麻城林氏宗谱的两个同名版本，1873 年和 1947 年《林氏宗谱》。

湖北布政使，古松陪伴着他。当林棉被任命为南京的都御使时，古松留下来在麻城中馆驿镇附近的举水谷地开拓了一块土地。自此以后，林氏仍然是该镇的一股支配力量。麻城林氏到第四、五代人时就建起了祠堂①，制定了族规，并完成了宗族制度化的其他大部分工作。他们的第一部宗谱在1803年出版。毫无疑问，对于中馆驿林氏来说，区域间商业最为重要，土地拓展尚在其次，但他们在这两方面都相当成功。他们不是太热衷于——但并非完全不感兴趣——科举的成功，他们在明代总共产生了两位中层功名获得者，在清代人数更多一些。在晚清和民国时期，由于他们的商业投资仍然很成功，加上铁路修到了中馆驿，林氏开始成为麻城著名的经济和政治家族之一，其后人中包括该地区臭名昭著、残酷无情的反共领导人林仁敷。

李氏、施氏、程氏和林氏这四个家族，我认为，可以告诉我们关于麻城县宗族精英的某些情况。这四个家族都是在明朝的创建者在世期间来到麻城，一定程度上也是因为他才来的。就此而言，这四个家族并非特例：我至少部分见过麻城另五个家族的宗谱——蔡氏、陈氏、熊氏、曾氏和周氏，他们都在明初从江西或（其中两家）邻近的湖南东部来到此地。② 所有这九个家族都致力于长期的土地获取和开垦（以明朝初年获得的资金为基础），将宗族的田产和财富扩展到各个分支，追求功名和入仕以便向上层流动（有时取得了很大的成功），以及刻意经营当地的慈善事业、基础建设和社区领导地位。许多家族——特别是施氏、程氏和林氏，也包括其他家族——将这些目标同商业活动联系起来。在19世纪末20世纪初，这些家族全都转向了现代领域和政治领导地位。绝非偶然，他们都致力于宗族制度化的过程，以求在面对外部世界时维持内部的纪律和团结，外部世界包括身边的平民大众、相邻的宗族以及中央政府。宗族组织的制度化

---

① 位于举水一小洲上的这个祠堂及其获赠财产的有趣历史，被记载为《大河洲上新开地记》，见《林氏宗谱》，1947年。

② 见《陈氏宗谱》、《熊式宗谱》、《周氏宗谱》、《留秀（音）蔡氏宗谱》、《武城曾氏宗谱》。周氏自称是周公经湖南新儒家周敦颐（1017—1073）传下来的后人；曾氏则声称自己是孔子学生曾子（公元前505—公元前436）的后人。

是他们长盛不衰的关键。

武城曾氏宗谱。作者摄。

　　现存相对丰富的正式和非正式的族规，会给我们提供一幅关于麻城宗族谋略和精英心态的更完整的画面。这些宗谱中的四个，施氏、程氏、林氏和陈氏，都有整套的家规和规约。① 所有族规的基本原则是要维护内部秩序和群体整合。亲属之间的和睦被一再强调，特别是要做到富贫相安。面对社会危机时，强调必须维护和重建准确的宗谱记录。按辈份为后代起名的独特模式，连同宗族内部收养孩子的原则，都被规定好了。随着家族的壮大，会依据血缘和定居地分成各个分支。房长和户长由整个宗族的领袖提名，再由各组成单位的成员认可。族规详细规定了房长和户长的职责：他们要负责指导礼教，鼓励功名仕进及其他有价值的事业，裁决纠纷，以及必不可少的约束本族成员。

　　族规还涉及集体财务问题。在祠堂祭祀祖先时，要召开每年一次的家

---

　　① 事实上，施氏和林氏都提供了在不同时间编订的两套家规。这种情形可以允许宗族策略与变动的环境相适应，我们将在第十章回到这一问题。这些家规见《施氏宗谱》，3：8～15 页，3：15～22 页；《西村程氏宗谱》，1：12～21 页；《林氏宗谱》(1873 年)，1：22～25 页，1：29～33 页；以及《陈氏宗谱》，卷1。

族例行会议。这时会审核全家族和各分支的预算。这些预算用于维护宗族的祠堂和陵墓，制作祭祖时的礼器和工具，资助宗族内有前途的学子，还有至少一例（就是林家）用来管理本族的育婴堂。收入来自宗族成员每年的捐赠（70岁及更年长的人除外）和义田的租金，在每年的八月收齐。在选择耕种义田的佃户时，宗族成员享有优先权，但是得承认以此来严格管束佃户是行不通的；在荒年当然要减免佃户的租金，但要是他们拖欠太严重，就会被田产管理者赶走。

族规十分重视宗族成员的言行举止，告诫他们要避免虚华、奢侈和浪费。赌博被禁止。15世纪初的施氏族规训示"富不长富，贫不长贫"，所以在维持自家财富的同时要善待贫穷的亲戚和邻居，他们或许有一天会比自己更富有。① 同这些邻居保持良好关系——在乡村甚至城镇培养"里仁为美"的德行——是麻城宗谱中一个特别而恒久的主题。② 相应地，宗族成员被嘱咐要尽可能避开国家机构，尤其是那些可憎的县级胥吏。要避免任何异端邪说。最重要的是，不得有任何在经济和文化上剥夺当地社会中奴仆下人之类的行为。③

多数族规都很关注宗族内部的性别关系问题。从最早的明代版本看，关于区别男女和整肃的约束甚至比后来更加密集；族规被明确地表述为顽抗20世纪解放运动的堡垒。女主内，男主外。女人出闺门时必须戴面纱（拥面）。在穷人家，女人只有在为地里耕作的丈夫送饭时才能离开家门（男耕女馌）。在富人家，男仆不许进屋子（厨子除外），女仆则决不许离开。细致的族规对如何处理不敬正室的姨太太都做了规定。总之，人们是不大可能听到邻家的女人对丈夫哭闹和责骂的。

族规把积累财富（积财）和维持财富（恒财）规定为道德律令，这既是祖先也是后人的义务。族规很坦率地承认这一事实，即除了科举和务农之外，"在百人以上的手工工场工作"和从事商业也是受人尊重的职

---

① 《施氏宗谱》，1：22页。
② 尤其见《施氏宗谱》，3：17页，3：20页。
③ 同上，3：14页。我们将在第5章回到下层社会的构成问题。

业。毕竟，1919年的程氏宗谱承认，最近几代程家后人多为商人。① 重要的是自豪而辛勤地从事自己选择的职业（勤事业）。宗族长老根据对男性子孙能力的了解来安排他们的事业，以免耽误奇才。坐贾行商的男性子孙会成为叔伯或堂兄的学徒，被指导如何管理账目、选择品行良好的商业伙伴、避免一夜暴富的幻想，以及在经商时谨小慎微、道德正直。②

邹来学对儿子的忠告

这些族规融入代代相传的关于家族延续和维持的广泛论述，在数百年来为麻城的宗族精英们所分享。这种论述一个较晚的例子见于程学瀚（1825—1885）的女婿戴阿禄（音）为他撰写的墓志铭。戴开门见山地说，学瀚可以将数量可观且不断增长的财富留给后人，这"并非偶然"——而是学瀚勤俭持家、精于理财的自然结果。戴随后写道：

> 显而易见，人世的幸福抑或不幸取决于富有抑或贫穷。富人有吃不完的美食，穷人只能以粗粮度日。富人穿着华丽的丝绸，穷人只能以粗陋的衣服蔽体。有人住在温暖、舒适的深府大院，有人只能寄居在茅舍和芦苇棚中。很多人视金钱如粪土，他们的快乐或苦痛却要受金钱左右。一个人的财富在很大程度上要靠运数。在这里老天是公平的。但在此过程中也有道德的因素，财富必须反映这一点。
>
> 要牢记，腹中的食物，柜中的衣服，房屋的瓦片、房门和窗户，桌上的用具，都是经农民的血汗、女子的编织和上百次贸易而来。它们是我们舒适生活的源泉。但要是它们没有得到善待，老天就会让它们枯竭而得不到补充，更不用说对它们报以傲慢和蔑视了。鉴于此，要警惕你的骄傲，多为不如自己幸运的人着想。程学瀚先生的为人处世正是基于这样的感悟，因此他能够保住财富并将遗产传给

---

① 《西村程氏宗谱》，1：17~18页。
② 这些家规回应了当时经商指南中"为善者诸事顺"的儒家训诫；见 Lufrano。

后人。【译者按，本段为意译。】①

我说过，这篇墓志铭写于晚清，其中对富人毫不掩饰的颂扬有违那个时代的某些特质。但麻城精英最符合这种保富论述的唯一文献实际上来自15世纪。这就是1445年中进士并长期在城市做官的邹来学所写的《戒子书》。虽然邹氏不像程氏主要以经商为业，但是不容否认，它和晚清程学瀚墓志铭阐述的是相似的道理。这位明代查斯特菲尔德勋爵②的书信，值得大段引用：

字寄妻男杨氏邹瀚：

余不及言。自离家之后，将及二载。邹氏各处亲邻朋辈人事之往来，以及家务人口种作屋宇塘池树木头畜等项，二兄家道安否，澍海二子生理，俱不知详悉。尔虽有家信一二次，只开些须略节，岂想父在远方，时时怀念，以此一事观之，尔之平昔为人，苟且简慢，懒惰粗粝，无状可知。其待父母如此，又不知相处内外亲戚邻里何如。每忧尔少读书，识见寡，操历浅，至亲至眷不知尊重，小男小女不知抚字，左邻右舍不知和睦，年老之人不知恭敬，贫难之人不知眷顾，患难之人不知怜悯，为恶之人不知回避，为善之人不知仿效，有恩之人不知报本，有冤之人不知洗雪，与人饮酒不知深浅，醉后之言无天无地无礼无法，醒后诸事不知，与人交钱不知仗义……作揖不知低头，识者莫不耻笑，谁肯劝诫。……至若起家不知要节俭，耕作不知要辛勤，畜养不知要水草，树木不知要栽种，子弟要教训，屋宇要打扫，内外要防闲，出入要谨慎，夜晚防盗贼，丰年防旱干，有日防无日，用人要饱暖，待下要恩爱，我忧尔之不能为人。不止此数者，聊说其大略。尔书每说牛死，比之常人家一牛使数载而不伤者，何也？盖因心痛此牛，牧养得法，水草依时。尔书又说无本钱，比之别人家一般纳钱粮，赶人情，又当相应人夫。凡事量入为出，千思万想，要知何者为起家之计，何者可以纳钱粮，何者可以备荒旱，务要长远，莫顾

---

① 《西村程氏宗谱》，2：18～19页。
② 译者按，Lord Chesterfield，查斯特菲尔德勋爵，英国政治家、外交家、文学家，有《教子书》(Letters to His Son) 传世，被誉为"绅士教育的教科书"。

眼前。我每想自己仕途数年间，必有深过，以致祸恶，上及先母，下及溥儿。自朝至夕，惶惧省责，又惭薄德菲材。劳数次之章奏遭几番之荐拔，诚恐有负朝廷之委托，宁又肯贪污以辱名节，贻后患于子孙乎。

邹以告诫儿子的方式指出，要与有怨仇的邻居和睦相处，要合乎祭祀祖先的礼仪，总之，要使其行为变得节俭、审慎、有社会责任感。①

邹来学信中反复强调的提升自己家族的目标，被他的家族很好地实现了。事实上，在麻城或邻近的黄安（该县分出去之后，1535年的一起事件将邹家分到了这两个县），邹氏可能是在当地居于主导地位时间最长的宗族团体。② 正如我们在前文看到的，邹氏是帝制晚期麻城的一个大家族，它在当地的谱系可以追溯到明朝初年，是14世纪初迁到该县的一位元朝官员的后代。在邹来学本人取得巨大成功之后，整个明代邹氏共有12人获得了高级功名。我们将看到，他们后来又在17世纪同样精明地转而效忠新的王朝。随着邹士璁（1688年进士）荣升地位显赫的大学士，他们成了清代麻城世家中拥有最多高级功名的家族——共有5个进士和15个举人。来学的告诫显然功不可没。

更有甚者，直到20世纪，邹的书信被执着地重印在以后的县志中，并得到热心读者越来越多的支持。清代知县屈振奇就是其中之一，在他那个时代该信还没有成为麻城文人子弟的必读文献。屈相信这封信自写成以来就对麻城人举业和仕途的惊人成功发挥了重要作用。③ 也许他是对的。但是被这封信所忽略、实质上也被关于家族和财富的宗族论述所忽略的是，如果没有对劳动者的全面剥削、对其地位的全面贬抑、对这些底层民众的强制压服和对其自由的暴力束缚，上述这些成功都是不可能的。正是这些现象将点燃民众暴力的烈火，邹来学撰写该信之后的几个世纪里，该县将一再经受它带来的痛苦。

---

① 1670年《麻城县志》，卷10。
② 邹氏在黄安的显赫地位，见1697年《黄安县志》，9：3页。
③ 《麻城县志前编》，9：26~27页。

功名与做官

在一篇庆祝当地重建儒学宫的文章中，刘采（1529年的进士，曾在六部中的四部做过尚书，并任太子少保）【译者按，原文误作"Liu Bian"】写道："麻城古号名邑，国朝经术文章尤盛。"① 1535年，毛凤韶自夸道："天下称文献上国莫如楚，楚郡莫如黄，黄诸邑莫如麻。"② 刘和毛都是麻城本地人、本地鼓吹者。但是编辑1882年县志的一名外乡人，知县郭庆华，同样惊叹于该县过去取得的成就（在他所处的时代，麻城的教育成就从全国范围来看不值一提），"麻城俗习诗书，争荣科第，前勋旧德，胜代尤彰"③。考虑到前几个世纪麻城在全国精英中的默默无闻，他们的后人在明代中、晚期在科考功名和担任官职方面获得的成功实在是令人惊讶。这成功既是由于该县快速增长的经济实力产生了闲适而受过良好教育的精英，也要归功于积极经营关系网络和当地人的热心支持，我们从刘采和毛凤韶那里可见一斑。④

明初商业和商业化农业的利润被系统地投入到教育基础设施建设。其中最正式的机构是坐落于县城圣庙内的儒学宫。学宫始建于宋代，在元末邹普胜起义的战火中被毁，14世纪末得以重建，1470年代曾翻新整修，1530年代又一次彻底重建。到这时，先圣和宋代理学大家的牌位可以加入乡贤祠的行列——事实上这里已成了那些作为学者—官员享有全国声

---

① 刘采：《重修儒学记》（约1535年），见1882年《麻城县志》，8：3页。
② 毛凤韶：《麻城志略序》（1535年麻城县志序），见1993年《麻城县志》，607页。
③ 郭庆华：《选举志》（获取功名者名单的序言），见1882年《麻城县志》，14：1页。
④ 这里麻城的经历的确引人注目，但并不是独一无二的。Dardess笔下同在明代中期的江西泰和县，以及Beattie笔下清代初期和中期安徽徽州地区，都经历了使本县后代大量跻身于高级官员行列的相似的成功过程，见Dardess，*A Ming Society*；又见Beattie。19世纪后期湖南湘江河谷的类似故事也广为人知。

望的麻城子弟的荣誉厅堂。明代至少有53人得到了这种认可。每年在学宫举行儒家仪式时，有抱负的当地学者齐聚一堂，反思自己该如何延续这光荣的传统。①

在准备科举考试时，实际上更重要的是麻城大量涌现的家塾、族塾、村塾以及层级更高的书院。后者中最负盛名的就是已得到世人尊敬、闻名全国且得到越来越多资助的万松书院。不过更引人注目的是建立其他书院的新一轮浪潮，很多著名的书院就分散在整个县城。龙溪书院、白杲书院和东溪书院建于15世纪，道峰书院、辅仁书院和明德书院建于16世纪，回车书院、白云书院和经正书院建于17世纪初。举一个稍晚的例子，回车书院位于县城南部，邻近黄冈，书院的目的是教育两县士绅和商人的孩子。它由周旻、周玺兄弟始建于17世纪20年代，他们从山东的圣人家乡求来孔子像安放在象棋山寺，把它改成了书院。②

在明代的教育热潮中，当地的其他寺庙虽然没有像回车那样变成正式的儒学书院，但确实在当地的学术中扮演了重要角色。有些寺庙，例如大雄石窟寺，就是当地的图书馆。麻城杰出的哲学家官员周思敬曾赠给大雄寺一大批典籍，附近的孩子们在这里学习并于日后成为高官，这使大雄寺享有盛誉。此类转变的另一个例子是坐落在名山上的玉石寺，这里供奉的是武神铁头师。在16世纪末由当地学者梁雪亭掌管后，玉石寺成了研究王阳明生平和著作的中心。尽管当时其他人对王的禅学研究颇有微词，但梁及其追随者却很推崇他的良知（天生的道德判断）学说，特别推崇他军人和学者品质的完美结合——这很适合玉石寺的尚武倾向。③

这里的数字是惊人的：整个明代，麻城出了110个进士和421个举人。这些进士中至少有十人通过顶级的考试并在翰林院任职。考虑到该县粗犷好斗的性格和历史上的战略中心地位，我们也不会奇怪它还出了22

---

① 1882年《麻城县志》，8：1~9页；《麻城县志前编》，4：6~26页。
② 1882年《麻城县志》，9：9~11页；《麻城县志前编》，4：35页；1993年《麻城县志》，470页。
③ 《麻城县志前编》，2：20~21页。

个武进士和61个武举人。此外还有数百个买来的功名（贡生），这一事实反映了当地农业和商业的日益繁荣。① 这些数字虽不能使麻城与长江三角洲地区最富庶、最有声誉的县相媲美——例如宁波在明代出了293个进士和1000多个贡生②——却远远超过了华中地区的大多数县份。麻城进士的人数高于湖北省的其他任何县；位居第二的黄冈有87人，再次是江陵有70人，被并入省城武昌的江夏县仅有64人。③

这些科考成功的案例在时间分布上并不均匀，明朝的前120年，麻城出了17个进士，这与明代以前微不足道的成绩相比的确是一个惊人的数字，但是与同时代的其他地方相比并不算特别引人注目。例如，江夏县这一时期更为出色，出了20个进士。直到15世纪后半期，麻城的地位才显著提升并得以扬名天下。在1470年代山西布政使李正芳为修缮麻城儒学宫而撰写的纪念文章中，这一点已经初显端倪。李非常自豪而又不无惊讶地指出，他的家乡县在1467年一年就出了7个举人。④ 从弘治元年（1488年）直到明朝终结，麻城籍进士的人数迅猛增加：总数达83人，还不包括16世纪末从该县分出来的黄安出的7个进士。麻城南面的县黄冈产生的进士人数表现出相似的跳跃性，从1368—1487年的10人增加到1488—1644年的77人，我想这很能说明问题。在一定程度上，两个县的成功显然都是正在形成的黄州商帮将商业利润投资于教育的结果。⑤

宗族对明代麻城科举成就的贡献也是不均匀的。这个时期我们所知道的一些十分富有而显赫的家族，例如西南部的商业家族程氏、东山的强人型家族夏氏，实际上没有参与这次文化勃兴，另一些家族则做得很好。事实上，该县精英留下了一份什么地点、什么家族表现最佳的记录。这份异乎寻常的文献，一方面像是当地显贵的花名册，另一方面又像家族间极为

---

① 这些考取功名者的名单，见于1795年《麻城县志》，卷12，以及《麻城县志前编》，卷8。
② Brook, *Family Continuity and Cultural Hegemony*, 29−30.
③ 张建民，614~616页。
④ 《黄州府志》(1500年)，9：45~47页。关于李任职的更多信息，见下文。
⑤ 时间序列和比较数据引自张建民，614~616页。

激烈的竞争的得分表。① 进入这份名单的标准是至少出过一个举人，共有62个家族入选。最成功的一个家族是新店周氏，在明代至少出了27个举人、7个进士。其次是锁口河刘氏，出了17个举人，值得一提的是其中11人后来又考中了进士。坝上李氏自称出了16个举人、7个进士。有时几个同姓的麻城家族都表现优秀，这样就很难区分个人的家族和居住地。例如，新店周氏之外还有另两个周氏榜上有名（一个是掘断山周氏，引人注目地出了13个举人和6个进士），又有3个刘氏与锁口河刘氏一起上榜。很难弄清这些同姓家族在多大程度上是同一个祖先的后裔。但在其他情况下，同姓的成功者都声称他们来自同一个宗族，像白果董氏（13个举人、5个进士）、七里冈梅氏（11个举人、4个进士）、脑五山毛氏（9个举人、3个进士），以及香山赵氏（8个举人、2个进士）。此外，某一地区拥有功名的家族可能不止一个，例如新店除了周氏之外，还有相当成功的谢氏和彭氏，白果除了董氏之外还有阮氏和陆氏。

明代中后期，麻城在科考上的成功总是伴随着入仕为官。根据晚清知县郭庆华的记述，整个明代有超过500个麻城人出任一个或多个官职。这一总数中除了为数众多的知县和知府外，还包括那些职位较低的人，比如县丞或县里的督学（这一时期即使最谦虚的精英家族，如白果董氏，也会炫耀自家连续几代在当地为官）。② 但这500多人中也有做到尚书级高官的。根据一份现代资料，帝制晚期麻城至少出了143个在大都市做官的人，其中绝大多数是在明代。麻城乡贤祠供奉的贤达，有53人出自明代，只有8人出自清代。民国县志《名贤篇》列出的名人，有58人出自明代，只有9人出自清代。这些明代贤达中包括1位太子太保、2位太子少保、7位尚书（其中两人在其职业生涯中做过四个部的尚书）、4位侍郎、2位主事、14位巡抚或其他省级官员以及大批高级武官。这些高级官员中有许多被编入了《明史》人物列传，其中7人享有荫庇特权，即可以挑选一名

---

① 该文献名为《麻城明科目总编》，显然是在明本朝以手稿形式汇编的，但未被收入1882年以前出版的麻城县志中；见1882年《麻城县志》，14：33～34页。它被重印在1935年县志中；见《麻城县志前编》，8a：26～27页。

② 《麻城县志前编》，9：27页，9：29～30页，9：43页。

后人继承自己的爵位。至少有 90 个麻城人因为他们儿子或孙子的功绩而得到封赠。这样,该县在明代成功地把它的子孙推到了权力阶梯的最高端,其程度远远超出人们的预料,也远远超出麻城经济和文化中心的界限。①

已经飞黄腾达的同乡对有抱负的当地学者官员的提携,无疑对取得上述成就发挥了重要作用。例如,明代中期北京麻城会馆的建立表明,到这时该县不仅积累了为数众多的中央官员,而且他们还借此对那些来京城参加会试或谋求官职的年轻同乡给予殷切关怀。② 除了荫庇特权之外,大多数涉及地方裙带关系的个人谋划都被谨慎地排除在历史记录之外。不过,梅之焕(后文会更多地谈及此人)职业生涯中的一段插曲,为我们提供了有关明代政治分肥的短暂一瞥。17 世纪 20 年代末,到黄州参加乡试的 45 位麻城学子的代表,拜见了刚从甘肃总督任上返回家乡的梅。考虑到中举有严格的名额限制,而事实上考生人数预计超过 3 000 人,很明显只有极少数麻城子弟有望中举。但梅让学子代表回到黄州,并附上给主考官员的一封私信。出于对梅的尊重,那名官员单独考察了每一位麻城学子,并不成比例地让其中 17 人通过了考试。③

和他们在科举考试中的成功一样,麻城子弟跻身官场高层的突破也是由于明代中后期积累。真正开其先河的是在元朝就已成功为官、受人尊敬的邹氏家族的后人邹来学。邹作为 1433 年的进士被任命为兵部主事,负责西北军事的后勤事务。他在 1440 年代的土木堡事变中表现出色,被晋升为江南总督。在总督任上,他做了一名模范官员该做的事情——减免税收、整饬吏治、兴修水利、修建粮仓、奖励农桑,但他做得如此出色,以致卸任后被任命为都御使。④ 在随后的半个世纪里,坝上李氏的三代人——李正芳(1442 年进士)、李庆(1469 年进士)和李文祥(1487 年进

---

① 1882 年《麻城县志》,8:9~10 页,14:1 页;《麻城县志前编》,4:23~25 页,8b:26~34 页,卷 9;《麻城县简志》,22 页。

② 《麻城县志前编》,2:37~40 页。

③ 1882 年《麻城县志》,40:14~15 页;《麻城县志前编》,15:25 页。这则有点幽默的轶事在县志里一再重印,既表明当地为此事而感到无比自豪,又可以视为后世本地人应该如何对待年轻的同乡学子的说明。

④ 1697 年《黄安县志》,9:3 页;《麻城县志前编》,9:25~26 页,15:22 页。

士）——依次在西北地区担任省级官员，在那个边疆地区战事频仍的年代，他们每个人都赢得了举国赞誉。其中文祥在一次军事失利后返回家乡，以29岁的年纪自溺身亡，这既使他得到了在《明史》中以烈士入传的殊荣，也为他的文集（由晚明著名学者王世贞出版并作序）赢得了虔诚的读者。①16世纪中期，麻城人的表现甚至更加出色，16世纪40年代的刘天和、16世纪60年代的周宏祖是其领军人物，他们是明代当地两个名门的后人。

锁口河刘氏是刘名梦的后人，他曾在朱元璋的征服大军中效力，后来担任知州并在该县得到一块帝国赏赐的土地来维系自己的家族。名梦的后人刘从政是明代麻城的第一个进士；刘训（1439年进士）官至山西巡抚；刘训的儿子仲镍和仲辁都是1453年的举人并在当地为官。②不过，名梦的曾孙刘天和（1479—1546），把先辈们的业绩推到了新的高度。根据《明实录》中为他写的悼文，天和任职甚广，作过陕甘总督、兵部和工部尚书以及太子太保。他因守卫边疆（这是麻城人的专长）和治水而声名远播。他根据自己担任（黄河）河道总督的经验编写而成的《问水集》，在明清两代被定期重印。③王世贞在悼文中对刘天和称颂有加，帝国赐给他的谥号是庄襄公，并在《明史》中立传。其后代包括太子少保刘守友、著名的藏书家刘承禧、著名的晚明诗人刘侗，以及许多级别较低的官员。④

新店周氏也有一个类似的发家故事，它在王朝后半段攀升到了明代官僚阶梯的最高层。我们已经看到，周家是赢者通吃的高级博彩中最成功的一

---

① 《明实录·成化实录》，6/5（1470），见《明实录类纂》，1345页；《明史》，收入《四库全书》，189：1～3页；1882年《麻城县志》，32：18页；《麻城县志前编》，9：1～4页，9：28页；《麻城县简志》，22页。由于他年轻时大胆弹劾有权势的大学士刘继银，李文祥也会在儒家正统的规范历史中被提到；见黄宗羲，收入《四库全书》，9：11页。

② 《麻城县志前编》，8：4页，9：27页，9：29页。刘训的传记见《中国人名大字典》，1462页。

③ 刘天和：《问水集》，收入《四库全书》。刘长期担任陕甘总督期间的官方书信，被收入其回忆录中；见刘天和：《督抚奏议》，收入《四库全书》。

④ 《明实录·嘉靖实录》，24/12，见《明实录类纂》，1353～1354页；《明史》，收入《四库全书》，200：19～21页；1882年《麻城县志》，8：9～10页，32：5页；《麻城县志前编》，9：4～6页，9：32～33页；《中国人名大字典》，1434页，1447页；刘宏：《〈一捧雪〉·〈金瓶梅〉·麻城》。在下文我们会重新提到刘承禧和刘侗。

个麻城家族，他们成就非凡，以至要为做过文武官员的家族成员编写传记。①提升家族地位的第一位重要官员是周镗（1445年进士），他担任高品级的监察官员，在很多因派系而起的弹劾中起过作用，也曾被任命为山东和云南（据记载他在那里积累了大量财富，但在回家的路上因船只失事而一去无踪）的布政使。镗的孙子周廷徵（1489年举人）于1510年代在西北地区担任总兵，战绩显赫。廷徵的两个儿子周载和周鲥都只是当地的小官；但到了下一代，周家开始发迹了。②

在"宏"字辈的子弟中，有三人特别成功。周宏谟是1576年的武举人，他在镇压全国性起义时取得了决定性的成功，因而被赐予荫庇特权。周鲥的两个儿子宏祖和宏钥，成了更具政治色彩的全国性英雄。哥哥周宏祖（1559年进士）官至南京都御使，因其坚决打击贪污军饷之举而赢得了广泛赞扬。弟弟周宏钥（1574年进士）在京师和各省任过不同官职，曾两次劝谏万历皇帝并因此而扬名，第一次是反对皇室在国家经济困难时的奢侈行为，后来是批评皇帝不理朝政。两次劝谏，宏钥都是先被罢免而后又被召回，但职位逐渐降低了；然而，在随后的天启朝初年，他因刚直不阿且有远见卓识而被追赠为太师。③

最终，周宏祖和周宏钥两兄弟都在致仕后回到家乡麻城，并被视为当地在乱世进行政治整合的楷模。两人都留下了出色的文集；都在明朝面临困厄的最后五十年间，为麻城文化基础设施的发展做出了重要贡献。

---

① 《周氏家乘》，作者未曾找到，引自《麻城县志前编》，9：7~8页。必须指出，考虑到麻城存在好几个有名的周姓家族，又无法得到其中任何一个的谱系，我对周氏学者官员的家族区分在某种程度上是尝试性的。特别是我相信（但是不确定）这里讨论的周宏祖所属的家族是新店周氏，而宏祖的同时代人周思敬（详后文）则属于另一个家族，很可能是掘断山周氏。我这一考虑的主要证据是消极的：尽管许多文献提到周氏之间的亲戚关系，但它们都无法把分别带有"宏"字辈分和"思"字辈分的两个主要周氏家族联系起来。

② 《麻城县志前编》，9：28~29页，9：45~46页。

③ 1882年《麻城县志》，18：12~13页，18：6~28页；《麻城县志前编》，8b：34页，9：7~8页，14：25页；《麻城县简志》，23~24页。宏祖在传记中被称颂，见《明史》，收入《四库全书》，215：5~7页。这三位周姓名人都被收入了《中国人名大字典》，526页。

第四章
异　端

具有讽刺意味的是，曾经强大的明王朝不断痛苦衰落的时期，正是麻城历史上最辉煌的岁月。该县有长期的习武传统，为王朝输送了大量亟需的军事人才。而且，发展当地教育机会的耐心过程和官员代际之间的相互提携，逐步缔造了该县科考和仕途成功的辉煌时期。不仅如此，表彰出身当地的官员、学者和文人的名贤祠将这个名不见经传的地方变成了闻名全国的学术活动和政治论辩的中心。

麻城走上中心舞台

那个时代当地几乎所有的主要士绅都留下了自己的政治文集，以及典籍注释、哲学和历史著述、百科全书、地方志和游记，其中许多颇有价值，被收入《四库全书》。后来的县志附有晚明时期当地人的诗作，不仅包括在外乡享有持久声誉的诗人（像刘侗和曹胤昌），还收录了其他人创作的许多诗文，例如梅国桢，他真正的地位来自各类文武事务。刘承禧等当地文人成了著名的藏书家，甚至有学者从江南赶来欣赏他们的珍本收藏。① 事实上，麻城在16世纪末、17世纪初变成了一处圣地，吸引了全国最具影响力的文人学士。16世纪90年代，被齐皎瀚（Jonathan Chaves）誉为"明代最伟大诗人"的湖南人袁宏道（1568—1610），曾多次与兄弟宗道、中道一同访问麻城，写下了许多赞美当地

---

① 刘宏：《〈一捧雪〉·〈金瓶梅〉·麻城》。

风光的诗篇，后来由麻城本地的杰出士绅李长庚编辑刊印。① 【译者按，袁氏兄弟当为湖北公安人。】历史学家焦竑（1541—1620）也在同一时期定居于此。② 我们还看到，伟大的小说家冯梦龙在 20 年后旅居此地。最有名的例子是，颠覆偶像的泰州学派思想家李贽，正是在麻城写出了他最有争议的著作，对思想界发起了最尖锐的攻击。

这些名士，以及渴望仿效他们优雅情致的人，聚集在该县山间的凉亭里，娱情山水，茗茶品酒，一觞一咏，畅叙幽情。已有的精英社交中心如万松书院、麻姑石窟、东山的定慧寺等重新焕发了生机，又有新建的中心加入其间，例如白果的兴福寺、梅国桢建造的碧云寺以及县城的三老堂。这里渐渐形成了当地名人和访客公认的聚会胜地，即所谓"三台八景"。其中一些更因过去的文坛健将而备受尊崇。宋埠镇外的杏花村就是其中之一，以唐代的杜甫和宋代的苏东坡曾经来访而自豪，清代的乾隆皇帝也曾忠实效仿。③ 晚明时最受人喜爱的景致是龙湖湖畔新老寺庙的交相辉映，位于县城东约 25 里的中心平地上。龙湖为权势显赫的周家所有，由山间奔流而出的溪水汇聚而成，深邃而清澈，吸引了大批知名的访客，他们动情于钓鱼台的迷人景致而写下优美的诗文。④ 麻城的名士们有意通过这些场景显示自己文化上的优雅，进而表明他们对当地社会的绝对支配地位是相称的。

佛教在晚明的麻城繁荣起来，它的集大成者是出身于当地一个显赫家族的学者僧人道一（本名叫周明明）。按照一种近乎完美的说辞（当时大部分文人退出日益恶化的公共生活时都会如此），周在去武昌参加乡试的路上，对其他考生在渡船上为争座位而大打出手的粗鲁行为非常厌恶，愤

---

① 袁宏道：《潇碧堂集》，李长庚编（1608）；周群，40～43 页；Chaves, 23。关于袁诗歌革新的简要描述，见 Nienhauser, ed., 955-956。

② Tu Lien-che, "焦竑"，见《清代名人传》，145～146 页。焦在 1589 年的殿试中夺得第一名，他曾是麻城人耿定向的学生，关于耿我们在下文还会提到。

③ 《麻城县志前编》，1：29～30 页，2：27 页；《麻城县简志》，37～39 页。

④ 袁中道，《龙湖》及其他诗歌，见潘曾纮，3：1 页，3：13 页；1882 年《麻城县志》，卷 3。

然回乡并剃度出家，终日流连于家乡的崇山峻岭，探寻人生的真谛。① 另一些优秀的当地精英尽管没有出家，却也痴迷于佛教的奥义和伦理探索。

与此同时，这些名士远没有脱离政治。事实上，至少从周宏祖和周宏钥那代人起，也就是16世纪70年代中期以后，麻城人就不仅持续跻身于帝国官僚阶梯的高层，而且在晚明激烈的派系斗争中扮演了活跃而复杂的角色。他们一直是批评皇帝、宦官和宗室的中坚。他们在16世纪末与属于新儒家"左翼"的泰州学派过从甚密，但在17世纪初同样与该学派学术上保守而政治上激进的反对者交往，起先是东林党，后来是复社运动。

彭遵古的故事很有象征意义。1586年，已在十年前因罢官而名震天下的直言者海瑞，被朝廷召回出任南京都御使。显而易见，海的第一把火就是要严惩那些哪怕有最轻微腐败行为的官员。这激起了提学御史房寰的弹劾，称海瑞虚伪而傲慢，应该再次免职，万历皇帝准奏。然而，时任南京佥都御史的麻城人彭遵古，组织了数位同科进士联名上疏，请求让海瑞官复原职。他们攻击房寰诡计多端，赞扬海瑞是当代伟人。朝廷袒护房，并勒令放肆的彭及其同伴去职还乡，从此不得从事政治活动。彭确实作为一个多产的学者度过了余生，并在1620年代的天启年间因其英勇谏举而获得谥封。②

梅国桢和1570年税收改革

16世纪末麻城具有轰动性的政治现象——一种具有全国性意义的地方政治——主要体现在三个家族集团身上：梅氏、耿氏和周氏。16世纪后几十年间最有全国声望的当地人，无疑也是最积极地促进当地繁荣的人，可能就是梅国桢（1542—1605）。国桢也许是麻城最富有的地主家族。梅家很早就来到此地，并在县城东南部华中平原的七里岗得到了一大块最肥沃的土地。后来被视为当地梅家始祖的梅亨，当地人对他并不陌生，他在元初被乡邻选为（或许是自己任命为）百一，以应付土匪和

---

① 《麻城县志前编》，15：11~12页。
② 《麻城县简志》，24~25页；Ray Huang, 154-155。

社会动荡。他的儿子和孙子进一步发展，建立起他们自己更大的军事网络（分别授予千一和万一的头衔）。就是说，梅氏是作为当地强人集团开始起家的。①

和麻城其他的文人地主家庭一样，科举考试的成功姗姗来迟，一旦来临却十分辉煌。在明代梅氏的4个进士和11个举人中，第一位是国桢的曾祖父梅吉（1499年进士），他备受争议地做了一任（广东）惠州知府。② 下一个就是国桢本人（1583年进士），他是六兄弟中的老大。老二国楼是同年的进士，常年任职于广东、四川和江西，在当时的边疆防御战中是全副武装的军人，退休之后又是麻城当地教育和文化事业发展的大力推动者。老三国森是一个举人，也是晚明当地英雄梅之焕的父亲（见第五章）。国桢将一个女儿嫁给了李长庚，他是麻城唯一比梅家更有权势的李家的后人，官至帝国最尊贵的大学士。③ 国桢的独子之锛是著名的古典学者和藏书家，以及有名的慈善家，他捐出成千上万两的家产以缓解明朝最后几十年的饥荒。他也是东林党和复社运动的成员，拒绝为征服者满人效力，在家乡的山间像苦行僧般度过了余生。④ 不过，尽管有之锛的例子，整个清代及之后七里岗梅氏在科考和官场上的成功仍在持续加速。⑤

在同时代人的眼中，梅国桢聪慧博学，诗艺精湛，擅长骑射，为人严肃坦诚、和蔼可亲，有"侠义风范"，喜欢和朋友聚会、煮酒论诗。⑥ 他

---

① 见《梅氏族谱》，其现代版本据称可以追溯至16世纪末。又见钱谦益：《梅长公传》，1页。

② 《梅氏族谱》，19：1页；《麻城县志前编》，9：30页。梅吉作为弘治朝党派斗争的牺牲品被免职，但家族文献因为他维护当地利益而称其为惠州的英雄。

③ 钱谦益：《牧斋初学集》，（三）1628页。感谢王汎森提醒我注意这条材料。

④ 《麻城县志前编》，9：33页，9：36页，14：1~4页；1993年《麻城县志》，488页；《中国人名大字典》，1004页。

⑤ 梅家在麻城主要和大学士刘天和家进行战略性联姻，刘家是该县无可争议最有权势的家族。梅国桢自己的两个夫人来自刘家，并将自己的三个女儿嫁给了刘的儿子（见与当地历史学者李敏的个人通信）。梅家在当地的地位甚至延续到毛时代：20世纪60年代，麻城妇联的领导就是梅家的后人；见梅吉文。

⑥ 《梅氏族谱》，19：8页；Jiang，27。梅的数十首诗被收入1670年《麻城县志》，卷9和卷10，其中多首在后来的县志中被一再重印。他的《梅克生奏疏》、《征北奏议》和《西征记》都在17世纪初出版。

和许多同时代人一样醉心佛教,乐于同世俗和僧侣中的朋友探讨宗教问题。① 他的仕途生涯从县令开始,升为巡盐御史,随后长期出任西北前线乃至整个中国北部的军事长官,战功赫赫。他因精于修筑防御工事和策划围歼战而名震天下,在1592年剿灭哱拜叛乱的战斗中表现尤为出色。② 虽然他不断地卷入派系争斗,但作为王朝的军事英雄,越来越高的声望使他免于这些斗争余波的冲击,最终他以兵部侍郎加太子少傅的头衔告老还乡。国桢在1605年回乡祭拜父亲后不久因病去世,皇帝很快得知他的死讯,向他追赠了继承官职的荫庇特权。③

梅国桢在任职期间仍然抽出时间,在自己的家乡资助修建学校和供奉驱魔神灵的庙宇。灾荒之年,他协同高级官员调拨官粮来赈济麻城的百姓。④ 更有趣的是,国桢和他的兄弟积极介入了家乡有争议的税收改革运动,他们经常作为替当地百姓谋求利益的关键人物出现。例如1600—1601【译者按,原文误为1661】年间,国桢在其西北任上和时任麻城知县刘文琦密切合作,废除了家乡吏役对税收的垄断。⑤ 翰林学士梅国楼是促成将麻城应交公粮折成银两(见第一章)的主要游说者,以便至少部分降低当地纳税人将粮食用船运到官府粮仓的运输费用。尽管梅家的地产集中在举水及其下游附近、运输相对容易的地方,国楼似乎仍很耐心地努力就此问题达成妥协,将像他这样的地主——其地理位置使他们能够相对容易地承受运输成本,因此反对按照标准比例进行折算(将平均运输成本包括在内)——潜在地与另一些地主区别开来,他们住得更偏远,很乐意按照这样的比例进行折算。⑥

---

① 梅国桢:《与李贽书》,收入潘曾纮,4:1~2页。
② 《明史》(1974),5976~5979页。梅关于防御工事的基本主张,见梅国桢,《加包边堡疏》。关于梅在平定叛乱中的决定性作用,见Swope。
③ 《明实录》,万历实录33/8,收入《明实录类纂》,1356~1357页;《麻城县志前编》,8b:34页。关于梅国桢任职的细节,《麻城县志前编》(9:9~16页)中有详细记录,简要概述见1993年《麻城县志》(24页)和《中国人名大字典》(1004页)。
④ 梅国桢:《与乞粮书》,写于1590年,收入1670年《麻城县志》,卷10。
⑤ 梅国桢:《送邑侯刘翼白入觐序》,写于1601年,收入1670年《麻城县志》,卷9。
⑥ 梅国楼:《漕运解折记》,写于1595年,收入《麻城县志前编》,3:9页。

但在其他的财政问题上,梅国桢虽然仍声称是民众的代言人,实际上更关注狭隘的地主阶级的利益,甚至是自己家族的利益。这一点在1570年由知县穆炜实施的麻城地籍调查中尤为显著,该政策显然成了当地精英相互仇视和利益冲突的一个焦点。穆祖籍江西,是一个精力充沛、疾恶如仇的人。他刚到麻城,就因打击土匪而赢得了全体精英的赞赏。但他接着把注意力转向了税收评估不平等的问题,在这个问题上分歧相当大。

知县召集(经过精心挑选的)士绅和年长者(士大夫、父老)开会,征询他们对该问题的意见。他们全都抱怨该县承受的整体财政负担过于沉重。他们声称,皇上误将麻城的战略中心地位归因于它的富庶,可事实上它是一个边疆堡垒,一个贫瘠的军事重地。另外,该县内部的税负分配也是不公平的。强者有许多不税之田,而弱者却要缴无田之税。其后果,一是恶性诉讼的爆发,一是穷人处境的恶化,不逃则死。①

穆炜断定,麻城问题的根源在于稻田的二元分类体系,即分为官田(即县里众多高官名下的土地)和民田。这两种田都可以自由买卖和频繁分割。由于土地卖掉后通常仍保留以前的名称,官员或民众的实际所有权问题就立刻成了一个人为的难题。(土地)市场的动力在于两种田的纳税政策有别,与民田相比,官田本质上免于劳役,但相应地要交更高的田赋。这样,想要降低田赋而宁愿出劳役的田主希望将官田换成民田(改官为民),想要逃避劳役的田主则相反(改民为官)。如果没有人在土地交易中虚报或操纵土地的纳税类型,这本身并不会产生不公平的问题。理论上讲,一块土地的市场价格随着田赋而波动,而田赋则被视为其产量的一个指标。但是大家渴望从出售土地中获得高回报,因此常常虚报自己土地的田赋;而这些土地的买主事实上往往注定要为低产量缴纳高税赋,所以拖欠的情形并不罕见。与此相反,另一些人又有把田赋报得比实际更低的动机,这样能以诱人的低价格寻找买主或者自己买下这些土地。另一种欺诈之举是将自己土地的一部分卖给那些过于急切或者资金不足的买主,由于田赋征收不能分割,买主必须更多地分摊

---

① 王世贞:《麻城穆侯均赋颂序》,收入《四库全书》,59:26~28页。

卖家的田赋。

1570年穆知县面对的就是一个完全混乱的财政体系，田赋登记簿不能反映实情，财税负担在人口中的分配极不平等。他认定唯一有效的解决办法就是全面丈量土地（丈田）。他组织一批廉洁而能干的专家负责丈量，设法在两年内彻底重新编订麻城的田赋登记簿，并对所有田主进行了重新评估。他将该县大部分官田重新划为民田，希望借此减轻该县的整体税赋，与此同时试图实现富人和穷人税赋的均等化（均粮）。①

显而易见，一个新上任的知县无论多么有干劲、有能力，如果得不到当地精英广泛的支持，是不可能取得上述成就的。有一位人物似乎体现了这种共识，他叫黄卷（1504—1579），是当地一位上了岁数的长者。黄广受麻城士绅的尊敬，在他去世后，朋友们敦请当时最负盛名的文人王世贞为他撰写了墓志铭。② 黄早在40多年前的1529年就成了进士，在任过一些中级官职后回到家乡，致力于当地的公共事务。16世纪30年代后期，他寻找捐助并承担编务，刊印了该县的第一部县志，为此受到同乡们的广泛赞誉，他们认为该书标志着麻城迄今为止所取得的新成就。黄还赢得了平民士绅的声誉。王世贞注意到他几乎从不去县城和精英们宴饮。相反，康熙朝县志中黄的传记强调，他躬亲田事，与奴仆同甘苦，时常把农具借给贫穷的邻居。不仅如此，他还是当时僵化的社会等级制度的一个直言不讳的批评者。③

这位具有平民主义和改革主义色彩的本县精英——显然还有他的不少同事——把积极的穆炜知县的到来视为福音。在穆离任之际，黄准备了一篇纪念文章，赞誉穆有古代楷模官员之风，赞扬他一如那些崇高的榜样，以各种方式展现了自己的爱民——通过植树、垦田、兴修水利和其他基础设施，最重要的是均平赋役。黄满怀热情地肯定穆的丈田之举极为重要，强调最近几十年来麻城日益严重的税负不公已经导致了令人忧虑的土

---

① 王世贞：《麻城穆侯均赋颂序》，收入《四库全书》，59：26~28页。
② 王世贞：《万崖黄公墓志铭》，见王世贞：《弇州山人四部稿·续稿》，收入《四库全书》，95：20~29页。
③ 1670年《麻城县志》，卷7。又见毛凤韶：《麻城志略序》，见1993年《麻城县志》，607页；《麻城县志前编》，8：13页。

地兼并趋势。富者田多税少、贫者倾家荡产仍完不成赋税的局面已经出现。黄毫不怀疑，如果没有穆的激进改革，迫在眉睫的后果就是阶级战争：该县已处在危亡的边缘，其动力就是众多的仆庶。结果证明——或许穆炜的税收改革确实发挥了一定的缓解作用——黄所预见的毁灭在仅仅半个世纪之后来到了麻城。①

但以晚明时期当地的标准来看，黄卷只是来自一个在财富和学术上有中等成就的家庭。万人崖黄氏虽然是受人尊敬的家族，但整个明代却只出了四个举人，黄卷则是唯一的进士。② 对穆炜财政改革运动的支持，或许正是来自这个人数众多、中等富裕程度的精英阶层。至于那些富裕程度惊人并有全国性声望的大家族——可以说正是黄所指责的盘剥税收和攫取土地的主要元凶——对改革的支持显然并不那么一致。七里岗梅氏，以及当时正冉冉上升的明星梅国桢，显然就属于这个阶层。

也许是由于黄卷的提名，穆炜知县被考虑得到帝国的奖赏，湖广布政使罗其玉（音）奉命调查穆是否配得上这样的荣誉。穆炜税收改革的支持者们发起了一场声势浩大的挺穆运动。包括全国知名的哲学家耿定向（见下文）在内的一些当地士绅，于1573年拜访了省按察使王世贞，并声泪俱下地劝这位名人撰写一篇短文称赞穆为循吏，因为他成功地做到了无数前任没能做到的事，并称赞他的改革是穷人和富人共同的福音（下与上交益）。③

但当罗巡抚转向以梅国桢为代言人的富人阶层一边时，得到了有所不同的评价。在回答罗的询问时，梅对穆谴责有加而吝于褒奖。梅认为穆的剿匪行动当然值得赞许，他也承认颇受争议的丈田之举是出于良好的动机，并且实现了预期的公平。但是，它就真的是一件好事吗？作为当地最有势力的地主阶层的代言人，梅认为检验任何财税改革的真正标准是看它对农业总生产率的影响，如此说来，现在判断穆的改革是成功还是灾难尚

---

① 黄卷：《穆侯遗思序》，见1670年《麻城县志》，卷9。黄这篇描述穆炜英勇举动的文章成了当地精英信仰的坚固组成部分，被直到20世纪初的历部县志一再重印；见《麻城县志前编》，7：4～5页。

② 1882年《麻城县志》，14：32页。

③ 王世贞：《麻城穆侯均赋颂序》，收入《四库全书》。

为时过早。改革肯定给他家带来了经济上的不便，但梅谨慎地拒绝表达自己对其后果的看法。尽管如此，他确实暗示穆炜的财税改革没有做好审慎的准备工作：这些改革无疑给穆的上司留下了深刻印象，但改革的实施其实没有充分考虑当地的舆论（民情）。①

耿定向与黄安县的设立

哲学家官员耿定向（1524—1596）出生在麻城的西北角。传说一位公卿碰巧路过他家，认定两岁的耿定向日后会成为贤达之士。在此激励下，他从小就孜孜不倦地学习理学，并于1556年中进士。他于1559年被任命为监察云南的御史，很快就因弹劾吏部尚书吴鹏而招来恶名。一波激烈的弹劾与反弹劾的斗争接踵而来，而耿相对没有受到多少冲击。他沿着权力的阶梯逐步攀爬，在1580年代末做到了户部尚书。他去世后，被追赠为太子少保，赐予荫庇特权，并最终在《明史》中立传。②

耿生前在他的家乡也十分有名。例如在1575年，他是受邀为新编县志作序的少数几位黄州本地人之一。但这种影响在耿定向的人生中弥足珍贵。和住在中部平原的七里岗梅氏不同，三角山耿氏生活在大别山区，并不是一个非常富裕且身世显赫的家族。整个明代耿家只出了三个拥有高级功名的人。第一位取得省级考试成功的是定向的先辈耿光，他是1501年的举人，作为低级学官。第一个进士就是定向自己。秦家懿（Julia Ching）为定向写的传记中说，他的直系先辈是微不足道的耕读之家，没有功名和官职。也没有记录显示任何耿家人参加过15世纪和16世纪初麻城知名精英们的集体活动，比如重修县城的儒学宫或是编纂1535年的县志。但是，到了定向这一代，耿家开始兴旺发达。他的弟弟耿定力也在1570年考中进士，官至兵部侍郎。兄弟中排行第二【译者按，原文误作"最

---

① 梅国桢：《贺穆侯赓奖序》，见《麻城县志前编》，7：5页。
② 1882年《麻城县志》，18：13~14页；《麻城县志前编》，8b：34页，9：8~9页；Julia Ching（秦家懿），"耿定向"，见《明代名人传》，718~720页。

年长"】的定理,考中了生员后就有意回避科举,却因精于新儒家哲学和佛学而声名远扬。①

终其一生,耿定向都在努力探索那个时代的重大哲学问题,以及这些问题在帝国和地方的政治意涵。他喜好禅宗佛教并深谙其义理。他坚信作为王阳明思想核心的"良知"的存在,与王门"左翼"泰州学派过从甚密,其中包括他一度的密友何心隐和李贽。但我们将会看到,他察觉到当时官场的日益腐败堕落以及相应的社会失范,这促使他开始强调道德选择和社会等级制度的价值,以及他在宋代新儒学中发现的解决治乱问题的具体措施。他是西北地区以外最早欣赏关学(陕西)学派的学者之一,该学派坚定地信奉朱熹之学,强调重振礼法和道德,并致力于钻研经世之道和各种有用的技艺,这些都将成为清代前期和中期实学运动的核心主张。② 耿不曾亲眼见到顾宪成(1550—1612)在1604年创建东林书院,但他逐渐从佛学和道德直觉主义转向强调全国性公共服务和地方性社会规范的"宋学"主张,这显然预示了后来的这场学者运动。

面对越来越难以控制的底层民众,耿定向重整社会规范的热情日益高涨,这充分体现在他(在1575年前后)提议恢复乡约制度,该制度最早由宋代的朱熹提出,王阳明则使之在明代广泛复兴。③ 耿认为,保甲制度是禁奸、治乱的有力武器,但它必不可少的要素就是由地方精英实施、用以引导社会风俗和行为(导俗为风)的强制性规范:乡约。他说,自从明代的建立者开始实施另一种地方控制体系——里甲制度,乡约就明显地失效了,这是不争的事实。耿注意到,这个动荡的时代需要一种集体的、相互的、公众的责任去重振道德。他回应了晚明改革者一个共同的主题,即呼吁精英们创建新的、正式的渠道去联系民众(通民),

---

① 《麻城县志前编》,9:9页;《中国人名大字典》,836~837页。我遵循Jin Jiang的做法,用"Dinglii"即多了一个字母,来表示定理,以便和他的弟弟定力区别开来。

② 耿定向:《题敬业先生语录》,见耿,16:8~10页。

③ 耿定向:《题黄安乡约》,见耿,16:7~8页。关于这一时期乡约在其他地方的运作模式,见McDermott, *Emperor, Elites and Commoners*, 299-351;又见Hauf。"通民"作为鼓吹改革的口号,见Handlin。

他们显然正在危险地脱离这些民众。最耐人寻味的是，定向注意到自己家乡地处边缘和极度无序的特点引发了一系列令人头痛的问题——匪患猖獗、诉讼激增、拖欠债务和税赋，有效的乡约系统将有助于补救这种局面。

虽然耿没有详细论述如何实现这些变革，但他明确指出，由当地地主精英控制的乡约制度有助于更公平的赋税和徭役分配（徭赋可平）。他在同时期撰写的一篇表彰文字中表达了类似的观点，该文称赞麻城知县王三宅整顿吏役收税时的欺诈行为，并在此过程中开除了许多吏役。① 该地漫长历史中，棘手的税收问题都是地方与国家发生冲突的领域，并催生了对强人精英领导地方自治的公开吁求。

耿定向发起了让其家乡所在的麻城西北部地区脱离该行政区划、独立建县的运动，在这场漫长而最终取得成功的运动中，他更坚定地阐述了上述观点。② 而且在这段插曲中，我们还能进一步瞥见通常被掩盖的当地地主精英内部的争论。黄安县的设立显然是一个富有争议和高度政治化的过程。这里的地主们一致认为，他们需要行政独立的直接动因是公共安全问题，麻城知县既不能、也不愿派他的官军来保卫县城西北部的大别山地区，所以这些地区总是沦为土匪和来自河南的跨境掠夺者的抢掠对象。一个距离更近的新县城、一支实力雄厚的武装，将有助于缓解这个问题。这种忧虑是不无道理的。但是很明显，这场运动背后更深层的动因，是希望获得更高层次的地方自治，以对抗麻城县和该县中部平原更有势力的精英家族，例如新店周氏、坝上李氏、古城蕢曾氏，当然尤其包括七里岗梅氏。行政自治无疑会带来更大的汲取和分配财政资源的权力，以及更好地竞争科举考试稀缺配额的机会，过去县城中心那些身世显赫、人脉广泛的家族不成比例地占据着这些名额。这些优势显然是中心地区的精英们所不愿放弃的。

新建一个独立县的想法首次提出来讨论，是在1542年麻城西北部的

---

① 耿定向：《贺王侯少厓新政奖励序》，见《麻城县志前编》，7：6~7页。
② 下面几段主要引自1697年《黄安县志》，1：2~12页。又见1993年《麻城县志》，10页。

两名监生秦岳（音）和李大夏（音）递交的陈情书中。这份陈情书最初得到了湖广总督卢杰（音）的支持，但最终因为涉及的问题太复杂而被拒绝——想必是违背了后来梅国桢指责知县穆炜在丈田时所忽略的士绅舆论（民情）。五年之后的 1547 年，黄州知府郭凤仪亲自要求巡抚重新考虑这个提议，但结果仍是如此。随后到 1552 年，新科举人耿定向加入了论战。他游说巡抚冯岳重启这个议案，但被巡抚断然拒绝。《黄安县志》指出，该地继续饱受社会动荡之苦。

在考中进士一年后的 1559 年，耿被任命到明朝南方留都南京为官，他立刻抓住机会再次提出家乡的自治问题。他希望湖北布政使刘伦新（音）重新考虑这个问题，似乎就要得到刘的批准了，刘却突然调走，而接替他的张裕（音）并不认为该举措有那么重要。几乎可以肯定，这位新任巡抚此前受到了反对西北部自治的麻城人士的影响。耿定向当时远在南京，不能有效地反驳他们，但第二年他被任命到甘肃，借路过故乡和湖北省城的机会，使出浑身解数来游说当地和省里的官员支持建立新县。到 1562 年底，耿的坚持得到了回报，张巡抚递交了一份很长的奏折，希望皇帝赞成此举。整个冬天和春天，各方均表达了自己的观点，其间有许多歧见纷争，特别是关于财政重新分配的细节问题。1563 年 4 月，户部最终正式批准设立黄安县，新辖区大部分来自麻城，但也有一小部分来自邻近的两个县。

耿定向战胜了势力根深蒂固的麻城精英。事实上，康熙朝的《黄安县志》过分夸大了他取胜的程度。麻城西北部的其他家族无疑得益于新县的设立，但县志——在其传记文字、当地文人作品选、当地基础设施捐赠记录等中——引人注目地揭示了耿家势力在该县设立后的一个半世纪里所达到的垄断程度。相比之下，麻城时代耿氏在科举考试中表现平平，而在自己的地盘黄安却出了许多公认的文人，不仅明代中后期如此，而且延续到随后的清代。① 耿定向获得了有力的封赏。

---

① 1697 年《黄安县志》，卷9。

周氏兄弟与龙湖

　　与耿定向及其兄弟交往密切的是另一对周氏兄弟。周家至少有 8 个"思"字辈成员——思久、思敬、思季、思昭、思志、思旦、思达和思善——中了举人或进士，并在 16 世纪后期担任知县或更高级别的官员。这些人都来自掘断山周氏，这是大别山地区最古老的精英家族之一。他们声称早在南宋时期（1190 年代）就来到此地，据说他们的始祖周爱六是从江西迁来的。周氏家族的大本营掘断山坐落在麻城西部，1562 年被分出来成为黄安的一部分（《黄安县志》中有周思敬的传记，称他为当地子孙①），但周家的地产事实上遍布两县，其中相当一部分位于阎家河集镇北面的麻城中部平原。②

　　这代人中最有政治影响力的是周思久（周柳塘，1553 年进士）和周思敬（周右山，1568 年进士）。思久没有做过知府以上的官，但他在全国的人脉非常好。至少有名的清官海瑞曾撰文赞赏他在艰难的海南知府任上所取得的政绩，思久因此而受到嘉靖皇帝召见并征询意见。③ 周思敬和耿定向一样，都是独揽大权的首辅张居正（1525—1582）的人。他在世期间官至工部侍郎，死后被追赠为大学士。④

　　不过，无论在当地还是外乡，闻名遐迩的麻城"二周"在文化上的影响力都要胜过他们可观的政治地位。他们是知识界的名人。思久和思敬在麻城县城和全县各地修建了宏伟的儒学宫、图书馆和佛寺。最有名的

---

　　① 《黄安县志》，9：4 页，10a：14 页。
　　② 《掘断山周氏宗谱》（未注明出版日期）。感谢当地历史学者李敏为我提供该宗谱的影印件，原件藏于红安县档案馆。
　　③ 海瑞的评鉴《赠周柳塘入觐》，被毫无疑问地重印在麻城县志中；例见 1882 年《麻城县志》，33：5～6 页。这也是近来麻城当地文献保管员和历史学者引以为自豪的主题；见刘宏：《海瑞敬重的清官》，46 页。
　　④ 张居正的书信集中至少有五封信是给周思敬的；见 Ray Huang, 258。关于周氏兄弟的传记收入《麻城县志前编》，9：32 页，9：47 页，另外收入《中国人名大字典》，533 页。

是，他们在阎家河北郊的龙湖（又称龙潭湖）沿岸修建了一组亭台和寺庙。除了钓鱼台，还有寒碧台、龙湖寺、芝佛院，这些地方都成了文人览胜的上选之地。在这些地方，思久和思敬可以泛舟湖上，友朋雅聚，觥筹交错，伴之以优雅而激越的谈话。这些寺院也表明了周氏兄弟对佛教的痴迷。毕竟，麻城著名的苦行者道一就是他们表兄弟思善的儿子，思久和思敬与另一位全国知名的僧人无念也很亲密，他是东山熊氏的后人，他们让他做了芝佛院的住持。① 周思久与耿定向常年保持通信，讨论有关佛教信仰的各种问题，尤其是如何使之与他们同样珍视的儒家个人伦理、礼法规范和公共服务相调和。② 他们混合思想中的这种佛教因素，成了16世纪后期困挠周氏兄弟以及耿和梅的丑闻的中心：即他们极受争议的访客李贽在龙湖的活动。

李贽来到麻城

反传统的哲学家李贽（1527—1602）出生在福建泉州一个有穆斯林血统的商人家庭。③ 1550年代他曾在当地为官，还做过云南姚安的知府，之后便辞官去了南京，过上了自由学者的生活。在那里他卷入了同王阳明门徒的激烈哲学争论，其中包括何心隐（1517—1579）、麻城的耿定理和耿定向以及定向的学生焦竑。该学派从何心隐开始采用讲学的方式，通过公开辩论来捍卫自己的观点，强调公开发言、与一般民众进行交流以及相对接受他人观点。事实上这是一个高度调和主义的圈子：耿定向支持风格独特的泰州学者王艮（1483—1541）所阐发的王阳明良知学说，耿定理致力于完善禅宗的养生之法，而李和焦则开始花费数年时间投入地集中阅

---

① 《麻城县志前编》，5：11~12页。
② 耿写给周的21封信，大部分是关于这个主题，重印在耿的书信集中，3：35~63页。这个书信集还收录了耿为周氏宗谱撰写的序言；同上，11：32~34页。
③ 关于李贽生平志业的基本描述，见岛田虔次（Shimada），chap. 3；容肇祖；朱谦之；K. C. Hsiao（萧公权），"Li Chih（李贽）"，见《明代名人传》，807~818页。

读道家文献。①

1581年，耿氏兄弟回到他们的家乡，新设立的黄安县，为父亲服丧，定理邀请54岁的李贽来做客。年底时焦竑也加入进来。② 李和耿定向一度关系很好，《黄安县志》中选印了他们在这一时期创作和交流的往来诗文。③ 但是哲学和政治上的分歧使两人开始产生隔阂，彼此之间越来越刻薄。耿定理和他们共同的朋友周思久试图调解两人的矛盾，但成功的希望却越来越渺茫。1579年，何心隐因煽动叛乱而在武昌被逮捕并处决，其详情至今仍不明朗。尽管在此前大约五年时间里耿定向一直是何的保护人，李贽仍因为何的死而开始责备耿是道德上的懦夫，在他看来何是为信念而献身的英雄。④ 随后，当定向接受新的任命、在杀害何的朝廷中担任副都御使时，李强烈地谴责他是只图自保的伪君子。1584年夏，耿定理因病去世，李也因此而受到耿定向越来越大的压力，打算离开黄安。起初他想回到南京，但焦竑因为经费不足而表示反对，于是两人接受周氏兄弟的邀请去了邻县麻城。

李贽于1585年来到麻城，并在该县度过了随后15年中的大部分时间。他住在宏伟的芝佛院中一处树木丛生的宁静山崖上，在那里可以俯瞰龙湖。芝佛院住着40多位僧人，但它并不是正式注册的佛教朝拜之地；用李自己的话，它严格说来"非寺非庵"，而是一处私人的、无派系的祈祷和沉思之地，周思久出于"为国祈福"的爱国动机建造了它。⑤ 焦竑也一直住在这

---

① 《麻城县志前编》，9：8~9页，10：63~64页。关于这一时期儒、佛折中主义的详细分析，以及李贽在其中发挥的关键作用，见 Araki。关于其社会影响，见 Brook, *Praying for power*。关于泰州学派这个知识圈子的一般讨论，见 Shimada, chap. 2；de Bary（狄百瑞），145~248；Dimberg；Peterson, 708-788。

② 容肇祖，45~47页。

③ 1697年《黄安县志》，12：15~16页。

④ 李贽：《何心隐论》，见李贽《焚书》，88~90页；李贽：《与焦漪园太史》，见李贽《续焚书》，27~29页；容肇祖，53~55页。关于何心隐之死的暧昧情形，见 Dimberg, 50-54，Peterson, 734-735。

⑤ 李贽：《答周右山》，见李贽：《续焚书》，1：25页；袁中道：《龙湖》，见潘曾纮：《李温陵外记》，3：1页。关于这种庇护模式的分析，见 Brook, *Praying for power*。

里，直到1589年进京赶考并被任命为翰林。常来拜访的人包括周氏兄弟和他们的侄儿道一、袁宏道和他的兄弟中道（有一次宏道在这里住了三个多月）、梅国桢，以及来自当地和外乡的其他名流。这个所谓的龙湖集团浓缩了16世纪后期麻城社会的长期特征，一个全国异端思想的中心。①

芝佛院的住持是魅力超凡的东山人无念，他是将军梅之焕（国桢的侄子，不久就成为麻城的军事领袖）、诗人袁宏道之类名士的朋友和精神导师。袁曾在写给无念的一首诗中调侃他的思想玄妙深奥：

> 百遍听师语，终不破纠缠。
> 譬彼生盲人，生不识紫朱。
> 告以朱何似，转言转模糊。②

李贽也受到了无念的影响。1588年，他将家人送回福建，剃度出家。和他的调和倾向一致，李坚称这与他公共文人的身份并不冲突。他对周思敬抗议道，自己"塑佛诵经"只是为了"祈国泰民安"。话虽如此，此举还是招来了非议。耿定向的反应尤为激烈，连周思久和持同情态度的麻城知县邓世阳都无法劝阻他。③

李贽在龙湖广泛而深入地阅读，他读的不仅有伟大的唐诗，据袁中道说，还有"宋元名人之曲"和"稗官小说之奇"。有时他一连几天耽于沉思，身边只有酒和书，不跟任何人说话。他个人有洁癖，连单衣都收拾得

---

① 周群，40~43页；容肇祖，72~73页；《麻城县志前编》，10：63~64页。关于这一时期李贽、焦竑和袁宏道之间的交错联系，见Chow, 134-138；Chow特别强调李在麻城"令人迷惑的隐居生活"事实上"只是这个复杂而又联系紧密的"晚明商业化文学创作网络中的"一环"。龙湖集团是让今天的当地人倍感自豪的丰厚资源。它在诸如凌礼潮、李敏编的《李贽与龙湖》等历史文献中传诸久远，该书收录了数百篇诗歌、书信和文章。在当地文献中，这个集团因其"进步"思想而被赞颂（尤其是在更大范围内相比）；见周汝成。龙湖本身已经不复存在，它变成了许多分散的小沼泽，被当地人开垦成耕地。

② 《别无念》，Jonathan Chaves 译，in Chaves, 48~49。梅之焕的文集中至少有24封给无念的信以及一个墓志铭和为这位高僧肖像的题词；见梅之焕，4：5~17页，6：39页，7：29~31页。

③ 李贽：《与周友山》，见李贽：《续焚书》，11页；也可见Jiang。关于李贽、袁氏兄弟、焦竑，以及无念之间的复杂关系，又见Chow, chap. 3。

整整齐齐。① 但他也经常和朋友们喝酒、交流诗文，是一位高产的书信作家。② 李贽最有名的作品都是在旅居麻城时创作的，包括他的历史批判论文，以及收入《焚书》、《续焚书》、《藏书》的散文和书信。同时他也继续讲学，他在龙湖的公开讲演不仅吸引了文人，还吸引了小商人和其他好奇的乡民，这更激起了当地保守精英的敌意。③

李在性方面的不检点，进一步助长了论敌攻击的气焰。李自己承认，他在黄安过的是僻静而节制的生活，而移居麻城后摆脱了耿定向严苛的目光，所以乘机"游戏三昧，出入于花街柳市之间"④。在出家之后，60岁的李贽也坚决不肯放弃与女性交往。在无念担任住持期间，芝佛院素有吸引女弟子的声名，连主持的朋友袁宏道都嘲笑这可能会导致性放纵：

　　心如止水堪容月，
　　身似寒株也著花。
　　摩顶几回亲记取，
　　生生世世法王家。⑤

在这样的背景下，当李贽本人收下一位极著名的女弟子，即梅国桢20岁的寡居女儿澹然时，流言蜚语开始盛行，李的敌人终于找到了口实。⑥

李从不缺少敌人。他总会以不无偏见的方式去谴责即便自己最亲近的朋友和保护人，如果他们不能遵循他的标准的话。例如，他公开批评周思敬没能主动去职以抗议他的恩主张居正在死后被免职。他认为，一个真正

---

① 袁中道：《李温陵传》，收入《四库全书》，541：9～11页。

② 李在麻城创作的一些诗歌，其中一首明确地赞美酒和欢乐，被收入1670年《麻城县志》，卷10。

③ 刘宏：《思想家与怪僧李贽》。

④ 李贽：《答周二鲁》，见李贽：《焚书》，259页；又见Jiang。

⑤ 《闻崔氏女拜无念学道 戏东念师》，原诗见《袁宏道集笺校》（中册），上海古籍出版社，2008，551页。

⑥ 关于梅澹然在稍后扮演的麻城佛教寺庙保护人的角色，见《麻城县志前编》，2：15页。关于她和李的关系的研究，见石诗（音）：《梅澹然对李贽有爱情吗?》和《也谈李贽与梅澹然》。

的学者不应该以这种方式屈从于当权者:"学问如因大官长,则孔孟当不敢开口矣。"① 不过他怒火最旺的一次是针对耿定向的,直到1585年离开黄安、前往麻城时仍未熄灭。在李的《焚书》(1590)和《藏书》(1598)中,耿被看做伪道学的典型,与李本人声称代表的真道学(尽管他显然是一位离经叛道者)相对立。李辩称,自己处理人际关系的方式正是基于人类的真机。相反,虚伪者要求遵循武断的是非规范、坚守名教礼法,可事实上只在符合自己的利益时才那样去做。他们所谓的学问完全是为了应付科举、攫取官职,进而言之,不过是带着虚伪的面纱去追逐财富。商人在市场上诚实而高效地谋求财富,事实上比那些贬损他们的学者官员更有道德。②

李贽对耿定向的严厉攻击主要是以书信的形式——写给周思敬、焦竑以及耿本人,他在有生之年竟公然辑录出版了这些信件(其中不少也收入了耿的文集)。耿定向的回应也采用了书信的形式,特别集中在16世纪90年代初写给周思久的三封信中。这些书信看起来很像是为了私人传看,但被谨慎地藏起来没有付梓,直到耿去世后才收入他的文集。至少从表面看来,这些信没有一封涉及两人日益恶化的私人关系:耿公开表达了他对李伦理和社会观点日益增长的不满。

在第一封信中,耿为自己坚持名教进行辩护,批评李所说的将社会关系根植于实际情况(真机)。耿提到他自己的使命是贯彻继往开来的有效社会模式,而李却固执地在危亡时刻沉迷于自我,罔顾过往的教训。耿坚称自己所尊奉的学习经典文本、弘扬传统家庭伦理更适于治理乱世,在那个时代没有比这更重要的了。他承认孔孟传统中确实有关于真机的论述,但指出必须将其限制在道德范畴之内,即对仁和义的本真追寻。看起来,李本人对真机的观点显然是来自佛学而不是儒学。耿认为这本身并没有错,并提到他自己也曾花费多年时间研究佛学。但是,有必要对佛教学说采取批判的态度,特别是要考虑到他们的社会效用。③

---

① 黄仁宇(Ray Huang),208页;朱谦之,7页。
② 李贽的关键看法或许可以见之于他的《答耿司寇》和《又与焦竑》,见李贽:《焚书》,29~39页,48~50页。也可见朱谦之,6~9页;容肇祖,61~63页。
③ 《耿定向致周思久》,见耿定向,3:54~57页。

耿的第二封信聚焦于如何实践"分别",即做出适当的区分。耿指出,李贽并不相信这条训诫。例如,耿本人出于"分别"的考虑而避免与妓女接触,李却公开地和她们勾勾搭搭,甚至在本该为他故去的妻子服丧时也是如此。李当然认为自己的行为是符合自然之真机这一原则的,而耿与之相反,他自己更信奉明义道理。和他的行文风格一致,耿再次承认儒家论述中确有"无分别"的论述,李贽的观点正是以此为据。例如程颐就说过"万物为一体,视人我无分别"。但是这里的无分别与李所鼓吹的截然不同:它的本意是阐述对他人的道德关怀,而不是为自我放纵张目。①

最后一封信逐条驳斥了李贽所声称的信条。其中最有意思的是耿对李强烈否定君臣之间、父子之间道德支配关系的驳斥。李对儒家的五伦进行了有名的颠覆,他认为朋友之间、夫妻之间(他以比过去任何一位儒家思想家更平等主义的方式对此作了重新界定)的平等关系,要比君臣、父子、长幼之间的明确等级关系更有意义。② 李认为君臣、父子的对位关系是"错误"或"专制"的(假合),耿对此表示强烈反对,声称这种二元关系是"奇妙"或根本的(妙合)。在耿看来,以温情约束父子、以义务约束君臣都是天经地义的。在这封信和他的全部批评中,耿定向一再使用"自"和"原"这样的词,以压过李贽所声称的自然或先验的真理,这(在耿看来)构成了其哲学观点的道德合法性。耿认为,李只是在破坏自然、宇宙、道德和社会秩序。③

虽然耿对李的批评文字保持思想辩论的色彩,但他显然感到自己遭到了背叛,有证据表明他利用自己丰富的关系网络对李发动了更致命的攻击。1580 年代末,麻城文人反对李继续待在这里的声音已经越来越强烈。李贽因其异端观点、腐朽淫纵、宣淫祸世、而受到谴责。④ 1590 年,由于

---

① 《耿定向致周思久》,见耿定向,3:59~61 页。关于名教和分别的学说被晚明正统思想家肯定,以维护社会的等级制度和对抗佛教折中主义的影响,见 Araki, 213-214, 218。

② 对李贽这种伦理观点的解释,见 de Bary。

③ 《耿定向致周思久》,见耿,3:61~63 页。

④ 刘侗:《李卓吾墓记》,见 1670 年《麻城县志》,卷10;潘曾纮,4:21~23 页;容肇祖,64~65 页。

对耿进行尖锐批评的《焚书》出版,连李在麻城的庇护者周思久也与之绝交(周的弟弟思敬显然没有这样做)。1591年,耿定向以前的学生、雄心勃勃的蔡毅忠(1600年进士)出版了《焚书辩》一书,他是横贯大别山脉的光山县人。这本书远比策划者想要写的更激烈,大家都清楚是耿定向授意他写的。当年年底李和袁宏道造访武昌时,据说耿派他的家仆煽动公众去谴责李的左道,结果李在游览省城著名的黄鹤楼时遭到了暴民的攻击。①

自此之后情况越来越糟糕。1594年,另一位自称是耿定向学生的湖广按察司佥事史旌贤,来到麻城指控李大坏风俗。李坚决不肯离开麻城,据说他声称"可杀不可去,头可断而身不可辱"②。但是两年后,当李贽去访问一个山西的朋友时,却被当地官员赶了出来,他认为这是耿定向的爪牙在捣鬼。回到麻城后他写下了遗嘱,并向周思敬倾诉,说他相信自己很快就会被谋杀。次年他逃离该县,又去了山西,在梅国桢的总督府避难。这时焦竑回到了麻城,写信给李让他回到他们在龙湖的旧居,但李没有接受,他说麻城想见到他死的人太多了。他去了南京,寻求朋友的庇护,并利用这个机会出版了《藏书》,对已经故去的耿定向发起最后一击。值得注意的是,这本书的序言是由梅国桢和仍健在的耿定理写的。梅写道:

> 自古豪杰之士,其识趣论议,与世人定不相入。故其人惟艰难危机之时用焉,当治平无事,往往无以自见。……余友李秃翁先生,豪杰之士也。当其时,士方持文墨,矩步绳趋,谈性命之糟粕,独一秃翁,其识趣论议,谁从而信之。……一切断乎己意,不必合于儒者相沿之是非,知其与世人不相入,而曰吾姑书之,而姑藏之,以俟夫千百世之下有知我者而已。③

---

① 见容肇祖,68~70页。朱谦之,8页。又见 Jiang。
② 刘宏:《思想家与怪僧李贽》,36页。
③ 梅国桢:《李贽〈藏书〉序》,3页。耿定理的序言认为只有人们意识到意见的多样性时这样的方式才会被理解,包括《善夫李先生》【译者按,耿定理原文为《善夫李先生之言道也》】的著作,而不需要任何人为的一致;见耿定理:《李贽〈藏书〉序》,5页。这一时期李的经历,见容肇祖,74~89页。

这段话中梅关于豪杰之士的论述非常重要，揭示了李贽思想的发展及其与麻城的特殊关系。这些传奇故事中，李贽在龙湖时最钟爱的是武侠小说《水浒传》。那段时间，李在青年学者杨定见和其他人的帮助下出版了这部小说的 120 回评注本，如今已成为"定本"。① 他的手稿由杨保存下来，在其他仰慕者的帮助下，于李去世后的 1614 年前后在苏州出版。② 李对《水浒传》的兴趣，既是由于他很关注不同于平和的文学规范的另一种散文风格，也是为了探寻一种超越传统儒家文人或官员的道德行为范式。正是在这一点上，他很敬仰烈士般的英雄何心隐。李尤其关注英勇无畏、强健刚毅的理想男性形象——一个不避暴力、有时甚至以此为荣的男子汉。他特别欣赏好汉（坚韧粗犷之人）观念。在《史纲评要》中，他反复使用这个概念来描述那些在危难之际采取大胆而异乎寻常的政治行动的豪杰——例如古典法家学派的官员商鞅和申不害，还有唐朝的创建者李世民。好汉的理想弥漫于整部《水浒传》，有人统计这个词在李的版本中出现了 369 次。③ 这种观念也深深地影响了麻城和大别山地区的地方文化，梅国桢就是具有这种自觉意识的例证。

1600 年春，李贽自觉地展示了他自己的英雄主义，最后一次回到麻城。他的情绪是嘲讽与挑衅的。李写信给焦竑说：他们指责我是异端的首领，可我除了闭门沉思和读书之外什么也没做。我是县志中时常提到的那种流寓之人。各郡都很乐意接纳这样的人，可在这里他们全都想着把我赶走该多好！想想吧！如果这些自认为是君子的当地文人真的相信我是异端首领，他们把我的罪恶加诸其他地方就真是绅士所为吗？当地精英圈子已经在酝酿一场拆除李贽居住的芝佛院的运动。为反对这一运动，李贽再次打出了一张"阶级牌"。他说，那些反对我的人都是财主人家，要是拆掉

---

① Irwin，75。Irwin 认为李对这部小说的贡献包括更好地发挥了它的特色，校正了它的情节，并且为人物的行为赋予了一致性。然而，Kai-wing 提到，正如我们现在所知，学者"不需要以那样的程度和水平"贡献于一部小说；见 Chow，135。

② Irwin，75-86；李敏：《龙湖居士杨定见》；王凌。

③ Jenner，8，19。

我住了好些年的芝佛院，那会显得他们多么小气？①

那年冬天，麻城新任县令冯应京的到来使当地精英们取得了胜利。冯雇了一帮家仆——提到李时称之为流氓——向龙湖进发，想要一劳永逸地把李赶走。李的学生杨定见拒绝交出74岁的老师，帮助他穿过大别山逃到商城，在那里另一位朋友马经纶将他带到了北京。盛怒之下的县令下令把杨抓起来候审，将芝佛院夷为平地。②

1601年的北京，麻城精英社会的性质以及李贽在其间的尴尬处境，为整个京城文人圈的流言和争论增添了新的话题。御史张文达要求谴责李在麻城期间的种种恶行，并警告说如果不立刻把李抓进监牢，同样骇人听闻的事情就会在帝国的都城发生。李贽的新保护人、同样身为御史的马经纶，用公开流传的三封信进行回应，为李在麻城的行为辩解，并指责"群狼"将没有恶意的"老翁"推向窘境的行径。马争辩道，李贽与过去那些流亡旅居的伟大儒者没有什么不同，例如借饮酒、垂钓逃避艰难时世的李博【译者按，疑为李颀，南唐画家】和司马光。《大明律》明确规定百姓要尊重身边的退休官员、敬重年过七十的老人，在麻城迫害李贽的那些人粗暴地践踏了这两条规定。而且，该县对李贽的指控不过是一小撮敌人挑起的谣言，无论如何不能反映他们自诩代表的舆论。③ 但是张文达和那些指控者胜利了。1602年，李贽在北京的一间牢房里自杀了。

李贽与麻城的宗族争斗

马经纶为李贽所作的辩护中有一条很有趣，即李贽事件如何成为了麻城县内部精英之间争斗的导火线。马在第一封信中含糊其辞地暗示，对李的宣淫指控不过是诋毁当地一向显贵之族的不实之词，事实上是那些指控者而不是被指控者犯了宣淫之罪。他很谨慎地没有明说这是哪个

---

① 容肇祖，103～104页。
② 关于这一事件的众多文献中（没有一个是令人满意的），一个麻城档案保管员手中的版本记录更为详细；见刘宏：《思想家与怪僧李贽》。马经纶，见《中国人名大字典》，869页。
③ 马经纶：《与李林业都监转上萧司空》，见潘曾纮，4：24～27页。

家族。① 不过，马显然又做了更具体的阐述，指出这种诽谤的真正目标不是别人，正是品性正直、才能出众、替朝廷剿灭叛乱的将领梅国桢。马说道，国桢家乡的敌人想通过影射其女儿澹然来给他抹黑，可她虽是李贽在芝佛院的弟子，事实上却是一个作了尼姑的贞洁寡妇。马认为，指责澹然行为不检点的谎言完全出于麻城士大夫互相倾轧，其主要目的与其说是攻击李本人，不如说是中伤梅家的声誉、破坏国桢的仕途。他指出麻城许多文人都是或曾经是相对高级的官员，并暗示对梅国桢的这些似是而非的攻击不仅涉及当地的精英争斗，在一定程度上也是全国范围内官场派系在地方上的反映。马从未指名道姓地说出梅的敌人是谁。②

如果梅国桢是真正的目标，那么通过李贽来打击他就很自然了，因为 16 世纪末梅在当地精英中成了李的主要保护人。正如我们见到的，他曾在返回家乡时到芝佛院去拜访他，曾在他的山西总督府为李提供避难之所，还为李颇具煽动性的《藏书》写了一篇赞赏有加的序言。梅和李长期通信，探讨儒学和佛学思想，很显然，梅至少在一定程度上将李视为自己精神上和哲学上的导师。③ 特别值得注意的是，即便在李入狱和自杀之后，梅之焕（国桢的侄子和有力的政治继承人）仍是他的忠实信徒，在国家层面和社会层面皆然。他写了一篇悼词，称李为"长者"。④

李贽真的只是梅、耿两家冲突的牺牲品吗？在最近的一篇文章中，作者暗示在很大程度上正是如此，他认为梅家是麻城的老牌显贵，耿家则是暴发户、是他们当地霸权的挑战者。⑤ 的确，16 世纪 70 和 80 年代在麻城发生的关键政治事件中，耿、梅两家是相互对立的。耿定向是知县穆炜税收改革最热心的支持者之一，极力鼓吹穆应得到帝国的嘉奖，他还是穆在当地的知己黄卷的密友；而正如我们所见，梅国桢对穆的创新之举颇为质疑。黄安县分离出去所导致的利益冲突，似乎进一步加剧了耿、梅两家的

---

① 马经纶：《与当道书》，见潘曾纮，4：18~21 页。
② 马经纶：《与当道书》（第二封），见潘曾纮，4：21~23 页。容肇祖和 Jiang 也提到了马的指控。
③ 梅写给李的信中有两封就是探讨这些问题的，收入潘曾纮，4：1~2 页。
④ 梅之焕：《恭荐李长者》，见梅之焕，7：17~19 页。
⑤ 见 Jiang。

矛盾。

黄仁宇也不指名地提到李在当地的保护人是老牌的大家族（像梅家），他们在经济和政治上的稳固地位看来允许他们容忍李的自由思想，而攻击他的则是相对弱小、根基未稳的当地学者（像耿家），他们不得不像清教徒式地捍卫公共道德，作为他们在当地社会权力的基石。① 然而，这种观点难以令人信服，因为我所见到的晚明耿氏或梅氏的现存文献中都没有直接提到对方（他们的后人还有过联姻关系②）。耿定力同梅国桢一道为李贽的《藏书》撰写序言，而这本书正是攻击定理的哥哥耿定向的，这使得上述假设更加令人费解。周氏兄弟思久和思敬，可以被合理地视为耿和梅共同的朋友和他们的调解者，一个住在耿的新黄安县，一个住在麻城中部平原梅家的地盘上。他们在1590年代各自支持一方，思久与李贽断绝了关系，而思敬仍是他的知己。③ 有必要承认，晚明时期麻城私人之间、家族之间的政治关系——可以说是拜占庭式的（极度错综复杂的）——事实上远比梅耿两家争斗的假说复杂得多。

我们可以肯定的是，梅国桢因公务而长期不在家乡，但到世纪之交时，仍使自己及其家族深深地陷入了与当地精英的相互纷争。有人猜测，1601年初领导驱逐李贽行动的知县冯应京是当地梅国桢敌人的盟友，但是几个月后四川人刘文琦接替了冯，我们已经知道此人其实属于梅党。当地政治的进程立刻改观。刘到麻城不久，梅就从西北任上写信给他，请他介入一场私人纠纷，刘照办了。他写到，许多小乡绅在吴克桐的带领下（名单中没有耿家的人），开始诽谤梅家并挑唆里乡平民（是梅家的佃户吗？）反对他。梅指控说，吴卷入了代理征税的欺诈行为，却将罪责转而推给了梅家。可否请新任知县费费心调查此事？梅还写到，他在外地尽量不卷入麻城当地政治，但看来形势已经发展到他必须回来亲自介入的地步了。④

---

① 黄仁宇，217页。
② 梅之焕，18页。
③ 容肇祖，81页。
④ 梅国桢：《与刘邑侯书》，见1670年《麻城县志》，卷10。

年底之前他真的这样做了。在后来的一篇文章中，他提到这是1588年以来自己第一次深入造访家乡，从那时起，当地精英的道德和精神已经令人忧虑地堕落了。县里的大家族之间仍维系着表面的寒暄，但这只是为了掩盖相互拆台的行径。诽谤、侮辱和污蔑成了当时的常态。他还提到——是否在影射耿定向攻击李贽的方式？——成名学者甚至网罗年轻的弟子卷入这些运动。他说，在种种物质因素中，税负分配的长期难题引起了他们的愤怒，这是需要解决的；但梅说真正让他苦恼的是，这些诽谤性、骚扰性的诉讼本身已经内化成了当地精英文化的一部分。① 因此，如果梅国桢的说法可信，那么在16世纪推动麻城扬名全国的精英团结已经开始瓦解，而此时正是那些精英将要面临最严峻考验的时刻——既有来自底层民众的起义，又有来自外族的入侵。这些挑战来临之时，那帮文人会像梅谴责的那样，如同被宠坏的孩子般吵个没完。

李贽与明王朝衰落

中国思想史家几乎全都认同李贽的重要地位，在某种程度上视之为进步的思想家，但是他们倾向于一分为二地看待李贽所做贡献的性质。站在社会主义立场的人强调他思想中革命的、反封建的特质，把他描绘成地主阶级的坚决反对者。马克思主义者特别强调他对文人伪善的攻击和对利益动机的不时拥护，经常把他和市民思想的萌芽联系起来，但他们也强调他的平等主义观点与城市劳动者和农民的利益产生了共鸣，形成了反对封建"大地主"的同盟。② 相比之下，来自所谓自由主义阵营的历史学家——由岛田虔次（Shimada Kenji）1949年的著作开创先路，狄百瑞（Wm. Theodore de Bary）、黄仁宇、彼特森（Willard Peterson），以及后毛泽东时代中华人民共和国的许多学者紧随其后，他们都以各具特色的方法进行研究——转而强调李贽的现代个人主义，认为他对个体声音的追寻或明或暗地捍卫了个人的思想自由，或者用李自己的说法，将"吾"从社

---

① 梅国桢：《送邑侯刘翼白入觐序》，见《麻城县志前编》，7：7~8页。
② 例见容肇祖，58~59页；朱谦之，6，21~22页。

会的粉碎性压力中解放出来。① 这些非马克思主义和后马克思主义的学者倾向于淡化李贽学说的阶级色彩，这种倾向在黄仁宇那里最为明显，他强调李有着顽固的"精英主义"，即便短途出行也坚持乘坐轿子，不亲自阅读而让仆人念给他听，在麻城和其他地方都享受着那个时代最富裕的舒适生活。②

在麻城的地方记忆中，李贽得到了不同的评价。第一份真实的历史资料就是由麻城诗人、明朝忠臣刘侗为他撰写的墓志铭。刘的文章恪守中立，如实记录了李在麻城的艰苦工作，既没有称赞也没有指责他或是他对手的立场：看起来重要的只是这位全国知名的显贵在我们麻城，并且住了那么久。这也是县志中李贽传记所采用的基本立场，这篇传记最初被收入1670年县志中的"流寓"部分，并在直到1935年的历部县志中被一再重印。李贽或许是有争议的，甚至是该指责的，但是他的到来证明了我们县的伟大历史。③

然而，到了1935年，这种中立性难以为继了。我们将会看到，民国年间的《麻城县志》是在该县社会保守势力取得巨大优势的背景下出版的。该书由知名的社会科学家孟广澎作序，序言明确指认李贽破坏社会规范，从而导致了明朝末年的叛乱和当下的共产暴动。历史的教训是，必须压制李所散布的那些肆意猖狂、倒行逆施的思想。孟继续写道，好在该县百姓深明忠义，奋起赶走了李贽，正如今日团结起来粉碎了左派分子。④ 与国民党对李贽社会影响的妖魔化针锋相对的，当然就是盛赞他对共产主

---

① 见 Shimada，特别是 178-179，235-236，253；de Bary，特别是 188，199；Ray Huang，195。Peterson，751，他选择了比"个人主义"更少争议的"相对主义"这个词，但他同意李代表了晚明追寻本真自由的"道德自律"。值得一提的是，在后毛泽东时代的中国学者中，把李描述为"个人主义"及其他自由价值拥护者的观点，得到了越来越多的支持，例如凌礼潮、李敏。

② 见黄仁宇，197页。

③ 刘侗：《李卓吾墓记》，见 1670年《麻城县志》，卷10。这篇传记性的评论还出现在其他地方，见 1670年《麻城县志》，卷8，以及《麻城县志前编》，10：63~64页。

④ 孟广澎，1935年《麻城县志》两部分的序言；见《麻城县志前编》及《麻城县志续编》。

义时代官方和半民间麻城历史编纂的影响。李曾指责其主人周思敬虚伪这件事——周笃信公共良知，却在粮食短缺时囤积谷物——被用来表明李对民间疾苦的关心和对社会等级的直觉。他在公开讲演中号召不同社会阶层的听众醒目，将他们从文化压制中解放出来去反叛。① 李贽在 20 世纪麻城的出现——在大量的历史编纂中——成了每位作者政治态度的试金石，而且不论好坏，成了社会革命的象征。

当然，指责李贽煽动社会崩溃并不是 20 世纪才有的，这种指控早在 17 世纪就对准了他。例如，当时影响力最大的保守主义声音来自顾炎武，他直接把李的狂妄思想与日后的激变联系起来。顾写道："尤可恨者，寄居麻城，肆行不简，与无良辈游庵院，挟妓女，白昼同浴，勾引士人妻女入庵讲法，至有携衾枕而宿者，一竟如狂。又作《观音问》一书，所谓观音者，皆士人妻女也，后生小子喜其猖狂放肆，相率煽惑……不知遵孔子家法……将贽刊行诸书，并搜简其家未刻者，尽行烧毁，无令贻祸后生，世道幸甚！"②

值得注意的是，李的攻击者中还包括东林党人。正如 Jin Jiang 所指出，批评李贽在麻城所作所为最严厉的两个人，驳《藏书》的蔡义忠和御史张文达，后来都成了满怀热情的东林党人。③ 但是明末的党派联盟远不是那么简单。我们将会看到，在东林党人中，梅国桢的侄子梅之焕就是一位崇拜李贽的年轻人，而且终其一生都在纪念他。在明朝末年继东林党而起的复社运动中，麻城文人刘侗是最坚定的参与者之一，他为李贽曾到过麻城而感到无比自豪。把李贽、梅国桢及其侄子之焕，以及刘侗吸引到一起的，部分是由于一种个人英雄主义的理想，他们每个人都在用自己的方式去践行它。④

事实上，梅家所扮演的角色似乎使这样的假设变得晦暗不明，即李贽

---

① 李贽：《钓鱼台讲学》；刘宏：《思想家与怪僧李贽》，11，36～37 页；《麻城县简志》，25 页。
② 顾炎武：《原抄本日知录》，540 页。王汎森让我注意到了这份文献。
③ 见 Jiang。关于东林党人对李贽的普遍批评，见 Hucker, The Tung-lin Movement of the Late Ming Period, 144-145。
④ 梅之焕所标榜的英雄理想我们会在第五章提到，刘侗则放在第六章。

与他死后二十来年爆发的社会革命之间有着直接关联。梅家恰好是全国最大的蓄奴家族之一。梅国桢远不是一位社会开明人士，他的侄子之焕是明朝末年该县唯一极端坚持社会规范的人；可他们都很珍视与李贽的交往，李也欣然接受他们的款待和庇护。李的著作中无疑充斥着对文人地主虚伪和自利的批评，但他在麻城的作品似乎全然没有注意到该县庞大的下层农民阶级，更没打算煽动他们造反。

然而，李贽的确在这个相对偏远的县度过了那段岁月，那段极其活跃、畅所欲言的岁月。明朝末年的大规模杀戮也的确首先发生在麻城，而不是帝国的任何其他地方——事实上它就发生在梅家的土地上。无可辩驳的是，李贽在大别山区的所作所为加深了当地精英社会内部的裂痕、加速了团结的崩溃，而那些想要颠覆这个社会的底层民众对此看得清清楚楚。

第五章
在虎口之中

> 麻城介光黄之间，民生无贵贱。
>
> ——梅国桢，1602 年①
>
> 楚士大夫之仆隶盛甲天下，麻城尤甲于全楚，梅、刘、田、李强宗右姓，家僮不下三四千人。
>
> ——吴伟业，1652 年②

从某种意义上说，晚明时期麻城辉煌的文人文化与社会是建立在谎言之上的。在梅国桢呈给皇帝的奏折中，所有当地百姓（民）都有接受教育的同等机会，正是以学术才能为基础的遴选过程，决定了一个人会成为学者型的官员、功能型的文吏还是目不识丁的农夫。在这个神话般的世界里，那些在学术博彩中落后的人，会得到他们更成功的同伴的"同情和尊重"、"温暖和供养"；他们与那些因文字上的成就而积累土地财产的人们"同甘共苦"③。但是，正如编年史家吴伟业在一篇批评贵族特权的堕落的文章中所指出的，晚明时代绝大多数麻城人民其实并没有这样的发展机会，也不会和那些显赫的文人称兄道弟，这些人是他们服务和供养的对象，是他们事实上的主人。相反，下层人会在寻求机会时受到制度化的肉体束缚，遭受习以为常的地位贬损和人身羞辱。④ 他们实际上被排除在

---

① 梅国桢：《送邑侯刘翼白入觐序》，见《麻城县志前编》，7：7~8 页。

② 吴伟业，10：10 页。

③ 《麻城县志前编》，9：26 页（邹来学卷，15 世纪），见 1670 年《麻城县志》，卷 7（黄卷传，16 世纪初）。

④ 吴伟业（1609—1672），江苏太仓县人，复社创始人之一，在 1631 年会试中考得头名而闻名于世。曾任南明少詹事，后因马士英（第六章将详论此人）下台而离职。见《清代名人传》，882~883 页；《中国人名大字典》，319~320 页；Chow, 234。吴反映明朝灭亡的文学作品，见 Wai-yee Li, *History and Memory in Wu Weiye's Poetry*, in Idema, Li, and Widmer, 99–148.

"民"的范畴之外。被奴役的下层阶级日益增长的不满和野蛮的暴力反应,最终不仅会摧毁明王朝的统治大厦,也将使麻城永远失去在战前曾短暂拥有的全国性重要地位。

奴 役

用"农奴"一词来描述麻城大量农业工人的确切身份,诚然有些模棱两可。广泛使用的概念"仆"虽然是蔑称,但几乎可以肯定,它在一些用法中既指那些在法律上没有自由的人,也指那些享有相对自由的人。"佃仆"一词更令人费解,似乎是由(自由的)"佃户"和"仆人"结合而成。①"童仆"是"儿童"和"仆人"的结合,当它用于成人时,显然是强调对主人人身依附的一面。"奴仆"和"世仆"的概念,用来描述那些没有自由身份的人似乎更为准确。而且,这些词极其频繁地出现在地方文献中,大多数情况下,完全未加限定的"仆"字作为一种简化的版本被广泛使用。

最能说明麻城奴役状况的记载——该记载经常被后来的地方文献和现代的社会历史学家所引用——出现在1670年的县志中。其中记载道:

> 此地稼穑之事,皆由佃民为之,大户无不以家买仆垦殖田地。仆成年有后,其子孙即承袭祖业,为世仆。②【译者按,本段系意译。】

这里明确提到了奴仆身份可出卖、可继承这一关键要素。其他地方文献也证明这种记载不是空穴来风和言过其实。这个记载还表明,自由租佃是和奴役并存的。看起来奴役关系主要集中在精英家族的土地上和该县中心区域,如吴伟业所说,梅、刘这样的家族每家都有奴仆数千人。在这些

---

① "佃仆"一词,是 Sudo Yoshiyuki(周藤吉之)关于宋代农业奴隶制的巨著中的关键概念,见 Chugoku tochi seido shi kenkyu(《中国土地制度史研究》)(Tokyo: University of Tokyo Press, 1954)。关于该术语实际所指的私人奴隶制之程度的公正估计,见 Elvin, chaps. 6, 15。

② 1670年《麻城县志》,卷3。

地区，乡村居民往往全都是这样的奴仆。① 不过也有明确的证据表明，奴役也存在于东山和其他外围地区，只是没有这里普遍。②

许多学者已经指出，在帝制晚期的中国，农业奴仆在很多地区是一种普遍现象。③ 他们主要集中在众多互不毗邻的地区：安徽的徽州、宁国、池州地区，河南南部的南阳和如宁地区，湖北的汉川县、湖南的耒阳县、江西的泰和县、江南的太仓县、广东的南海县以及福建的部分地区。这些地区的奴仆制度在细节上各不相同，叶显恩曾经令人信服地指出：作为一种正式的、契约性的制度，皖南（安徽南部）的奴仆制度"最为完善"④。但同样没有理由不相信吴伟业的证据，从奴役关系所涉及的人口比例和单个雇主所拥有的奴仆人数比例来看，全国没有任何地方比得上麻城。

当然，正如我们已经看到，奴仆身份和依附关系曾经是整个早期中国历史中一种常见的现象，在元朝的部分地区也曾是一种特殊的社会刺激因素。但大多数学者一致认为，在农业中普遍雇佣奴仆或佃仆这些没有人身自由的劳动力，是明朝中、晚期所特有的一种社会现象，傅衣凌称之为那个时代的"农村再封建化"⑤。麻城中部平原的大地主们，比如黄卷，承认早在16世纪前半期就开始使用奴仆来耕种自己的土地。⑥

这种现象如何产生？为什么上述地方比其他地方的更明显？傅衣凌和

---

① 吴伟业，10：10页。

② 例如，19世纪中期著名的佛教僧侣曂禅就来自东山的一个农奴家庭，见1882年《麻城县志》，25：10～11页。

③ 相关文献浩如烟海并在继续增加。开拓性的工作或许是谢国桢在20世纪30年代完成的，见谢国桢：《明季奴变考》，257～289页。此后中国学者的论著包括：傅衣凌：《明清之际的"奴变"和佃农解放运动》，收入傅衣凌《明清农村社会经济》（北京：三联书店，1961）；傅衣凌：《明末南方的"佃变"、"奴变"》。又见韩恒煜；韦庆远、吴奇衍、鲁素；叶显恩；及经君健。日本的研究，见Oyama；又见Yasuno。最近的西文论著，见Mixius；又见Heijdra。

④ 叶显恩，232页。

⑤ 傅衣凌：《明清之际的"奴变"和佃农解放运动》。对明清农奴制的历史独特性同样有力的论述，又见谢国桢《明季奴变考》，以及韩恒煜。

⑥ 1670年《麻城县志》，卷7，《黄卷传》。

小山正明（Oyama Masaaki）、安野省三（Yasuno Shozo）和佐藤文俊（Satō Fumitoshi）等日本学者指出，农业奴役关系的出现是一种手段，这种手段在农业以外的新就业渠道迅速开放的经济体系中，借助超经济强制将劳动力束缚在土地上。这种现象的出现尤其要归因于那些认为劳动力能给自己带来最大利益的庄园主，他们既从事大规模的土地兼并，又卷入了商业化农业，实际生活在农村并亲自管理自己的田产。在奴役关系大量存在的地区与科举非常成功、入仕人数众多的地区之间，似乎也存在显著的关联。1397年之后，三品以下官员占有奴仆是被明文禁止的。① 这一特殊禁令在15到17世纪是根本行不通的，许多私下剥夺农业工人人身自由的做法完全不合法，可是高官享用奴隶大大有助于（这种行为）逃脱处罚。奴役关系在非常正规的宗族组织中似乎也很盛行。的确，叶显恩在他的徽州研究为基础上提出了一个因果链条：（1）从事商业化农业和贸易活动的利润。（2）获得功名和官职。（3）具有自觉意识的正统程朱理学的文人文化。（4）对古老宗法观念的崇拜以及强有力的仪式化宗族组织的形成。（5）奴役关系的大量出现。② 从所有这些指标——商业、官职、宗族发展，以及在贸易中心武汉得到农业之外的就业机会——来看，农业奴役关系在明朝中、晚期的异常盛行开始凸显其意义。

幸运的是，1650年代的河南汝宁知府金长真，给我们留下了一份关于毗邻麻城的光山县（农民）沦为奴仆的实际运作机制的详细分析。③ 金确认了四种不同的途径。一种是强占。金注意到，光山县的边缘山区有许多小土豪，他们有大量的打手为自己服务，利用这些人来胁迫村民。类似的土豪和打手也存在于麻城的边缘地区，与光山交界的大别山区，而在东山地区尤为明显。尽管这些无赖处于一种相当卑贱的依附地位，要时时尊奉他们的土豪主人，但在很多情况下他们是自愿服务的，在他们愿意时抽身不干的情形时有发生。在这种情形下，他们对公共秩序是一种更大的威

---

① Heijdra, 275-277.
② 叶显恩，尤其298~302页。
③ 见金长真。金的报告被很多学者引用，尤见Satō Fumitoshi（佐藤文俊），其中大量引用了金的作品。

胁。金长真认为这种变相的农村奴役是公然违法的，誓言要加以铲除。他不可能取得多大成功。实际上，这种军事性的雇佣关系不是晚明特有的现象，而是这些地区的痼疾。整个清代该地区的各种军事动员以及 20 世纪早期的红枪会，显然可以从这种现象中找到部分根源。

金提到的沦为奴仆的第二种途径是投降或投靠，这更是特定时代的产物，也是出现于繁荣的县中心地区的现象。这一地区的仕宦之家，农业奴仆的数量在过去的几十年里"像森林一样"迅速增长。多数小自耕农自愿卖身为奴（自卖或卖身），或者与奴仆成婚并接受同样没有人身自由的地位。这种身份接下来会传给他们的后代。我们在第四章提到麻城出现过这样一种趋势，即交不起赋税或服不起徭役的人将土地托付给他人。16 世纪 70 年代，这一趋势已经促使知县穆炜进行了有争议的地籍调查。这种现象常常也伴随着耕作者的人身投靠。① 在另一些例子中，人身投靠是独立于土地流转之外的，比如，由于墓地是一种日益稀缺的资源，一个贫困的农民家庭可能会自愿选择做奴隶，来换取埋葬在主人家族墓地里的权利；有些时候这一协议还意味着接受主人的姓。② 我还没有在麻城看到具体的例证，但韦庆远发现，到 17 世纪人身投靠已经成为一种普遍现象，以至于涌现出了专业的捐客和市场（人市）为之提供方便。③ 金知府有趣地写到，"投靠的"奴仆和边缘地区"被强迫"的奴仆一样，并不都是被动的受害者。有些人采用这种策略来逃避已经与之签订契约的另一个更不开明的主人，另一些人采用这种手段则是为了利用他们主人的名字在与同侪的官司或其他冲突中获得额外的优势。不过金断言，这种奴役形式在多数情况下是由于经济需要而出现的，在某些情况下又是愚蠢统治政策的令人叹息的产物，所以不能认为是非法的。④

在这种意义上，投靠与沦为奴仆的第三和第四种途径截然不同，其合

---

① 黄卷：《穆侯遗思序》，1670 年《麻城县志》，卷 9。关于土地投靠和人身投靠之间关系的概括性讨论，见 Oyama, 130－135；韩恒煜，97 页；李文治：《论清代前期的土地占有关系》，77 页。
② Heijdra, 275－277.
③ 见韦庆远、吴奇衍、鲁素。
④ 关于人身投靠问题立法的历史概述，见经君健，149～151 页。

法性存在争议，金知府的主要目标就是对它加以清验。这两种类型就是雇工和佃户。两类人都没有以契约形式沦入人身依附状态，但随着时间的流逝，他们的主人事实上使之沦落到没有人身自由的奴仆地位。在第一种类型即雇工中，金特别提到当地盛行的"年限女婿"的习俗，即一个自由的雇工受雇于一个主人的家庭，之后和主人家的女佣结婚并生育小孩。金强调，这样的男子本来与奴仆不同，但事实上，当他雇佣期满想要离开时往往会遭到阻止，主人会宣称他的孩子是主人的财产。当这个雇工不顾一切带着妻子和孩子逃走时，他会被称作逃仆，被衙门或吏役抓回来，这种事情时有发生。雇主可能会选择接受赎金后让雇工和他的家庭获得自由，也可能强制夺回雇工的妻子和孩子并把他们卖给别人。在第二种类型即佃户中，金对佃仆制度极为愤慨，认为这是一种明显的矛盾。这些人要承担契约之外而且没有报酬的仆人义务，他们的女性亲属要奉令去主人家里提供各种服务。有时候佃仆家的户主死了，家中财产要被没收，家属要被廉价卖掉，而不是按照常理回到妻子的娘家。当主人和佃户来自同一宗族时，金尤为痛恨，因为在道义上主人应该对同族佃户给予比外族佃户更多的同情，但他们却置之不理，反以亲属关系作为借口使佃户及其家庭沦为奴隶。

最后，在一段听起来很像人权宣言的论述中，金知府作出结论：那些非自愿的和没有明确书面契约成为奴隶的人，应该被视为有完全能力的人（利益之人），而不应该被贬斥到奴隶的地位。以这种方式降低他们的地位，违背了王朝律例，违背了儒家伦常，也违背了基本人情。

金长真在怒吼，然而奴役仍是麻城生活中的一个基本事实，在他自己的辖区，麻城对面的大别山麓，情形也是如此。我们还将看到，尽管雍正皇帝在18世纪二三年代为限制奴役做了众所周知的努力，就像金在17世纪50年代那样，奴役仍以变相的形式一直延续到20世纪。① 麻城的精英们试图通过持之以恒、永无止境的教化运动来维持社会秩序，这一运动在20世纪30年代依然如明朝那般活跃，虽然它很少坦率地提到奴隶，这些

---

① 在研究雍正"解放奴仆"的众多文献中，可参见 Terada；Pei Huang, *Autocracy at work*: *A Study of the Yung-Cheng Period*, *1723—1735* (Bloomington: Indiana University Press, 1974)；冯尔康：《雍正传》（北京：人民出版社，1985），377~386页。

人却正是运动的首要目标。身受奴役的人们被期待首先要接受自己的命运（安分），做不到这一点，就会遭到暴力的惩罚。

梅之焕与麻城的东林党运动

梅之焕（1575—1641）据说是一个非同凡响的人物，可能也是麻城历史上最有影响的人。① 他是麻城当地赫赫有名的将领梅国桢的侄子，是该县蓄奴最多的家族的继承人。之焕出生于麻城郊区的七里岭附近，这里是他的祖籍。孩提时代，他从高崖跳进李贽的龙湖，让朋友们感到震惊。9岁丧父后，他和母亲一起搬到母亲的出生地沈庄。在那里他因生性勇猛和擅长骑射而闻名，他常在街头狂奔，炫耀弓箭的威力，让大人们惊慌失措。13岁时，他骑马擅自闯入县城的武举考场，当生气的考官问他能用弓箭干什么时，据说他连续九箭射中一头公牛的眼睛，然后策马而去。但之焕也受过精深而严谨的经典教育，一位欣赏他的考官让他过早地通过了当年的"生员"考试。他于1604年考中进士并被任命为翰林学士，任职7年。

用当地历史学家王葆心的话来说，之焕是与荆楚英豪相连的那种英勇、尚武的阳刚文化的典范。他是个忠贞不屈和至真至诚的人，这种真诚也表现为一种自由洒脱（倜傥）的气质——轻松，谦逊，爽朗，某种意义上还是个平民主义者。他因好客而闻名，会邀请游客甚至路人去家里做客，杀鸡款待他们，不屑于按等级来排座位，客人可以在桌旁随意入座。梅喜欢玩笑，他自己的文章（即使是写于危机环境中）时常流露出一种真诚而嘲讽的幽默。② 他对穷人很慷慨。梅年轻时与李贽关系密切（在李屈辱而死之后很长时间仍然忠诚地怀念着他），也是李贽佛教同道无念的终身挚友。③ 他定期地参加王阳明式的"静坐"沉思。梅也是一个既浪漫

---

① 下面几段所用的梅氏传记包括：《梅氏族谱》，19：14~16页；《明史》，卷248，收入《四库全书》；《麻城县志前编》，9：18~22页；王葆心，3：2~6页；《中国人名大字典》，1004页。个人细节尤为丰富的是梅氏文集的两篇传记性前言，见万延：《行状》；钱谦益：《梅长公传》。

② 例如，见梅之焕：《启刘同仁》，收入梅之焕，3：20~24页，后文详论。

③ 梅之焕，4：5~17页，6：39页，7：29~31页。

又自省的多产诗人。他的传记作者万延【译者按，原文误作"Wan Yanqi"】称颂他的诗为本朝最佳，没有当时那些装腔作势者所偏爱的华丽辞藻，直接切入实践的本质。

与此同时，梅之焕在捍卫自己所信奉的事业，诸如社会和道德秩序，朋友的福祉，家园的安危，以及明朝的存亡等方面又是个有钢铁般意志的人。在一首诗中，他坦率地对暴力问题进行了反思。和很多人的观点相反，他辩解道：

杖亦圣主恩，杀亦圣主恩。不杀复不杖，遣戍何足论。①

他在任职期间将这种对国家暴力的辩护付诸实践，曾当场处决840名叛军，让他的上司感到震惊。

之焕曾任广东副使、山东学政、南赣巡抚、甘肃巡抚，最后晋升为右佥都御史。他和叔父梅国桢一样成了明朝的边境攻防专家，多次取得辉煌胜利，包括对日益强大的清政权的几次胜利。② 在生前和死后，他得到了明皇室赐予的崇高荣誉。但是在晚明官场日益激烈的派系纷争中，梅也不断遭到攻击，这些攻击决没有因为他的直言不讳和为同侪的激烈辩护而稍减。自1611年担任第一个重要职务都察院都御史后，梅就是官员腐败和朝廷奢华的坚定批评者。早在他首次担任省级要职广东副使时，他就对掌管海上贸易的宦官头目李陵敲诈迫害商人的行为进行了抨击。

在17世纪开始的10年间，梅之焕参与了由东林书院（1604年创建于江苏无锡县）发起的激烈政治改革运动，也加入了成为运动核心的江南文人圈。③ 尤其是，他们的交往似乎以对经典《春秋》的文本注释为纽带。麻城本地人李长庚注意到，"余邑《春秋》，其世业也"④。梅自己也写道：

蔽邑麻，万山中手掌地耳，明兴，独为《麟经》⑤ 薮。未暇遐

---

① 梅之焕：《从军行（二）》，收入1882年《麻城县志》，35：24页。
② 王葆心，3：4页。
③ 梅被写入了东林党人的集体传记，见陈鼎，收入《四库全书》，20：12～17页。
④ 李长庚，冯梦龙：《〈春秋衡库〉序》。
⑤ 《春秋》之别名。

溯，即数十年内，如周如刘如耿如田如李如吾宗，科第相望，途皆由此。①

1610—1620 年代，注释《春秋》蔚然成风，如梅所说，麻城是其中心。南宋新儒家胡安国（1073—1138）注经之作中有争议的解释，尤其受人欢迎。胡的注释显然与晚明政治息息相关，他强调面对北方"蛮族"的威胁，迫切需要进行政治改革、需要借助"春秋微言大义"进行道德重塑。② 这正是强硬派边防专家们特别欣赏的，其中包括梅之焕、李长庚和其他众多的麻城籍官员。

在梅之焕所称道的春秋学专家中，最负盛名的是苏州籍短篇小说家冯梦龙（1574—1646），1620 年他在麻城呆过数月。直接邀请冯的是时任苏州知府的麻城人陈无异，冯在该县的生活开支主要由极其富有的田氏家族承担，他是田氏公子们的老师。不过背后的推动力量显然是梅之焕。冯在麻城受到了过去数十年间该县颇具争议的寄居者李贽的影响，见到了李的朋友袁中道、杨定见（冯曾协助后者敦促一位苏州书商出版李贽校注的《水浒传》）以及梅之焕本人。用冯的传记作者的话来说，旅居麻城是这位 46 岁作家职业生涯中的分水岭。③

在梅之焕的支持下，冯梦龙在麻城组织了一个致力于解读《春秋》的文社，鼎盛时期吸引了大约 88 人。在冯梦龙启程回家、文社解散之时，他们将活动记录结集出版，由冯梦龙主编，梅之焕作序。这部题为《麟经指月》（《麟经》每月指南）的著作卷帙浩繁，其现代版本超过 1 300 页。其特点之一是附有一份有贡献的读者（勘阅）名单，主要由学社成员及其襄助该书出版者组成。④ 这样的参阅者正好有 100 人，紧随其后的是冯的两个兄弟和一个表弟。这份名单非常有趣，100 人中至少有 41 人将麻城列为自己的籍贯，另有 10 人来自黄安。名单其实并非地区性的

---

① 梅之焕：《冯梦龙〈麟经指月〉序》。
② 见 Elman, *Classicism, Politics, and Kinship*, 152-153。
③ 见王凌。
④ 在书中附列有贡献的读者（勘阅）名单以广销量，是晚明的惯例，见 Chow，119-120。如 Chow 所示，冯梦龙是藉此做法增加收入的老手。Chow 还对这一时期梅之焕和冯梦龙在麻城成立的这类文社的政治化进行了有趣的讨论。

产物，因为剩下的49人很少来自湖北，而是大多来自江南或东南其他各地。(这些人中最醒目的是翰林学士文震孟，他是东林党人，两年后因为强烈反对田契而被撤职。①）麻城本地人包括梅之焕，他的堂兄弟之镳，他的叔父国桢，以及另外7位亲属，再加上分别来自田、刘、周、李家族的一些成员（李长庚因为某种原因不在其中，但其兄弟长年代表了他的家族）。面对日益深化的王朝危机，李贽事件的旧伤显然已经愈合，黄安代表中有7人来自耿定向的家族。②这份名单是一份引人注目的证明：一个致力于用当代眼光阅读古老经典的"学社"，如何超越宗族的排他性在县一级建立精英团结，并同时将这个偏远地区最有权势和参与政治的人与那些大都市的精英连接起来。正如梅之焕在序言中所夸耀的那样："四方治《春秋》者，往往问渡于敝邑。"

梅随即流露了出版该书的一种特殊政治动机。他写道，与很多人治《春秋》的集注《左传》相比，治《春秋》是一项痛苦而艰巨的工作。他说那些深谙《春秋》的人——我们学社的成员，尤其是冯梦龙——足以担任最高的官职。（让许多改革者懊恼的是，尽管冯作为一流的古典学者而声名卓著，可他从未通过高级科举考试，因此也从未得到过官职。）但梅继续写道，幸运的是新太子已经继承皇位，我们相信他能够不辱使命，任命有治国韬略的新官员，进而使逐渐衰落的明王朝"中兴"。因此，这本书是江南和麻城100位东林党支持者们的宣言，希望刚刚即位的泰昌皇帝能够扭转他父亲万历皇帝漫长而痛苦的统治所带来的颓势，将那些坏蛋赶出皇宫。梅将作序日期标注为"泰昌元年九月"③。

然而，这是一个尖锐的讽刺，因为从未有过这一日期。万历皇帝三十八岁的长子朱常洛，年号泰昌，东林党人曾极力拥戴他继承皇位，他在即位后也的确迅速任命了一批才干之士。然而，1620年9月26日，泰昌即位不到一个月就死去了——据推测是在阉党的授意下被太医所谋杀。很可

---

① Dardess, *Blood and History in China*, 109.
② 见冯梦龙《麟经指月》中的《勘阅》。
③ 梅之焕：《冯梦龙〈麟经指月〉序》。关于冯梦龙与东林党人的关系及其仕途之坎坷，见《明代名人传》，450～453页。

能在梅之焕写那篇满怀希望的序言时，他就已经死了。实际上，梅作序的日期在正史上仍被称为万历四十八年，次年则是天启皇帝（1620—1627）统治的第一年，他将成为东林党人最可怕的暴力镇压者。①

在天启对东林党人的清洗中，最早和最著名的受害者之一是另一位湖北当地人，来自应山县的杨涟（1571—1625）。他在朝中担任职位较低的给事中，泰昌临终时他就在身边，并上奏了一份大胆的请愿书，对皇位继承危机的解决方式加以批评。随后他退休归乡，一边纪念泰昌，一边努力让他的继承者天启摆脱魏忠贤及其阉党的邪恶影响。1622年他被重新启用，两年后升任副都御史，杨立即呈上著名的"二十四罪"奏疏，要求驱逐和惩罚魏忠贤。杨知道自己将因此殉难。他于1624年底再次退休回到应山，次年五月，被诬告受贿，在家中被朝廷官兵抓捕。这一事件激起了该县的民众暴动，在杨被押送北京的路上又引发了河南的其他暴动。到京后，杨被残酷折磨了几个星期，于8月26日在狱中被秘密杀害。②

梅之焕将杨涟视为自己最亲密的朋友之一，亲切地称之为"老虎"，在晚明的艰难政局中，这种充满阳刚之气的英雄形象具有特殊的情感力量。③ 两人是1603年湖北乡试的同年。梅于1623年回乡丁母忧，两年后在杨被逮捕、同情性叛乱在中部丘陵地区泛滥之时，梅仍在自己家中。梅与杨的亲密关系引起了朝廷的猜疑，尽管梅为王朝立过汗马功劳，他仍被召到武昌询问与这些叛乱的关系。梅为此被解职，不久又重返前线，但他知道自己为朝廷效力的日子已经屈指可数了。④

梅的另一位挚友是学者钱谦益（1582—1664），梅将其戏称为"龙"（称杨涟为"虎"）。美国学者魏斐德认为钱是"那个时代最杰出的文学评论家，也是最伟大的诗人之一"。钱在自己的家乡江南资助一群才华横溢的年轻诗人，其中既有男性也有女性，并娶了当时最有名气的歌妓之一柳如是。他在政治上有点像变色龙，最后因1646年在南京投降清军而备受

---

① Dardess, *Blood and History*, chap. 1；ECCP, 1. 176-177.
② Dardess, *Blood and History*, chap. 3.
③ 见 McDermott, *Friendship and Its Friends in the Late Ming*, 1. 67-96；又见 Kutcher。
④ 钱谦益：《梅长公传》，9页；王葆心，3：2~4页。

鄙薄。不过在17世纪20年代，钱是东林党改革者的一位盟友（虽然不是正式成员）。他是1620年冯梦龙和梅之焕所编《春秋》评论集中的江南"参考"者之一，也是东林党之敌魏忠贤的抨击者。1628年，钱因这种抨击遭礼部尚书温体仁弹劾下狱，梅之焕发起救援运动使之获释，这一举动使温怀恨在心，成为五年后梅被罢官的原因之一。心怀感激的钱投桃报李，在1644年北京沦陷前夕，为梅写了一篇情真意切的悼念传记。①

政治的动荡将麻城、冯梦龙与东林党人联系起来，治《春秋》的工作由梅的姻亲（梅国桢的女婿）李长庚（1595年进士）继续负责。② 作为翰林学士和著名的《春秋》学者，李曾在万历后期和天启年间担任山东巡抚及其他省的官职，并以在税赋征收、财政管理、饥荒赈济以及北方边境的军事后勤等实际事务中的才能而广受赞誉。但是，他也因为多次弹劾朝廷宠臣的腐败行为、极力维护纳税户的利益而遭人嫉恨，这些举动使他不时被免去公职。他利用这种被迫退休的机会，与冯梦龙密切合作，帮助后者完成《春秋衡库》的权威性评注，该书由李长庚作序，于1625年出版。

1628年天启皇帝驾崩，倾向改革的崇祯皇帝即位，李得以重回朝廷中枢。他很快地先后担任了刑部、户部、工部和吏部尚书，最终被任命为内阁大学士。在这些职位上，他不屈不挠地帮助在过去两朝派系斗争中受迫害、被降级的官员恢复官职。一位当地历史学家慷慨地写道：他这样做是泽被同乡之举。1631年，没有高级功名的冯梦龙终于通过圣旨得到了第一个正式官职，看来李也在其间发挥了作用。但在1635年左右，李长庚觉察到"树党"会失去朝廷对他的支持，遂退休返乡，辅助梅之焕保家卫国。这是一项令人敬畏的任务。③

---

① 钱谦益：《梅长公传》（日期署为崇祯十七年二月十六日）。关于钱的生平，见《清代名人传》，1. 148 – 150；Wakeman, *The Grate Enterprise*; Ko, 203 – 205, 274 – 278; Kang-I Sun Chang, *Qian Qianyi and His Place in History*, in Idema, Li, and Widmer, 199 – 218。

② 钱谦益：《牧斋初学集》，（三）1628页。

③ 《明史·李长庚传》（收入《四库全书》，256：9～13页）记载，他死于明清交替之际。又见王葆心，3：5页，3：11页；《麻城县志前编》，9：22～25页；《麻城县简志》，24页；《中国人名大字典》，403页。

奴仆叛乱

17世纪的第二个25年——麻城正和全国一样经历着从明朝向清朝的痛苦过渡,奴仆制度的内在矛盾以最剧烈的方式爆发了。认为麻城的奴仆们与主人们处于不断的斗争状态是错误的。例如,被奴役的人们总是被地方精英成功地驱策,卷入当地历史中常见的血腥的地方保卫战,包括明末清初的那些战争。但同样很明显,奴仆们有一种自觉的团结和不满的持续潜流,它在改朝换代之际达到了顶点。

在明代里甲制的社会控制遭到腐蚀,经济日益市场化、货币化的背景下,奴仆们反抗强制劳役、废除奴役契约的运动日益高涨,扩散到整个长江中下游地区。在麻城和其他地方,那些善于经营商品化农业的奴仆们,特别要求有机会用现金赎回自由(赎仆)。① 奴仆抗争这一长期存在的问题,一天比一天严重。面对这种局势,一些麻城地主通过释放奴仆,让自己一并得到自由。例如,在生员包世发六十大寿之际,他把所有的奴仆聚集起来,郑重地烧掉他们的契约,并赠与他们每人一块土地。② 但是奴仆的不满仍在继续增长,并伴随着暴力威胁。早在17世纪初,知县刘文琦就曾奉命镇压一场规模不大但破坏甚巨的叛仆运动,十年后他的继任者宋一麟也做了同样的事情。③ 编年史家吴伟业这样描述1620年代麻城的情形:"奴仆们昂然进村,窃掠喜好之物,宣扬思齐,成群结队逐取财物。"④ 危机已经迫在眉睫了。

粮食歉收,国家与私人的赈灾机制完全崩溃,这就是奴仆叛乱的背景:1628年,麻城遭遇罕见大洪灾,次年又发生了干旱和严重饥馑。1630年冬天,全国变天、新统治者颁布法令允许奴仆恢复自由的谣言传遍了整个县城。那年即将结束的最后一天夜里,来自各大地主家的大量奴仆聚集

---

① 专论麻城者,见 Sato Fumitoshi(佐藤文俊),181-183;概论华中地区者,见傅衣凌:《明清封建土地所有制论纲》,125页。
② 《麻城县志前编》,10:18页。
③ 《麻城县志前编》,7:7页。
④ 吴伟业,10:10页。

到一座寺庙，举起一面标有"万人一心"口号的红旗，手持刀剑，前去强迫主人满足他们的要求。他们显然与其他地方的叛乱运动没有联系，只能依靠自己的力量，这种力量很快被证明是不够的。新上任的麻城知县蒋虞是个一本正经的武进士，他立刻宣布谣传可能来自一位觊觎王位者，真正为皇帝服务之人必须恭顺服从，对主人的任何不忠都是死罪。基于这些理由，他在自己的权限内逮捕并当即处决了每一个参与叛乱的人。① 1630年的叛乱就这样很快失败了，但它所激发的情绪和它背后的组织不仅继续存在，而且逐步蔓延到周边地区。② 在著名的中国历史学家傅衣凌看来，1630年的麻城事件实际上打响了加速明朝灭亡的全国性奴仆叛乱（奴变）的第一炮。③

梅之焕归乡

1633年，甘肃巡抚梅之焕因西北军事失利而受到指责，陷入一连串指控和反指控，最终被革职并最后一次返回自己的家乡。梅退休的八年间正是麻城最危险的时期。用梅自己的描述，该县已经落入虎口之中了。④ 它不断地遭到土匪和叛乱武装的围攻，其领导者拥有"搜地王"（宣传自己的使命就是剿灭魔鬼的救世主）、"老回回"之类的有趣绰号。⑤ 尽管这些叛乱武装大多不是麻城本地人，但梅一再抱怨本地人也有了二心，叛军用掠夺来的充裕资金轻易收买了当地地痞的效忠，这些令人畏惧的军队向前推进时，甚至许多良民都跑出来迎接他们，高呼"万岁"⑥。

---

① 1670年《麻城县志》，卷3；1882年《麻城县志》，13：10页；《麻城县志前编》，5：13页；1993年《麻城县志》，10页；Satō Fumitoshi（佐藤文俊），173-174。

② 蔓延至邻县罗田，可见 Volkmar。

③ 傅衣凌：《明清之际的"奴变"和佃农解放运动》，64页；傅衣凌：《明清封建土地所有制论纲》，125页。

④ 梅之焕：《与唐抚台》，见1670年《麻城县志》，卷10。

⑤ Taniguchi, *Minmatsu Shinsho no hōsai ni tsuite*（《明末清初的要塞》），2-3。如田海所指出，王朝末年的土匪经常摆出人鬼之战中驱魔者的姿态，采用"铲平王"、"杀尽王"之类的名号。见 ter Haar, *China's Inner Demons*, 35。

⑥ 梅之焕：《与洪制台》、《与姚昆斗相国》，收入梅之焕，3：17~18页，3：28~29页。

1634年，一支庞大的叛乱军队从南部穿过长江，进入麻城。虽然县城没有受到威胁，但农村武装力量身受鼓舞，许多来自该县边缘地带的有野心的强人建立了支持叛军的政权，自封为八大王。次年即1635年，是该地区历史上最血腥的年份之一——据《黄安县志》描述，发生了一场"悲惨的大面积屠杀"。新年之后，由首领张献忠率领的叛军第一次经过麻城，在围攻县城时被梅和知县刘星耀成功阻止，叛军随即血洗了西南走廊的商业市镇和其他农村地区。下半年，明军和各路叛军之间旷日持久的战斗摧毁了该县东部和东南部。经过一段时期较温和的小冲突，1637年又爆发了大规模的屠杀，明朝总兵秦翼民对"老回回"和"八大王"发动毁灭性攻势，但只是成功地将叛军瓦解为小股，使之龟缩在岐亭和其他地区。零星战斗是17世纪30年代最后几年的主要特征，当地平民相对能够忍受这种暴力。最后在1641年，湖北巡抚宋一鹤组织了一次以麻城为中心的大规模平叛运动，那年夏末发生在该县东义洲的一场大规模战斗使运动达到顶点，宋巡抚取得了辉煌的胜利，约1 200名叛乱分子被斩首。①

梅之焕回乡时年近六十，当地人起初把他当做老人，待之以傲慢和疑虑。② 但这件事情，证明他的精力是非常旺盛的。他执行的第一项任务是重修城墙以保卫县城，长期的戍边生涯使他在这方面具有丰富的经验。他在自己幼年时代的村庄沈庄开始筑墙挖壕，称之为"护身堡"，沿城墙修起了弹射器，以便向可能的围攻者投掷石头。梅的计划是把沈庄和麻城分别作为全县防御轴的东、西端点，藉以肃清叛军，用作对周边采取军事行动的基地。他组建了一支强大的私人武装力量，号称沈庄军，这是遍及华中丘陵地带的山兵的原型。梅首先将自己的佃户和邻居组成一万多人的团练武装加以训练，随后又增加了大量的雇佣兵和装备：一支由无稽恶少组成的游击部队，一群擅长使用毒箭的药弩手，一队勇猛无畏的东山杀虎

---

① 对这些战役令人难以忍受的详细记录，见1670年《麻城县志》，卷3；1882年《麻城县志》，37：10～13页；《麻城县志前编》，5：13～14页，7：19～20页；《黄安县志》（1869年），10：1～2页；《黄州府志》（1884年），10下：18～20页。知县刘星耀的传记，见《麻城县志前编》，7：8～9页；巡抚宋一鹤的传记，见《中国人名大字典》，346页。

② 王葆心，3：5页。

手。他从自己待过的旧地广东引进了欧洲制造的红夷大炮，从另一旧地赣南引进了几百名训练有素的副炮手。他从沈庄出兵，将遇到的每一个可疑分子抓起来斩首，把他们的头放在长矛上游行示众。① 很快大家都知道梅绝不是在开玩笑。

梅成了整个县城的守护者。他的军队因为在1635年初"老回回"的攻势下拯救了县城而受到赞誉。梅本人这样描述当时的情景：

> 二月初二，（自麻城）哨马至沈庄。只在余家冈一望，见墙上密布枪炮口，啧啧称好，即飞马遁去。次日，数十万过城下，并不近城，沿路问沈庄兵伏在何处。至雨零河始下马，坐树下，令妇人环绕劝饮，自庆云，"老子过了险处，且放心歇一会"。贼中逃归者咸云云。
>
> 又白田坂人有被掳拽辇者，亲见有小喽啰请老掌家到沈庄梅家墙内去抢好马。其贼首老回回骂云，"你怎么哄老子去吃大炮？"立杀请者。②

据说有数十万当地人涌向梅的山寨寻求保护，梅没有拒绝他们。另一些人在山中修建了自己的避难所，梅也用自己的军队保护他们。梅的传记作者万炎绘声绘色地讲述的一个例子表明，威胁不是来自被称为叛乱者的人，而是来自明军内部的叛徒。其中一支部队占领了属于周氏家族的玉雾山寨，发动暴乱和兵变。山寨主人——李贽的前庇护人周思敬和周思久的弟弟——把自己锁在山寨之中，捎信向梅之焕求救。据说梅单枪匹马来到山寨，冲进叛军中间，厉声叱曰："奴辈欲反耶？吾缚汝如缚兔耳！"士兵们全都畏惧不前。梅鞭笞为首之人，部队全都顺从地返回自己的营地。③

梅之焕的个人权威空前高涨，得到大多数地方官员的相继声援，并不时受到皇帝本人的嘉奖——因其对明朝事业的贡献，他在1636到1638年

---

① 吴伟业，5：10页。
② 梅之焕，3：20~24页。
③ 万延：《行状》，15页。

加官晋爵，在1640年获得荫庇特权。但事实是他的独立性越来越强。他被广泛誉为麻城当地的英雄，甚至"海内众正无不称公长者"①。他在沈庄的城堡实际上成了该县的司法中心，因为当地百姓越来越愿意找他（而不是县衙门）申冤。甚至梅忠实的传记作者钱谦益也坦承，当地官员和其他地方精英开始对他不受约束地行使权力侧目而视，但没有人敢挑战他。② 舍此之外，其他选择更加糟糕。

梅之焕本人如何看待他的地位呢？梅长期以来一直在尖锐抨击明王朝的堕落，在出征西北边陲时写的一首诗中，他明确思考过效忠于一个忘恩负义、也许不配这种效忠的王朝有多困难。③ 他的同年和挚友杨涟选择了反抗之路。梅选择了保卫自己的家乡。在写到杀死杨涟的刽子手首辅冯铨时，梅阐明了他对于地方主义和忠诚之关系的看法。他写道：俗话说"毁家纾难"，但我不同意这种看法。"虽纾国难，亦纾家难。虽曰毁家，实则保家。"即使鸟巢被摧毁，只要蛋完好无损，鸟巢最终还会重建起来【译者按，此句原文为"夫巢覆无完卵"，作者理解有误】。如今地方强大而中央积弱，唯一的办法就是"人自为战，家自为守"④。

然而，梅17世纪30年代的通信深刻地表明，他对摇摇欲坠的明王朝为其地方防御提供的支援过于微弱甚至适得其反越来越感到失望。⑤ 他抱怨道，正是由于朝廷军队缺乏有效的全面作战计划，我们所能做的只是不断地将叛军赶出县城，再看着他们从不同的方向杀回来。他指出，朝廷的战略很清楚，就是像瘟疫一样绕开麻城（避麻入境）。他指责朝廷的指挥官们对于如何行军打仗毫无思路，渐渐地，正是他们自己那些无纪律的部队会变成敌人，就像在玉雾山寨那样。留都南京的官员们本该积极协助中

---

① 万延：《行状》，16页。
② 钱谦益：《梅长公传》，7页。
③ 梅之焕：《从军行一》，1882年《麻城县志》，35：24页。
④ 梅之焕：《与涿州冯相国》，见梅之焕，3：30～31。臭名昭著的冯铨（1595—1672）曾与宦官魏忠贤一道镇压东林党人。冯在1628年魏下台后被解职，清军征服后重新出山，二度为相。见《中国人名大字典》，1226；《清代名人传》，240～241页。
⑤ 梅之焕，卷3；1670年《麻城县志》，卷10。

部地区的防御工作，可他们大多是一群衰朽文人，除了纯文学方面的才华之外一无所长。他指出，明朝偶尔也会出现能干果断的官员，像黄安的赵知县，他在耿定向的后人耿九一的协助下，几乎单枪匹马地保护县城不致落入叛军之手。然而，从自己的宦海生涯和退休以后的经历中，梅自己也知道，这个世界充满了无用的旁观者，他们会对赵和耿这些人的果敢行为吹毛求疵，使自己免受惩罚。① 梅对空缺的麻城知县（目前是代理知县）有自己的候选人，是他通过游说由南京派来的。

梅评论道，在诸如此类的危机中，"用兵不如用民"，这种时刻，保持生存越来越依赖甚至只能依赖"我兵"。之焕拯救麻城、进而拯救世界的个人使命感，与他对明王朝的失望同时增长。他宣称："麻之事吾耳，而目之久矣。"② 他说，即便只有我自己的双臂，也要"撑开虎口"，不让它吞噬本县千百万生灵。他很自豪地重复曾经听到的一个叛军将领的话：只有"梅某一人"使他们无法取得胜利。③

在与叛军作战期间，梅之焕也开展了另一项运动：赢得麻城人民的民心。这种努力的一个方面是让百姓在17世纪30年代粮食歉收的几年间有粮食可吃。梅的沈庄堡垒里居民人数急剧增加，他们住在梅修建的临时收容所里，靠粮田、菜园和鱼塘存活下来。该县另有数万居民，依靠梅在各个地方建立的施粥网络维持生存。④ 如前所述，梅也在社区调解中发挥了积极作用。他的办公场所可以接纳所有人——"小劳动者，男女小贩，乞丐"等，倾听他们的冤屈，帮助他们免受他人的剥削。⑤ 没有理由怀疑这些关于梅的慷慨和对百姓正义感的记载，这和我们所知道的梅的个性是一致的。但这些只是梅所制定的地方控制总体规划的一个方面，其他方面也许会很严厉甚至很残酷。

该规划的要素之一是他对教化的重视，这是一场儒家精英向大众灌输正确而恭敬的思想行为的持续性运动。梅的一位传记作者钦佩地写道，梅

---

① 梅之焕：《与黄州司理周芝田》，见梅之焕，3：25~26页。
② 万延：《行状》，13页。
③ 梅之焕：《寄刘同人》，见梅之焕，3：23~24页。
④ 万延：《行状》，16页；钱谦益：《梅长公传》，7~8页。
⑤ 王葆心，3：5页。

所有作品的主要特征就是从上一代极具特色的讲学（公开辩论道德和本体论问题）转向更加明确和固定的教人（指导他人如何言行）。我们已经注意到，梅资助了当地许多重要寺庙——包括他位于中部平原的老家七里岭，以及远离家乡的东山高地——全都供奉着过去那些忠于朝廷和平定叛乱的神灵。梅在其中一座寺庙树了一块石碑，上面写着"人心国事有大关"①。

然而，其民众动员运动中更基本的一面是武力镇压所有可能的内部敌人。在17世纪30年代初回到家乡后，他很快就成功地对麻城进行了军事管制。与他"民心"不可靠的看法联系在一起的，是他（在近乎癫狂的时代）对奸细和内应根深蒂固的忧虑。梅喜欢在信中讲述他是如何揭穿其中一些人的。下面就很典型：

> 二初，吾家道中之奴，四年前以盗发觉，畏我而逃。二月初一夜三更，朝圣门外有渡水声，城上放炮下打，水响跑去。
>
> 次早，此奴光其头而青其服，内则浑身锦绣戎装，缒城而上，云陷在贼中，今近家逃归云云，人皆信之。我云："此浑身锦绣，胡为乎来哉？不问而知其为贼之信臣也。向以为盗逃，今又为贼宠眷若此，岂有反恩主而来归仇主？是必有奸。"
>
> 令搜剥，则裹脚皆白绫，线绣尚浑湿，此非夜来渡河之老大证见乎？……再四审供，约定是夜到道中后门放火为号云云，立斩之，而初二之贼计破矣。②

这样的事例遭到了心慈手软者的批评，他们谴责梅喜欢"立斩之"。反过来他也瞧不起这些批评者，坚定地为少数"秉公执法"的那些同事们辩护。③

除了在叛乱发生之后将其扑灭，梅在实行军事管制时还采取了先发制人的方案。④ 数百年间许多麻城精英无疑都采用过这一方案，但由于时代和权力的特殊性，梅可以更好地将其付诸实施。他返回家乡不久就宣布要

---

① 1882年《麻城县志》，4：6页；《麻城县志前编》，2：13页，2：18页。
② 梅之焕：《寄刘同人》，见梅之焕，3：23~24页。
③ 梅之焕：《与黄州司理周芝田》，见梅之焕，3：25页。
④ 万延：《行状》；王葆心，3：5页。

整顿"三大害",它们不仅困扰着麻城,而且困扰着整个帝国,为当时"破坏世界"的大规模叛乱运动奠定了基础。它们是:劫掠的土匪(盗贼)、贪腐的吏役(衙蠹)和放肆的奴仆(势仆)。

梅称其中第一种人为"贱人",这些麻城山地人聚众来到低地劫掠。几十年来,官员和地方精英都对他们听之任之。梅说,要彻底肃清他们就得追查他们一贯的庇护所——用现代辞藻来说就是要清洗乡村。任何被发现抢劫的人,任何包庇或没有告发盗贼的人,都必须使之畏法。梅发起了搜捕行动,派精锐部队前往山区捉拿一些有名的土匪,通过酷刑让他们说出充当保护伞的豪门望族,随后就拿这些家族开刀。他在这些盗匪答应改邪归正后将其释放,如若再犯,就重新捉拿归案并砍掉他们的双脚。

一位具有强烈地方主义倾向的精英对官府吏役的侵害进行谴责,这并不奇怪;但是梅在王朝剧变时期把这些人作为自己清洗运动的三大目标之一,仍显得不同寻常。他们很显然是可能的目标。梅坚持认为麻城人可以通过宗族和其他形式的社会组织管好自己的事务,然而在麻城仅为知县服务的吏役至少有4 000人,这还不包括受雇于学政和其他行政官员的数百人。据梅说,这些人几乎全都是贪腐之徒。他说这些冗吏必须立即淘汰或清洗,并恳请现任知县即刻着手此事。但梅又说,这些恶棍最坏的行径是直接渗透和操纵该县大家族的奴仆。于是他决心在自己家族内部开展一场清洗运动,铲除和解雇任何兼差衙役、嫁给衙役或勾结衙役的奴仆。他声称其他大家族也必须这么做,所有感到被吏役剥削的村民都可以当面请他申冤。

最后是奴仆本身。梅说,这些年来,麻城大多数主人对他们的奴仆所做的事情变得漠不关心或者漫不经心,奴仆们也变得傲慢无礼、专横放肆。这些奴仆现在不仅比土匪和衙门更无孔不入、更让人恼火,而且在很多情况下,他们其实是其他群体的祸患之源。梅对这些"放肆奴仆"的种种行径做了详细分类,其中包括操纵水利工程和司法体系为自己谋利。梅指责道,最糟糕的是,他们有效地将主人与大部分仆奴隔离开来,事实上变成了自己的主人。当梅说到这些恶行时,他"怒发冲冠",痛下决心。他说,我将把让这些残忍而狡诈的奴仆(狡黠奴)安守本分作为一生仁志。从下面的章节我们将会看到,他远未取得彻底的成功。但人们可以想象梅推行此事的英雄气概。

　　梅在麻城期间写下的辞藻，强调了他认为自己所从事的生死较量有多重要。在他看来，这些叛乱不仅摧毁文明、亵渎天道，更会将我们个个杀尽。他说道，如果县城陷落，就会满城流血。梅警告说，反叛势力已使邻近地区破残不忍言，他们同样还想屠尽麻城。① 在此情境下，对这些人进行最无情的清洗不仅正当，而且必要。这种摩尼教式的言辞在 14 世纪及其 19、20 世纪的回响同样引人瞩目，它可预见性地一再出现，给该地带来了令人恐惧的困扰。

筑城防御

　　在行政中心城市筑起围墙进行防御，周围的村庄和市镇则没有围墙也得不到防御，这是中国历史上的常识。战乱起时，人口及财产均撤入县城，而将村庄留给入侵者。② 我们已经看到，1633—1635 年间梅国桢在麻城的第一项举措就是在县城修筑工事，利用壁垒积极防御。但与此同时，他也在山坡上的村子沈庄修筑城墙、开挖壕沟、武装村民——他所创建的救生寨，更能说明在大别山历史上当地防御工作是如何开展的。在整个高山地区，战乱起时，乡间地主甚至城市精英通常都会进山避祸（入山），筑起山寨（寨或堡），自称山主，直到情况好转后才离开那里。我们将会看到，把筑有围墙的城市留给入侵者、再以山寨为基地围攻叛军的情形时有发生。在帝国其他地区也可以见到设防的村庄，例如，裴宜理（Elizabeth Perry）曾生动地描述过淮北冲积平原上至少在 19 世纪中期已经存在的 600 多个圩寨。③ 但尽管这些乡村堡垒（尤其是淮北的圩寨）与麻城及大别山区的山寨有时在功能上很相似，后者的独特之处在于它们是山区堡垒（山寨），具有其独特的历史和神秘性。

　　今天麻城有两处山寨遗迹，红苗寨和土城寨，据说其历史可上溯至公

---

① 梅之焕，3：20~29 页。
② 对此现象的出色研究是 Franke。
③ 见 Perry，尤其是 88-94 页。

元前1000年的西周时期。不过，与山寨活动有关的历史证据始于帝制时代的中期。阎家河东南的黄巢寨，是当地居民为抵御公元9世纪末的黄巢叛军而修建的。东山的狮子山寨保存至今，它最初是在1234—1236年间县城被叛军攻占后，修建起来供地方官员居住的。另一些山寨是13世纪70年代末期忠于宋朝的士绅们为抵御蒙古人而建造的，后来又被元军占领并用以镇压当地叛乱。① 我们已经看到，元朝末年邹普胜红巾军叛乱期间，仍然修建了一些山寨作为精英们的避难之所。梅国桢在16世纪末戍守西北期间成了一名筑防专家，他当然也将这些从公共事务中获得的技巧用在了家乡麻城。②

尽管有这些历史背景，明末的麻城筑防运动仍具有全新的规模和形式。几乎可以肯定，这种修建山寨的模式直接来自汉江高地的麻城北部和西部地区。和大别山、东山高地一样，这里也是几省交界之地，包括湖北省的襄阳辖区和毗邻的河南省、陕西省的一部分。自从帝国都城在宋代迁离长安之后，该地区经历了漫长的衰退和边缘化的时期，尤其在元末的孟海马叛乱中受到重创。明朝征服后的措施是禁止在这个人口衰减的地区长期殖民，结果却发现流民愈加失控，有时多达数十万人从事私盐贩卖及其他非法活动。15世纪60年代，该地区再次爆发大规模叛乱，促使明政府新设石阳府，并派都御史常驻此地负责维持秩序。1634年，担任这一职务的是年轻的江南人士、东林党人卢象升（1600—1649），他为了与李自成叛军作战而建立了山寨网络。③ 卢于次年升任湖北巡抚，在那里他将平叛的努力扩展到了麻城及靠近河南边界的邻县。④ 尽管卢并未像在石阳府那样把修筑山寨作为在大别山地区的中心战略，但他的到来及其修建山寨的名声，不可避免地对当地的寨主们（尤其是他从西北前线回来的老同

---

① 《元史》，收入《四库全书》，59：20页。
② 梅国桢：《加包边堡疏》，452：13~14页；邹知新：《狮子山记》，《麻城县志前编》，1：12页；王葆心，1：6~7页；1993年《麻城县志》，526~530页。
③ 卢象升：《立寨并村清野设伏增兵筹饷书》，见卢象升，2：19~22页；Takeo, 147–152；Kuhn, *Rebellion and Its Enemies in Late Imperial China*, 41–42。卢的传记，见陈鼎，收入《四库全书》，5：14页；又见《中国人名大字典》，1594~1595页。
④ 卢象升：《恭报防御协剿疏》、《统兵入豫疏》，见卢象升，3：12~17页。

僚梅之焕）产生了影响。

卢象升在汉江河谷的做法确实和麻城不太一样，是由政府管控而不是由地方精英自主建立的（这种有声望的精英在石阳很少见），尤其是还伴随着对周围乡村的清野政策。我们将看到，这种做法会在后来的几个世纪被麻城采用，但在明清更替之际尚未出现；这一时期撤入山寨的大地主们还无意对自己的土地进行不必要的破坏。但卢广为人知的举措确实在大别山区产生了其他方面的影响，或至少与之类似。在其颁布的七条规章中，卢规定山寨应建于山中相对平坦之地，每个山寨应包括四到八个自然村和至少数百人口，应有自己的水源和大量的粮食及牲畜储备，由公开选出的当地长老命名并服从其领导（例如梅将其沈庄的山寨称之为"救生寨"），每个山寨的居民都要接受军事训练并密切配合其他山寨的行动。①

随着对明政府维持秩序能力的信心逐渐衰退，麻城地方精英早在17世纪20年代末就开始进山筑寨。这一进程在1635年初的危机之后加快了，我们已经看到，麻城在这场叛乱中勉强幸免于难，而位于东山东面山坡上的邻县罗田则没有那么幸运，知县梁志仁在防御战中阵亡。这一时期，麻城共修建了十多处大型山寨（明寨），除了许多更小的寨子（只是筑有围墙的小村落而已）之外，一些原有的山寨也得到了改建。大型山寨的名称来自它们的建造者（杨家寨）、外观（三街寨、石墙寨）、所期望的佛教保护神（观音寨）或者儒家箴言（仁义堡）。最常见的名称往往反映了建造者希望它们具备的功能，如梅之焕的救生寨、靖平寨或全安寨。仁义堡也许是大型山寨的典型，由一堵高15英尺、长4 000英尺的砖墙环绕，共有三道门。这些城墙的建造者是权势显赫的当地豪绅，有的单独行事（像梅之焕），有的合作进行。集体工事通常也由同一个家族的成员修建，但并非一定如此。大多数情况下，当地普通民众（包括奴仆）不会被拒之门外，而是被积极邀请进入山寨避难，以增强山寨的防御力量。山寨在东山发展得最为蓬勃，这里有最深厚的传统土壤；但在乘马岗及其他北部城镇，在宋埠、中馆驿、白果等南部市镇的城郊山区，山寨发展也很快，由市镇的商业精英们修建起来作为预备避难之所。1642至

---

① 卢象升：《立寨并村七款》，见卢象升，2：38~41页。

火把掩映下的石城寨，麻城中部阎家河区。作者摄。

1643年张献忠的叛军主力到达麻城时，县城里的士绅们共同修复了城东70里东山上的狮子山寨并疏散到这里。①

麻城的山寨很快就获得了英雄神话般的赞誉。像天台寨、狮子山寨这样的古老山寨，都环绕着大量传说，涉及它们的各种历史用途。临近地区的民众也把自己和这些地标联系起来，据说他们的行为反映了这种尚武传统。关于修建山寨的英雄故事世代流传。1643年，城市精英被迫离城避祸，与牲畜和役夫相伴，穿越山间雨雪云雾，到达狮子山寨。这个故事被当地人邹知新写成文学作品，在后来的地方志被一再重印。另一类建造神话增添了宗教因素。麻城一位富有的佛教住持碧瑶（意为名贵的玉）为

---

① 1882年《麻城县志》，卷3；《麻城县志前编》，1：12页，5：2~10页；《黄州府志》（1884年），10：16~19页；麻城县地名领导小组编，157~160页；王葆心，1：9~10页。

护卫邻里而出资兴建了一座山寨。后来，碧璠的一个信徒缠着他要求剃度，被他拒绝了，该信徒就去了另一座寺庙。当这个年轻人以剃度的佛教徒身份回来时，碧璠大怒，他撕碎了那个信徒的僧衣，打破了他化缘的瓦钵。当晚方睡，碧璠即见韦陀尊天，韦陀震怒痛骂云："汝是何人，敢毁如来法宝？"碧璠叩头求饶，韦陀曰："念汝修寨有功，姑去一臂。"①

许多"诡计"传说与长期困扰山寨的粮食供应问题相关。例如白米寨被叛军围攻，粮食供应几近中断。守寨部队把他们剩下的最后一点大米从城墙上扔给叛军，慷慨地给他们提供果腹之食。结果叛军撤退了，因为他们由此推测山寨不可能因断粮而投降。从那以后，寨子就得到了"白米寨"这个新名字。与此相似，抚河寨的守寨将士把最后的大米喂给猪吃，然后打开寨门将猪赶到围攻的队伍中去。当叛军不出所料地杀猪吃肉时，他们看到了猪吃的大米，这表明守寨者食物供应充足，竟然用上好的大米来喂猪，所以叛军放弃了围攻。②

不过，另一些传说强调的是守卫山寨时士绅们更不祥的命运。例如，生员鲁元孙来自白果镇的望族，在明代有好几人获得过高级功名。17世纪30年代，元孙组织修建了云雾山寨，但当张献忠叛军于1643年到达山寨时，叛军人数远远多于守寨部队。张献忠的将领让元孙投降，归附叛军。元孙骂道："吾家世忠义，岂从鼠贼耶？"被激怒的叛军攻占了山寨，杀光了鲁氏家族的众多成员，该家族从麻城地方精英的名单上永远消失了。③ 在明清之交的麻城历史上，这样的传说绝不罕见。

蕲黄四十八寨联盟

不单只有麻城见证了晚明年间山寨的发展。山寨遍及整个大别山区，包括湖北东部黄州府、蕲州府的大部分地区，以及北边的河南光山、商

---

① 1882年《麻城县志》，40：7页；《麻城县志前编》，2：13页；王葆心，2：13页。

② 麻城县地名领导小组编，1096、1102页。

③ 王葆心，3：22页。

城、固始等县,东边和东北边的安徽霍山、潜山、太湖等县,还有江西西北的部分地区,麻城的山寨只是其中一部分。数以百计、规模不一的山寨点缀在这块土地上,有的山寨多达数万人。这些山寨逐渐形成了有系统的网络,其中最严整的就是人们所称的蕲黄四十八寨联盟。

该联盟形成的详细过程还不太清楚,但所有资料都表明其创立者和首任长官不是别人,正是麻城本地人梅之焕。它是梅将其政治和军事洞见付诸实践的结果,他在写给内阁大学士冯铨的一封信中阐明了这一点,梅说到:每一个村庄都必须设防并与邻村连接起来,以防止敌人进攻;当这种模式在成千上万的相邻居民点建立起来时,整个帝国(天下)的危机就最终解决了。① 梅的基层网络建设得到了安庆巡抚、兵部尚书史可法及其部将宋一鹤的支持。② 史奉朝廷之命建立一个四省联防区,在西线拱卫南京。史和宋挑选梅之焕负责先是鄂东地区、后来是整个山寨网络的防务。最后因北部形势吃紧,朝廷命史、宋和梅在华中地区效命于皇太子朱允言。梅的网络最终发展到将近 400 个山寨。实际上朝廷让他把这些山寨留给明军拱卫城市,而梅应该去尽力保护乡村地区及逃亡的百姓。③

为管理这些百姓,梅和他的四十八寨盟友制定了一套行为规范,包括下列内容:

  1. 于群居中而有各尽所务之道德,或独力自营一寨、或公资合营一寨。

  2. 以皖地飞旗寨为中央据地(靠近史可法之安庆指挥部),而分散守卫之力于群寨之中;鄂寨之中,尤以东山为要领提挈地,而与他寨互通其声息。

  3. 有严检疠疫以保安宁之法,凡染疫之人,例弃野外(例如,湖北英山县朝阳寨寨主的母亲染病疫,即被移出寨外)。

---

① 梅之焕:《与涿州冯相国》,见梅之焕,3:30~32页。

② 宋一鹤、史可法不久即为明殉国:宋于1643年在汉水高地被李自成打败后自杀,史死于1645年抵御清军进入扬州的悲壮战役。见王葆心,4:1~2页;《中国人名大字典》,174、346页。

③ 王葆心,1:7~10页;Taniguchi, *Minmatsu Shinsho no hōsai ni tsuite*(《明末清初的要塞》),2~3;朱希祖,《校补〈蕲黄四十八寨纪事〉跋》,26~27页。

4. 有条别秩序，严立分数之方法（例如，严男女之别）。

5. 有慈善之赒济，如山寨之间互恤疾病饥苦。

6. 烽燧中不废教育。

7. 抢攘中必忠悫于君国（北京陷落前后皆然）。个别山寨还须负责明皇子及其臣僚的安全，并有义务为寻求避难的明朝官员提供保护。

四十八寨联盟很快闻名全国并广为效仿，远达四川，成为影响深远并延续至今的文化记忆的素材。其历史首先由雍正年间的徽州学者吴德芝谨慎地记载下来①，但后来罗田本地人王葆心（1867—1944）的记载更具挑战性。王曾任武汉大学、北京大学教授，是辛亥革命的激进分子，也是早期共产党领导人董必武的朋友。王关于四十八寨联盟的这本旁征博引、然而过于传奇化的书，具有显而易见的反满基调。该书写于1908年，仅供私下传阅，六年后方才出版，此时清王朝已被推翻了。这部著作，尤其是对联盟规约的讨论，与新政时期的思想潮流产生了共鸣，既受到西方政治思想的影响，同时又试图在（当地）中国历史中找到一种本土的自治模式。梅之焕本人的作品，特别是前文所引写给冯铨的信函，设想了一种内嵌的效忠模式，这种模式在20世纪初中国基于宗族和籍贯的统合式民族主义论述中得到了强烈的共鸣。② 但王葆心将该主题进一步发挥，在四十八寨历史中描述了一种类似于中国本土社会契约理论的东西。③ 他写到："山寨者，末造顽民争生存之帜志也。"在这社会达尔文主义的世界里，人们生活在相互恐惧之中，只有培养群体团结的精神（结集或结众），才能克服这种恐惧。为了在现实中践行这一社区意识，他们自发创造了一套规则（自生规律）。在此过程中，他们既制定了社区聚合的规则（合群之规），也奠定了政治上独立的制度基础（独立之制）。④

---

① 我没有找到吴德芝的全文，但朱希祖大段引用了它。
② 例如，见Strand；又见Goodman。
③ 王葆心，1∶8页。
④ 王反复强调"群"的概念，其同时代人梁启超所尚的代表"最高政治共同体"的术语，绝非巧合。见Chang Hao。

四十八寨的历史记忆的确是一种极度危险而又内涵丰富的记忆，负载着阶级冲突、汉人民族主义以及（或许最显著的）大别山地区的武装地方自治等意义。如王葆心所见，这是一个尚武之地，每当中国历史上中央积弱之时，像梅之焕这样的乡绅名流——或者几百年前邹普胜这样的平民——就会抓住机会，使该地区从周围的政治体中脱离出来。① 这一模式在王本人有生之年还将重演——以鄂豫皖苏维埃的形式。

---

① 王葆心，1：6页。关于王的生平著述，与武汉大学的历史学者冯天瑜（他是黄安本地人）的私人谈话对我很有启发。又见朱希祖，26页。令人好奇的是，王葆心1914年出版的书在中国台湾已分别于1966、1971、1972年再版三次，却从未在中国大陆再版过。

第六章
灭　绝

1641年初秋（崇祯十四年八月），67岁的梅之焕因病去世。失落与恐惧的情绪弥漫着麻城。根据各地的奏报，噩耗所至，哀恸四野。在他去世一周年时，数千人参加了在他墓地举行的隆重祭奠仪式。梅的传记作者告诉我们，其中半数都在梅生前以各种方式得到过他的栽培。① 这次公祭不仅是梅持久人格魅力的象征，也是一次精心策划的努力，以团结当地社会精英，对抗有组织的挑战者，尤其是那些正在颠覆大明王朝的人。近十年来，梅之焕有效地撑住了老虎张开的大口，但是到他去世两年之后的1643年，虎口猛地咬合了。在接下来的十年里，发生在麻城的故事就是一波又一波血腥的奴仆起义、异族的入侵和殊死的抵抗运动，其间既有对落难的明王朝的忠诚，又夹杂着强烈的地方主义。故事中不乏阴谋与背叛，却罕有幸存者。②

汤志和乡村自保会

17世纪40年代初对麻城来说真是一段艰难岁月。1640年、1641年都发生了严重的旱灾、蝗灾、农业歉收，以及粮食价格的恶性上涨。王葆心可能略有夸张地提到，黄州、蕲州地区有半数人口被饿死。和元朝末年一样，县志中留下了大量人相食的记载。其中还提到了一场毁灭性

---

① 万延：《行状》，17页。
② 麻城县档案馆的《周氏族谱》记载，在这次改朝换代的杀戮中，仅该家族就死了数千人。

的瘟疫。最悲惨的是，该县成了全国恶战的战场。张献忠的部队一再经过该县，1641年年中，湖北巡抚宋一鹤决定以麻城为中心发动大规模的平叛战役。在明将王允成、刘良佐和左良玉的统帅下，大批明军前往麻城抢占战略要地，越来越多的当地百姓逃到山区。经过数月的血战，年底时明军在东义洲取得决定性胜利，其高潮是左良玉将军下令将1 200余名叛军俘虏斩首。宋巡抚向皇帝奏报他的军事行动取得了"完胜"。但从1642年到1643年初，明军与李自成部队反复拉锯，虽然顽强战斗，却都无功而返。①

具有讽刺意味的是，当左将军错误地决定赦免并安置叛军时，明军对麻城这一相对短暂的安抚政策反倒加剧了当地的对抗。左宣布任何接受赦免者都可以成为新民并在山区获得一块土地。为了给这一举措筹集经费，左向原有的麻城百姓征收一项新税，而此时百姓最难忍受这额外的负担。可以想见，结果自然是招致了当地精英的普遍反对，并加剧了对朝廷的不满。② 1643年初，兵部向皇帝奏报，同湖南及其他地区相比，黄州的地方精英对朝廷的忠诚是不那么靠得住的。③

麻城鲍世荣起义，就是反映这种不满的最有趣的例子。鲍出生在东山西郊的一个大户人家，年轻时曾在由他家捐助的观音庙中做事。然而，出于对明政府压榨性税收的愤慨和对李自成义军的同情，鲍于1642或是1643年召集一群僧俗好汉，在龟峰和阎家河镇发动了起义，杀死了税吏和衙役。据说他的队伍发展到近万人，并在靠近狮子寨的东山一带建立了根据地。1643年末被明军击溃后，鲍与陕西的李自成大部队取得了联系。1645年李自成兵败身死，鲍却幸存下来，回到了老家。此后将近二十年间，鲍仍在东山地区从事反抗活动。④

---

① 兵部奏折，崇祯13/9/23，见郑天挺、孙钺编，278~288页；兵部奏折，崇祯14/12/19，见历史语言研究所编，《明清史料》7：648页；《明史》，收入《四库全书》，260：21页，263：2页；1670年《麻城县志》，卷3；《麻城县志前编》，5：14页；1993年《麻城县志》，10页；王葆心，1：12~16页。

② 王葆心，1：14~15页。

③ 兵部奏折，崇祯16/4/21，见郑天挺、孙钺编，400~402页。

④ 见《农民起义领袖鲍世荣》。

不过，作为这次起义的直接后果，规模更大的汤志起义爆发了。① 这次起义是由那些最有权势、在麻城中部平原拥有大片土地的豪门家的佃户和奴仆们发动的。由于明朝最后十年频繁的动荡，自保会在这些地区的村民中间应运而生。这种会在麻城和其他地方具有悠久的历史，是中国乡村社会的一种基本组织形式。它们是村民们在元末建立的更具宗派性质的堂（包括著名的邹普胜的圣人堂）的新版本。清代和民国年间记载的众多麻城乡村会社，是和它们相似的组织：八方会、兄弟会、锣鼓会等。它们是20世纪二三十年代自相残杀的右倾的红枪会和"左"倾的农民协会的先驱。其中有些会（如重阳会）声称是为了管理乡村文化活动，但大部分（如拳术会）旨在练习武艺和乡村自保。②

明末的各种会中，有两个就建立在坝上豪绅李家的地产上，这时李家的族长是李长庚。③ 这些会分别是由自耕农明承祖建立的里仁会、由奴仆洪楼先建立的直道会（又称洗耳会）。从名称中就能看到，这些群体奉行完全正统的意识形态，深深扎根于行侠仗义、兄弟结拜以及武侠传奇所演绎的暴力儒学。里仁会中的里仁（仁慈地对待邻里），正是几个世纪以来麻城精英反复向家人灌输的道德准则，被视为乡村社区不可或缺的黏合剂。④ 里仁会和直道会的成员们共饮鸡血以示结拜，身着军装上街操练。起初这些活动至少得到了地主们的默许，这时他们正忙着组织力量抵御叛

---

① 汤志起义的基本资料来自计六奇，376～378页；彭孙贻，128～129页；戴笠、吴殳，16：3～11页；吴伟业，10：10～14页；1670年《麻城县志》，卷3；1884年《黄州县志》，10下：20页；《湖北通志》，1790页；《麻城县志前编》，5：14～15页；中国人民大学清史研究所编，512页。有用的二手文献包括王葆心，1：18～22页；Sato Fumitoshi，175～176页；张建民，206～210页；傅衣凌，《明清农村社会经济》，101～102页；以及李文治，《晚明民变》，86页。

② 1993年《麻城县志》，348页；Wou，106。尝试用图表来描述会这种组织形式的复杂历史，见Ownby。

③ 这些会是在李家的地盘上，致使一些编年史误将"里仁会"中的"里"写作表示姓氏的"李"（结果翻译成了"李人会"），或者甚至将"里仁会"读成了人的名字"李仁辉"，见计六奇，378页；以及明显追随他的Parsons，150。

④ 例见《施氏家训》的各种版本，《施氏宗谱》，3：8～22页。更晚近的中国历史中兄弟会的意识形态，见Alitto；也可见Esherick, The Origins of the Boxer Uprising.

军的四处劫掠。但是局面似乎失控了,很多地主抱怨会员们穿着奇装异服,陶醉于他们的集体力量,并开始胁迫他们的主人。他们正在成为地主自己权利的威胁。

　　1642 年,当里仁会的领导权落到汤志手中时,这种威胁变成了一场危机。汤是个显然受过教育的奴仆,提出了和 1631 年奴仆起义同样的废除奴役的要求。大批心怀不满的年轻人加入汤志的组织,据说发展到了万余会众。1643 年春,刚下过一场暴风雪,汤宣布起义。他杀了 60 多个当地文人(诸生),此举被社会批评家和编年史家吴伟业描述为对奢侈腐朽的几代麻城精英的炮烙。① 佐藤文俊(Sato Fumitoshi)注意到,起义领袖大部分是高等的奴仆,通常负责管理麻城县周围的大片地产。平日里他们替县城里的主人打点日常事务,有充足的机会来建立关系网络。② 因此,当汤的里仁会进军县城时,他能够动员附近心怀不满的奴仆们同他一道向县城集聚。大部分城里精英已经弃城逃往山区,以至于一个月前李自成的部队经过麻城时,认为这里不值得占领。汤的奴仆军队发现这里只有知县陆晋锡在做象征性的防御,轻而易举就攻占了它。被软禁在家的陆知县向周围各山寨请求军事援助,后者发起联合围攻,试图夺回县城。不过,至少有一位当地精英周文江没有加入他们,周是来自顺河集西部的秀才,或许是经过预先安排,他做了汤志义军的一名头目。③ 但随着山寨对县城的包围圈缩小,城中的粮食供应开始紧张,汤只身溜出城外,前往张献忠在蕲州的军营。张的部队在鄂东地区往返多年,却从未成功地攻占麻城县城。现在汤志愿意献上麻城,条件是他去解围。

　　关于魅力超凡的张献忠的传说,像地方戏里的场景一样在麻城广为流

---

　　① 吴伟业,10:10 页;《明史》,收入《四库全书》,294:4 页。
　　② Sato Fumitoshi, 184.
　　③ 关于周文江,见王葆心,1:18 页,以及 1993 年《麻城县志》,560 页。关于周文江和他的动机我们所知不多。虽然这些无法确定,他很可能出身于麻城历史上很有名的周家;在当时通过科举考试的麻城周姓人中,"文"是常见的表示辈分的字;见《麻城县志前编》,8:28 页。Mixius, 32,认为周文江的加入表明下层士绅可能是普遍同情奴仆起义的,但也可能他只是一个机会主义者。他接下来的行为确实证明他善于改变自己的立场。

传。其中许多都强调他那粗犷的、儒家式的正直，就像本书导论中提到的故事，张在麻城修建了拜郊城，以纪念在他年轻时曾撤销对其抢劫指控的一位按察使。① 据说，当张在1642年席卷该县时曾碰到梅之焕本人的墓，他由衷地敬重这位正直对手的精神，命令手下不得侵害梅家所在村庄的居民。②

但是其他有关张的所作所为的故事，对麻城精英来说却更令人不安。例如，1643年初，张占领了临近的蕲州府。据说他从城中士绅那里勒索了大笔血汗钱，拿到钱后又让他们列队进入东城门、再从西城门出去，在那里将他们全部杀死，无一幸免，城中的妇女大批自杀。③ 下一个月他又占领了黄州，一个当地和尚（曾经领导过一次血腥的教派起义）称他为复仇菩萨，阿弥陀佛张。张粉碎了一位黄州将领的抵抗，然后报复性地杀死了他的51个亲属。④

但事实上，这时张献忠的好运已经开始消退了。他的部队开始和李自成的部队分裂并爆发冲突，进展不太顺利。汤志举事之时，他的实力已大为削弱，能轻易得到麻城和强大的新盟友，是他无法拒绝的。4月底（崇祯十六年四月六日），张解麻城之围，占领了此地。陆知县逃入山中，县丞李体明、教谕萧颂圣则被张杀害。张将麻城更名为长顺州，任命特立独行的文人周文江为知县，建立了一个由以前麻城的奴仆们组成的地方政府。少数没能逃到山里的县城士绅，急于避免他们蕲州同侪的厄运，准备向张表示顺从。其中有年迈的刘侨，他是刘天和的后代，1592年进士，作过都督宫保，因与宦官魏忠贤发生冲突而被罢官。他也是麻城最大的蓄奴家族之一刘家的族长。⑤ 刘通过周文江的手下给张进献美女和数万金币以保住性命，并接受了张军队里一个名义上的头衔。⑥

---

① 1993年《麻城县志》，485页；《麻城县简志》，7页。
② 计六奇，378页；钱谦益：《梅长公传》，10页。
③ 谷应泰，4.1327；关于该书及其作者见《清代名人传》，426~427页。又见彭孙贻，128页；王葆心，1：16页。
④ 计六奇，376~377页；王葆心，3：20页。
⑤ 《麻城县志前编》，9：49页。
⑥ 谷应泰，4.1327；王葆心，1：18页；《麻城县志前编》，8下：13页。

收编麻城义军后,张献忠的实力大大增强,从 7 000 人扩充到大约 57 000 人,他很恰当地称之为新营。汤志被任命为校尉,被分派了 4 000 人去防守麻城。① 他继续反击山寨地主武装,成功地消灭了麻城的许多山寨。主要的抵抗来自朱山寨,知县陆晋锡在那里建立了流亡县政府。张的新营(主要由麻城本地人组成)大部分开往省城武昌。经过漫长的战斗(期间张的部队对汉口商人进行了屠杀),他们在 7 月击败了明朝楚王的军队,占领了省城。重振声势的张献忠自封为西王,在黄鹤楼登基。大约五十年前,李贽正是在这里遭到暴民的攻击。西王举行了科举考试,录取 78 人,建立了一个帝国建制的庞大官僚机构。不出所料,麻城人得到了大部分肥缺:李时荣被任命为湖北巡抚,张义泽(音)任黄蕲巡阅使,黄元凯任黄州知府,沈会霖任汉阳知县。背叛朝廷的文人周文江被提升为兵部尚书。②

但是突然之间,战争形势又发生了逆转。这年夏末,左良玉(1598—1645)(也许是华中地区最有能力的明朝将领)从长江下游返回鄂东地区,成功地复兴了 48 寨。左是山东临清人,因为在与李自成和张献忠作战时接连获胜而擢升现职。他几乎目不识丁而且藐视上司,却具有改革倾向,并与东林党和复社有联系。③ 左的部队联合明朝正规军和山寨武装夺回了蕲州府,白云寨(在东山朝黄冈的山坡上)寨主易道三在他的帮助下夺回了黄州府。刚刚被张献忠任命为黄州知府的麻城人黄元凯只得逃走。听到左部逼近的消息,被张任命为汉阳知府的麻城文人沈会霖也逃回他家乡的山上。

这个时候,凤阳总督马士英也卷入了战斗。马是贵州人,1619 年进士,是当时最臭名昭著的腐败官员之一。他托庇于宦官门下,经常与改革派的史可法和左良玉发生冲突;他还是个地地道道的军阀,经常以强大的淮河水军胁迫朝廷。④ 马率军从安徽老巢出发,一路横扫到麻城,在当年

---

① 戴笠、吴殳,16:11 页。
② 王葆心,1:20~21 页。
③ 《清代名人传》,761~762 页;Struve,23-24,53-54。
④ 《清代名人传》,558 页;Dennerline, *The Chia-ting Loyalists*, 59-62; Struve, 18-22。

仲夏（崇祯十六年六月）夺回了县城，此时距麻城陷入张献忠之手仅有两个月。随后发生了一连串激烈的背叛和相互指责。为张提供财政支持并在西王政权中任职的刘侨，逃到山里剃度为僧。王葆心观察到，"文人清议都在斥责他"。被明朝的湖北巡抚黄书逮捕后，刘通过贿赂马士英而官复原职（黄书反倒被免职），随后又指责自己的同伙周文江才是真正的叛徒。左右逢源的文江也向马士英行贿，得到赦免并奉命统领麻城的武装。周也找到了自己的替罪羊——汤志，这个从前的奴仆却没有贿赂马的保命钱。他在县城外被斩，首级被挂在长矛上带回马的大营。①

随后是大规模的杀戮。夏末时节，张献忠的势力被彻底赶出了湖北。他率领大部分军队进入四川，在那里制造了帝国历史上最为令人发指的大屠杀之一。② 许多前麻城士绅作为张的重要将领参加了这次屠杀，包括高级指挥官洪振龙（音）和商元（音）。今天四川一些家族的文献记载都可以追溯到当时的麻城移民，看起来，其中大部分就是作为张屠杀大军中的一员来到此地的。③ 不过，回到麻城，马士英的军队也缉捕、杀害（尽斩）了他认为曾为张效力者的所有幸存家属，不分男女老幼。张湖北政权中的一些小人物逃到了湖南，其中350人落网，被左良玉斩首。④ 但具有讽刺意味的是，麻城张献忠余党中一些最重要的人物，却有着截然不同的命运。曾与张密切合作的文人们，如刘侨、沈会霖，以及最有名的周文江，都撤退到东山的山寨，最终在那里作为明朝忠臣英雄般地战死。⑤

改朝换代

1644年4月25日，李自成攻占北京，崇祯帝在紫禁城后的景山上自缢身亡。六周以后的6月6日，清朝的征服大军在明朝降将吴三桂的引领

---

① 《湖北通志》，1790页；王葆心，3：9～10页。
② 见胡昭曦。
③ 同上书，66～68页，87～89页。又见陈世松编，5.178；Entenmann，160-170。
④ 王葆心，1：22页。
⑤ 同上书，1：11～12页。

下，从李手中夺过北京城，让六岁的顺治皇帝登上了皇位。麻城对这个消息的一种反应来自博学的藏书家梅之镳，他是国桢的儿子，也是刚刚故去的该县保护人梅之焕的堂弟。和他的堂兄一样，之镳多年来都是一名活跃的复社成员——也许因为没有参加科举考试和做官而更加活跃，故而其成年后的大部分时间都在与江南的复社领袖们交往。得知清朝在北方的首都继承大统，梅之镳声称明朝的灭亡已是既成事实（前明遗事），带领一群复社成员前往北京，承认了新统治者的权威，并请求他们按照应有的规格为崇祯帝下葬。然后，梅之镳返回麻城出了家（这样就巧妙地解决了是保留明朝的发式还是按照清朝规定留辫子的难题），放弃了他那可观的财产，搬到了龟峰，在那里与世隔绝、研习经典。① （人们不禁会猜想，将自己一生最宝贵的时光都献给了保卫帝国和家乡的梅之焕，如果还活着的话，当他看到明朝统治渐渐走向崩溃，是否会做出相似的选择。）然而，事实却是，尽管梅之镳恳请他的同乡在改朝换代之际保持坚韧淡泊，但麻城的大部分文人寨主将选择另外一条路。

  文人精英们的普遍做法（魏斐德恰如其分地称为"罗曼蒂克"②），在麻城大诗人刘侗（1595—1637）两个性急的弟子身上可见一斑。刘本人是豪门刘氏的一员，也是那个可耻的刘侨的年轻同宗。他和谭元春一道创办的"竟陵派"（以谭的家乡命名），同与之相左的袁宏道的"公安派"，并称为晚明最重要的诗文运动。③ 作为非正统诗文的积极而有争议的倡导者，刘也因为自己的传世名作、1635 年的《帝京景物略》而受到批评。④ 刘至少做了五年北京国子监（国学）的学生，他这本《景物略》提供了丰富多彩的诗歌、散文和传说盛宴，论及了文化朝圣者们想要拜访的各处重要景观。不过，其中也不乏社会批评和派系政治之类的元素，例如对李贽墓富有同情的描述（对利玛窦墓的描述也是如此）。和他的前辈同乡梅之焕、梅之镳一样，刘侗也是积极的复社成员和晚明腐败朝政的批

---

① 王葆心，1：22～23 页；1993 年《麻城县志》，489 页。
② Wakeman, *Romantics, Stoics, and Martyrs in Seventeenth-Cenury China*.
③ Lienche Tu Fang，"刘侗"，见《明代名人传》，968～970 页。
④ 见刘侗、于奕正。Lienche Tu Fang，"刘侗"，见《明代名人传》，其中称这部作品是中国文学中的杰作。

评者。例如，他在一首诗中猛烈抨击了朝廷田赋征收中的不公和贪腐——这项税收被用于抵御满洲入关的脆弱的防御工事，结果是村民们在丰收之后却只能喝稀饭。"他让心怀地方主义观念的村民问道：我们为什么要关心辽阳是否安全？"[1]

1637年最终通过会试后，刘担任的第一个官职是苏州知府。然而他因病死在赴任途中，没能到任，享年43岁，也因此免去了如何面对清朝征服者的艰难抉择。对他的两个年轻弟子曹胤昌和周损来说，情况就不同了。曹和周形影不离，师从刘侗超过了十个年头，先是在麻城而后是在北京，他们在那里协助创作《帝京景物略》。[2] 他们在刘死后回到麻城，1639年同时通过湖北乡试（曹考中了头名），之后又在1643年同时考中进士。他们都出身于当地精英家庭，都是著名的传记作家和有成就的诗人。特别值得一提的是，曹是那个时代全国年轻人崇拜的偶像，他喜欢和着音乐吟咏自己的诗歌。

和本县的文化传统相一致，这两个年轻人都呈现出豪侠尚武的性格。曹年少时曾在云南边陲生活过，他父亲在那里做知县，老人死后他经受了护送父亲遗体回乡安葬这一英勇而艰辛的历程。考中进士后，胤昌在长江三角洲的嘉定任知县，热衷于欢聚宴饮却不屑于处理财政事务，这使他的地方官生涯很快便结束了。他的上司洪承畴称他"无意于事"。他回到麻城修建了著名的"浪园"，在此饮酒作诗、练习武艺。

周损在事业上更有成就。还在北京随侍刘侗的时候，他就曾于1633年匆匆赶回麻城，和兄弟们一道将叛军赶出他们的村庄。十年后，他在担任江西饶州知府时曾经顶撞过马士英，因为后者的部队劫掠了几个当地的村庄，但他妥善解决此事，保住了各方的面子。周损离家后，他的亲属在麻城西部修建了朱山寨，我们已经看到，这里就是汤志占领麻城期间临时

---

[1] 刘侗：《斋舍词》，见1993年《麻城县志》，488～489页。刘侗的其他诗文收入了1670年起的所有现存《麻城县志》。关于刘的生活和政见，见《麻城县志前编》，9：72页；《麻城县简志》，25页。

[2] 本段和下一段基于王葆心为曹胤昌和周损写的传记，3：13～15页；《麻城县志前编》，9：68～69页；以及1993年《麻城县志》，488～489页。又见Taniguchi, *Minmatsu Shinsho no hōsai ni tsuite* (《明末清初的要塞》)，12。

县政府的驻地。1644 年北京失陷后，周损回到麻城接管了山寨，和曹一道组织当地的抵抗活动。

联盟的复兴

改朝换代的 1644 年，在麻城历史上却是一个异常宁静的年份，是暴风雨前的平静。清朝军队正忙于巩固他们在北方的统治。如魏斐德所说，崇祯帝的死讯"似乎意味着政治秩序的崩溃"，在很多地方激起了奴仆和其他平民的起义。① 可在麻城却很少发生，这时奴仆们的不满已随着张献忠的离去而耗尽。下半年，南京的南明朝廷任命左良玉为钦差大臣驻守武昌，负责湖北的防务。他在这一年余下的日子里悄然着手各项事务。

1645 年春，战争的阴云再次密布。清军南下，战略重镇扬州在史可法拼死抵抗后于 3 月陷落。被赶出北京的李自成也逃到了南方，年初时他想在江西西北部的九江建立政权。他和当地的起义部队取得联系，将势力范围延伸到邻近的黄州，有资料显示，他试图和过去的对手——四十八寨的首领们——建立一个临时的反清联盟。但是到了夏天，他的地位越来越不稳固，当他流窜到鄂东南一带时，死在了当地官军手中。与此同时，武昌的左良玉越来越厌烦南京马士英的阴谋诡计，于 4 月宣布"东征"，为南明朝廷"清君侧"。月底，他行至九江时因病去世。左的部将金声桓于是投降了清军将领，后者很乐意派他去剿灭江西境内忠于明室的抵抗者。6 月，南明都城南京陷落，福王（崇祯帝自缢后被拥立为弘光帝【译者按，原文误作"Hongwu"】）被抓获并被处死。残破的明朝廷再次崩溃、逃亡。②

湖北东部的蕲州府和黄州府日益与外界隔绝，一度获得了有效的自治。但在魏斐德看来，一个县（事实上是一县的部分地区）决定参与抵抗活动，是基于"特定地方条件"的众多复杂因素的结果，包括当地的财产制度、

---

① Wakeman, *Localism and Loyalism during the Ch'ing Conquest of Kiangnan*, 47.
② 《黄州府志事宜》，1：17 页；王葆心，1：2~3 页，1：23 页；Taniguchi, *Minmatsu Shinsho no hosai ni tsuite*（《明末清初的要塞》），8—9；Struve, 17-19, 32-34, 53-54。金声桓的传记，见《清代名人传》，166~167 页。

阶级关系以及当地精英的凝聚力。① 在鄂东地区，蕲州府的蕲水、广济和黄梅县，以及黄州府的黄冈县，大多没有什么抵抗就在1645年下半年被逐渐纳入清版图，可是，麻城和它的两个邻县，黄州的黄安、蕲州的罗田，却在很久以后才真正并入大清，我们将会看到，差不多晚了近20年。罗田人王葆心自豪地说，这主要归功于当地风气中的核心要素——武勇。②

或许是这样吧。但是，将人们对明朝的消极忠诚转变成对清朝统治的积极反抗的，却是1645年7月8日（顺治二年六月）的一个具体法令：该法令要求每个汉族男子剃掉前半部的头发，像满族人一样留辫子，所有清朝地方官都必须对治下的百姓强制推行。这项法令在整个长江流域引起了暴力抵抗。在江苏江宁府，新上任的清知府遇袭身亡；在清朝知县尚未到任的麻城，一群城内市民烧毁了县衙门而心满意足。但是和其他地方一样，麻城的主要问题不在城市。第一任清知县李恒于次年来到麻城，重建了县衙门，似乎没遇到什么困难就安抚了县城的百姓。③ 在山寨却是另一个故事了。根据清朝新任湖北巡抚江禹绪的奏报，剃发令一夜之间将黄州所有的山岭都变成了战场。④ 四十八寨联盟起初是为了镇压国内叛乱、而不是抵抗异族而建立的。联盟曾委托前南京福王政权的兵部尚书张金禅与新政权达成和平协议，一些最有影响的东山山寨的头领，包括白云寨的易道三和大崖寨的王光树，都已正式投降了当地的清朝将领。剃发留辫的命令改变了这一切。⑤

四十八寨联盟很快复活了。这时究竟包括了多少山寨，文献中说法不一，总数当在300~800座之间，已经扩展到三个省和数十个县。如联盟传记作者王葆心所说，既然地方疆界在任何时候都会得到保护，那么从抵

---

① Wakeman, *Localism and Loyalism during the Ch'ing Conquest of Kiangnan*, 43.
② 王葆心，1：27页。
③ 1670年《麻城县志》，卷2；《麻城县志前编》，6：13页；Wakeman, *Localism and Loyalism during the Ch'ing Conquest of Kiangnan*, 55-63。
④ 江禹绪揭帖，顺治2/11，见《清代农民战争史资料选编》，1下：240~241页。江是一位擅长镇压叛乱的明朝官员，1631年进士，也是卢象升本人的门生，他投靠了清政府并继续发挥自己的专长。见卢象升：《保留推官江禹绪疏》，收入卢升升，1：29~30页。
⑤ 张建民，210~213页。

御叛乱转变到抗清斗争就是顺理成章的。① 但是有争议的"地方性"（locality）不是一个行政问题，联盟实际上是一个国中之国，帝国的强制管辖权对它几乎没有什么影响。而如今大部分治所已经牢牢掌握在清廷手中。事实上，山区已经从河谷和平原中脱离开来了。

这时的盟主是一个叫王鼐的人。王是1627年举人，1630年代主要待在家乡罗田县。他创建了郭秩寨，并像邻县麻城的梅之焕一样，给知县镇压判乱提供建议。他还帮助梅把原有的山寨联盟扩展到麻城以外的地区。王于1643年到河南做地方官，但1645年初开封陷落后，他回到了家乡，积极组织抵抗运动。② 他的副手就是麻城的周损。为了将联盟与其他效忠明朝的活动联系起来，周拜访了福州的隆武帝政权（以前的唐王，1645年福王死后他继承了皇位），回来时已被封为兵部尚书。③ 这样，蕲黄山寨联盟被整合进了更广泛的抵抗网络，其成员基于某些共同点而松散地联系起来：保留明朝的发式，效忠于某个自封的明朝皇帝，使用明朝的纪年。根据当时的记述，这个网络包括了各不相同的特定"地方强人"：四川的故绅，浙江的洞主，东南沿海的岛主，以及蕲黄和华中地区的山主。这些地方主义/效忠前朝的势力散布各地，其中有一些保持自治而不受清朝管辖达数十年之久，闽南的张金龙势力甚至延续了一个多世纪。④

为了剿灭四十八寨的有组织抵抗活动，湖广总督何鸣銮和湖北巡抚江禹绪将不苟言笑的徐勇将军招致麾下，他是辽东人，曾在左良玉军中为明朝效力。1645年4月左去世后，徐和他的同僚金圣焕一道投降了清朝。整个夏天和秋天他都在江西西北部扫荡李自成和忠于明朝势力的残部，随后将目光投向了西面的东山山寨。⑤ 何总督给徐勇的命令是剿抚四十八寨

---

① 王葆心，1：7~8页。

② 同上书，3：10~13页。

③ 王葆心，1：1~5页。关于唐王（朱聿键），见Struve, 77–84，以及《清代名人传》，196~198页。

④ 王葆心，2：1~3页。

⑤ 何鸣銮奏折，顺治2/12，见《清代农民战争史资料选编》，1下：241~243页；《徐勇传》，《贰臣传》，卷1，收入谢国桢：《清初农民起义资料辑录》，201页；《中国人名大字典》，784页。

联盟。在标准的军事实践中,有两种可供选择的平定方式:一种是官府的拿手好戏,通过谈判的方式达到招抚的目的;另一种是用赤裸裸的军事手段,彻底剿灭对手。① 在镇压明末鄂东起义的战役中,明朝官员(如卢象升)和他们的地方盟友(如梅之焕)都采取了剿的方略,麻城当局早在1631年镇压奴仆起义时就是这样做的。② 等到1645年冬清军组织起来对付蕲黄山寨时,他们也认定招抚不再有效,剿灭才是唯一让人满意的解决方式。他们便照此行事了。

从九江出发沿长江西进,徐勇首先遭遇了位于东山东南麓的黄冈县的山寨。根据徐的报告,这里的抵抗力量有数万人,都有丰富的山地作战经验。12月底,清军首先包围了易道三的白云寨,开始撤了回来,但随后几天,他们巩固了阵地,通过极其惨烈的血战攻下了白云寨。徐的军队砍杀了几千叛军,将整个山寨夷为平地。接下来的几天里,他们挺进到王光树的大崖寨,得到了相似的结果。新年刚过,他们又攻取了由周聪旷把守的蕲水县斗方寨。每个山寨陷落,幸存的抵抗者都会投奔后方的其他山寨。到了1646年2月初,清军已经荡平了东山东麓将近100个独立山寨,剿灭了大部分剩余的抵抗力量。易道三、王光树、周聪旷等山主,连同一些寻求他们保护的明朝县级官员,被活捉后解送武昌。他们在那里被枭首示众,以警告任何胆敢妨碍势不可挡的清军步伐的人。③

尽管如此,麻城仍然是挑战(清朝)的中心。用巡抚何鸣銮的话说,这里山寨密布、寨逆肆虐。一年以前,剃发令还没有激起山寨叛乱的时候,他已经制订了一个夷平山寨的谨慎计划,只是没来得及实施。1646

---

① 关于这些战略选择,见 Hucker, *Hu Tusng-hsien's Campaign Against Hsu Hai*, 274;又见 Wills。关于清朝运用这些手段对付长江下游忠于明朝的抵抗者,见 Wakeman, *Localism and Loyalism during the Ch'ing Conquest of Kiangnan*, 65。

② 卢在其大别山战役中反复使用这个词。例如,1635年底他在麻城写道,应该区分两种策略,合剿大股与分剿小股;见卢象升:《请饬各路援兵书》,收入卢象升,3:26~27页。

③ 何鸣銮奏折,顺治2/12/20,收入《清代农民战争史资料选编》,1下:241~243页;《黄州府志》,1:17页;王葆心,1:24页;谢国桢,《清初农民起义资料辑录》,201~203页;Taniguchi, *Minmatsu Shinsho no hōsai ni tsuite*(《明末清初的要塞》),10-11;张建民,210~212页。

年初，麻城、黄安两地忠于明朝的抵抗者的关键领袖不是别人，正是周文江，他曾是汤志的盟友，并在张献忠短命的湖北政权中作过兵部尚书。周那些不太可靠的盟友中，有一些出身于当地最显赫的世家，包括梅之焕的后人梅增和耿定向的后人耿应衢，两人都被南明朝廷封为高级武将。

四五月份，周文江察觉到清军已经疲于和不同的明政权多线作战，因而敢于从黄柏寨出兵围攻县城，先是黄安，两周后是麻城。当时麻城只有少量清军，主要是由另一支势均力敌的当地民兵武装把守。他们的首领叫邹兴，是该县最负盛名的八里藩邹家的成员。我们将会看到，他很早就投靠了清廷，并成为了未来几十年里麻城最重要的权力代理人。周文江没能打下这两座城，却引起了徐勇的注意，徐的部队抓获了周文江，并在邹墩寨的大佛寺将他处死。麻城历史中生活最丰富多彩的人就这样死去了。在帝制晚期该县有全国影响的人物当中，周文江几乎只在共产党时代的县志里得到了正面的记载。①

整个夏天，周的盟友一个接一个被徐的军队抓捕、杀死。其中最难以捉摸的是耿应衢，他在清军包围新兴寨时逃了出来，此后辗转流窜于湖北、河南边界，藏身于一个又一个的山寨。据说徐的部队仅在追捕耿的过程中便捣毁了32个山寨。终于，在仲夏时节，一支大约7000人的军队围困了他藏身的姚公寨。经过三天的围攻，山寨内起了一场大火，大批寨众被烧死，其中许多是妇女。耿又一次逃脱，但不久就被抓获并处决。②

周文江的老巢黄柏寨，仍然是麻城最坚不可摧的山寨之一。在周冒险进入平原地区并因此丧命后，他以前的几个部下在那里成功坚守了数月。1646年底，河南光山一个忠于明朝的义军领袖刘峰之来这里入了伙。12月，大股清军围攻黄柏，可用了一个多星期也没能使守寨者投降。徐勇运来挖掘器械，想在山寨的城墙下面挖地道，但守寨者用大炮和炸药阻止了他。最后清军使用火攻方才奏效，山寨里的大部分人被杀死。于成龙奏报，有

---

① 何鸣銮奏折，顺治3/6/21，见史语所编：《明清档案》（现存清代内阁大库原藏），A4-131；王葆心，1：24页；《黄州府志》，1：18页；《麻城县志前编》，9：37页；1993年《麻城县志》，560页。

② 罗绣锦奏折，顺治3/7/14，见史语所编，《明清档案》，A4-189。

397人（其中许多是妇女）逃出了火海，却被徐勇的部队抓获并杀掉了。①

即便如此，麻城地区仍无法完全接受清朝的统治。1646年10月清廷捕杀唐王之后，人们效忠的对象又转向了过去的桂王、现在的永历帝。永历在广东的肇庆登基，但很快就被迫逃离，17世纪40年代末先后经过广西、湖南、云南等地，最终逃入缅甸，1662年在那里平静地死去。【译者按，此处有误，永历帝于1661年为吴三桂所获，次年在昆明被缢死。】蕲黄四十八寨联盟的领袖王鼎被永历政权封为兵部尚书。但是这种四处流浪、据说也颟顸无能的自封皇帝，除了一丁点儿脆弱而又相互争夺的所谓正统地位之外，确实难以给抵抗运动提供什么凝聚力。实际上，这些山寨头领宣布效忠于幸存的两个未成年王子。其中一个是藩王朱允言（音），他的封地在武昌，但在17世纪40年代末被迫逃往蕲州府英山县的三尖寨避难；另一个是石城王朱统锜，躲藏在安徽潜山山中。【译者按，查王葆心《蕲黄四十八寨纪事》及其他文献，南明宗藩中并无"藩王"其人，前往三尖寨避难者亦为石城王朱统锜，原文疑有误。】他们都碰巧路过麻城，寻求某个寨主的庇护和招待。②

到17世纪40年代末，清朝的拥护者已经在麻城县城建立了有效的行政机构，着手恢复聚集在那里的幸存地主的财产权。③ 高地的情形则迥然不同。即便1648年的一场血战使蕲州府大部分辖区被征服，麻城的叛乱仍然让人头疼。那年夏天，清军袭击打鼓寨遭到失败，报告称那里有三万名忠于明朝的抵抗者，清军伤亡惨重。④ 同年，已经归附清朝的金圣焕反水，率军从江西沿江而上，开往武昌，麻城寨主周承谟对金圣焕发起了一次短暂而惨烈的攻击。⑤ 大别山区忠于明室的抵抗者失去了湖北省位于平

---

① 罗绣锦奏折，顺治3/12/7，收入谢国桢：《清初农民起义资料辑录》，203～204页。

② 王葆心，1：1页，1：23页。关于永历帝（朱由榔），见《清代明人传》，193～195页；又见 Struve, 99-105, 176-178.

③ 罗绣锦奏折，顺治7/8，史语所编：《明清档案》，A12-6。

④ 何永生奏折，顺治5/4（闰月），收入谢国桢：《清初农民起义资料辑录》，205页；张建民，212～213页。

⑤ 1670年《麻城县志》，卷3；《黄州府志》（1884），10下：21页。

原要地的各县，转而闯过边界，进入河南补充给养。1649 年冬，徐勇指挥的一场大战使清军控制了松子关和长岭关，从而削弱了抵抗运动，但无法将其全部消灭。①

随着世纪中叶的临近，四十八寨联盟最初的数百个山寨中，只有极少数还在积极抵抗。盟主王鼐巡视各寨，以保持大家的士气和团结。1649 年春，他们发起了不切实际的最后一击。石城王从英山回到黄冈、麻城交界处的白云寨（易道三的老巢），宣布建立了一个假想的全国政府。他的拥护者抽签确定了各部职务：诗人曹胤昌任都御使，王鼐和周损任尚书，连沈会霖（曾在 1643 年张献忠武昌政权中任汉阳知府的麻城变节士绅）也做了兵部尚书。石城王下令东征以收复安徽庐州，由王和曹任大将军。这场战役一败涂地，两个经验丰富的效忠者很快逃回了他们的山寨。②

鲁莽举动再次激起了清军更积极的清剿。1650 年，湖广总督祖日益凭借一支将近 5 000 人的军队，对麻城进行了密集的围剿。石城王被俘并被送到北京问斩；同年，王鼐死于乱军之中。麻城的周损在安徽被降将洪承畴击败，根据可信度不同的记载，他要么被杀了，要么逃到山中做了和尚，要么（如后文所述）得到了清朝的招抚。③ 象征性的和实际上的领袖都没有了，联盟渐趋瓦解。

忠于明朝的诗人曹胤昌的命运更加丰富多彩。他并不想殉国，所以在四十八寨的抵抗活动失败后回到老家，装作疯疯癫癫的样子。但是他的老冤家洪承畴——他在前明做江苏地方官和曹的上司时很失意，而如今到了 1651 年，他已经官至清朝大学士——写信给湖北的地方将领，说曹是装疯的。曹一边装疯卖傻，一边写着诽谤性的诗文，说着酒话，羞辱清廷和

---

① 吴静道：《顺治实录》6/7/3，见史语所编：《明清档案》，A10-100；罗绣锦奏折，顺治 7/8，见史语所编，《明清档案》，A12-15。

② 王葆心，1：25~26 页，3：10~15 页。

③ 池日益奏折，顺治 6/11/7，收入谢国桢，《清初农民起义资料辑录》，205；兵部奏折，顺治 7/9、7/11，见史语所编：《明清档案》，A12-25，A12-68；1993 年《麻城县志》，488 页；Taniguchi, *Minmatsu Shinsho no hōsai ni tsuite*（《明末清初的要塞》），12。关于曾和卢象升一道镇压晚明起义的洪承畴，见卢象升，3：15~17 页；《中国人名大字典》，670 页；又见 Dennerline, *The Chia-ting Loyalists*, 49-50。

洪本人。① 曹迫于压力逃到了云南，他的青年时代就是在那里他父亲的衙门中度过的，亡命的永历皇帝也于1652年到了那里。曹在17世纪50年代死于此地。②

但是曹胤昌的死和他生前一样很有争议。至少根据当地的传说，在将他的遗体运回麻城时还上演了一出肮脏的闹剧。这出闹剧的主角是黄冈人和零落。零落与胤昌有许多共同之处。他们都曾是麻城著名诗人刘侗的门生，他们的父亲都于17世纪初在云南做过官。零落的父亲和宏忠是省里的学监，凑巧的是，他就死在胤昌的父亲担任知县的永昌县。年轻的他设法（想必是在曹的帮助下）将父亲的灵柩送回黄冈安葬，正如不久之后胤昌也将自己父亲的灵柩送回麻城。有了这些渊源（《麻城县志》中曹胤昌的传记暗示），人们会期望和零落在17世纪50年代尽自己所能，帮助胤昌的幼弟胤明护送兄长的灵柩返乡。但是在他们的晚年，曹胤昌与和零落开始疏远了：县志中谨慎地提到他们不是朋友。或许尤其重要的一点是，曹曾是黄州抵抗运动的著名领袖，而和则很快就为清朝效力了。我们倾向于认为，零落虽然帮得上忙，却显然没有这么做。曹胤昌的遗体根本就没有被运回他的故乡。③

虽然有些虎头蛇尾，清朝征服麻城这出戏的最后一幕仍然有待上演。从1652年到1653年，湖北东部几乎没有下过雨，随之而来的是农业歉收和饿殍遍野（麻城受灾尤烈），以及对刚上台的清政府的狂热抵抗。湖南一些零星的抵抗势力，试图利用这场天灾鼓动邻省湖北加入他们的运动。④ 李有实就这么做了，他刚占领了位于黄冈与麻城交界处、东山核心地带的白云寨。在某种意义上，1653年李的最后一次起义是一个过渡性事件：当地文献倾向于将其视为东山特有的运动，这与此后数十年、数百年间困扰该地的那些因素密切相关，这种关联超过了和此前更广泛的地区

---

① 洪承畴遭到了前明官员普遍的嘲笑和非议，而他试图说服这些人像自己一样降清，见 Dennerline, *The Chia-ting Loyalists*, 299。
② 王葆心，1：25~26页，3：14~15页。
③ 《麻城县志前编》，9：69页。
④ 湖北巡抚聂杰奏折，顺治9/6，见史语所编：《明清档案》，A14-161；1993年《麻城县志》，10页。

性抵抗活动的联系。到这年年底,李从他的避风港被赶了出来,但他依靠各山寨断断续续的庇护,以游击战的形式继续和清军周旋了数年。在清军方面,他们现在放弃了过去曾积极采用却收效甚微的做法——夷平自己攻下的山寨、以防为日后叛军所用。他们转而采用新的策略,将这些山寨至少部分纳入王朝自身的防御体系。例如,1653 年末,一支清军奉命驻守东山的石人寨,以控制这个是非之地。①

1656 年新年刚过(此时清朝入主中原已有 13 年了),招抚江南各省总督军务大学士洪承畴奏报了他在麻城进行军事扫荡的经过。他认为,永久性平定这些山区(也让仍未落网的李有实找不到庇身之地)的方法,是招抚被击败的每一个山寨头领,以换取他们率众归顺朝廷。皇帝的仁慈(皇仁)可以确保该地区的永久和平,这比强制性的服从更好。他暗示,以剿获得平定的时代现在该结束了。洪劝告麻城的寨主们应该自行解散,另择居处,以解积怨。② 洪没有说清楚他们该另居何处。是否包括四川——那些年清朝大规模移民、垦殖的目的地,已有为数众多并仍在继续增长的麻城人散居于此。如果是这样,洪的计划不过是把问题转移到长江上游,而不是他所说的最终解决。清初几十年间,长江上游的官员们经常抱怨在他们辖区里发生的抢劫行为,据说都是那些忠于明朝的麻城强盗干的,当地人骂这些麻城人是暴虐成性的该死的外省人。③

效忠与地方主义

蕲黄四十八寨联盟那些效忠明朝者,已经以各不相同的方式呈现出来了——这场运动就是背后的众多意义之一。在当时的清朝文献中,这些效忠者经常被称为逆,以强调他们是在反对具有合法性的政权,或者贼(称呼反清叛乱者的另一个常用术语,但兼有盗贼和抢劫者的意思),以

---

① 1670 年《麻城县志》,卷 3;1882 年《麻城县志》,38:2 页;1884 年《黄州府志》,10 下:21 页。
② 洪承畴奏折,顺治 13/1/23,见史语所编:《明清档案》,A25-92。
③ 例如,见郑思维(音)奏折,顺治 8/14/18,见史语所编:《明清档案》,A12-167。关于麻城移民在四川引起的长期治安问题,见胡昭曦,89 页。

强调他们对地方社会的劫掠和破坏。有一个耐人寻味的例子，1645 年《清实录》提到易道三和王树光时，嘲笑他们猖獗，这种描述是为了强调他们没有理性、惨无人道的暴力行径。① 然而，根据所有的记载（包括那些清朝官员自己的记载），此时此地恰恰是朝廷的暴行要野蛮得多。从初次进入麻城社会开始，清王朝的意识形态生产机制已经在忙碌地运作了。

相比之下，就我在现代学术文献中所见，每次提到蕲黄的效忠者时都带有明确的同情色彩，尽管是以很不一样的方式。这种同情早在 1908 年王葆心对蕲黄四十八寨联盟的赞颂中就开始了。作为一位资历深厚的历史学者，王葆心令人信服地向我们描述了鄂东抵抗势力衰落的复杂过程，其中包括明朝的王子、前明的高官、"深明大义"的当地士绅百姓、和清朝发生冲突后又倒向抵抗势力的无耻的变节者以及为数不少的机会主义者。② 不过王葆心是一个坚定的革命分子，相较于蕲黄抵抗运动中的效忠成分，他对汉民族主义更有热情。与此同时，在当时风起云涌的地方自治运动中，他作为一个积极倡导地方利益的作家，更热衷于颂扬蕲黄地区复杂动机中的爱国主义因素，他写道：东山和大别山地区对地方自治的渴望在任何时代都会逐渐衰退，而在王朝覆灭的时刻又总会浮出水面（可以推测也包括他自己的时代）。作为一个民粹主义者，王对当地奴仆起义者的冤屈不无同情，但是很明显，像梅之焕、周损和曹胤昌这些品性高尚的精英，都是他心中具有浪漫色彩的英雄。

与之相比，中华人民共和国的学者重视蕲黄地区的抵抗活动，是因为这些活动被视为阶级斗争的体现。关于四十八寨的文献和叙述，他们都自豪地（却又短视地）归入农民起义或农民战争的行列。即便是大历史学家谢国桢，虽然承认像王鼐这样的联盟领袖必须被看做是乡绅，却又迅速补充说其手下主要是人民群众，正是这个群体决定了整个运动本质上的阶级属性。③ 日本的史学家（即便是同情马克思主义的学者）则更为谨慎。

---

① 引自 Taniguchi, *Minmatsu Shinsho no hōsai ni tsuite*（《明末清初的要塞》），2 页。

② 王葆心，1：1 页。

③ 谢国桢：《清初农民起义资料辑录》，207～208 页。

第六章 灭 绝

他们指出，尽管麻城及其邻县参加反清运动的主体力量显然是出身于佃农甚至奴仆，可这些人卷入抵抗活动的原因是很复杂的，其中也包括清朝方面的因素。他们认为，轻易假定这些人对忠于明朝的文人们有热情甚至普遍同情，或者（基于同样的理由）在缺乏个体证据的情况下否定这一点，都是错误的。谷口规矩雄（Taniguchi Kikuo）正确地指出，四十八寨的许多领导人（首先是梅之焕）并非一般乡绅，而是富甲一方、在帝国范围内具有广泛人脉的明朝高官。他们是毋庸置疑的权贵，一旦他们决定采取地方主义和效忠明朝的行动，依附于他们的佃户和奴仆是很难反抗的。① 即便如此，我们马上就会看到，这种反抗确实发生了。

一种替代性的解释（同样是那些使用"农民起义"理论的学者提供了许多例子）是将四十八寨的抵抗看做是一次民族主义的努力，实际上是抗击清军的跨阶级的统一战线。谢国桢在解放前开始研究明清更替（当时抗日战争的炮声正酣），他把蕲黄武装称为抗击清军入侵的人民军队（民军）。谷口规矩雄（他似乎也持战时统一战线的观点）称它为民族主义抵抗。然而，即便不考虑这种描述中的时代误置，也很少有证据可以支持这一论点。② 可以肯定，老将梅之焕一再诉诸"国"作为自己试图捍卫的对象，但国直接指向的更可能是明王朝，而不是汉民族主义。毫无疑问的是，如果之焕还活着的话，绝不会像他的堂弟之镲那样为了维护社会秩序和儒家的生活方式而投降清朝。据说剃发令是促使蕲黄山主们进行殊死抵抗的导火索，但这也可以用民族主义以外的方式来解读。

同样清楚的是，无论效忠的宏大对象是什么——儒家文化、汉民族主义抑或明王室，在17世纪的黄州和蕲州，这种效忠最引人注目的表达方式正是地方主义的诉求，也即魏斐德所说的"地方的神秘性"③。对某些人（比如梅之焕）来说，或许地方共同体正是凝聚民族精神的基石；但

---

① Taniguchi, *Minmatsu Shinsho no hōsai ni tsuite*（《明末清初的要塞》），13。又见 Satō Fumitoshi，185-186。

② 谢国桢：《清初农民起义资料辑录》，201 页；Taniguchi, *Minmatsu Shinsho no hosai ni tsuite*（《明末清初的要塞》），11。关于其中时代误置的危险，见 Wakeman, *Localism and Loyalism during the Ch'ing Conquest of Kiangnan*，85。

③ Wakeman, *Localism and Loyalism during the Ch'ing Conquest of Kiangnan*，73。

在多数人看来，地方共同体本身就足以抗拒征服，无论这征服是来自张献忠之类野蛮、下等的入侵者，还是爱新觉罗这样的边疆异族部落。他们都以灭绝性暴力威胁到了当地，为对付其中之一而组成的防卫性联盟，可以顺理成章甚至不可避免地转而对付另一个。然而，像周文江、刘侨、沈会霖这样的墙头草也会加入山寨的抵抗运动，这提醒我们不要认为地方共同体有一个包容性的共同诉求。效忠联盟中的每一股势力似乎都有他们各自的动机。他们的共同点是都习惯于接受暴力，把它作为一种社会行动的模式。

改朝换代与个人解放

1651年，随着最后一波奴仆起义内讧的发生，关于跨越阶级界限抵抗外族入侵的任何令人鼓舞的幻觉都烟消云散了。事实上，麻城很多人完全有理由去积极欢迎改朝换代，因为这对他们的生存境况不无好处。一些博识的学者认为对清朝统治持乐观态度其实并没有错，因为除了那些在明代就已拥有特权并负责治理当地社会的文人之外，新统治者还没有必要的朋友。①

具体说来，清朝征服者在统治华北的头十年里遇到了许多难题，其中包括明代遗留下来的奴仆制度。最令人头疼的是，由于租税徭役的分摊问题和土地所有权的归属问题，地主与佃户——奴仆之间的暴力冲突和诉讼纠纷日益增长。地方官抱怨他们被夹在了中间，请求上级给出明确的解决办法。最后在1651年春节过后，恼火的顺治帝下了一道诏令，试图界定奴仆制的界限和条件，例如里面提到，投靠他人者仍享有法律规定的完整人格，仍须和自由民一样为自己可能会犯的罪行承担责任。大多数地方对这个诏令感到困惑，它只能使当地的社会关系更加复杂。②

到1651年时，清朝官员已经相当牢固地控制了麻城的低地中心地区，那里土壤肥沃，奴仆人数众多。他们正在顺利地清除以山寨为依托的残余抵抗力量。但新的县政府却面临着有争议的财政问题。由于政治和财政两

---

① 例如，见李文治：《论清代前期的土地占有关系》，78页。
② 经君健，87~89页。

方面的原因，湖北巡抚罗绣锦发布命令，取消了明朝退休官员（其中当然包括了麻城许多最有权势的地主）的地产不用纳税和服徭役的特权。麻城知县徐鼎断定，要在他的辖区内执行这一命令，最有效的做法就是"明确"奴仆的身份，这些人是前明官员土地上的主要劳动力。他提出了九条规定，具体内容没能保存下来，但其中一条是说，无论他们的东家享有什么特权，退休官员土地上的佃奴都要自己负担其租赁土地上的赋税和徭役。① 对主人们来说这无疑是一项有敌意的举措，麻城大地主们的请愿书洪水般涌向地方政府和省政府，认为徐的新政策是不适当的（不正）的。对佃奴来说更加模棱两可：一方面，他们可以合乎逻辑地将它解释为清政府对其王朝自由民身份的承认；但另一方面，正在当地农业陷入危机的时候，他们却背负了一项新的财政负担。看来这两方都要采取直接行动了。

　　这年晚春，起义就在县郊七里冈梅钿的土地上爆发了。② 这次起义的领导者叫方继华，他是一个略有学识的奴仆，负责管理田产。他向地方官控诉，指责那些"包占丁粮"的"邑中故宦"——他的主人梅钿也在其中——勾结衙门吏役。知县徐鼎的公告，至少部分是为了回应方的煽动。与此同时，方开始重新召集1631年汤志里仁会的幸存者，用的就是从梅家地产账上没收的钱。数以百计的逃亡奴仆和无赖投入他的旗下。也许是为顺治在初春发布的"明确"奴仆身份的圣旨所鼓舞，方告诉他的追随者，他们梦寐以求的赎仆要求现在得到了朝廷的支持。如果必要的话，要以暴力方式动员他们意识到这一点。惶恐不安的地主们向徐知县报告了方的活动，但各种互相冲突的命令和这个消息让他不知所措，很长时间拿不定主意。

　　县城里一群有影响的文人对知县的无所作为感到沮丧，他们以私人名义向罗巡抚报告了他们县迫在眉睫的危机。这些文人中当然包括梅钿，另

---

　　① Satō Fumitoshi，177。

　　② 关于1651年奴仆起义的最基本资料，见1670年《麻城县志》，卷3。《麻城家奴之变》一文中有更宽泛的论述，见《湖北通志》，卷69，收入中国人民大学清史研究所编，512页；傅衣凌探讨该事件时用了这份材料，见《明清农村社会经济》，103页；又见Mixius，32。

一个则是那个不久前还在领导四十八寨反清活动的周损，但是也来自麻城最大的蓄奴家族之一。不过，这些人中最有影响力的是邹惺，他很早就归降了清朝，在1646年忠于明朝的山主们攻打麻城时他曾指挥守城。① 此时正是邹惺受同侪所托，私下里前往武昌请求罗巡抚代为调停。

邹向巡抚抗议道：根本就没有方继华一口咬定的所谓"包占丁粮"。他解释说，至少就"丁"来说，这是不可能的，因为麻城县对丁的评估已由人头税改为"从田摊丁"——事实上，这是1720—1730年代全国性摊丁入亩改革的一次地方性预演。② 因此，交税的是他这样的地主，而不是方继华这样的佃仆。罗巡抚被说服了，授权邹回到麻城采取他认为必要的任何措施，不必征得办事不力的徐知县的同意。邹惺返回家乡，和他的地主盟友一道，抓获并立刻处决了方继华和他的七个主要副手。然而，除掉方并没有摧毁里仁会，愤怒的会众向他们的主人发起了猛烈进攻。例如，他们杀光了地主王世杰全家。那些文人精英（其中很多人最近才被说服从山间天堂回到自己的土地上）又一次逃进了山寨。随后起义者以历史上常用的方式，对麻城县城进行围攻。

巡抚罗绣锦亲自带领一支清军解了围，这件事被证明是相对容易的。他随即采取了三项措施，其用意显然是为了缓和各方的矛盾，确立新生的清朝政权的绝对权威。首先，将知县徐鼎革职，既为整个骚乱找到了替罪羊，又开脱了县里士绅们遭到的指控。其次，捕获并处决了方继华组织中所有知名的余党。再次，他颁布了一套新的指示，作为确定奴仆身份的唯一依据。包括：（1）直接由圣旨赐给他人者；（2）战争中被俘者（阵获）；（3）主人家庭内部出生者（家生）；（4）自愿立契卖与他人者（家卖）。该指示与北京顺治朝廷正在制定的合法奴仆的种类基本上是一致的，但它绝未将麻城事实上处于奴仆地位者的种类全部囊括在内。

1651年麻城事件是顺治朝更大范围的地区模式的一部分。这一年，

---

① 邹惺的传记，见《麻城县志前编》，9：37页。后文将更详细地介绍他的生平和事业。

② 关于雍正朝的摊丁入亩改革，见郭松义：《论"丁入地"》，载《清史论丛》，3（1982），1~62页。

张正中在黄安领导发动了另一次奴仆暴动，随后被武装的文人地主镇压下去。① 1658 年与 1659 年之交的那个冬天，麻城北面的邻县光山发生了更严重的暴动。这一次，导火索又是因为谣传刚建立的清王朝颁布了放仆令，王明宇率领的奴仆弄到了武器，组织了一个会社（堂），威胁他们的主人交出释放奴仆的契约。这场运动蔓延到了毗邻大别山的商城县和固始县，但最终仍为知府金长真指挥的部队所剿杀。金随后也颁布了一系列和此前麻城相似的规定，收紧了合法奴仆的标准。他特别谴责把自由佃农和农场劳力当做奴仆的普遍做法，坚持唯有白纸黑字的卖身契才是确认奴仆身份的唯一合法依据，这个契约必须由个人自愿签订并在县衙备案。但即便具备这一条件，这种没有自由的身份也不能延伸到奴仆的妻子和后代。其中一项主张听起来颇像自然权利论，金坚持认为，所有非自愿放弃自由的佃农和劳力都是"礼义之人"，像对待奴仆一样对待他们不仅违背了大清律，也不合人性和社会的基本原则（人情）。②

如佐藤文俊（Sato Fumitoshi）（他是对大别山区奴仆暴动最有研究的学者）所指出的那样，正是清政府对 1651 年事件的回应，直接促使麻城的地主精英们确信他们可以而且应该与异族政权合作。清政府的反应是一个关键性标志，表明这个内陆山地地区的君绅联盟最终从征服者手中幸存下来。③ 紧跟着 1651 年，整个黄州府新上任的清朝官员们纷纷提议承认、接受由精英领导的准军事力量，以巩固帝国的基业——这些军事力量已经存在了几十年，被用来镇压当地奴仆暴动、平定更大范围的反朝廷叛乱、以及抵抗清朝本身的入侵。

当然，问题的症结还是在于奴仆制度。如果罗绣锦在湖北、金长真在河南制定的那样规章能得到严格的执行，其结果将是奴仆的大规模解放。但至少在麻城，情况显然不是这样。与之相反，在顺治朝和康熙初年，该地区的清朝官员似乎更关注地主们主要抱怨的逃仆问题，而不是奴仆们纠

---

① 《黄安县志》（同治朝），10：2 页，引自中国人民大学清史研究所编，512 页；韦庆远、吴奇衍、鲁素，140 页。

② 金长真，273 页。

③ Satō Fumitoshi，185–186，关于麻城过渡时期的这个联盟，还有一个略有差异但大体相似的例子，见 Dennerline，*Fiscal Reform and Local Control*。

缠不休的赎仆问题。① 然而，即便是在这里，17世纪70年代发生的事件（我们下一章要讨论的问题）表明，在这个十年之前，清王朝对麻城社会经济结构的积极干预是极其微弱的。

清朝初年罗、金等人严格限制（请严）没有自由的佃农和农庄劳动力身份的开创性做法，是大约70年后雍正帝颁布的力度更大的全国性放奴令的先声。它们传递出相同的信息：农业奴仆本身并不违法（当然，清朝在华北和东北的皇室地产及旗人地产上都广泛地使用奴仆），但现实中有许多（甚至可能是大部分）事例都与法和礼相抵触，华中和华南地区尤其如此。一般说来，国家只承认那些白纸黑字并在地方政府备案的卖身契，涉及的只是签约的那个人。② 但即便是雍正的努力也仅取得了部分成功。农业奴仆在很多地区依然普遍存在，在某些地方（比如安徽徽州府），它在此后一个世纪或更长的时间里仍是最主要的劳动力制度。③

17世纪后半叶的麻城，主要的集体暴力事件不再是围绕着私人奴仆问题而发生。不过，虽然很难确定这种奴隶制有多么普遍，却有足够的证据表明它确实存在。例如，19世纪中叶的著名僧人姚占就一直是个人奴，直到十八岁那年被主人托付给东山的新寺。④ 梁恭辰的《北东园笔录》（约1845年）中有这样一段话：

  湖北陈扶升者，黄州府巨族也。……生六子……各得显官。……宅中收婢如云，奈家法不整，凡仆妇之有姿者，恒用以伴宿……及其生子，仍为奴仆。⑤

最终，麻城的奴仆制度甚至延续到了清朝覆灭。1927年3月在武昌

---

① Satō Fumitoshi, 187。这种关注的表现之一是，朝廷下大力气禁止清军招募逃跑的奴仆。

② 1727年的那个重要诏令，收入《大清会典事例》（光绪朝），卷810；韦庆远、吴奇衍、鲁素曾大段引用。又见经君健，236~251页；Terada, 124–141。

③ 见叶显恩。

④ 1882年《麻城县志》，25：10~11页。

⑤ 引自中国人民大学清史研究所编，400页。

举行湖北全省农民代表大会（其中有许多麻城代表），明确谴责全省仍然存在"农奴制"和"土地奴仆"①。直到1946年，麻城施氏族规中仍对男仆和女仆的行为分门别类地做了正式规定，看起来他们是没有自由的。②迅猛的暴力一再涤荡，古老的制度却很难消亡。

---

① *People's Tribune* (Hankow), March 22, 1927.
② 《施氏宗谱》, 3：9~10页。

第七章
东山叛乱

清康熙十三年（1674），麻城发生了一系列事件，至今仍是该县见闻和传说中栩栩如生的一部分。1674年的事件正好发生在明清易代大屠杀的三十年之后，并且再现了那次屠杀的每一个主题——地方主义、效忠朝廷和阶级冲突，这些主题和从前一样，以一种顽强且时常令人困惑的方式混杂在一起。不过现在是以一种更简单的形式。康熙十三年，东山高地地区的独特认同，以及这一地区与该县低地中心地带之间的长期对立，被前所未有地推上了前台。不仅如此，麻城历史上最丰富多彩的人物之一，模范官员于成龙，在这一年的大戏中担任了主角。解决这一冲突的过程，确立了一种中央与地方权力结构的独特基础，它在清朝及清朝以后的麻城影响深远。

麻城家族捱过征服年代

晚明时期麻城宗族大量出任高官的伟大时代，已经一去不复返了。不过，尽管明清更替最终的确带来了该县教育和文化地位的显著衰落，可这种衰落既不彻底，也不是即刻发生的。一旦新政权为他们提供参加科举、获取官职的机会，麻城人立刻表示欢迎并善于利用此道。明代最显赫的一些家族，此后的确再未取得那么大的成就。周氏、刘氏和梅氏家族在明代有许多人获得过高级功名，而在整个清朝只出了微不足道的13名举人。不过另一些家族，像万氏、吴氏和戴氏，在新朝代的表现却要好得多。①

---

① 《麻城县志前编》，8下：1~12页。

许多来自当时仍默默无闻的家庭的麻城人,例如胡姓、向姓和王姓,在顺治朝通过了乡试或会试,并担任地方官职为征服者服务。一些曾在明代担任官职者,也毫不迟疑地接受了清朝的官职。例如,明朝举人董璋【译者按,原文误作"Dong Chang"】担任了清朝的知县;他的儿子时升(其父取的名字,很贴切地意为"时运出现时得到升迁")是1659年进士,在山东任知县。程浩是白果富商家族的后代、一位明朝地方官的儿子,他在1651年捐了一个低级功名,曾担任台州知府(他在那里与郑成功作战时为自己赢得了赞誉)、广州知府及河南省按察使。程氏无疑属于那些在清代取得了前所未有的科举成就的麻城家族之一。①

明清更迭中最大的赢家当属八里畈邹氏。我们已经看到,邹家是自元代以来就极有权势、长盛不衰的一个麻城家族。他们在明朝出过两位进士和12位举人,这个数字颇为可观,但和该县最大的仕宦之家相比仍难望其项背。可到了清朝,其他那些家族在科考成就上经历了戏剧性的衰退,唯独邹家的表现比以前更加出色——出了5位进士,15位举人,远远超过当地任何家族。值得注意的是,几乎所有这些成就都是在王朝初期取得的;邹家的最后一位进士考中于1708年。

好运的接踵而至,在很大程度上要归功于一个人,我们的老朋友邹悻。邹悻来自邹氏家族不太显赫的一支,他本人从未取得过高级功名或担任官职,却显然是17世纪中后期麻城县最有影响的人物。他五岁丧母,被送给邻居赵之英做养子,赵当时在北京担任明朝的军职。邹悻十多岁时,赵被派往辽东为官并在抵抗清军时战死。邹悻不远千里,将赵的遗体运回家乡安葬。在清军征服的动荡时期,邹悻将年迈的生父送到先辈们在大别山修建的山寨,那里相对比较安全,而他自己仍留在麻城县城,坚守督导之责。1645年清军挺进到长江流域时,邹悻见势不妙,从东北方向过去的敌人宣布效忠。我们已经知道,1646年,当忠于前朝的寨主们在周文江的率领下围攻县城时,邹悻就曾协助清军守城。他还是当地显贵中镇压1651年方继华奴仆叛乱的首要功臣。我们还将看到,在平息1674年起义时他也是该地的一位关键人物。不仅如此,在清初的几十年间,邹还

---

① 《麻城县志前编》,9:37页,9:51~53页。

能巧妙地把朝廷对其效忠的感激之意，转变为维护地主利益的手段。例如，他发起了一场运动，以废除县吏为资助邮驿服务而征收的土地附加税。据县志记载，正是此人强有力的影响，为其后人仕途上的成功提供了最重要的条件，其中最显赫的是他的儿子邹士璁，他在1710年代任大学士，是整个清代级别最高的麻城籍官员。①

换言之，1640年代后残存的对明朝效忠的思想，并没有阻止许多麻城精英为清朝征服者服务。但这种效忠思想并没有完全丧失。正如王葆心所说，分散的、小范围的对明朝效忠的思想——在很大程度上是被动的，实际上是自发的、并以默许的方式与清政府共存——在清政府建立之后还延续了数十年。1670年代，麻城高地仍有许多成年男子没有接受蓄辫。而且在1674年叛乱中，许多叛乱者正是1640年代效忠明朝的勇士们的直系后代。许多山寨的幸存和四十八寨联盟的记忆，为造反动员提供了现成的组织模式。②

麻城县残存的效忠前朝观念主要集中在东山，1674年起义的所在地也是东山。尽管效忠明朝、抵抗清军的运动主要发生在高地地区，但这场运动的主要设计师却是梅之焕、周损和曹胤昌等低地地区的精英，他们从容不迫地进入山区（入山）指导当地防务。我们在前文中看到，只是到了最后阶段，李有实在1650年代仍坚持叛乱、拒不让步，对清军征服的抵抗运动才开始带有明显的东山色彩。不过，1674年叛乱的领导者则是具有强烈自我意识的东山本地人。虽然叛乱被镇压，一些领导者将会显露头角，发挥任何东山人未曾有过的巨大影响力。

漫长的权势转移过程由此开始了——这一过程直到1930年代国民党统治时期才达到顶点：来自平原和河谷地区的那些异常富有、有教养（大多长于军事）、眼界开阔、交际广泛的文人学士，被来自东部高地地区的一群规模不大、教育程度低下、地方观念强烈的强人所取代，后者成了麻城历史上最重要的角色。前一群体无疑也会武装起来守护家庭、地方和王朝，但大体上是由古典学者、全国知名的诗人以及激进思想家

---

① 《麻城县志前编》，8下：3～5页，8下：32页，9：37页。
② 王葆心，2：1～3页。

如李贽的信徒所组成；后一群体则正好相反，他们浸润了落后地区强烈的保守主义社会文化观念。两个群体之间的关系，往好里说也总是剑拔弩张的。

三藩之乱中的麻城

在整个清代历史中，1674 年的东山叛乱只是更大规模的三藩之乱的一个插曲。明朝将军吴三桂在李自成攻破北京时已开始为清效命，率领清军进入华北地区，随后又在肃清西南明军的过程中发挥了重要作用。到 17 世纪 70 年代初，康熙皇帝已经对吴的自治地位失去耐心，不断向他施加压力，以促使西南地区全面服从并整合到清朝的官僚体制中去。吴的反应是在 1673 年 12 月 28 日发动叛乱，提出了"反清复明"和"反满兴汉"的口号，吴还宣布建立自己的新"周"朝，后一个口号显得更有说服力。他命令他的臣民剪掉辫子，军队着白色衣帽，以示对明朝的悼念。吴迅速挺进到湖南西部，1674 年初占领了湖南首府长沙和湖北西部的荆州。到这年 3 月，他在离湘江、长江交汇处不远的岳州建立了先遣指挥部。为阻挡其攻势，康熙帝亲率大军南下进入江西，尝试从不同路线进入湖南以夺回岳州，这一目标直到 1679 年初才得以实现。①

大多数关于三藩之乱的历史著作完全没有提到麻城和东山，但是显而易见，它们在这场战争中的战略地位相当重要。如果吴三桂能够牢牢控制住这个地区，他不仅可以使自己的地盘向北面和东面进一步扩张，还能获得一个历史悠久的据点，将自己的华中根据地与长江下游地区（他的盟友已从东南沿海先期到达这里）连接起来。他还将能够包围并切断康熙皇帝在赣西的军队。而东山地区看起来的确唾手可得。黄州府在 1674 年上半年发生了相当严重的旱灾，而驻守在这里的清军主力已经被调遣到湘北、鄂西前线。这年春天，吴似乎怂恿谭一聪（音）在黄安县发动了叛乱。② 他还尝试让那些忠于明朝的麻城强人加入自己的叛军行列，我们将

---

① 刘凤云，229~239 页，280~295 页。
② 1869 年《黄安县志》，10：2 页。

看到，这一努力同样获得了成功。在清政府看来，东山叛乱真是一个严重的不祥之兆。

东山叛乱包括一连串晦暗不明却极为关键的事件，具有一系列复杂的意义。这种复杂性，体现在这些历史事件被讲述的方式中。有三种接近于当时的记载，为后来的大多数历史论述奠定了基础，这些记载收录在历部县志、府志，以及当时历史学家们的著作中。① 第一种是直接负责镇压叛乱的官员于成龙（1617—1684）写给上级的报告和向当地民众发布的公告。这些第一人称的文献资料是和所记载的事件同时形成的，由于文集编者的刊印，序言写于 1683 年，距离这些事件的发生不到十年。② 文集显然具有主观性。于很自然地用令人赞赏的笔调描述他自己的行为，但他并不总是会诋毁自己对手们的品性与动机；我们将看到，即便在当时，于已经很显然地改变了事实真相，以便用自己希望的方式去描述这场叛乱。第二种记载出自和于同时代、但比他年轻的康熙朝名臣陈廷敬（1639—1712）为于成龙写的传记中，这篇传记很可能是在于死后不久的 1680 年代末写就的，收入了 1708 年印行的陈廷敬文集。③ 这个版本对于成龙的赞颂远比于本人的描述更加热情洋溢，事实上它读起来像是一部激动人心的英雄史诗，但与此同时，对于他的对手们的动机（尤其是他们对明朝的效忠）的评论更加直言不讳，于本人则由于种种原因而试图加以掩盖。第三种资料是当时的麻城学者周维秬（1672 年进士）所写的一篇文章，该文显然是就这些事件本身而写的，收入了 1795 年的县志。（上一部县志出版于叛乱发生前不久的 1670 年。）周显然不是任何叛乱者的朋友，并对其鲁莽行为给该县带来的威胁感到愤怒，他记述的故事同样赞赏于成龙，不过少了几分陈廷敬似的浪漫英雄主义，更多的是赞赏于颇具政治家风

---

① 最详尽的二手资料来自于 Taniguchi, *Yu Seiryū no hōkō hō ni tsuite*（《于成龙的保甲制》），69-70，以及王若东，第五章。

② 于成龙，卷 1。

③ 陈廷敬，《于公本传》。与 1674 年东山叛乱相关的部分，见陈廷敬，《午亭文编》，41：7~14 页，收入 1882 年《麻城县志》（略有改动），38：3~11 页。陈廷敬是山西人，1658 年进士，担任京官。1703 年后升任大学士，因《康熙字典》主编之一而知名，见 Tu Lien-che 所撰传记，见《清代名人传》，101 页。

范,没有对当地民众进行攻击。①

但是另一种补充材料,东山本地人王葆心在清末撰写的关于四十八寨的半学术性、半通俗性的文章,从家族记录和民间传说中发现了新证据,使先前的这些记述达到了顶点。王仍对模范官员于成龙的动机和行为表示敬重。但与此同时,他非但没有像于本人那样掩盖东山叛乱者的反满思想,还渴望将人们从清朝统治几百年间已经陷入的文化遗忘症中拯救出来。他没有像早期麻城学者周维柜(他是立足于全县而不是东山)那样对1674年的叛军感到困窘,还迫切地想要使之成为令人自豪的高地遗产的一部分。②

刘君孚会见于成龙

故事始于一位名叫黄金龙的"妖人"到达麻城。他是湖北大冶县人,常年游荡在各地山区烧制陶器,并试图用这种方式发动叛乱。后来他一直在广东做活,又赶在被抓获之前从那里逃走。1882年《麻城县志》的编纂者在颇具人类学意义的一段文字中,把黄金龙归入某种更宽泛的类型,他们来到三藩统治下的南方和西南,从当地苗人那里学会了种种神秘技艺,例如有些技艺能让人变化出许多古怪形状(变化幻形)。掌握了此类技艺后,这些巫师返回华中地区(可能和以前吴三桂的宣传家们一样)煽动剪辫、鼓吹反清。③

1674年新年刚过,黄金龙现身麻城,挥舞宝剑,手持天书,声称自己的使命就是要除掉满清妖魔。④ 他在刘君孚的山寨中寻求庇护,这座山

---

① 周维柜:《东山记咏叙》,见1795年《麻城县志》,《文征》2。光绪朝县志的编纂者郭庆华,同样将东山叛民斥为悖逆,见1882年《麻城县志》,卷37,前言。
② 见王葆心。
③ 1882年《麻城县志》,40:32~33页。该文对吴三桂叛乱的背景做了新颖而让人惊讶的论述,颇有争议地谈到了汉人对伏都之术的焦虑感,这种法术是汉人在清代早期王朝扩张过程中从其他土著居民那里接触到的。
④ 在该地区,救世运动中"宝剑"与"天书"的独特搭配具有长期的传统。下一章我们会看到,18世纪它再度出现于鄂东地区。直到1982年,湖南新邵县一位以救世主自居的领袖仍声称自己持有这两样权力象征物。见 Anagnost; ter Haar, *China's Inner Demon*, 41。天书通常是用隐形墨水书写的。关于反清运动中斩妖除魔的宝剑的总体含意,见 ter Haar, *Ritual and Mythology of the Chinese Triads*, 286, 320, 334-336。

寨位于靠近罗田、黄冈边界的曹家河村。刘在许多方面都是一名典型的东山强人,比多数人更加勇猛好斗。他控制着一帮亡命之徒,乐意为黄金龙这样的逃亡者提供庇护。不过,他是出了名的精明之人,知道如何赢得地方官员的好感,他会让手下把无意间闯入自己地盘却毫无防备的土匪抓获归案。如陈廷敬所言,他是那种官府只能抚而用之、否则就无法控制的人物。

刘君孚的侄儿兼养子刘青黎和他一样暴躁好斗,而且还要鲁莽得多。他比自己的伯父更热衷于盗匪行径。据说他曾前往云南拜谒过吴三桂。不知是通过青黎还是其他人的引荐,刘君孚得到一份伪札,将其招入吴的帝国大业,授权他在东山起事响应。青黎随即利用当年四十八寨反抗的集体记忆,同时依靠黄金龙多年来营造的信众网络,开始有计划地寻求整个黄州府高地地区其他强权人物的支持,并扩展到河南、安徽、江西等邻近省份。他还和已经积极卷入叛乱的人串联,例如河南人周铁爪。青黎宣称是官府自己的恶行激起了人民的反抗(官激民变)。看起来刘君孚是颇为犹豫地被拖进了自己侄子发动的这场叛乱,并在运动中发挥了重要作用。据说他直接或间接地控制了数十万人的武装。为了做好充分准备,君孚将起事时间推迟了数月,定在1674年的农历七月。

有关刘君孚即将起事的传闻四起,使麻城社会内部一系列复杂而痛苦的分裂被凸显出来:地主精英与县衙官吏之间、早已归顺清廷的精英(原归者)与依旧效忠明朝的精英(遗民)之间、优雅的县城士绅(城绅)与粗犷的山寨强人之间以及(同样严重的)长期不和的各山寨之间的矛盾。刘君孚最大的仇人是夏鼎安,在木樨河繁衍至今、人丁兴旺的夏氏家族的首领。夏氏是东山地区历史悠久的家族,我们在后面的章节里还会详细地谈到他们。鼎安差遣家丁前往县城,将刘君孚即将起事并得到吴三桂委任的消息报告给知县屈振奇。当报官一事传入刘君孚自己的地盘时(麻城县东南的白果地区,尤其是徐家堡、王家堡、水源堡等镇),引发了人们对清军猛烈报复的恐慌。该地精英们再次入山,为自己的山寨招兵买马。①

然而当地的清朝官吏们发现事情有些不同寻常。农历五月十五,徐家

---

① 于成龙,1:72~75页;王葆心,2:4页;《麻城县志前编》,6:15页。

第七章 东山叛乱

177

堡的一位乡约周美公跑到屈知县的衙门，禀报说山寨的这些举动不是为了自保，而显然是反清叛乱的表现。周很有煽动性但又令人信服地向许多城绅表达了自己的看法，他认为山寨寨主们是不值得信任的劣绅，县城之外没有人不属于叛党之列。知县犹豫不决。面对官方的按兵不动，许多麻城

于成龙祖传画像。授权复制：Freer Gallery of Art and Arthur M. Sackler Gallery, Smithsonian Institution, Washington D. C. ：Purchase, S1997. 39。

城绅和衙门吏役开始有计划地武装自己以求自卫,这些人就算没有从中获益,也早已积极赞同清军征服了。① 和17世纪四五十年代一样,1674年麻城县城最主要的权势人物不是别人,正是邹惺。邹谴责乡村士绅们在面对合法建立的清政权时反复无常,并动用大量关系试图分裂叛民的联盟,缓解存在的威胁。换句话说,在明清易代之际麻城的长期创痛中,正是邹惺坚持不懈地捂住了社会动乱的盖子,有效地接替了梅之焕作为该县"教父"的角色——唯一最有威望、最有权力的人。他也许是该县核心精英中最后一个有机会这么做的人。②

至于刘君孚,如今眼见已无法继续拖延时间,于当月20日左右举旗造反,陈恢恢和附近另几位强人也加入其间。屈知县宣布县城进入战争状态并请求增援。来自黄州府的一小支清军开往麻城的兴福寺,屈本人则率领一支乡勇一直挺进到白果。这两支武装一道和刘君孚叛军作战,但被打败了。屈知县仍和清军一起返回相对安全的县城。③

现在让我们看看于成龙。于来自山西永宁县,只有一个捐来的低级功名(不能将此于成龙与另一位同名的清初名臣相混淆,那位是汉军旗人,生卒年为1638—1700)。在他到达麻城时,57岁的于已是一位老练的地方官,长期在广西和四川做知县,政绩卓著。祖传画像显示他的鼻子又红又亮,说明他"喜好杯中之物",但他在其他方面却极为节制,并逐渐赢得了当代最廉洁官员的赞誉。不仅如此,用一位传记作者的话说:"他貌似书生,指挥军队时却宛若神明。"于成龙去世前已官至两江总督,死后被清廷入祀贤良祠。④

于成龙在麻城担任的官职是黄州同知,该职务最早设立于明代中期,镇守在岐亭镇,这里是举水下游最远的一个集镇,又是麻城县距省城武昌最近的据点。担任该职务者形式上是麻城县的最高长官,位在麻城知县之

---

① 于成龙,1:52页;王葆心,2:4页。
② 《麻城县志前编》,9:37页。
③ 《东山土贼》,见《湖北通志》,1791~1793页。
④ 除了于本人的记述和陈廷敬为他撰写的详细传记之外,还可参见《麻城县志前编》,7:10页;《清代名人传》,937~938页;《中国人名大字典》,15页;以及Stuart and Rawski, 109。

上，但是没有什么资料表明于成龙之前的岐亭同知在当地行政事务中扮演过什么积极角色。于本人自1673年起担任这一职务，但他似乎很少涉足麻城县。在他被任命为"署理"武昌知府并负责镇守鄂湘边界地区、防止其落入正在向北进犯的吴三桂手中之前，于仅仅围捕过几股土匪。但到了1674年仲夏，当叛乱开始在于自己的麻城辖区酝酿时，湖北巡抚张朝珍将他从南方召回，派他回去平息这场新的动乱。于本人描述了他和巡抚会面的过程，陈廷敬的描述则更有戏剧性，像极了一幕中国戏剧中的场景。于说道，麻城人剽悍善斗，而且当地堡寨林立！我知道，巡抚回答说，但我同样相信，他们若非情急之下误入歧途，是可以被教化成良民的。总之，尽管你是有名的好酒之徒，却是我的亲信，我绝对相信你有能力赢得民心。于成龙信心大增，毅然动身。①

到了岐亭，于没有去县城，也没有见屈知县，而是在5月24日直接驻扎到东山门户白果镇，在那里设立了作战总部。他随即向徐家堡及邻近城镇的山寨寨主们发布了一系列告示，这些告示总体上采用了帝国儒家话语中常见的家长式口吻，但在当时的情况下还是很引人注目的。于说道，我刚到这里上任，就发现东山的士绅和百姓非常真诚。这里的确有一些匪徒，但我们抓获了他们，这里也重新安定下来。这是我本人的福气，也是该地辛勤耕耘者的福气。然后我被派到南方，可以想象当听说东山发生民变、我必须返回平定时，我是多么的惊讶！我不敢相信这会发生在如此民风耿直的地方。难道这里的父母们忘记教导子女要忠孝吗？多年来的劳动成果怎能毁于一旦？我呼吁这里的良民下山归农。如若不然，我就不得不从武昌调来官兵，你们的家庭和农田到时将难逃一劫。②

他们的回应正如于所期望的那样。如果说徐家堡的寨主们本来确有参加刘君孚叛乱的想法，现在他们很快开始重新考虑了。他们以当地生员朱珏为首，写了一系列表示悔过的集体请罪书。朱珏声称，"本堡士民，夙系耕读乐业，并无外事。祸因三四匪类附会东山，本月初十日已经解散。十四日复被讹报，乡堡耆民善人再查，并无形迹。十五日乡约周美公点

---

① 于成龙，1：49~50页；陈廷敬，《午亭文编》，41：7~8页。
② 《初抚东山前牌》及《劝畈间归农谕》，见于成龙，1：50~52页。

卯，遭诬合堡皆贼，见在监禁，以致善良疑畏惊散"。该地区其他生员也为朱珏担保，称他为"良儒"，但又含糊地补充道，"如有不端，愿甘认罪"。随后朱本人又再次请罪，承认该堡周围也许仍有闹事者，但他们同样渴望得到于的赦免。于成龙对他们的做法表示赞赏，并保证将请罪书呈送给巡抚。同时也再次要求他们"各归堡内，乘时务农，勿得自误生意"，并保证不会派军来围剿。①

比这些更引人注目的是于成龙向张巡抚禀报他迄今所取得成绩的方式。无论是出于秉性、对地方形势的解读、抑或有意的政治目的，于成龙坚决站在山寨精英一方，而对城居官员和士绅颇为不满。他信守承诺，认定朱珏及其同侪是无辜的，没犯任何严重的错误。但于随即进一步分辩道，就算徐家堡的强人们曾短期卷入叛乱，这仍是官激民变的结果。② 他指责"愚蠢"的知县屈振奇，尤其是城绅领袖、清朝在麻城士绅中的忠实盟友邹惺，他无所不用其极地形容邹不孝不慈、无仁无义。根据于的估计，所有人中最应受谴责的就是在乱世中追逐私利的该县吏役，这话出自一位具有经世倾向的人之口，并不令人惊讶。正是这些"鼠鸦"之辈，使县城里的百姓相信整个农村地区已为叛民所充斥，让他们陷入恐慌。在于看来，这些吏役和邹惺（邹也许趁乱清算了一些旧账③）是一路人，他们躲在愚笨的屈知县背后，一方面企图在城居精英逃走后抢劫他们的财产，另一方面又想敲诈那些被怀疑同情叛乱的人。于告诉巡抚，老实人朱珏及其徐家堡邻居们的请罪书，清楚地反映了事情的是非对错。他代表他们，请求巡抚的赦免。④

---

① 《安慰各堡谕》，见于成龙，1: 52~53页。

② 于成龙使用"官激民变"这一说法或许并不是偶然的，公开叛乱的刘青黎正是用这句话来证明其行为的正当性。

③ 于成龙对邹惺的反感，显然没有被《麻城县志》中的邹惺传记所采纳（这篇传记将邹描述为该县的救星，以及一位大学士的可敬父亲），也从未得到充分解释：于成龙是否怀疑邹惺精心策划了将徐家堡精英诬为叛军一事，他是否相信邹惺与包揽税赋的吏役们（在于看来这正是整个叛乱的潜在原因，见下文）沆瀣一气，抑或两者皆有？

④ 《申张抚台释放无辜详》，见于成龙，1: 54~55页。

现在就剩下公开叛乱的刘君孚了。在招抚了刘在该地区的几个潜在盟友之后，于成龙决定直接与刘君孚会面，并大胆地给予他与朱钰同样的赦免条件。在经过书信往来后，这出戏中最奇特的高潮一幕就要上演了。27日，于成龙从白果镇出发，几乎孤身一人走了十余里路来到刘的山寨。他在那里会见了由300人全副武装护卫着的刘君孚。于在官方报告中并不讳言自己富有传奇色彩的英勇行为，但没有提供会面本身的具体细节。① 其他记载强调此事的戏剧性和道德意义。② 但于的传记作者、著名的大学士陈廷敬，却毫无拘束地发挥了文学想象力。这是一幕关于人身威胁和传统儒家侠义的戏剧性场景：两位强有力的人物，起初彼此对抗，在互相打量，体察到对方内在的正直道义后达成了联盟。③

陈告诉我们，于成龙是骑着一头黑骡子前往刘君孚的山寨的。快到山寨时，他派一名随从鸣锣开道。距离山寨不到两里路的时候，他又让随从继续鸣锣并高喊：“太守来救尔山中人。”刘对于的大胆行为不知所措，藏身于山寨深处。他命数百人准备鸟枪弓弩，夹道林立，等待伏击。这些人看到于骑骡而至，点燃火把，箭矢上弦，瞄准于成龙，等待刘下令射击。于成龙却视若无睹，镇定自若，继续鞭骡直前。刘的手下迷惑不解，未敢妄动，让于从容通过了夹攻。

当他来到山寨前门时，山门被打开，放他入寨。于在叛军帐营前下骡。听到里面有打斗的声音，他厉声喊叫刘君孚：“老奴安在！”他在那里等了半个多时辰。刘的手下纷纷从藏身之地出来窥探这位奇人，于对他们说道：“今岁山中雨水好否？禾稼何若？汝良民何敢做贼，自取屠戮？天时酷热如此，汝等父母妻子皆藏匿何所，得无自苦？”众人皆泣下。

---

① 《报东山就抚详》，见于成龙，1：55~56页。
② 例见周维柜，《东山记咏叙》，见1795年《麻城县志》，《文征》2。《黄州府志》（1884），10下：22页；王葆心，2：5~6页。
③ 陈廷敬，《于公本传》，见1882年《麻城县志》，38：3~7页。关于这一经典会面场景的详细说明，见Henry，第10页。如Henry所指出，此类场景反复出现于冯梦龙的小说作品中，冯在半个世纪前曾旅居麻城，对该县的士人文化做出过重要贡献。

于随后说道："热甚，须少憩。"他命一名叛军替他脱靴，另一人为他取水，一饮而尽。几名叛军为他支起卧榻，另几人为他挥扇。剩下的人谦卑而专注地站在他周围。于沉沉睡去，鼾声如雷。叛军更加惊恐不安。于醒来后，睡眼惺忪地又喊起了刘君孚："老奴，何为久不出，岂有客至不设酒脯者！"刘起先认为于大胆进山，必有重兵相随，但慢慢意识到他确是只身前来。他为于大人的坦率正直所感动，出来叩头谢罪，恳求他宽恕自己的叛乱之举。

不管那天的情况究竟怎样，这是整个麻城历史上最重大的事件之一。这一时刻——我们将会看到，也仅有这一时刻——麻城幸免于另一轮清剿，因为于成龙答应刘君孚及其手下接受另一选择，即招抚。更重要的是，从长远角度来看，于和刘在这个夏日的私人会面最终导致这样的格局，一方面是国家与地方精英对权力的分享，另一方面是东山草莽强人对麻城政治的支配，这一格局一直持续到1938年日军入侵。

27日晚，于同知返回设在白果的临时总部，随后几个星期都待在那里。他命人封住了到县城主要出口，以防众人惊慌逃窜。他告谕麻城县城里惶恐不安的民众，危机已经平息，他们可以过上正常日子了。于正式着手处理那些宣告叛乱的寨主们了，一方面是强调儒家规范的教养，另一方面则是更为冷酷的肃清。他继续以父母官的口吻，劝谕叛乱者放下武器。想想你们的妻子家室，回去耕作，不要卷入，也不要因此而惧怕南北之兵①；相信我，我会保护你们免遭战乱的。他在告示中颇为赏识地称叛乱者为赤子弄兵，而对武昌的上司则称之为无知山愚。他把这些人同真正的三藩叛军做了鲜明对比，称后者是狂夫倡乱。有鉴于此，对待前者的合理策略用抚即可，对于后者则必须以剿相待。② 在随后的几个月里，这一区分成了麻城的不祥之兆。

6月3日，刘君孚和他的侄子率全体人马到于设在白果的总部伏地投

---

① 于成龙剔除种种润饰之辞，将三藩之乱界定为"南北之战"，这对他这样忠心耿耿的清廷官员来说颇不和谐。

② 于成龙，1：55~65页；王若东，第五章。

诚，正式接受他的特赦，宣布效忠清廷（向化）。于成龙对刘委以劝抚其他叛乱寨主、协助其全面平定东山之重任。7日至17日间，陈恢恢和其他叛乱者一个个在刘的带领下，到白果镇向于成龙投诚，接受清廷招降。阅读于成龙本人的信函，此事似乎是水到渠成、自然发生的。但是王葆心关于东山寨主的集体传记，强调的则是勉强停战背后所潜藏的紧张关系。一方面，精英内部的武力冲突（这是东山地区的特征，并导致了叛乱的迅速流产）并没有因为这些强人一致归顺清廷而有丝毫弱化。另一方面，王认为刘君孚及其盟友归顺清廷并非真心实意，更多的是一种策略。一个有力的证据是，不管有意无意，他们没有将这场叛乱的理论家黄金龙交给清朝当局，而是将其藏匿数月并带往安全之地，使他有机会继续煽动反清叛乱。①

这些都没有出现在于成龙的正式报告《东山官激民变之案》中。于显然是以相当个人化的方式来解读这些事实，以符合他自己的"经世"之道。在于的记述中，夏鼎安出于个人愤恨而诬陷刘君孚、刘青黎谋反，使局势急转直下。按照于的说法，知县屈振奇当时本该宣告刘无罪以避免各种混乱，但他没能听从关于此事真相的民众舆论（人言），因而无所作为。于接着说道，这为麻城县吏役的黑帮行为打开了方便之门，这些人总是通过罗织各种罪名勒索乡村精英，并对刘君孚等人长期不满，因为他们在过去的一场官司中拒绝向吏役们行贿。于报告说，刘君孚最终除了造反别无选择。他还补充道，更糟糕的是，吏役们又胁迫周美公和其他乡约继续诬陷东山其他寨主造反，致使整个地区陷入恐慌和暴动。

于在报告中用大量篇幅，详细驳斥了声称刘君孚接受吴三桂官职的各种证据。他断言，人们想象中吴派去见刘的那个信使根本不存在，虽然在刘的家当中发现了一份文件，但它的内容非常混乱，也全未提及刘或是他侄子的名字。事实上，于坚持认为，该地区很多年来已经没有任何明代遗民了。该案就此告终。②

---

① 王葆心，2：5~6页。
② 《招抚事竣详》，见于成龙，1：72~75页。

他的记述可能并不准确。不仅具有反满思想的王葆心，而且为于立传的陈廷敬，都认为刘君孚及其盟友真心效忠明朝这一点是无可置疑的事实，更不用说历部县志和府志的记载了。这么说是于成龙过于天真吗？他被误导了吗？这似乎也不太可能。例如，他不可能不知道黄金龙在该地区鼓吹反清的活动，以及刘君孚窝藏着这位被通缉的要犯。但显然是有意为之，于在有关此事的任何报告中从未提及黄的名字。

刘君孚反叛朝廷的可能性，跟于成龙的想法毫不吻合。作为刚从与吴三桂作战前线回来的忠实的清朝官员，于成龙认为在如此远离前线的地方搜捕明朝遗民，会给陷入战局的康熙皇帝带来不必要的干扰，这些事情也许可以用其他方式轻松处理。于也没有郑重其事地将其报告给自己的上级和知己——巡抚张朝珍（不管怎样，张本人可能是知道真相的），让他将这一消息上奏朝廷。同样重要的是，如果承认刘君孚等人曾做过吴三桂的帮凶，就没法再让他们去完成于所期待的重任了。

鉴于他在（暂时）平息东山骚乱中的卓著功绩，清廷将于同知提升为黄州知府。不过于没有直接到任，张巡抚让他在麻城停留一段时间，处理善后事宜。① 于设立了善后局，开始进行地籍调查。② 更重要的是，他要求所有已经"入山"的人在归农之前到善后局申领许可票。持有该票表明他们在张巡抚通告赦免之列，而且他们愿意接受此条款。于认定这一要求是必要的，可以防止他所选中的替罪羊——该县吏役们——将返乡者当做以前的叛乱分子进行敲诈勒索。③ 考虑到他的基本政治立场，在这个问题上他无疑是真心的。不过许可票制度在另一方面也对于成龙很有帮助：它提供了关于某地区（一个非常难以捉摸的地区）人口的最初登记资料，有助于施行极端强制性的保甲制度以控制基层社会——这成为于知府对麻城地区最持久的贡献。

---

① 为处理1674年的善后事宜，于成龙来回往返于武昌、黄州及麻城各地之间。

② 1882年《麻城县志》，38：6~7页。没有什么证据表明这项地籍调查取得了多少成果，或者说事实上它并非于成龙在麻城进行社会控制的中心环节。

③ 《禁止吓诈就抚士民谕》，见于成龙，1：66~67页。

保甲、民团和山寨

保甲制度是将当地人口编为以十户、百户、千户为单位的连坐组织，其文本依据来自《周礼》、《管子》等古代文献，但有史可证的首次实施，是在11世纪重要的集权论者王安石当政时期。16世纪，哲学家兼政治家王阳明在赣南山区广为人知地施行这一制度，展示了它对于国家平定边陲百姓的重要功效。与此同时，他还为保甲制注入了地方社区团结的道德价值观，使之摆脱了王安石当政时出现的国家命令主义的缺陷。① 正是在这个幌子下，保甲制成了许多代清朝"经世"思想家所欣赏的（虽然总是游移不定的）政策选择②，于成龙显然非常符合这一传统。

于成龙在麻城进行的保甲实验，实际上是清代保甲制度向全国推广的关键环节。早在1644年，新政权就发布公告，下令将百姓编成十户一组，但多数学者认为，直到18世纪20年代雍正皇帝积极推行地方行政改革后，这一制度才在大多数地方真正付诸实践。③ 从顺治朝的消极敷衍到雍正朝的积极努力，正是于成龙（起初在麻城，随后在直隶总督任上）率先向朝廷提供了保甲制度的可行性样板。④

不过，于成龙在麻城的做法和18世纪以后在全国普遍存在的保甲制度很不相同，与西方史学界盛行的保甲形象可能也相去甚远。萧公权在他写于"冷战"高潮时期的保甲制巨著中，将其形容为雄心勃勃的（尽管不是特别成功）国家恐怖工具。在萧看来，"一位19世纪的西方作家正确地指出，清朝'表面上是依靠忠孝情感统治臣民的家长式政府，实际上却是一个通过恐惧和猜疑维持权力的专制政权'。（保甲）就是皇帝为实现该目标而使用的工具之一"⑤。但在该县保甲制度的长期历史上，麻

---

① Hsiao, 26-28。
② 关于这种经世思想的谱系，见 Rowe, *Saving the World*, 388-392。
③ Hsiao, 43-48; Taniguchi, *Yu Seiryū no hōkō hō ni tsuite*（《于成龙的保甲制》），63-67。
④ Taniguchi, *Yu Seiryū no hōkō hō ni tsuite*（《于成龙的保甲制》），62。
⑤ Hsiao, 46。

城人并不是（至少不总是）这么看待它的。大多数时候，当地的保甲长似乎都有不错的声誉。举例言之，当地有个传说，讲述某甲长遇到一个农夫正要砍路边的树，便问道，"这棵树可以给路人遮阴，你为什么要砍它呢？"当农民回答说这棵树是他的财产，他得卖木料去还债时，这位甲长虽然并不是这里人，却自己出钱买下了这棵树，使它免遭砍伐。①

对于成龙来说，即使是在平定东山叛乱的情况下，他也远不会同意萧公权所描述的那种专断集权的保甲模式。恰恰相反，于真诚地认为保甲制是保护民众免受国家侵夺的工具，旨在"以民治民"②。他认同明帝国晚期经世改革家们——特别是以当世名人顾炎武（1613—1682）为代表的封建派（精英主导地方自治）——的主张，比其他人更严厉地抨击当地衙门中的吏役。③ 为了配合其保甲举措，于成龙发布公告，下令麻城精英禁止家族成员在保甲任职，这和四十年前梅之焕的做法是一致的。④ 而且在于看来，麻城原有的保甲人员，像徐家堡的周美公这类人，充其量是这个吏役黑帮的走狗。他为改过的叛乱者发放赦免票，正是为了清除这些吏役及其走狗的胁迫。于要将民众行为规范付诸实施，他发现宗族礼仪对这些恶人的约束作用要更为有效，因而尽其所能将族长权威和宗族凝聚力融入经他改造（清理）的麻城保甲制度。⑤

夏末，于开始亲自巡视卷入刘君孚事件的东山各寨，并着手施行其保甲制度。这一年余下的时间，他先将保甲范围扩展到麻城境内的大别山及其他边缘地区，随后是麻城全县，最后在知府任上将其推广到整个黄州府。于在谈到保甲首领时所用的概念，其所指范围有时颇为模糊不清，但总体看来，他是要建立一个三级权力结构。最低一级他通常称为户长或户

---

① 《三里河甲长》，见1993《麻城县志》，485页。
② 于成龙，2：50页。
③ 经典文本是顾炎武的《郡县论》，1：6~9页。关于清廷官员和地方精英将衙门吏役当做替罪羊，见Ch'u和（颇为诡辩的）Reed。关于封建对掠夺性官僚制的批评，主要著作有Lien-sheng Yang；Min；尤其是Kuhn，*Local Self-Government under the Republic*。
④ 于成龙，2：48~50页。
⑤ 同上书，1：70页。

首，并赋予其教训子弟之责。① 中间一级是甲，以甲长为首。最高（无疑也最重要的）一级首领是区长或保长。②

究竟是哪些人充任区长呢？在这一点上，于成龙在麻城的做法又和后来在全国推行的保甲模式大不相同。萧公权认为（我相信他是正确的），就雍正朝的基本形态来看，保甲制度的本意是将地方士绅纳入编户之中，却又有意将其排除在保甲领导职务之外；这是为了建立一种独立于本土经济和文化精英之外的地方权力，从而消除地方精英架空皇权、实行自治的隐患。③ 而于成龙在麻城推行的保甲制度几乎正好相反，它是国家与地方精英联合起来，旨在削弱衙门吏役之权的一种努力。通过让这些精英（其中许多人都拥有科举功名）与社会控制机构全面合作，于希望能将他们的利益和清廷的利益统一起来，他对此很有信心。在于的保甲制度中，地方精英不仅充当了最高层级的首领，其管辖范围也与当地原有的军事化社区即山寨的势力范围相邻。这样，于将其公共安全体系不仅嫁接到原有的财富和血缘等级上，也嫁接到原有的地方防御结构上。他在公告中总是用一个同音异义词"堡长"（堡寨之主）替代"保长"，该细节很清楚地体现了这种安排。④

这并不意味着于过分随意地将准政府权力授予这些已经拥有私人产业和强制权力的显要人物。相反，于给张巡抚的报告清楚地表明，他从麻城原有的堡长中遴选区长或保长人选时，是经过深思熟虑、精打细算的。⑤ 他说这些人都是殷实良善的巨族富士。但他还考虑到了其他因素。例如，在二里河区，他任命一个叫田初阳的秀才为区长，而未任用可能拥

---

① 在麻城保甲制度后来的变种（我们将会看到，随后几个世纪出现了许多针对该制度的新奇阐释）中，这一职务通常被"牌长"代替，这个名称暗示该职务开始官僚化，脱离了于成龙最为看重的宗族血缘基础。

② 于还另外设立了许多名为"总堡"和"垣主"的职务，但是坦率地说，很难弄清楚它们在三级权力结构中的作用。见于成龙，1：67~68页。

③ Hsiao，68。Hsiao还指出，这种无法实现的设想也是保甲制度迅速蜕变成纸上谈兵的原因之一。

④ Taniguchi 在 *Yu Seiryū no hōkō hō ni tsuite*（《于成龙的保甲制》）中指出了这一点。

⑤ 《上张抚台善后事宜禀》，见于成龙，1：76~78页。

有更高功名的李公茂。他在报告中解释说，近年来田、李两家长期不和，起因是李公茂侵犯田家，田家已逐渐占据上风。两家之间的敌对情绪刚开始减弱，却发生了刘君孚叛乱，李对刘表示支持，而田没有这么做。虽然后来李公茂被于赦免，于还是认为他不太可靠（我们将看到，这种判断不无道理）。他选择田初阳做保长，不仅是对田家财富和权力的认可，还尤其想利用田的敌意来抵消李颇为可疑的权力。

与此相似，于在木樨河任命告密者夏鼎安的几位亲属为区长。他在给张巡抚的报告中指出，"夏族人丁有二百余，前倡乱之时，立志不变，已与逆为雠（刘君孚及其支持者的仇人首先是鲍氏、李氏和程氏家族），用之，此路可保无虞"。

这时看起来刘君孚好像成了局外人，可事实远非如此。于在信中没有透露刘是否正式担任过区长，但他显然得到了这位知府的信任，并作为清地方政府的代表被委以极其重要的准军事任务。例如，他参与了对土匪的全面镇压（和就地正法），而这些人正是利用刘本人叛乱所造成的混乱局势来变本加厉地劫掠乡村精英。刘的军事力量愈益壮大，以至于他的敌人派刺客去县城暗杀他，他请求于成龙派遣兵卒封锁主干道，阻止这些刺客。[①] 20世纪初的学者王葆心据此推断，在征服者于成龙和悔过者刘君孚之间的这场戏剧性博弈中，真正的赢家不是别人，正是刘本人。[②] 更准确地说，两人都是赢家。于之所以能在平息刘君孚叛乱和建立东山等地的保甲制度中取得辉煌的成功，在于他能够利用当地原有的对抗状态来实现政府的目标，与此同时又能利用相互敌对的各方（或几乎各方）来实现他自己的目标。

他的目标是什么呢？于对其保甲监控体系所针对的目标是非常明确的。早在这一体系到位之前，他就命刘君孚及其寨主同伙们向他交出凶逆亡命之徒和游手好斗之类，并提醒说，该地区近来的叛乱迹象和此前的长期争斗传统，吸引了一批无根而四处流窜、专恃打斗为生的人。[③] 在随后

[①] 《上张抚台善后事宜禀》，见于成龙，1: 78 页。

[②] 王葆心，2: 5~6 页。

[③] 于成龙，1: 65~66 页。

的一份指示中，于又加上了罪案未消、匿处林薮之人，这是中国典型的水浒式亡命徒。但于所确定的最后两类目标，清楚地揭示了这场运动的经济—阶级基础：聚集山中、衣食不足之人和无家可归、无业可务之人。① 于成龙和东山精英临时结盟的一个重要原因，是他们都对穷人怀有一种深深的恐惧，我们将会看到，这一点很快就会造成严重的后果。

初秋时节，于成龙的保甲机构已基本到位，他试图从不同方面扩展其活动。他为它披上了日常道德教化的外衣，灌输社会服从，俾使老有所敬，殷实富家无虞恐惧。② 1674年粮食歉收之时，他敦促保甲首领稍事救济，但更重要的是控制饥民，不让他们越过大别山，那里的饥荒总是更为严重。③ 除此之外，于还将一个更积极的地方民团网络附加到公共安全体系之上，这一做法比上述举措都远为持久和显著。

于成龙认为，东山地区确实充斥着各种准军事团体，而且收编他们要比将他们缴械更加容易，所以他号召所有有勇力者和有鸟枪鸟械者加入他的民团。④ 这类民团的长官由那些堡长担任，这些人先前已被于授予区长之职，现在又得到了行使军事制裁的权威。虽然民团招募和同时进行的保甲登记显然是联系在一起的，但于没有用"团练"（通常和保甲基础上的军事化相关联），而是用"乡勇"或"乡兵"来称呼自己的民团武装，以强调它更为机动和半职业化的性质。于之所以选择这一名称，原因之一在于他坚持认为充伍是一项自愿行为，不像保甲登记会对不服从者进行严厉惩罚。于显然感觉到，从当地人口中强行征召乡勇将会遭到强烈的抵制，并多次重申自己不打算这么做。他也预料到自己鄙视的县衙吏役们会向企图逃避兵役者索取贿赂，并对这种做法发出了严厉警告。而且，他的乡勇可以领到高薪。于公布了一项根据武器优劣和作战能力来评定饷银的办法，其中鸟枪手饷银最高，每月一两五钱银子。看起来，于这项军事化举措的主要动机之一，纯粹就是要让当地有武器者自告奋勇地加入其间，这

---

① 《清理保甲谕》，见于成龙，1：66~67页。
② 《慎选乡约谕》，见于成龙，2：44~48页。
③ 《禁谕荒民》，见于成龙，2：61~62页。
④ 于成龙，1：75~76页，2：50~52页；1882年《麻城县志》，38：6~7页；Taniguchi, *Yu Seiryū no hōkō hō ni tsuite*（《于成龙的保甲制》），73–74。

一点他做得很成功。但他所创建（更准确地说只是授权）的准军事组织很快就上战场实际作战了。

孔飞力（Philip Kuhn）1970年出版的里程碑式著作，探讨了华中地区由政府授权、精英主导的准军事化组织，及其对于打破国家与当地精英之间权力平衡的内在影响。他在书中提出，胡林翼、曾国藩等名臣在19世纪50年代镇压太平天国运动中的兴办团练、招募乡勇之举，是这一转变的关键环节。① 在后来重新思考这一问题时，孔飞力认为这种转变实际上比他以前估计得要早，或许在19世纪的最初几十年里已经发生了。② 17世纪70年代麻城县的证据表明，至少在华中地区的某些部分，国家认可的地方军事化以及相应的国家与精英权力的重新界定，仍比孔飞力所想象的早很多。事实上，它几乎完全反映不出这种"转变"，更恰当地说，只是于成龙这样的帝国官员对既有的、事实上的权力格局的法理性认可，清廷本该明智地调整自己适应这种格局，以便更有效地进行统治。在麻城，于确实很机敏地给予了这种认可，并借此为自己效忠的清政权赢得了在当地的长期合法性。

东山的多事之秋

1674年和1675年之交的那个冬天，由孙廷龄将军率领的三藩军队开始从江西西进，向湖北省东部的蕲州府推进。黄州府一些同情三藩的地方强人，也相继联络起事。③ 何家堡的堡主何士荣，成了叛乱联盟的盟主。何家堡在东山南端，属于黄冈县阳逻镇郊区。这年早些时候，何士荣和他的哥哥冒险前往长沙，在吴三桂手下担任军职，其兄战死后，他又回到家乡筹划起事。康熙十三年10月28日，何士荣正式起兵，率众穿过黄土坳进入麻城，并在东山各地纠集了一群支持者。他开始以吴三桂政权的名

---

①② 见 Kuhn, *Rebellion and Its Enemies in Late Imperial China*。
③ 下面几段描述，部分引自湖北巡抚张朝珍奏折，康熙13/12，收入《大清圣祖仁皇帝实录》，51：1~2页；于成龙，卷3各处；1882年《麻城县志》，38：6~7页，38：12~14页；以及《湖北通志》，1791~1793页。

义，向当地民众发布告示。

何的支持者中有许多惯犯。其中有个麻城人李森仆（音），是忠于明朝的军事首领李有实的儿子。11月初，第二次叛乱在麻城白水畈区爆发，主要集中在东山以西的龟山一带。这次叛乱是由鲍世荣和李公茂领导的。鲍世荣曾是李自成的盟友，1640年代初以来领导过多次反叛运动。李公茂是个秀才，以前曾参加过刘君孚的叛乱，后来又策略性地接受了于成龙的赦免。几天后，经验丰富的河南叛乱者周铁爪穿过大别山，加入了龟山叛军。

到1674年底，何士荣已松散地控制了一支约10万人的部队，并和湖南、江西以及整个长江流域地区更为强大的三藩军队建立起了联系。黄州知府于成龙推测，他们的目标一是加强对麻城东南部和东山边境地区的控制，二是向黄州城聚集并攻下该城，三是与来自江西的孙廷龄部会合，并从黄州沿江而上，攻取省城武昌。这样的结果将对清军造成毁灭性的打击，并将打破整个三藩之乱中的力量平衡。因此，虽然负责防守黄州的清正规军都被调派到其他战场，于仍然认定"死守"黄州城至关重要，对他来说这意味着从源头上扑灭叛乱。他把自己的作战指挥部迁到了东山一处悬崖边的寺庙里。

康熙十三年11月8日，于成龙直接吁请各寨寨主及其"乡勇"武装帮助自己对付何士荣。王葆心告诉我们，这些人的反应是涕泪俱下，群情激昂。① 于成龙许诺给债主们官方嘉奖和金钱奖励，给乡勇们每天20到30文现金津贴（代功钱）。② 共有1 000余人响应他的号召，每个主要山寨100人左右。于给每支部队发了不同颜色的营旗，他本人负责指挥整个联军。可他手下的将领们却同床异梦。高级指挥官不是别人，正是刘君孚，此人不久前还和何士荣一样是吴三桂的盟誓同党。君孚性格鲁莽的侄子刘青黎也是其中之一。可刘在东山的死对头、木榍河夏家的夏仲昆和夏京也名列其间。此外还有梅国桢的后人梅钿，他曾是1651年奴仆暴动的主要目标，而且，作为麻城平原地主中最富裕、最有修养的一位，他本不

---

① 王葆心，2：10页。
② 同样鸟枪手的薪饷更高。

该和这些东山暴发户沆瀣一气。①

于知府又从武昌搬来一小支清正规军，但他们一来就被全部派去占据进出麻城县城的主要通道，以便把龟山的鲍世荣、铁爪周与东山的何士荣隔离开来。大概是为了避免当地民众团结起来对抗外来征服者的情形发生，他将直接面对（和消灭）叛军的任务分配给本地民团。这是一种稳健的做法，因为事实证明，何士荣的叛乱和六个月前那次虎头蛇尾、戏剧性收场的刘君孚起义迥然不同。这是一场残酷的大屠杀。

这一年的最后几周，"高山大湖，烽火相望，城门皆昼闭，墟里寂无人"。11月，何士荣宣布叛乱十天之后，在黄土坳的一片茂密竹林里陷入激战。据于成龙所说，伤亡者数以千计，"尸堆如山，血流成河"。乡勇们往往把他们俘虏的敌人斩首，并和美洲土著剥头皮类似，割下他们的左耳（斩馘）作为战利品。何士荣被活捉并押往武昌，在那里被张巡抚斩首，头颅被挑在竿子上游街。回到黄冈，何家所有成员都被抓获并斩首。② 次日，于率军向龟山进发。经过又一场血战，叛军首领鲍世荣和周铁爪成功逃脱。于为二人的首级各悬赏纹银二十两。不到三天，刘青黎将他们围困在东山有名的定慧寺，杀死鲍、周二人，领走了赏金。鲍的大约六十八位亲属，不分男女老幼，被刘的民团就地处决。③ 余下的叛乱者一个接一个被抓获、处死，月底伏法的李公茂是最后一个。

长期以来，于成龙还忙于开展宣传攻势，以限制叛乱规模。为防止佃户和奴仆逃到山里加入叛军，他下令更严厉地执行保甲登记。他注意到，这些可怕的流血事件，没有一起发生在有效进行过保甲登记的地区。他呼吁那些山寨首领坚持以身作则，并取得了很大的成功，这些人（可能大多数）既没有站到叛军一边，也没有加入他本人组建的效忠清朝的民团。像何士荣和鲍世荣那样的当地精英，"枉然谋权逐利"，到头来只落得个"亡身破家"。④ 于还呼吁那些叛军领袖的家属脱离叛军、归顺清廷，并承

---

① 于成龙为之请功的当地精英的完整名单，见于成龙，3：42~46页，以及1882年《麻城县志》，38：14页。
② 1882年《麻城县志》，38：13页；王葆心，2：11页；于成龙，2：50~52页。
③ 《农民起义领袖鲍世荣》，40页。
④ 于成龙，2：50~52页。

诺说如果他们这么做，就赦免他们的株连九族之罪。① 我们已经知道，这一点他做得没那么成功。

除了确保效忠朝廷的问题之外，何士荣叛乱还为于成龙呈现了民众骚乱这一更普遍的危机。他不断接到大批乡勇和平民抢劫财物的报告。② 在某种程度上，麻城1674年发生的事件构成了当地精英内部的一场内战，于担心的是社会规范的普遍崩塌。精英们以平叛为名行家族仇杀之实（生死切齿）渐成风气，使这种危险大为加剧。我们已经看到，于在这年夏秋时节创建相互监控的保甲制时，已有能力驱使这股社会动力为己所用；但在冬季事端结束之后，精英们又使出惯用伎俩，给自己的敌人扣上同情叛乱的罪名，借此手段来勒索妇女、牲畜、银钱和其他财物。

于在发动思想上的招抚运动时，广泛利用了民间宗教。他当然会谴责叛乱不知忠孝、"违礼叛教"。但他也援用了那种鬼神惩罚作恶者的说法：抢劫邻居财物之人，必将为神灵所厌。他暗示那些参与投机性清算的当地精英，这类复仇神灵的代表不是别人，正是他们自己的佃农。他警告说，你们的卑劣行径只会引起"神人之共愤"。最令人不齿的行径是对整个家族的灭绝性屠杀。针对这种行为，于在年底发布公告：

> 兹当新正，诸神下降，清查人间善恶。本府每夜泣祷。如本府为利伤命，刻薄乡愚，忍心屠戮，株连无辜，乞神速诛，及其子孙。③

东山地区对清廷合法性的这次挑战现在告一段落，它被证明是几个世纪来的最后一次重大挑战。于成龙的这次胜利，将确保这一地区在整个清代得享安宁，并使精英主导的社会秩序延续好多代。如我们所见，他能做到这一点，部分在于他把叛乱牵连的人数尽可能降到最低，防止将同谋的罪名强加于人（不管他们最初是否真的同情叛乱）。和这年春天处理未流血的刘君孚叛乱时一样，于在这次流血事件中，也设法扭曲事实来减轻当地精英的罪责。在给省级上司的报告和叛乱末期发布的公告中，于都采用一种非常独特的叙述方式，将叛乱的发生归因于河南、湖南、江西等外省

---

① 《晓谕何士荣族众牌》，3：21~22页；《农民起义领袖鲍世荣》。
② 于成龙，3：38~39页。
③ 于成龙，3：47~48页。

煽动者的入境。虽然不能把本地的叛乱记录一概抹去，但他仍为之开脱，说这是一个战略上极其重要的社会在遭受入侵时多少出于本能的反应。这样，于独具特色地营造了这样一种气氛，使各种幸存者与帝国其他代理人之间，以及不同的幸存者相互之间，都能彼此达成和解。①

阶级战争

但是，如果说于在刘君孚事件中展现了怀柔策略、对鲍世荣则采用铁拳政策的话，那么国家/精英暴力的野蛮真面目正是在断断续续的骚乱中揭示出来的。在这个场景下，麻城社会中潜藏在礼仪和教养之下的那种独特的邪恶被推出了水面。在此过程中，虽然模范官员于成龙成功地捍卫了儒家家长制，但其局限性仍然暴露殆尽。

夏末，于在武昌公干一月之后回到黄州，负责应对将要出现的粮食歉收。我们发现他在这里将模范官员的作用发挥到了极致：维修和新建水利工程，收购粮食以应对饥荒，减免赋役以缓解经济紧张，明察秋毫决狱断案，利用保甲缉捕盗贼。② 农历七月，新一轮事端突然发生了。顽固不化的黄金龙脱离刘君孚山寨的庇护，投奔了纸棚河附近的"老贼"邹君升。当地另一个麻烦人物方公孝马上加入他们，一道在麻城东南部横行无忌。于成龙马上回到岐亭，从他新近组建、士绅领导的乡勇中组织了一支两三千人的部队，任命刘君孚为主将。于亲自率领这支队伍进入了东山，在望花山设营驻扎。③ 在那里，他和当地的士绅盟友夜夜笙歌，情洽意浓。④

妖人黄金龙携天书而来，无疑使邹君升一伙的劫掠行径沾染了反朝廷的色彩，但是汉民族主义在这次起事中似乎没有发挥任何实际作用。在清廷和精英们看来，邹的行为之所以不同于刘君孚、何士荣，倒是因

---

① 《叙功详文》，见于成龙，3：44~46 页。
② 于成龙，卷 2 各处。
③ 《黄州府志》（1884），10 下：22 页；《湖北通志》，1792；王葆心，2：5~6 页；Taniguchi, *Yu Seiryū no hokō hō ni tsuite*（《于成龙的保甲制》），69。
④ 于成龙，1：64~65 页。

为他的行为带有阶级战争的迹象，这在当地已经绝迹二十多年了。在刘君孚事件告终时发布的公开宣言中，于非常直率地表明了自己的看法，他认为麻城社会整齐地分为两大社会阶级。一方面是拥有土地、定居于此的人们，他们组成宗族，祭祀祖先，照看子嗣，以及（同样重要）保护产业。另一方面则是没有财产的流浪汉，他们是麻烦的制造者和谣言的散布者，缺乏家庭义务和财产事业的约束，行为放荡不羁。于清楚地表达了自己的看法：不仅刘君孚及其自称叛乱的同党，而且刘在当地精英中的对手，都是第一个阶级的成员。他警告说，不要为这些恶棍所诱去做些追悔莫及的事情，要依靠公论来辨别善恶，这样才能真正保护你们的利益。①

他甚至还专门谈到了奴仆，告诫他们要安分守己，命新上任的堡长不得"纵放逃仆"。于在这年夏天制订新建保甲制度的详细规程时，以前所未有的重视程度，确保奴仆们无法逃离保甲机构，主人们充分认识到自己的督导奴仆之责。② 在于成龙看来，底层社会成员的不服从行为与刘君孚这样的社会基石受人误导的任性行为，性质是截然不同的，需要严格地区别对待。

正是这些社会下层人员，构成了这年初秋邹君升起事的骨干力量。邹很快吸引了许多叛逃兵卒及匪类，但他部队的主力却是逃仆和叛仆。③ 为什么邹的叛乱能引来那么多奴仆参加，而刘君孚和何士荣却没有？部分原因可能在于领导人的性质有别。邹君升显然是个家境殷实之人，但是和于成龙所招抚的大多数寨主不同，他没有获得过功名。他很可能只是个独立的地方强人，时不时冒险去做土匪，但于成龙附带提到，邹本人最初可能也是个奴仆。④ 更重要的是，在沉寂了二十多年之后，麻城奴仆们进行激烈反抗的时机，似乎是对于成龙编制保甲之举措的直接回应，尤其是底

---

① 《申报东山抚事已竣详》，见于成龙，1：63页。

② 于成龙，1：67~68页，1：70~72页；Taniguchi, *Yū Seiryū no hokō hō ni tsuite*（《于成龙的保甲制》），75。

③ 于成龙，3：1~2页，3：2~3页；Satō Fumitoshi, 178, 186–187。

④ 于曾把邹描述为"盗仆"，可以将其简单地看做一个绰号，意思是"盗窃的恶棍"，或者从字面上看是"盗匪的仆人"。见于成龙，1：64页。

层民众对征兵恐惧的回应（我们看到，于急于消除这种恐惧）。于知府本人提到，虽然他认为保甲制度的推行取得了全面成功，实际上仍有相当数量的人故意躲避（漏）其强制性束缚。这些人，尤其是奴仆们，聚集在邹君升的旗帜下寻求庇护。① 叛乱发生后，于成龙直接责令参与其事的奴仆回到主人那里乞求宽恕，② 可后来的事实证明，主人对他们另有打算。

镇压邹君升的战斗短暂、果断而无情。农历七月二十四日这天，邹的部下杨克利被抓获并斩首，他的头被挂在麻城城门上方示众。次日，方公孝遭到了同样的下场，他的头被放在他家乡李家场主街上的一杆长枪上面。叛军主力迅速撤入一座山寨，于的民团包围并迅速攻下了它。二十九日，于知府与黄金龙的会面，构成了这起戏剧性事件的最后一幕，至少于的传记作者陈廷敬是这样描述的：

……金龙缚，急欲以妖术遁，公手剑叱之，术不得施，遂斩其首，捷至武昌。朝珍持露布示僚属曰："人谓我不应用醉汉，今定何如？"……吏人皆窃笑公酒狂，及往东山，或以为言，故朝珍云，然也。③

最终在八月一日，民团首领夏仲昆将躲藏在当地一座寺庙里的邹君升及其追随者约四十余人一并抓获。他们全都被立即斩首。④

就这样，虽然邹君升和刘君孚的叛乱都是由同一个黄金龙煽动而起，处理叛乱者的方式却完全不同。接下来的几天里，于知府正式组建、精英领导的那些民团武装开始肆意杀戮，所有被怀疑为叛乱分子的人都被斩首。士绅头领们擅自主张，只要可能，就当"诛灭（叛民）全家，勿留后患"。死者人数，据于本人的描述是"甚众"，当地历史学家王葆心的说法是"无算"。脱离民团擅自行动的游勇更是大肆屠戮，在据称同情叛军的村庄里滥杀男丁，绑架妇女。于成龙最初是支持这种扫荡行径的，还

---

① Taniguchi, *Yu Seiryū no hōkō hō ni tsuite* (《于成龙的保甲制》), 74。
② 于成龙, 3：3~4页。
③ 陈廷敬：《于公本传》, 见1882年《麻城县志》, 7：10~12页。
④ 于成龙, 3：1~2页；王葆心, 2：8页；《湖北通志》, 1792页。

悬赏追索幸存叛军首领的头颅。但是很快，他就意识到自己打开了一只魔盒。他严重低估了麻城精英们对卑贱的底层阶级的野蛮仇恨，或许，这种仇恨和明清更迭之际底层阶级对精英们表现出来的仇恨同样强烈。于显然惊骇不已，一再紧急呼吁："如必概行杀戮，不独非本府不忍之意，恐伤天地好生之心。"①

直至秋天过去，于成龙才渐渐恢复了这一地区的秩序。他以政治家的风格，一方面为那些获胜的民团首领（刘氏、夏氏、梅氏及其他家族）请功，一方面尽其所能帮助幸存的叛民重新融入当地社会，将被抢走的妇女和财物归还原主。根据他的报告，湖北张巡抚于9月中旬向皇帝奏称，东山之乱已最终平定（我们已经看到，仅仅两个月之后叛乱再次爆发）。②麻城奴仆叛乱的问题又一次被平息。不过，如果以较低的标准来界定叛乱，那么这一问题仍将在以后的时代继续困扰麻城。③

作为记忆与历史的东山叛乱

1674年农历十一月十三日，于成龙下令在黄石镇召集当地民众，该镇位于通往山区战场各要道的交汇之处。他站在镇中心的一座桥上，宣布东山叛乱已告终结，并诵读四行诗一首，以示庆祝：

>龟山已平，龙潭已清。
>既耕且织，万世永宁。④

几年后，已经功成名就的于成龙重回此地，督导众人在桥上树立一座镌有此诗的石碑。直到20世纪，这块石碑依然可见，碑文也依然清晰

---

① 于成龙，3：1~4页。
② 张朝珍奏折，康熙13/9，收入《大清圣祖仁皇帝实录》，49：15~16页；于成龙，3：5~12页。
③ 例如，1688年江藩的奏折对黄州府的小规模奴仆叛乱作了分类说明，见中国人民大学清史研究所编，513~514页。
④ 这首诗反复出现于当地文献（1882年《麻城县志》，5：16页；《湖北通志》，1793页；《麻城县志前编》，14：26页；《农民起义领袖鲍世荣》，40页）和于成龙本人的文集；见于成龙，3：51页。

可辨。

在麻城百姓的集体记忆中，至少在当地士绅的历史记忆中，这件事乃是该地对于成龙的纪念和崇拜的直接开端。从乾隆朝开始，于成龙的英雄事迹就被写入县志，历代编志者不仅强调于在短短几个星期内就击败了人数众多的叛军，而且特别强调他依靠的是当地民团，从而替当地和朝廷省下了巨额的财政开支。①（这句话的弦外之音显然是，麻城也得以免遭外来军队的劫掠。）为纪念于成龙富有同情心地解决了伴随叛乱而来的危机，在黄州城外的赤壁修建了于公庙，在当地人心中，这里是苏东坡逗留过的地方，这样于成龙就和中国最著名的文豪联系在一起了。②除了这些半官方的纪念物，麻城民众（麻民）还写了大量的诗歌来追念他，有关其英雄事迹的民间传说在当地广为流传。在这些传说中，于成龙微服私访，倾听民声，并能利用民间智慧识破精英陈情书中的诡计。在饥荒年岁，他还有魔法般的力量增加该县的粮食储备。一名当地土匪冒充巡捕，于请他赴宴，并通过机智的询问使他原形毕露。一位仰慕于的当地"野人"献给他一头巨大的死鹿，于将鹿角磨得"光亮如玉"，作为饰物佩在腰间。③如国民党右派编纂的 1935 年县志所言，于"深受百姓爱戴"④。

实际上，百姓对于成龙的崇拜后来传遍全国，一直延续至今。他的断案故事被编为《于公案》，由清朝和民国时期的说书人将于成龙和与他同名的汉军八旗同僚的故事合并加工而成。⑤传统京剧名段《廉吏于成龙》就颂扬了我们这位于大人的廉洁和简朴。2000—2001 年，中央电视台针对腐败现象适时推出的一部电视连续剧《一代廉吏于成龙》，其中一幕就是根据于成龙在麻城的经历改编而来。⑥

---

① 1795 年《麻城县志》，《文征》2；1882 年《麻城县志》，38：7 页，38：12~14 页；《麻城县志前编》，14：21 页。
② 王葆心，2：12 页。
③ 《麻城县志前编》，15：27~28 页。
④ 《麻城县志前编》，7：10 页。
⑤ 这些口头传说由 20 世纪初的通俗作家储仁逊（1874—1928）搜辑刊印为两本地方故事集，至今仍在中国广为流传。见储仁逊：《于公案》。
⑥ 中央电视台 2000—2001 年播出的电视剧《一代廉吏于成龙》。

不过，尽管麻城于成龙崇拜之虔诚或社会基础是毋庸置疑的，人民共和国时期的资料却留下了反记忆的痕迹，1674年的英雄不再是于成龙，而是坚持斗争但最终失败的起义领袖鲍世荣。虽然精英编纂的县志对其缄口不言，鲍世荣英勇反抗的传说仍被后世的麻城人民传颂下来，并由20世纪末的当地历史学家搜集出版。一间据说曾做过鲍世荣义军指挥部的石马厩被人们视为圣地，就像于成龙崇拜中的赤壁于公庙和黄石桥一样。①

在该版本中，鲍世荣以"农民起义"领袖的身份再度出现。说实话，像鲍这样出身麻城望族、在其家族资助的寺庙中长大的人，是很难被看做"农民"的，但是不管怎样，他至少也是"民"的一员。在帝制晚期资料和史著的修辞上，对"民"这一概念的使用总是存在争议。在关于东山叛乱的典型叙述中，只有支持获胜的清政府的人才能叫做"民"，而那些叛乱者和越轨者则被称为"群"或"众"②。当然，人民共和国的历史著作所用的标签正好相反。关于"民"之合法类型的争论，正是麻城社会固有的暴力冲突的一种体现。

当地历史学家王葆心在1908年写道：1674年东山民变最主要的长期影响在于，清朝官员从那时起就过于软弱而无法直接管理这个地区，当地百姓则"以武抗〔朝廷〕为乡俗"。他引用于成龙的上司、湖北巡抚张朝珍对东山地区的评价说，"素称易与为乱，难与为治"③。【译者按，查王葆心《蕲黄四十八寨纪事》，此语当为于成龙对张朝珍所说。】作为当地人和渊博的学者，王葆心当然很了解这一地区。

但是在我们看来，麻城社会在1674年以后出现了一种稳定的调节机制，并一直延续到19世纪中期的那场灾难性暴力。这种社会调节包括几个基本要素。首先是尚未结束但已清晰可见的权势转移——从中心地区的有产精英（例如明朝末年该县出的许多高官）转移到没有多少财富和功名，但是同样令人尊敬的山区精英（他们的主要资本不过是掌握了武装力量）手中。其次是（如王葆心所强调的）更大程度的精英地方自治，

---

① 《农民起义领袖鲍世荣》；1993年《麻城县志》，10页。
② 例如，见1795年《麻城县志》，《文征》2。
③ 王葆心，2：12页。

或至少是清廷对这种自治更全面的认可，这是基于双方在社会等级和社会控制上的共同利益。再次是（在这种社会调节的基础上）对保甲编制、地方民团和山寨体系等规范性建制的系统运用，以有效地镇压任何底层不满的集体表达，直至19世纪50年代的太平天国蔓延到该地区。将近两个世纪，这种镇压都颇为有效。

第八章
天　国

18 和 19 世纪，麻城经历了缓慢却持续的衰落过程，使它回到了明末短暂繁荣之前的边缘地位。到 20 世纪，衰落的过程进一步加速了。但对于大部分麻城人来说，至少在 19 世纪五六十年代太平军和捻军起义对该县造成灾难性重创之前，这段时光并不是那么令人不快。

首先，清代中后期无疑是该地区的外出经商者——黄帮（或者说黄州行会）——的全盛时期。黄帮商人以麻城及周边各县繁荣的商业城镇为基地（其中宋埠最有名），开始主导长江中游地区迅速发展的棉布及其他商品的贸易，这些商品沿长江而上到达四川，沿汉江而上到达西北地区，遍及包括河南南部和湖南北部在内的广阔地区。在重庆和四川其他城市、湖北西部的沙市和宜昌、湖南的岳州以及老河口等汉江口岸，行会成员都设立了分支机构。① 黄帮在汉口建造了帝主宫，供奉着行会的创始人——宋代麻城的一位张姓商人，并以此为基地开始掌控华中地区商业都市的全部纺织品贸易。② 麻城长期建立起来的商业世家，如宋埠的施家、中馆驿的林家，以及散布在宋埠、岐亭和白果的程家，都赚取了巨额财富并获得了巨大的自治权力。③ 正如程氏在 1919 年族谱中骄傲地记载道：

　　我们家族世代经商。沿着麻城县外的举水，我们可到长江和汉

---

① 1882 年《麻城县志》，卷 10；《麻城县志续编》，3：28 页；李华，57 页；张建民，438～439 页。

② 《峡口县志》，5：27 页；蔡乙青，《闲话汉口》，载《新生月刊》6：1～2（约 1934），78 页。

③ 例见《石氏宗谱》卷 7 各处；《林氏宗谱》（1947）卷 2 各处；以及《西村程氏宗谱》卷 2 各处。

水交汇之处。沿着长江,我们可到湘江(湖南)、澧水(湖南和江西)、沮水(陕西)、漳水(河南和河北),并穿越峡谷进入四川。循着汉水,在抵达四川北部和西北部的途中,我们经过了襄阳和许多其他口岸。这就是我们的商区,自祖先时起我们就在此以商业为生。①【译者按,此段系意译。】

另一些身世不那么显赫的麻城商人(如肖氏、陈氏、张氏和罗氏),同样利用沿河贸易所积累的财富跻身家乡的慈善名人堂,间或还有人走上仕途。②

此外,麻城外出经商的成功,显而易见对该县自身的经济发展产生了反向的连带效果。登记在册的集镇数量增长迅速,到18世纪末总数已达到41个。③ 宋埠商人挥金如土,不断地翻新、装修这里的主要地标——宁瑞楼,并在世纪中叶的叛乱之后筑起了自己的城墙。④ 19世纪,当地原有产业也得到了迅猛发展。白果及其近郊自明代以来就是主要的纺棉和染棉地区,现在又成了金属制造业的中心。19世纪40年代,李氏家族开了一家锅具铸造厂,经过几十年的迅速发展,已有工匠70余人。刘氏家族于1851年开办了犁片和铁锹厂,很快就在麻城其他市镇设立多家分厂。蔡家山已有数百年历史的陶窑,其规模和范围都在迅速扩大,新市场已经拓展到东南亚。阎家河在1876年创办了一家造纸厂。⑤

但麻城县的持续经济增长,并没有体现在相应地维持其显赫的教育和政治声望上,而这正是该县在整个明代所自我标榜的。事实上,无论按照什么标准,麻城县都已降到了(与其远离帝国主要文化中心的地理位置相一致的)中等地位。在清代,已经不再有李贽们、焦竑们、袁宏道们或冯梦龙们前往该县进行学术交流。麻城在明代出了110名进士(在湖北各县名列第一),但在清代这一数字已降至46人(大约能在全省中排到

---

① 《西村程氏宗谱》,3:23页。
② 《麻城县志前编》,9:61页,10:29~35页。
③ 1795年《麻城县志》,3:12~14页。
④ 《麻城县志前编》,1:42页;麻城县地名领导小组编,31~34页。
⑤ 1993年《麻城县志》,169~171页;《麻城县简志》,40~41页。

第八位)。同样,麻城通过省级科举考试(乡试)的人数也从明代的 421 人降至清代的 206 人。在麻城这样有着自觉尚武传统的地区,被寄予厚望的武举人的数量也从明代的 22 人降至清代的仅有 4 人。有全国声望的官员(得以进入该县孔庙中的乡贤行列)人数的下降尤其引人注目,在明代有 53 人,在取代明朝而历时更久的清代却仅有 8 人。① 卜正民(Timothy Brook)注意到,从明代到清代,浙江鄞县(宁波)在科举和入仕成就上也出现了类似的下降趋势。他认为,与其把这一现象归因于地方精英财力的式微,毋宁说是由于他们的关注点转移(或扩展)到了"追求积累土地或聚敛财富等其他目标"②。考虑到麻城经济基础在这些世纪里的稳步增长,卜正民的观察很可能也适用于麻城。

毫无疑问,精英的财富并未转变成对高等教育的支持,至少没有达到以前的程度。明清更迭之际,麻城可以自恃拥有 10 家书院,但到 19 世纪 80 年代只剩下 3 家还在运转。其中万松书院是麻城文人生活的古老中心,回车书院则致力于教育黄帮商人的子弟。和其他地方一样,麻城教育在清代走上了不同的道路,主要体现在分别于 18 世纪 20 年代和 19 世纪 20 年代创办的两所"义学"上。义学由当地官员而不是私人精英建立和维持,主要定位于识文断字和道德训练,而非成功通过高级别科举考试。③

学术复兴

不过,19 世纪麻城的确经历了某种学术复兴。其内容虽与 16 世纪末 17 世纪初那种思想、范围广泛的知识探究截然不同,但麻城再一次以自己的方式表明,它可以充当全国思想潮流的急先锋。这次复兴中最早出现

---

① 1882 年《麻城县志》,8:9~10 页;《麻城县志前编》,4:23~25 页,卷 8 各处;张建民,614~619 页。

② Brook, *Family Continuity and Cultural Hegemony*, 30. 鄞县进士总数从明代的 293 人降至清代的 131 人。

③ 1882 年《麻城县志》,9:9~11 页;《麻城县志前编》,4:35~36 页。关于全国范围的这一趋势,见 Elman and Woodside, eds.。

的人物叫鲍鹏，他于 1788 年考中举人。我们已经看到，鲍姓人士在明末清初的科举考试中成就平平，但我们很难确定鲍鹏与他们有什么关系。我们得知，鲍鹏是一位才华出众并具有挑战精神的学者，没有被他那个时代的思想风气所影响——这显然是指汉学家们所夸耀的训诂考据之学，这种学问在乾隆末年盛极一时。在这种格格不入的环境中，鲍鹏屡试不中，但他晚年的确得到了一个低级官职，于 1809 年到湖北西部的宜城县担任教谕。不过，他一生中大部分时间都在家乡小镇教学，用他的新式思想训练了一代学生。①

鲍鹏坚持严格的宋学或理学思想，其追随者认为该学派以真诚和纯正而著称。在当时的语境中，宋学包罗万象，有些非常保守，另一些则蕴含着激进色彩。从字面上看，它意味着维护所谓"四书"（由南宋朱熹编定）的神圣地位，使之免受汉学语言学者的攻击，这些人将优先权赋予了古老的"五经"。宽泛地说，四书的要旨意味着热情献身于个体道德的完善，以及坚信家庭和社区仪式对于维护既有秩序的社会功效。就此而言，宋学家们（包括鲍鹏在内）比他们的许多对手更热衷于维护宗族、性别乃至阶级的等级制度。

可是宋学的其他方面，却使它的支持者显得不那么因循守旧。汉学对朱熹四书的攻击，很大程度上是基于它们仅仅是宋代的历史产物，而不能像五经那样成为真理的永恒源泉。但对于许多宋学家来说，宋学的历史性——对变化着的现实语境的高度敏感——恰恰是值得自豪的。它以一种激进的经验主义，往往也是高度实用主义的方式，对行政与社会变革提出了训诫。推到极致，它是对诸如制图学、水文学、农艺学以及（尤其适用于麻城）军事科学等领域中技术威力的确认。这样一来，它就为清代中后期通常被称为"经世"（实践技能）之学的知识运动提供了思想依据。对于持有这种信念的学者来说，追求雕饰的文字风格或者深奥的语言技巧，都是对人类智识资源的一种无意义、事实上也不道德的浪费。宋学作为一种思维方式，对来自远离江南和北京等文化中心的地区（最有名的就是湖南）的文人学士，尤其具有吸引力。鲍鹏及其学派的存在，表

---

① 《麻城县志前编》，9：78 页。

明在其他半边缘地区（包括鄂东北）也能找到宋学的追随者。①

鲍的学生当中，有一个住在他家附近的青年人，名叫袁铣。② 虽然出身于一个先前从未有过功名的家族，袁却很快就取得了非凡的成就。他在1811 年考中进士，先被任命为翰林院学士，随后在 1814 年署理江南道监察御史。他在任上发动了一场激烈而引人注目的运动，旨在清除粮食贡奉和粮仓制度中的腐败行为。1820 年，袁担任顺天（北京地区）举人考试的主考官之一，并以该身份写了一篇措辞严厉且流传甚广的奏折，对包括出售功名在内的许多违法行为进行了谴责。他和当时一些最杰出的改革派知识分子建立了派别联系，其中包括政界元老和改革英雄洪亮吉，以及和他同时代的林则徐（1785—1850）；后者为袁那本热情洋溢的宋学入门读物《四书题解》作了序。换言之，袁发现自己处身于道光年间"经世之学"复兴运动的中心。

1825 年前后，袁铣回到湖北，成为汉阳江汉书院的院长。③ 在那里他写下了一系列充满激情的批评文章，抨击当地文人的种种过错，包括纵容自己家中溺死女婴的行为④，以及未能采取有效措施，救济时常麇集于武汉地区的饥民。在书院中，他制定了严格的宋学经世课程，并故意用挑衅和嘲讽的语气称之为"楚中朴学"。虽然详情尚不清楚，但几乎可以肯定，袁在武汉的活动与长沙岳麓书院及湖南其他书院弘扬经世之学，有着密切的关联。到了下一代，这些书院在 19 世纪的中后期涌现出了胡林翼、曾国藩及其他湘军首领，以及许多具有改革思想的官员。⑤ 在江汉书院，

---

① 关于清代语境中汉学与宋学之间的分野，Benjamin Elman 的大量研究中已有详细阐述。例如，见 From Philosophy to Philology。宋学与经世之学的关系及其在清中期华中地区的具体表现，在 Rowe, Saving the World 一书中作了分析，尤其是第四章。

② 以下几段均来自 1882 年《麻城县志》，18：60~61 页，32：4 页，34：83~100 页；《麻城县志前编》，9：38~40 页，9：61 页，9：79~81 页；以及《麻城县简志》，26 页。

③ 江汉书院是一所历史悠久的机构，在 19 世纪是全湖北省半官方的高等教育中心。19 世纪 80 年代它被斥为守旧并被张之洞废止，张以他自己建立的经心书院取而代之，后者的特色是设置了部分西式科目。见 Ayers, 21。

④ 这篇长文《诫溺女文》收入了 1882 年《麻城县志》，34：83~89 页。

⑤ 见 McMahon。

袁铣亲自培养了同样积极有为的一代学生，他们大多数来自他的家乡麻城。这些年轻人中有许多，例如余泼泉、沈思昶（音）、张文藻（音）以及袁的儿子学均（音），不久就和那些比他们更有名的湖南人一样，作为镇压太平军的将领、儒家经世之学的理论家和中兴时代的官员登上了历史舞台。

没有记载表明袁铣和鲍鹏来自麻城县的具体哪个地方，但很可能是来自具有强烈自我意识的东山乡村。无论如何，他们的大部分学生都是如此。这些人中后来最有影响的是余泼泉。余是东山椪河人，是夏氏家族的邻居和盟友。我们看到了夏家作为地方强人在三藩时期的种种举动，他们很快会成为该县冉冉升起的政治新星。不过在眼下，却是余家人占据着舞台中心。余泼泉成了当地有名的学者和历史学家，写有关赈灾及其他实际事务的文章。他只获得过生员的功名，但在江汉书院学习一段时间后，他返乡创立了一所家族学堂，以严格的道德训诫教育子孙后代。由他监护的侄子余林燮（1814—1895）最初在这所学堂，后来跟着袁铣在江汉书院学习，接着又在江汉书院教了几年书。最后他回到家乡，以其掌握的宋学经世之学经营自己的家族组织。与泼泉、林燮同宗的余雅祥有着同样的思想倾向，（通过湘军）和那些湖南同道建立了更直接的联系。我们将会看到，他在19世纪中叶的叛乱中成了整个麻城县的领袖和保护者。

"盛世"中的麻城

麻城和其他地方一样，在"漫长的18世纪"（曼素恩很实用地将18世纪的时限从17世纪80年代延长到19世纪20年代）是一个政治军事稳定、社会不断发展的故事。① 这一阶段的大部分时光被许多中国学者称为"盛世"，清中央政府致力于维持全国稳定，在基础设施建设方面寻求地方精英的普遍支持，但很少直接介入。在麻城，地方权贵致力于整修和扩

---

① Mann, *Precious Records*. 我本人对这一时期稳定与发展关系的看法，见 Rowe, *Social Stability and Social Change*。

展灌溉系统（很多已毁于上一个世纪的持续战乱），扩展当地交通体系（桥梁和渡口）。为了缓解周期性粮食短缺、稳定粮价，地方政府在县城建立了常平仓，在 1748 年削减之前储备了 16 000 多石粮食；另有 12 000 多石储藏在该县各市镇的社仓中，这些社仓是在 18 世纪开始的 20 多年里由官府和民间共同创建的。18 世纪 20 年代建起了一座有 32 间房的普济堂，附属于县城外的东禅寺。这一时期，政府倡导修建的牌楼遍布全县，以纪念有名的孝子节妇。为了进一步彰显政府与民间的共治，不断重申地方精英的社会文化权利，并形成一种超越宗族和市镇的县级认同感，清政府和麻城显贵们参加了一系列精心策划的年度仪式——乡饮仪注、迎春仪注、救护仪注等，举行这些仪式的场所，通常是城隍庙、关帝庙、孔庙等国家与社会相互连接之处。①

　　在漫长的 18 世纪，麻城的农业生产关系没有发生急剧变化。新的商业财富不断投资于土地，个人和家族共同拥有的大地产仍很普遍②，但没有证据表明清朝中叶和明朝中后期一样是疯狂的土地集中时期。地主与佃仆的关系，仍在仇恨和家长式温情之间保持着相似的平衡；偶尔会有大地主在饥荒之年减免佃农的地租而受到吹捧，这也许表明此类做法并不常见。③ 在日益货币化的乡村经济中，高利贷成了更有吸引力的剥削手段。在 1737 年和一个世纪后的两个例子中，具有改良思想的地方精英开办了典当行，其利率（每月 2%）显然是为了降低在他们看来已威胁到社会稳定的市场利率。后一次改革得到了一位地方精英的称赞，但取得的成功是很短暂的。④ 雍正时代强有力的改革无疑降低了麻城地区农业奴役劳动的普遍程度，却远没有使其完全消失。就在太平军起义前夕，一位观察者写道：

　　　　湖北陈扶升者，黄州府巨族也。……宅中收婢如云……及其生

---

① 见 1882 年《麻城县志·志余》（附录）；《麻城县志前编》，2：2～36 页；3：13～19 页；15：41～42 页；《麻城县志续编》，3：4～5 页。
② 例见《西村程氏宗谱》卷 2 对程氏财产的详尽记载。
③ 同上书，2：18～19 页。
④ 《麻城县志前编》，1：24～25 页。

子，仍为奴仆。①

清政权的强制性力量仍然很轻，在正常情况下，全县的常规武装加起来也不超过100人。② 正如我们所见，对维持社会稳定真正有效的是地方武装，他们通过保甲体系组织起来，以各市镇和山寨为据点。在麻城，这些武装虽要得到地方政府的认可和松散调配，却享有非同寻常的自治地位。这些民间武装所取得的成功，在三起事件中得到了明证，分别发生在漫长18世纪的开端、中间和末尾。

第一起是1688年仲夏在省府武昌发生的一场军队叛乱，省政府都没能遏制住。叛乱者扩张到鄂东北大部分地区，集结了下层社会的各色人等，吸收了当时流行的某种宗教末世论，提出要推翻清王朝。根据湖北人、侍郎王封溁碑铭中的记载，当地官员和军队对叛军心惊胆战，四散而逃，叛军在张汉一的指挥下围困了筑有围墙的麻城市镇岐亭。据说叛军之众，目力所不能及也。尽管如此，岐亭副将王民皥（于成龙的优秀继任者）还是英勇地集结了麻城县南部的绅士武装来对付围攻。叛军刚撤走，他就动员全县武装组织，并明确向山主们求援，以肃清其辖区内的叛军残余。王封溁告诉我们，正是这一刻切断了叛军的后路。在他的叙述中，反复强调这不是一场地方性叛乱，而是最初在省府发生、再自上而下进入该县的。但是在理应十分强大的政府军队全都失败后，由一位英勇的小官组织起来、由地方精英领导的强硬民兵却打垮了叛军。③

第二起是18世纪中叶的马朝柱起义。马来自湖北东部的蕲州府，靠近长期动荡不安的安徽边界。这次起义糅合了我们已经提及的各种主题，包括反清复明思想、摩尼教的千禧年信念以及驱魔救世思想。和三藩叛乱时期的麻城起义者一样，马声称自己受命于西南地区的独立政权，是吴三

---

① 梁恭辰：《北东园笔录》，4：3页，引自中国人民大学清史研究所编，400页。关于雍正"释放"奴仆，可见Terada；韦、吴和鲁，169~182页；经君健，236~251页。有关该主题的文献综述，见Rowe, *Social Stability and Social Change*。

② 1993年《麻城县志》，340页。

③ 王封溁：《岐亭郡丞王公勘乱碑》，收入《麻城县志前编》，14：26~27页。关于这次叛乱更全面的记述，见陕西道监察御史江藩奏折，康熙27，见中国人民大学清史研究所编，513~514页。

桂的继承人。这场造反不仅会带来明朝复辟，还伴随着世界末日的到来，它将由光明的救世主（明王）领导，就像14世纪彭莹玉和邹普胜所预言的那样。和17世纪70年代的黄金龙一样，马挥舞着天书和宝剑作为合法性象征。但他还声称在当地的山洞里找到了各种驱魔工具——镜子、护身符、石碑等，这些东西能帮助他消灭正在为害世界的群魔（也就是清王朝）。同样，最后他从四个主要方向召唤神兵，这些神兵由在战斗中惨死的士兵们组成。叛军起初沿着安徽边界，一路西进，直到1749年占领麻城东部与罗田交界的东山山寨网络。这里就是他止步的地方。马的叛军受阻于当地民兵，无法进入麻城、继续推进，在1752年被驱散，他本人也消失得无影无踪。①

我们要说的最后一起事件，是18世纪末19世纪初那场人尽皆知的白莲教起义。这场长达十年的内战，摧残了中国北方和西北方的大部分地区，并可能被视为整个清王朝的转折点。② 事实上，这次起义是过去八个世纪里唯一一次没有对麻城产生重大影响的大动乱，这主要归功于精英领导的强大地方武装在帝制晚期对该县的有效统治。显而易见，该县并不缺乏作为叛乱基础的那一套民间宗教信仰。实际上，从元末的彭莹玉和邹普胜一直到20世纪初，在麻城造反的男男女女们要么具有模糊的千禧盛世思想，要么已经在自己的信仰中明确使用了"白莲"一词。1795年初，一位名叫周起文（音）的麻城人在鄂西北被捕并被处死，因为他劝人加入会在短期内引发大规模叛乱的同一组织。③ 那年稍晚些时候，麻城本县的一起征兆被记载下来，当地政府解释说，这是白莲教分子企图在当地发动一场运动，和鄂西北刚刚联合起来的另一场运动相一致：据说田家有只鸡下了一个蛋，上面有个深红色的六边形图案"乾坤火水太仪阴阳"。④ 但是，如果说千禧年动员在麻城有足够潜力的话，那么当地镇压工具所发

---

① 我对马朝柱起义的描述，在 ter Haar, *Ritual and Mythology of the Chinese Triads* 中有简要概括。

② 见 Suzuki; Jones and Kuhn, 107–162。

③ 秦承恩（音）奏折，乾隆59/10/8，第一历史档案馆藏明清档案。感谢 Blaine Gaustad 为我提供了这份文献的复印件。

④ 1882年《麻城县志》，40：32~33页。

挥的功效也从未让它变成现实。①

当教派威胁终于到来时，麻城的地方精英守卫者不是从内部、而是从外部找到了自己的魔力——得到认可的、正统的魔力，来唤起人们保卫他们的县城。在旷日持久的白莲教运动期间，黄州地区唯一一次卷入战争是在1797年春，当时一大群叛军在一齐姓寡妇（齐二寡）的率领下从西北部横扫过来。叛军进入黄安县，和绅士领导的地方武装展开浴血奋战。在压力之下，叛军试图穿越黄安和麻城交界处的一条河流。麻城自己的武装高度警戒，开战前夕，指挥官在县城西门外的五脑山紫微侯庙进行了祷告。他们请求得到该庙供奉的富主神的帮助，富主神是湖北省法律和秩序的维护者，是一位特别的守护神。富主神没有让他们失望：当白莲军企图穿过河流进入麻城时，人们看见一个身材高大、像神一样的人骑在马背上，在河岸来回骑行，水花飞溅。尽管已有好几个星期没下雨了，河流却水势大涨，逃往别处的叛军再也没有回来。② 麻城在18世纪长期的和平稳定，还没有走到尽头。

余雅祥、胡林翼与鄂军

这种和平将在1850年代初被毁灭性地打破。1852年、1853年之交的冬天，一路向北行进的太平天国军占领武汉并在那里纵火。1月份，太平军转道向东，沿长江而下，向南京和上海推进。他们占领了黄州府治，并在行进过程中不祥地横扫了麻城县南部地区。知县姚国振按照中央政府的指示，号召县城里的士绅领袖（城绅）动员民团保卫地方，其中最有名的是李克慎和李克明兄弟。他还采取了另一项令人好奇的举措，这项举措预

---

① 事实上，在北京第一历史档案馆朱批奏折《农民运动类：秘密社会》（卷宗号367.4~367.83）556份地方文献（涵盖了雍正朝至光绪朝，包括白莲教起义资料在内）中，没有一份与麻城有关。这项研究的证据清楚地表明，这一事实并不是因为该县没有严重的社会对立或普遍缺乏地方教派，而是反映了清朝地方精英惊人的控制能力。

② 1869年《黄安县志》，10：3页；1884年《黄州府志》，10下：24页；1882年《麻城县志》，38页：10~11页；《麻城县志前编》，2：11~13页和5：16页。

演了 20 世纪 20 年代国民革命期间红枪会的产生：为了维持麻城和平，他从该县北部与河南边界的地方招募了约 200 名装备精良的忠诚雇佣兵。①

1853 年 3 月，太平军占领南京并定都于此。但在仲夏时节，清军成功收复了武汉，来自下游和北部（河南）的叛军受命回撤，去第二次解放这个华中地区的江边重镇。这成了接下来十年间的一个常规模式：太平军沿着长江，在南京（直到 1864 年前他们一直相当牢固地占据此地）和武汉（这一时期他们一再地、破坏性地占领和失去这座城市）之间来回穿行。几乎每一次行军，他们的路线都会经过麻城；每一次行军，愈益军事化的麻城民众都会以愈益惨重的代价抵抗他们的侵袭。

最初的两次似乎没那么严重，这很具有欺骗性。1853 年夏末，在河南与主力分开的数千叛军包围了宋埠，但姚知县和他的民团击退了他们。② 两个月后，另一队太平军重新占领黄州并进入麻城西南部，姚再一次率领民团将他们赶走。由于这两次引人注目的成功，当年晚些时候当姚被韩宝昌撤销麻城知县职务时，他在省里的上司命他仍然就在该县，进一步协调和发展团练。③

麻城在太平军战争期间的第一起大规模流血事件，发生在 1854 年。县志记载了大约 500 个有名有姓的民团成员在那一年战死，为数更多的家属和其他非战斗人员也死于非命。④ 那年初春，一支太平军主力决定占领该县作为长期据点。他们打下了岐亭和宋埠，随后沿着举水向麻城县城进

---

① 1882 年《麻城县志》，39：1~2 页；1884 年《黄州府志》，10 下：24~25 页；《麻城县志前编》，5：21~22 页。关于太平天国时期民团或团练动员的经典分析，见 Kuhn, *Rebellion and Its Enemies in Late Imperial China*，尤其是 196~200 页，该书讨论了麻城邻县黄冈的民兵动员。

② 简又文认为这支太平军的人数有 2~3 万，但这一估计似乎不太可靠，也没有得到地方文献的支持。

③ 姚国振和韩宝昌显然都是在该地区成为叛军交通要道的情势已很明朗时，由清廷派到湖北担任知县的。两人都很可能是旗人（姚来自奉天，韩来自北京），都没有考取过任何功名，都是依靠军事才能从最低级职位提拔上来的。见《麻城县志前编》中他们的传记，7：20~21 页。

④ 这一数字包括姓名和卒年都有记载的 342 人，以及 400 余位有名字但卒年不详的人。见《麻城县志前编》，10：44~55 页。

军。姚国振选择在中馆驿镇进行阻击，但他的湖南雇佣兵弃他而逃，他和李克慎被杀。韩知县和李克明接着在该县门户龙昆桥设立第二道防线，在一场血战中韩也被杀了。随着守城官员的阵亡，叛军轻松占领了麻城县城，夷平了大部分市镇，并成立战时政府，要求该县的有产者们进贡。这些人大部分都屈服了，但零星的抵抗活动仍在继续。

李克明的民团在低地中心区依旧活跃，该县其他村级和镇级民间武装也是如此，但是不出所料，对太平军统治最有效的抵抗来自东山丘陵地带。这个夏天期间，许多士绅寨主和民团领袖建立了一个为市镇自卫进行秘密联络和募捐的网络，其中包括詹兆朱、胡鼎三、郑家驹、夏家的夏梧和夏锹，以及最为突出的余雅祥。他们是一群老朋友，所有人都是在严格的宋学经世教育（已开始成为湖北和湖南智识生活的主流）以及东山独特的军事环境中成长起来的。尤其是以年轻人的热忱而闻名全县的余雅祥和夏梧，他们定期躲在木榉河的云台庙辩论新儒家文献，进行自我反省。一位麻城知县称他们为"东山二俊"①。这群人中的长者、曾任该县教谕的詹兆朱担任这一联盟的正式领导，他制定了对太平军首领进行分而剿之（分剿）的策略。联盟在东山的两个主要集镇——木子店和木榉河，对太平军进行围攻，将其彻底击溃。詹随后邀请该县幸存的清廷官员——一位典狱长和一位副将，到他的寨中避难。初秋，这一滚雪球式的民团联盟已从东山扩展到县城，他们包围城市，击溃了守城的太平军，随后重新任命了清政府的代理人。② 就像在1674年，东山的乡村英雄们解救了低地地区的精英并将该县置于他们的保护之下一样。这一次，起初并没有像成龙那样的模范官员去指派和引导他们，但这样的人很快就会出现，这个人叫胡林翼。

在1854年余下的时间里和1855年初，清朝的政权在湖北巡抚杨霈的领导下成功地重建起来，并加强了对该省东部地区的有效攻势。巡抚任命贺棨为麻城新知县，贺随即命令各个区的地方精英领袖成立各自负责财务并训练民兵的机构（局）。这项举措受到热烈响应。县城设立了两个管理

---

① 《麻城县志前编》，9：61~62页，9：82页。
② 1882年《麻城县志》，6：13页；《麻城县志前编》，5：16~17页，10：27~28页；《麻城县志续编》，11：9~10页；1993年《麻城县志》，347页。

机构——恩义局和忠义局，负责协调团练首领和全县财务。杨又任命黄安知县徐光曹署理黄州知府，令他夺回府治并向东挺进。徐率军经过麻城时，将该县东山地区的许多民团首领招入麾下。(杨巡抚明确主张这些民团首领把活动空间扩展到家乡以外)。詹兆朱、余雅祥和他们的盟友由此将战场延伸至蕲水县，他们的同僚夏镲就是在这里被杀的。

但到了1855年春末，局势开始恶化。杨巡抚在鄂东战场上投入兵力过大，致使省府再次落入太平军之手。麻城的各种民团组织因此从东征中回撤，以确保本县防务。胡定三等人在东山的定慧庙挖壕固守，余雅祥负责低地中心区，在宋埠组建了一支约有500名勇士的精英武装，被称作武黄营（黄州军）。余带来了一位专业教官，来自洛阳的一名前皇家卫队成员，来训练他的精锐部队。①

在接下来的几年中，华中地区范围更广的指挥机构开始加强对麻城一带的控制。来自湖南的解放者曾国藩在1855年底向北进军，再次夺回武汉，他把麻城县斗志坚定的民兵收入自己的湘军。湖广总督官文从黑龙江一路带来了一支旗军，将叛军逐出黄州城。1857年，总督胡林翼自己也把大本营移到黄州，以便更直接地指挥鄂东战场及更远的阳溪战场。

胡林翼（1812—1861）是中华帝国历史的最后一个世纪里，最引人注意且极为关键的人物之一。作为一位湖南人、一位在19世纪二三十年代的湖南书院里深受宋学经世传统熏陶的人，他和他的父亲一样是个聪慧的学者，在24岁时考中进士并进入翰林院。他于1855年4月署理湖北巡抚，六年后因病去世。这几年间，他在该省积极开展了范围广泛、具有经世特色的改革，多数举措都强调要依靠富有并具有公共精神的地方精英，而不是雇佣的吏役，来管理财政及其他行政事务。所有这些改革，都旨在利用民心和民意对清政权的忠诚。战争时期，胡更因为他在战场上的成就而声名远扬。在这一时期出现的一批湖南军事政治家中，我们有理由认为，首先是胡在从事动员地方团练、处理额外财政预算等具体事务，包括在各省之间征收商品过境税（厘金），设立由士绅组成、管理地方捐献和

---

① 除了前文所引的资料，这些事件还被记录在民国时期湖北省志里一篇题为《麻城团练始末》的专题文章中，见《湖北通志》，卷74，1882～1883页。

土地附加税的机构（局）。我们将会看到，他在其他任何地方都没有像在麻城那样，如此专注地从事这些活动。事实上，在他担任巡抚不久、开始考虑如何组建湖北军（楚军）时，胡就认定要把麻城作为招募军中"勇士"的最肥沃的土壤之一，因为该地具有悠久的尚武传统。①

肃 清

在1855年末到1858年初发生的几次事件中，清朝正规军和楚军、湘军将士与麻城本地民团并肩作战，重创该地太平军。但战场上的成功却伴随着当地民众更深重的苦难。1856年夏末，瓢泼大雨形成洪水，粮食几乎颗粒无收；从这时直到次年春天，粮食价格飞涨，饥民从河南大批涌入。由于县城粮仓已被叛军洗劫一空，当地的慈善家们在分发食物、赢取民心方面打了一场败仗。如一份报告所说，"饿殍遍野"②。

这只是即将来临的另一轮更大规模屠杀的前奏。1858年伊始，胡林翼从他设在黄州的临时巡抚衙门奏报，他新成立的楚军因战线拉长而变得薄弱，这很危险。当他的军队试图肃清该省东部并沿江而下袭击九江时，一支大规模的太平军武装已在北部合围。叛军从安庆（安徽）西进到鄂、豫、皖三省边界，与河南南部的捻军结成战斗联盟，集结于固始县城。一份地方文献说，其人数"号称超过10万，实际在6万到7万之间"③。麻城县恰好位于他们计划挺进武汉的行军路线上。于是胡派遣一支清军，在满人将军舒保率领下，前去防守麻城。但不久他又让这支部队继续前进，穿过省界直接进攻固始。他命令麻城知县汪敦仁（他是胡任命为麻城知

---

① 胡林翼：《副训营禀请添招勇丁批》，见胡林翼，2.989~90。邓嗣禹撰写的胡林翼传记，见《清代名人传》，333~335页。关于胡的军事革新，Kuhn, *Rebellion and Its Enemies in Late Imperial China* 一书中有所分析。关于胡在湖北进行的地方行政改革，见 William T. Rowe, *Hankow: Commerce and Society in a Chinese City, 1776—1889*, 以及 Rowe, *Hu Lin-i's Reform of the Grain Tribute System in Hupeh*, 1855-58。

② 见1993年《麻城县志》，11页。又见1884年《黄州府志》，10下：29~31页；1882年《麻城县志》，39：5页；《麻城县志前编》，5：18页。

③ 1884年《黄州府志》，10下：30页。

县的数位湖南籍官员中的第一个）和当地民团不惜一切代价守住战略要地松子关，这是通往长江中游地区的门户。①

4月中旬，一支8000人的叛军与舒保擦肩而过，进入松子关。这支部队的指挥官是年仅18岁的陈玉成，他才华出众，戴着眼镜，因其"四眼"②而为人所知。王知县进行了英勇的保卫战，但仍被迫撤退。他率部集结在大别山脚下，防守北部地区及通往县城的要道。"四眼"转而选择南线，这条路线贯穿了木樨河和东山核心地带。夏梧率领斗志坚定的东山民团与"四眼"争进退，但因实力悬殊而被迫撤退。决定性的战役发生在靠近该县地理中心的黄土峡，东部山区就在这里过渡到低地中心区。结果民团战败，许多首领（其中有几位是夏家人）被杀。于是"四眼"长驱直入到达麻城，在这里屠杀当地居民并放火烧毁了大部分市区——其中不仅有县衙门，还有数以百计的私人宅邸。③

随后，胡林翼亲自指挥了一场战役，兵分三路对占据县城的叛军进行围剿。清军将领舒保撤出河南，从北部发起进攻；詹兆朱、余雅祥和夏梧的东山民团从东部发起进攻；来自宋埠及举水口岸、得到商人资助的其他团练武装，从南部和西部发起进攻。这场血战持续了两个月，直到6月中旬"四眼"突围逃往河南。他的手下没有那么幸运：数千太平军在清军收复县城时被杀害（就像胡林翼所夸耀的那样"一鼓而歼"）④，另有数百人在逃跑时被抓获并被处死。⑤ 胡总督随即让得胜的麻城民团首领参加

---

① 官文和胡林翼奏折，咸丰8/1/15、咸丰8/1/20、咸丰8/2/13，第一历史档案馆所藏明清档案；胡林翼奏折，咸丰8/3/26，见胡林翼，1：441~443页；1884年《黄州府志》，10下：31~32页。知县汪敦仁的传记，见《麻城县志前编》，7：15~16页。

② 译者按，陈玉成年少时因用艾草烧灸治病，而在眼下方留有疤痕，故被清军称为"四眼"，此处有误。

③ 官文和胡林翼奏折，咸丰8/3/26，第一历史档案馆所藏明清档案；《麻城县志前编》，5：18页；1993年《麻城县志》，347页；简又文，328页。

④ 官文和胡林翼奏折，咸丰8/4/23，第一历史档案馆所藏明清档案。

⑤ 关于血腥的细节，见官文和胡林翼奏折，咸丰8/4/14、咸丰8/5/11、咸丰8/5/18，第一历史档案馆所藏明清档案；英桂（音）奏折，咸丰8/5/16，第一历史档案馆所藏明清档案；李孟群（音）奏折，咸丰8/5/19，第一历史档案馆所藏明清档案。

他的肃清战役，这年剩下的时间里，他们一直在四省范围内追剿叛军。为表达朝廷的感激，他们得到了巨大的荣耀和晋升。①

但对整个麻城的民众来说，1858年这三个月所发生的事件是灾难性的。被太平军占领后，随之而来的任务就是辨认和掩埋死人。县城西门外建了一个巨大的墓地，用来埋葬身份不明的尸体，这个墓地和几个世纪前为明清更替之际的死者而建的城郊公墓相毗连。继任知县易光蕙在这里修建了白骨塔，勒石纪念横遭屠戮之父老。② 能找到的遇难者姓名被认真地记录在殉道者名册中，历部县志相继收录。仅这一年，被写入名册的就有几十位绅士和将近500名普通团勇，以及死在麻城土地上的数百名非本地的忠诚战士（在叛乱期间这是第一次）。③ 至于非战斗人员的死亡人数，我们只能依靠想象了。

焦　土

为数众多的麻城人按照由来已久的传统，入山躲避1854年和1858年的血洗，实际上从19世纪50年代末到60年代初，许多人似乎就一直住在山寨里。1882年县志记载，当时共有95处这样的山寨。有些山寨像古老的天堂寨一样，可以追溯到明朝甚至更早；另一些则是为了应对世纪中叶的危机而新修建的，更老的寨子也都得到了扩建和加固。④ 有些山寨是属于特定家族的，如罗田边界余雅祥的云龙寨、木樨河外夏梧的石城寨。另一些由几个家族共同掌管，如董、夏、余、王、肖等家族的天井寨。还有的是通过在当地征收商品贸易税和按亩计算的粮食税，来获得公共财政收入。⑤ 正如先前提到的，这一时期宋埠和白果的商人们经地方官许可，为自己的市镇修建了城墙。宋埠的城墙有六米多高，并拥有18座炮塔。

---

① 官文和胡林翼奏折，咸丰8/6/4，第一历史档案馆所藏明清档案；官文奏折，咸丰8/7/14、8/8/20，第一历史档案馆所藏明清档案。
② 1882年《麻城县志》，5：22～24页；《麻城县志前编》，15：19～20页。
③ 《麻城县志前编》，7：21页，10：37～38页，10：44～55页。
④ 1882年《麻城县志》，6：4～15页。
⑤ 1882年《麻城县志·食货志》，卷10。

山腰处的围栏有的非常宽阔,足以围住农场和牧地,甚至可以围住一大片森林。有些坐落在大别山群峰边缘的山寨(像有名的狮子寨),有它们自己的主神,其神力可以给居民提供更好的庇护。

但在1859年,一种全新的山区堡垒进入麻城,加入了旧式山寨的行列。这就是碉楼。它主要是为了防守从北部和东北部穿越大别山进入该县和该省的要道。当时总共建了九座碉楼,两座位于松子关,其他五个关口各有一座,还有两座建在邻近的山脊顶部。另外还建了七座哨卡。典型的碉楼有四层高,内部有梯子通往上一层,顶部设有矮护墙和炮台。这些碉楼相当令人敬畏。这些碉楼和哨卡的修建,经费来自县民团总局向麻城有产者征收的特别款项(见下文),管理则由来自东山和大别山相邻地区的"邻绅"组成专门委员会负责。这个委员会的主席就是夏梧。①

当地历史记载总是把麻城的碉楼革新归功于胡林翼,这并不是完全没有根据的。但是从胡本人在这件事情中的反应来看,真正的推动力其实来自县级文人和民团领袖——毫无疑问,首先是夏梧本人和他的同僚余雅祥、

石城寨大门,作者摄。

① 1882年《麻城县志》,6:3~4页;《湖北通志》,1882~1883页。

詹兆朱，他们急切地想要防止一年前经松子关侵入本县、肆意蹂躏的事情再次发生。实际上，当麻城知县易光蕙把当地精英设计的宏伟蓝图呈送上来时，胡林翼是不太情愿批准这一新项目的。尽管胡很清楚防守这些要道的必要性，他的第一反应——和他通常对地方精英活动的鼓励态度有些背道而驰——却是当心这些新城垛也许会给以喜欢争论和独立思想而著称的麻城精英带来额外的权力。他问道，为什么是在这里而不是别处？① 只有在想好如何确保自己的控制权以后，他才批准并实际上接管了这项碉楼工程。

为监督整个黄州地区的碉楼修建，胡林翼起草了一系列规章，其中特别强调地方精英与清政府利益的一致性。他指出，由于叛军穿越关隘，麻城人民几乎每年都要惨遭杀戮。和其他地方如蕲州相比（在这些地方，甚至明清易代之际的战火中遗留下来的山寨至今仍躺在废墟里），当地精英在修建碉楼方面先行一步，胡对此表示赞许。但与此同时他也要求知县们亲自负责碉楼和哨卡，使自己的行动规范化、官僚化。知县要负责：(1) 派遣军队驻守碉楼；(2) 控制碉楼的财政管理权；(3) 详细记录为修建和维护碉楼而征用土地的情况；(4) 与地方精英商定碉楼防卫的标准程序，这些都是县级的职责。胡林翼说道，要是做不到这些，就等于官员们无视守土保民的基本责任；如果履行了这些职责，(胡没有明说但显然意味着) 也可以阻止民众享有不适当的自治权。②

最后，在写给麻城知县易光蕙（胡的湖南同乡和门徒）的一份言辞强硬的指示中，胡总督一开头就以当时盛行的经世之学，指责易纵容衙门吏役、棍徒讼师们"扰民生诈民财"。（胡这些抱怨的具体所指尚不清楚，是否与修建碉楼有具体关系呢？）胡指出，"官劳而后民逸，吏瘦然后民肥"。他说，在这样的时期，赢得民心尤为重要。然后他转向了最关键的碉楼问题：

　　碉卡已成坚壁之法，已具梗概，惟在行之以实，持之以恒，得民

---

① 胡林翼：《麻城县禀复修建碉楼批》，见胡林翼，2.2017。
② 胡林翼：《札黄州府属禀报碉卡章程》，见胡林翼，2.987。

心乃能用民力,得士心乃能得民心,应日夜访求正士,随时接见,咨询地方事理。民有畏士之心,上行而下效,设保甲,组团练,守碉卡,莫不如此。【译者按,"民有畏士之心"以下为意译,原文查无此句。】

胡再次提醒他的知县,不要让衙门吏役插手此事。在信的最后,他强调要坚决地把新碉楼的防卫任务交给当地民众:"守碉卡应以乡兵,守城池应以官兵。"①

他所设想的这种分工,即政府官员镇守城市行政中心而让大量乡村民众自己保护自己,也构成了胡林翼另一项政策的基础(这是他对历史悠久的麻城防务的又一主要贡献):以坚壁清野而著称的残酷的焦土政策。和明末的情形一样,麻城在19世纪由官方主导的防务革新中,借鉴了鄂西北汉水高地地区的做法。该地区人口长期呈现出变动不居和内部分裂的特征,是18世纪末大规模白莲教起义的发源地,并见证了官府对叛乱的疯狂镇压(针对山地地区尤其如此)。②

这一时期由汉水流域的官员们所写的大量公文,在随后的几十年里广为流传,并对19世纪二三十年代从湖南书院走出来的一群具有自我意识和经世取向的学者产生了特殊影响,尤其是胡林翼。湖南人魏源在1842年的《圣武记》(征战西北地区的记录)中收录了满人将军明亮(1735—1822)的一篇悼文,称赞汉水高地精英们为修建堡垒,从周边地区尽可能搜集粮食以对付白莲教进攻而进行的自发努力。明亮的继任者勒保(1740—1819),和他的福建籍下属谋士龚景瀚(1747—1802)则走得更远。他们在1804年声称,镇压白莲教之所以没有完全成功,原因就在于当地官员未能强化防御工事,或未能把防御工事和焚毁四周农田的焦土政策结合起来、使叛军饿死。龚景瀚在1799年开了一剂药方——坚壁清野,倡导把修筑堡垒、毁坏作物、任命寨主、组织民团以及在全县征收附加税以筹措资金等一系列政策结合起来。在大别山和东山地区与太平军作战期间,该文被胡林翼和他的手下当作范

---

① 胡林翼:《麻城县禀陈地方情形批》,见胡林翼,2.1008~1009。

② 对于清中期高地地区人口及经济变化与白莲教叛乱之间的关系,见Suzuki;又见Rawski。

本来用。① 更有影响力的是湖南籍防守专家严如熤（1759—1826），他在白莲教运动期间撰写的一系列公文，内容涉及修筑堡垒、组织民兵，以及通过联络、武装和筑垒（所谓联村法）来建立防御圈。严的文章被魏源收入 1826 年出版的经典文选《皇朝经世文编》，并被长沙书院的学生们反复吟诵——当胡林翼还是学生的时候，严本人已经是这所书院的元老了。在严看来，焦土策略（清野之策）对于肃清任何地区的叛军来说都是绝对必要的。②

对于焦土政策在该县的详细执行情况及其可能的含意，麻城地方文献中的记载非常谨慎。大部分记述认为它对 19 世纪 60 年代打败叛军发挥了决定性作用。一位作者建议，它是整套防御政策中的最后一环，只有当招募防剿和联团合练都失效时才能执行。③ 但它的代价是什么？我们知道，19 世纪 60 年代初是麻城饥荒日益严重的时期，许多人为防止当地居民饿死做出了自我牺牲，并因此而被铭记。④ 在战乱频仍、屠杀习以为常之际蓄意烧毁粮食，肯定大大加剧了这一危机。在胡林翼写给麻城知县的一份时间不详的指示中，坚持不能强行将县城居民缴纳的实物租金用于缓解乡村地区的食物短缺，因为这么做会危及城市本身的安全，同时也有疏远精英的风险，这些人已经背上了军事捐献的沉重负担。⑤ 在如此紧张的条件下，我们只想知道清野政策的强制性（不管它看起来多么必要和有效）对清政府与地方社会、城市居民与乡村居民、当地富人和穷人之间的关系产生了什么影响。

全面军事化

1859 年新年刚过，胡林翼下令对湖北各县的军事组织进行系统性的

---

① 见 Hibino, 141–147; Kuhn, *Rebellion and Its Enemies in Late Imperial China*, 45–50。明亮和勒保的传记，分别见《清代名人传》, 579~580 页, 444~446 页。

② 严如熤：《三省山内边防论》，尤其是第四篇《堡寨》和第五篇《团练》，见《皇朝经世文编》，82：12~17 页。关于严的生平和影响，见 McMahon 正在进行的研究。

③ 郑庆华：《大事记叙略》，1882 年《麻城县志》，卷 37。

④ 例如，一位旅居重庆的黄帮商人张素圃返回本镇接济饥饿的邻居，一位叫刘焕章的商人资助并管理设在宋埠的赈济堂；见《麻城县志前编》，10：29~32 页。

⑤ 胡林翼：《麻城县禀陈各局绅筹办捐输情形批》，见胡林翼, 2.1012。

改组。每个县城设立一个总局,每个防区设立分局,对财政和军事策略进行更集中的协调。麻城知县陈汝蕃遵照指示,让主要来自县城的绅士们充任该机构成员,负责人为冯廷详。由于某些原因,陈的这次改组并不令人满意,第二年胡林翼指派的吴林接替陈担任麻城知县后,马上又进行了一次调整。吴是江南嘉定人,自豪地称自己是一介粗人,不懂舞文弄墨,他在前一年胡林翼担任江苏乡试考官期间被胡亲自招入麾下。吴在麻城上任后,立即着手整顿该县的团练管理机构。总局改称舆守局,由城绅李克明负责,可以肯定,他是到目前为止唯一具有长期指挥作战经验的人。李马上对麻城周边的防务工作进行了重大调整。关键性的东分局由东山老手詹兆朱、余雅祥和夏梧统领。夏还同时负责组建一支由500人组成的机动部队,称为"礼佑营"①。

麻城新集中起来的团练组织,将在19世纪60年代初面临严峻考验。1861年春,令人畏惧的"四眼陈"再次将部队集结到大别山北麓,这次他和一支当地叛军结盟,其首领人称"龚瞎子"(或龚莽撞)。龚因其作战勇猛无情而被许多人视为河南的灾星,进而又成为捻军的一名首领。捻军的性质有些模糊不清,先是指四处侵扰的叛乱武装,后来又在华中和华北地区进行军事活动。在探讨捻军性质的许多学者中,孔飞力和裴宜理都将其视为地方军事力量的变种,已经从清政府那里获得了某种程度的自治,开始从事各种犯罪活动,并在太平军叛乱所导致的政治崩溃中进一步发展成公开反叛。(但两人对其意识形态中的白莲教内容有不同的看法,孔飞力认为它相对比较重要,裴宜理则并不这么看。②)民国时期的湖北省志提到捻军时,宁愿将这些武装斥为经大别山前来四处侵扰、难以驾驭的外来者:

> 豫南汝宁、光州、南阳诸地,民风狂悍,地方无赖结为土党,劫掠勒索,人称"捻子"。咸丰初年,随太平叛军,伺机袭入楚地。③

---

① 《麻城县志前编》,5:22~26页,7:16页,10:27页;《湖北通志》,1883页。
② Kuhn, *Rebellion and Its Enemies in Late Imperial China*, 179; Perry,第四章。Perry还提供了中文和日文关于捻军研究的文献综述。
③ 《湖北通志》,1861页。

对黄州的第一次重要袭击发生在 1855 年,但绕过了麻城。第二次就是 1861 年"龚瞎子"和"四眼陈"的联合行动。

农历二月,龚和陈率领一支估计有 10 万人的部队猛攻松子关,一路打向武汉。曾国藩认为,从各个方面来看,这场即将来临的遭遇战都是整个叛乱的关键一役。他对胡林翼写道:"黄州失守,武汉危急……南岸亦极决裂……江西省城涣散之至……人人皆怀寇至即去之心,可危可忧。吾二人亲见楚军之所由盛,恐不幸又见其衰,言之慨然。"①【译者按,最后一句原文理解有误,意译当为:吾二人务命楚军相援,如若不然,后果不堪设想。】为此,曾派遣了五营楚军,由提督成大吉统领,再加上夏梧率领的麻城民团联合武装数千人,将叛军拦截在关内。这是一场规模宏大的战役。成和夏在挫败入侵者后,继续在松子关一带追击叛军,双方展开了激烈的厮杀,据记载:"血战连日,敌尸山积,无退志。"成将 3 000 余名俘虏斩首,其中包括龚瞎子本人。但在清军对叛军主力取得这场大捷之后,另一些太平军和捻军武装穿过大别山和东山的其他关隘,进入了麻城。知县吴林试图在乌石山阻止他们向县城进军,但是据记载,接下来的几个月里该县死者甚众,极其悲惨。②

经过这一事件,省级官员们对麻城(尤其是东山)那些训练有素的团练武装的重视和依赖程度与日俱增。1861 年底对龚瞎子取得辉煌胜利后,影响力无人能敌的曾国藩亲自举荐夏梧担任知县。他被任命为直隶武强知县,该县正在经受盐匪劫掠勒索之苦。夏死于赴任途中(在战斗中?),作为麻城漫长历史中最有影响力的人物之一,他的事业终结于此。③ 夏去世后,该县的有效权力留给了他的同僚"东山名人"余雅祥。

1861 年末发生了一起事件,虽然与接连不断的地区性战乱相比显得微不足道,但它似乎在很大程度上象征了麻城东山守卫者们正在崛起的权

---

① 引自罗,《湘军兵志》,37 页。
② 1884 年《黄州府志》,10 下:32~33 页;《麻城县志前编》,5:18~19 页。关于成大吉的传记,见《麻城县志前编》,7:18 页。
③ 《麻城县志前编》,9:62 页。

力及其态度。来自河南商城县的一支教匪武装进入东山高地，并凭借妖术在当地得到了一些支持。这支武装显然与太平军或捻军都没有直接关系，而很可能是民国时期不断从商城袭击麻城的红枪会的前身。东山高地陷入一片混乱，罗田知县向上级请求军事援助。这时，黄州府正在进行科举考试，打败龚瞎子后刚松了一口气的余雅祥是考生之一。黄州知府黄易杰（音）是主考官，他把考生集中起来去援助知县，但他先把余雅祥拉到一边，问他对知县请求清正规军的支援有何看法。余对这种做法不以为然。他说，在我的家乡，乡愚无知者绝大多数是正直的臣民，只有极少数人信奉教派。余警告说，在这种地方遣入大量清军，很有可能引发更大规模的叛乱，而不是维持和平。把这个问题交给我们本地的民团武装要好得多，他们会很快解决好。黄知府表示同意。东山由武装地方精英进行自治的传统，在17世纪得到了于成龙的认可，现在又被再次确认。①

接下来的几年（新开始的同治朝初年），见证了麻城几乎接连不断的争斗。1863年春，一支捻军从河南穿过边界，占领了北部市镇福田河，在黄土岗打败守城部队，包围了县城。次月，一支令人畏惧的太平军和捻军联合部队从罗田和黄冈跨越东山（叛军在19世纪60年代初占据了罗田县的大部分地区），占领了白果。他们在这里修筑工事，把它变成了一个重要的地区性据点，不时袭击周围的平原地区以获取食物。为赶走这支部队，继胡林翼之后担任湖北巡抚的严树森巡视该地区，下令设立麻城、黄安、罗田三县民团指挥部，由余雅祥负责调遣。但在这年秋天，又一支叛军从西南方进入举水地区，占领了宋埠和中馆驿，并再次包围了县城。双方都伤亡惨重，这一年当中，将近4 000名叛军俘虏在麻城被官军斩首。②

对整个大清帝国来说，见证了南京太平天国政权崩溃的1864年，是回归常态统治的里程碑，也是令人乐观的"同治中兴"时期的有效开端。但在某些地方，尤其是溃逃叛军途经之地，这却是非常糟糕的一年。麻城就是这样一个地方。当地的食物危机在过去十年间日益加剧，并由于政府

---

① 《湖北通志》，1883页。
② 《麻城县志前编》，5：22页。

的焦土政策而进一步恶化,现在已经到了最紧张的地步。这年夏天又有一系列严重瘟疫荼毒该县。当地慈善家和清军将领想方设法维持百姓的生存。① 曾国藩集结楚军沿江而下,以继续围攻南京,叛军则紧随其后占据了这些地区。在夺取县城的努力被挫败后,叛军集结在东山中部的山脚下,所到之处无不焚烧劫掠。现已重装驻防的叛军据点白果,成了整个华中地区太平军、捻军联合部队的活动基地。7月清军攻陷南京后,许多守城者一路杀向麻城,白果实际上成了太平天国的残都。与此同时,河南东南部的捻军占据了罗田县的大部分地区和黄冈县的许多地方,不时冲过东山进入麻城。巡抚严树森下令在全县发动一场更严酷的焦土战役。②

把叛军赶出白果成了清军在华中地区的主要目标。湖广总督官文将总督府迁往黄州,提督成大吉在岐亭于成龙旧官邸设立作战指挥部,令人胆寒的著名蒙古将军僧格林沁奉命在新建豫军的陪同下穿过大别山。在麻城本地民团的大力支持下,他们兵分三路发起进攻。最后在1864年秋天,经过漫长的围攻和双方难以想象的巨大伤亡,大约3万名叛军放弃了他们的据点,分别向东逃入东山、向北逃入大别山。清军报告说他们解放了被困逾一年之久的当地百姓,但在此过程中白果镇被夷为了平地。四处逃窜的叛军逐渐被清正规军和麻城民团肃清,但在逃窜过程中,他们一路围攻并迅速占领了该县的许多山寨。清政府像两个世纪前的征服年代一样,试图平灭这些山寨以绝后患。提督成大吉在罗田包围了一股逃窜的太平军,按照他一贯的做法,一天之内就斩首了2 000余人。在东山市镇木子店,清军和该镇民团伏击并屠杀了一股从黄冈逃往其家乡河南的捻军。毫不奇怪,叛军在松子关外地形崎岖的金家寨山地坚守时间最长,大约70年后,这里将为鄂豫皖苏区提供一块安全的根据地。③

---

① 例见商人程之易(音)的传记,见《西村程氏宗谱》,2:30~32页;以及清朝将军向百福的传记,见《麻城县志前编》,7:18页。
② 1884年《黄州府志》,10下:34~46页;《湖北通志》,1864页;简又文,473~474页。
③ 官文奏折,同治3/6/8、同治3/6/23、同治3/7/4、同治3/7/20、同治3/7/26、同治3/8/1、同治3/8/6,第一历史档案馆所藏明清档案;曾国藩奏折,同治3/7,第一历史档案馆所藏明清档案。

不管意图和目的怎样，1864年是麻城在世纪中叶的叛乱中惨遭杀戮的最后一年。当曾国藩调遣大军至该县以用于北方战役的舞台时，仍不断有捻军在1867年间侵犯麻城。每次，当地人民都后退至他们的山寨并且尽职地毁掉田间的庄稼，而叛军也转至另一地区进行劫掠。政府军，湖北军在新总督（曾国荃，国藩的弟弟）的领导下，以麻城县自身拥有的最具权势的民兵组织（在余雅祥的率领下）定期执行肃清扫荡作业以抵抗任何异教因素，并重建和平。①

叛乱中的叛乱

和元朝末年、明朝末年以及17世纪70年代的大规模暴乱不同，清中后期发生的血腥叛乱在很大程度上是从外部进入麻城的一场祸患，仅仅是由它在帝国地缘政治中的战略位置所造成的。该县本身并不是主要叛乱运动的发源地。19世纪五六十年代的麻城，没有产生像邹普胜那样的异教王、像汤志那样的复仇奴仆，甚至也没有任何像周文江或刘君孚那样特立独行的士绅军事领袖。但是，尽管被后来那些支持清王朝的人掩盖，资料中仍有微弱的线索表明，由于战乱年代社会矛盾的加深，当地人的团结至少出现了某种裂痕。

首先，我们还不清楚（就全国范围来说）规模庞大的太平军（它最初是由最南方的狂热分子和投机分子混杂而成的）在逗留长江流域的十多年时间里，是如何进行自我革新的。在麻城这样的地方，对于一支许诺从满人手中得到民族解放、经济平等以及自我救赎的叛军，究竟有多少人自愿地合作甚或热情地接纳？有证据表明，当地社会控制组织所拥有的权力，或许再加上民众对宗族制度和民间宗教神祇（两者无疑都是太平军的攻击目标）的依附，决定了人们对这些长头发的南方人的接纳程度是非常有限的。叛乱结束后《麻城县志》的编辑者坦率地写道：麻城人民

---

① 官文奏折，同治5/11/21，第一历史档案馆所藏明清档案；八仰阿（音）奏折，同治6/1/15，第一历史档案馆所藏明清档案；1884年《黄州府志》，10下：36～37页。

因其在清统治下所接受的教养，总体上是忠于清"国家"的；但是更引人注目的反抗叛乱的动力，也是该地区由来已久且根深蒂固的风气。和明朝末年一样，效忠思想首先是地方主义的产物。①

即便如此，叛乱期间的通敌现象也不能完全不提。人民共和国时期的《麻城县志》（这一时期谈论太平军通敌的禁忌更加严格了）在共和革命期间一位当地英雄的传记中提到：他的祖父曾经参加太平军，去了四川，从此再无音信。使这段过往记载更加扑朔迷离的是：这位参加太平军的人似乎是声名卓著的东山民团领袖余雅祥的叔叔!② 雅祥本人也一再承认，本镇的乡愚很容易危险地被叛军所吸引，也许他是从个人的（甚至家族的）经历来说这话的。③ 而且在太平军叛乱的最后几年，文献中总会提到该地区更具地方化色彩的教匪群体，它们与太平军或捻军没有明显的直接联系，但对边缘化的当地居民具有长期的吸引力。1866 年初，与当地捻军（也许是叛逃的湘军或楚军？）结盟但又与之不同的一支哥老会叛乱武装，将提督成大吉赶出宋埠并烧毁了他在那里的军营。④

还有一些不时出现的线索表明，在巨大的压力之下，这一地区经济上的不满会引发当地冲突。这种压力是由军事化和防御工事的巨额费用，以及与叛乱相伴随的日益增长的生存危机所共同造成的。例如，早在 1855 年，该县东南部举水流域的团练武装就发动兵变，拒绝与太平军作战，除非他们能得到报酬。⑤ 同一年，詹钟廉（他捐过功名，是东山木子店的民团首领，也是更著名的团练首领詹兆朱的亲戚）在定慧寺成立了一个 300 人的组织，叫做贫农局，从官府粮仓中抢走粮食，再以"平价"出售。

---

① 郑庆华：《大事记叙略》，1882 年《麻城县志》，卷 36 与卷 37 之间。

② 此人的名字是余谋瑞【译者按，原文误作"Yu Mouchuan"】，据记载，谋瑞的儿子叫余雅诗，他和余雅祥的姓氏和辈分（雅）都相同；参见余诚的传记，见 1993 年《麻城县志》，561 页。

③ 《麻城县志前编》，9：82 页；《湖北通志》，1883 页。

④ 1993 年《麻城县志》，11 页。关于哥老会及其与湘军的关系，参见蔡少卿，《中国秘密社会》，48～78 页，以及 Cai Shaoqing（蔡少卿），*On the Origins of the Gelaohui*。

⑤ 《麻城县志前编》，5：22 页。

他为此受到县政府的谴责，但因其在抗击太平军时一贯英勇作战而免于责罚（次年当他阵亡时，知县还为他写了一篇悼文）。① 随着叛军的不断发展，另一名东山民团领袖，木樨河的郑家驹，对权势家族（佑族）胁迫、欺压贫民之举甚为警觉，感到有必要在本镇制定乡约，对精英施加道德约束，从而避免阶级冲突在当地发生。② 叛乱之中还有叛乱，这一前景令精英们长期感到恐慌。

重建与纪念

叛乱结束之后的几十年，是麻城进行物质重建和治愈创伤的时期。据说，县城里唯一从太平军手中幸存下来的重要建筑就是麻姑庙（有些不可思议），麻姑是麻城县的保护神，麻姑庙则是当地认同的象征。从19世纪70年代起，官方和民间的慈善机构（当然尤其是黄帮商人③）不断利用幸存的资源，重建院试考场、钟鼓楼、孔庙，以及知县和县丞的办公场所。全县的庙宇也需要重建。农业基础设施需要修缮。该县的粮仓系统曾经是当地人自豪的标志，却在叛乱时期的危机中遭到叛军洗劫，无法满足人民对粮食的迫切需求。1861年初，知县吴林开始重建粮仓系统。到19世纪70年代西北大饥荒时期，麻城已经可以自豪地将其积累的余粮运出去缓解饥荒。在多年动荡之后，包括一套切实可行、公平合理的赋税评估与征收体系在内的地方行政体制，不得不几乎无中生有般地重新建立起来。④

为效忠朝廷而作出的英勇贡献，为许多麻城子孙带来了帝国的褒奖和荣耀，但和平恢复之后，精英们又一次转向通过非军事手段追求社会进步。县城文人冯廷祥因为临时领导该县民团总局而受到赏识并被授予官职，他上书请求给予麻城更多的院试和乡试名额，作为对当地居民所作牺

---

① 1993年《麻城县志》，560页。
② 《麻城县志前编》，10：28页。
③ 黄帮商人如程之易（音）捐献了1000两银子用于重修麻城院试考场，还为改建本族祠堂和他旅居的四川太平县城墙提供资助；参见《西村程氏宗谱》，2：32页。
④ 1882年《麻城县志》，39：13页；《麻城县志前编》，2：20~21页；3：16~19页。

性的奖赏。19 世纪 60 年代有两个时期，总督官文确实这样做了，第一次增加了每年 20 个（10 文 10 武）、第二次增加了 7 个名额，此外 1870 年还一次性奖励了 15 个名额。①

就连该县幸存下来的最有名的民团英雄、战争结束后事实上的"教父"余雅祥，也重新回到青年时代的学术事业。他通过了 1864 年的乡试，却拒绝担任官职，而是选择就任万松书院的院长。大约 20 年后，他把这一职务传给了他的儿子余应云（1886 年进士）。万松书院是该县教育机构中历史最悠久、声望最卓著的书院，1882 年的一份藏书目录，清楚地揭示了它在新院长领导下的学术旨趣。最重要的藏书是顾炎武的《日知录》、《天下郡国利病书》和陈宏谋的《在官法戒录》、《五种遗规》，以及湖北救星（也是余所率民团的上司）胡林翼的书信集——这份藏书目录其实是当时长江中游地区知识分子构成的"经世学派"的一部谱牒。②换句话说，明朝末年万松书院曾是孕育自由思想的温床。可是如今，这个麻城的文化中心已完全变成了具有社会保守主义和道德原教旨主义色彩的地方，反映了余雅祥起源于东山那种粗糙的实用主义、行动主义学问，不仅在麻城而且在晚清帝国的大部分地区都已变成了主流。

死者不仅需要埋葬，也需要被恰当地纪念。人们撰写了大量的悼文，竖起了一个个纪念碑。1882 年县志记载了数千个当地民团成员和英勇百姓的姓名，他们在战斗中献出了自己的生命。例如，县志用了整整五章列举当地节妇的姓名。这几千人里有一半以上是在世纪中叶的叛乱中惨遭横死。这部县志的出版，显然被看做是为叛乱带来的创伤画上句号，并标志着重建计划所取得的成功。它直到 1882 年才正式付梓（1884 年紧接着又出了一部府志），这表明用了多少时日才画好这个句号。叛乱年代麻城的胜利和失败都被详细地记入史册，为清中期大屠杀的社会记忆提供了正统的脚本。③

---

① 1882 年《麻城县志》，39：13 页；《麻城县志前编》，4：27~29 页，10：27 页。

② 《麻城县志前编》，4：32 页，9：63 页，9：79~82 页。

③ 1882 年《麻城县志》，5：22~24 页，39：14~21 页，卷 26 至卷 31 卷各处。关于另一场类似的暴力冲突之后的悼文、纪念和遗迹的研究，见 Blight。

在很大程度上,郑庆华【译者按,原文误作"Guo Qinghua",以下不再一一注明】是重建工作和纪念活动的负责人,也是在1882年县志编纂过程中投入最多的人。郑是桂林人,从19世纪60年代末到19世纪80年代初做过六任麻城知县。他为这部编年史撰写了一篇动人的挽词,在关于该县经历的地方文献中堪称首屈一指。① 郑从回忆12世纪20年代华北地区失陷于女真开始,为地方主义和效忠思想之间的联系提供了明确的封建的/家族的基础:"国之大事,惟祀与戎。古诸侯祭其宗庙社稷……上从天子征讨不庭,下以自固其封域。""今日州县,地方百里,大者或数百里,与古侯国何以异?然其春秋祀事,奉行礼部文檄而已……一旦寇患突至,非束手待毙,则委而去之。"【译者按,查1882年《麻城县志》,此语当为陆祐勤而非郑庆华所说。另,最后一句作者理解有误,意译当为:今日州县,奉行礼部仪轨,掌春秋祭祀,一旦寇患突至,则草野自起,保家卫国。】当太平军在南方、捻军在北方出现时,只有动员和挖掘地方潜力,整个国家才能转危为安。郑说道,防治洪水也是这样,必须由各地修固堤坝,以免洪水全面泛滥。

郑随即话锋一转,从地方防御的大道理,转而强调如今几乎是麻城所特有的自力更生性质。他说,由于麻城对于防守华中地区的战略地位,它总是会成为全国性争夺的战场。但在这种情况下,清政府从未真正把麻城挑出来作为防守重地。相反,它在世纪中叶的反复征战中变成了一座孤城,所有人都来围攻它,可除了自己之外没有人来保卫它。凭借着超越宗族、性别和阶级,充满热情的地方团结,麻城人齐心协力,对抗共同的敌人(同仇)。郑说道,正是这种被抛弃的感觉,解释了在麻城土地上打响的战役何以如此野蛮、如此惨烈:当地民众死伤无数,又以(郑本人对此有些不安)复仇的愤怒(愤激)予以回应——毫不手软地杀尽叛军的冲动(杀贼治国至死)。我们将会看到,对于植根于麻城地方文化中的那种战斗到底的倾向,20世纪的观察家也表达了相似的疑惑和不安。

但对其他人来说,似乎并没有这种不安。以郑庆华精心重构的地方记

---

① 1882年《麻城县志》,39:14~21页。郑在麻城的经历,被记录在《麻城县志前编》,6:31~32页。

录为基础，民国初年首次编订的湖北省志在一篇评论文章中，高度赞扬了麻城民团对保卫全省安全所作出的英勇贡献。1935年出版的《麻城县志》（它是国民党地方政府为庆祝"剿共"胜利而编辑出版的）再次讲述了这个故事：19世纪，诚实的当地百姓如何在胡林翼这样的正直官员的领导下，彻底消灭了离经叛道、野蛮未开化的叛乱分子。① 这是现实政治的最佳样本。

---

① 尤见孟广澎为《麻城县志前编》撰写的序言。

第九章
现代性的间奏

1924年初，宋埠人屈佩兰（他是辛亥革命英雄、湖北省议会主席）邀集旅居武汉的麻城同乡，在家乡投资创办了一家织布厂，这是该县第一家以蒸汽为动力的制造厂。他利用自己的关系从省实业厅得到特别支持，聘请出生于麻城、毕业于省立甲种工业学校的王洪范担任经理。王说服麻城县长召集该县商界领袖开会，并向他们发行债券。他买了30台动力织布机，制作大小布匹、发带、手帕等，于9月正式营业。可不到两年，在叛逃将领袁英占据麻城期间，工厂和资金都被他据为己有。次年春天，共产党积极分子谴责工厂为"资产阶级之组合"，勒令其转而生产"农民队"军服，并把工人们组织成一支武装纠察队。1927年底，工厂又被军阀土匪任应岐霸占，完全停止营业。①

棉布厂的短暂历史是一个缩影，表明"现代性"在麻城不仅姗姗来迟，而且驻足未久。在其关于第一次世界大战期间湖北全省经济"现代化"的冗长而详尽的调查报告中，湖北历史学家苏云峰一次都没有提到过麻城县。② 毋宁说，19世纪最后25年和20世纪最初25年的麻城历史，本质上是一段日益被边缘化、渐至被忽略却又极度动荡不安的外围历史。

麻城作为边缘地带

这个时期的大多数时候，并不总是贫困的时光。农业直到1920年代初仍在顺利发展，谷类、豆类、蔬菜和花生等常见粮食品种依然高产，长

---

① 《麻城县志续编》，10：3～5页。
② 苏云峰，329～456页。

期发展起来的耕作技术依然有效。木材、竹子、桐油、药草，以及茶叶、丝绸等特产仍有很大市场。1909年在南京举行的南洋商贸展览会上，麻城自豪地展出了好几样"本地特产"①。进入民国时期，该地黄帮商人的传记同样表明，他们仍然在长江上游和汉江流域成功地往来经商，并将很大一部分利润再投资到家乡麻城。② 但麻城长期享有的适度繁荣景象，在清末和民国时期日益扩大的二元经济中，逐渐跌入"落后"地区的行列。中国社会和文化也越来越分裂为两个部分，一边是边缘而保守的部分，另一边则是更加开放、更具自我意识的"进步"的部分，两者之间的紧张会给麻城带来异常的暴力。

随着1861年汉口对外国居民开放，以及此后几十年间长江沿线蒸汽船交通业的快速发展，华中大部分地区的经济已逐渐转向全球贸易网络。武汉从19世纪90年代开始真正的工业化，许多周边地区迅速转向生产工业原料作物，以满足省城和其他地区的工厂之需。在湖北四处延伸的"内陆三角洲"地带，最重要的是转向种植棉花及其他纺织作物。不过，虽然邻近武汉的沿江地区过去曾大大促进了该县经济发展，这些地区本身也有棉花种植的悠久历史，但显然麻城仍与这些发展无缘。如费惟恺（Albert Feuerwerker）很久以前所说，棉纺织作为中国经济中的一个领域，已经显而易见地被分成了两个同样兴盛的领域。因此，尽管麻城（通过黄帮开展的）手工棉布贸易仍然占据着已有几百年历史的跨地区市场，可该县经济从未整体转向为提供工业原料而进行的棉花种植，而这正是许多周边地区的特征。于是，麻城在湖北各县中作为棉花产地的相对地位明显下降了。③

麻城的商业生命线举水很难适应蒸汽船交通，而且直到1934年才修建了麻城与武汉之间的第一条公路。④ 1905年竣工的京汉铁路，从麻城西边的孝感和英山，而不是该县的五大关口，穿越大别山。这一路线使麻城在帝国南北贸易中的重要作用彻底终结了（无论如何它本就衰落已久）。

---

① 《麻城县志续编》，3：39页。
② 例如1847年《林氏宗谱》，卷2。
③ 在《1934年湖北农产品调查报告》中，麻城并不在该省主要棉产地之列。关于棉花二元经济，见Feuerwerker。
④ 1993年《麻城县志》，413页。

更重要的是，该县失去了利用连接武汉和北京市场的廉价交通刺激本地经济发展的重要机会，这一因素在铁路沿线的乡村地区迅速变成了现实。①与之相似，在1906年投入使用的湖北全省电报系统将该省所有地区连接、整合起来，越来越边缘化的东北部——麻城及其邻县黄州——却被排除在外。② 虽然该地区有令人自豪的商业传统，却直到1908年才成立麻城商会，是湖北各县商会中最后成立的一个。③

高度本土化和军事化的当地文化，很难接受外国的直接渗透，无论是商业上的还是其他方面的。我们已经看到，最早冒险进入该县的两名瑞典传教士，在1892年端午节之际被愤怒的当地拳民打死（见第一章）。后来瑞典人回来了，但是六年后，为声援余栋臣在重庆的反基督教宣传（这一消息无疑是由大量旅居四川的麻城人带回来的），瑞典人在宋埠的教堂再次被夷为平地，教堂人员被驱逐回武汉。④ 传教士直到20世纪初才在麻城站稳脚跟，又过了20年才得以进入极度排外的东山地区。⑤ 1905年，当地几名年轻人（显然是受了义和拳的启发，却自称为"白莲教"）密谋发动一场扶清灭洋的起义，但没有成功。⑥ 甚至到1915年，该县精英还成功地打了一场官司（北京的外交部都卷入其中），将西方传教士从已被他们改造成教堂的一座空道观中驱逐出去。⑦

至于外国商人，直到1909年汉口的英国和记蛋粉厂在宋埠设立采购站，才在该地有了立足之地。⑧ 随后几十年中，采购农产品的德国和日本商人也来到宋埠，但直到1938年日军侵占之前，住在麻城县的外国人总

---

① 见陈伯庄；又见张瑞德。

② 苏云峰，447页。麻城与外界联络的第一部电报机直到20世纪20年代才在宋埠出现，三年后才在县城出现。

③ 《麻城县志续编》，7：5页；苏云峰，409～410页。宋埠商会成立于1916年，麻城其他集镇也有类似的组织，但直到20世纪30年代才出现。

④ Chinese Recorder, 47 (Feb. 1916), 132；1993年《麻城县志》，11页。关于余栋臣活动的讨论，见Wyman。

⑤ 《麻城县志续编》，15：4～5页；1993年《麻城县志》，536页。

⑥ 1993年《麻城县志》，12页。

⑦ 《麻城县志前编》，2：2～4页。

⑧ 1993年《麻城县志》，413页。

数从未超过五个。尝试利用西方工业技术，也直到1924年设立的棉布工厂才开始，我们已经说过了这个工厂的凄凉历史。

改　良

这时麻城进入了20世纪，明朝中后期形成的社会和经济结构没有发生大的变化。不过的确有一股狂热的精英改良主义思潮在全国蔓延，它不能不自上而下、由外而内地对该县产生影响，并至少得到了某些回应。几位麻城士绅开始与进步的湖广总督张之洞密切联系，尤其在他富有魄力的教育改革中备受瞩目。例如，吴兆泰（1851—1909）考中进士后担任监察御史，1890年被免去官职，因为他斗胆上奏（和明末的许多麻城先辈一样），谴责朝廷动用非常紧张的财政收入修缮颐和园。随后吴成了张之洞的手下，在总督钟爱的（武汉）经心书院任院长。19世纪90年代末，他将书院更名为学堂，重新制定学程，使西方科学与经典研习并重。在生命中最后几年，吴负责掌管张新设立的省学务公所。① 余应云（1886年进士）是抗击太平军的本地强人余雅祥之子，并接替父亲担任麻城万松书院的院长，他也在经心书院学习，并在张之洞设于武汉的多所改良主义书院讲学。受聘期间，他在不少棘手事务中为总督排忧解难，包括1892年在他家乡麻城发生的杀害瑞典传教士事件。余试图让凶手免遭处决，引起了国际上的强烈不满，总督很快安排他到贵州任知县。余最后重返家乡，代表麻城任晚清的湖北省谘议局议员，致力于编纂《麻城县志》和《湖北省志》。②

教育变革在该县边缘地区来得更晚。1901年，一位意大利牧师在县城开办了一所天主教小学。1905年科举制废除后，全县各地迅速涌现了一批混杂性的学堂，其中大多数是由黄帮商人出资兴办的，也和全国其他地方一样，常常占用佛寺或道观作为校园。清末民初，宋埠、白果及其他集镇创办了西式小学（其中有些是专为女子开办的）。这些早期西式学校毕业生，可以到其他地方接受更高的教育，如武汉、北京和东京（早在

---

① 《麻城县志前编》，9：40~42页。关于经心书院，见刘平，244~246页。
② 同上书，9：63页。

1902年就可以)。① 但注定要产生深远影响的学校最早出现在1897年。中国在甲午战争中令人震惊地失败后,来自文人世家的激进士绅屈开埏,说服知县将麻城的科举考场(考棚)改建为高等小学,从全县各地挑选学生入学。我们会看到,这所学校将成为几代激进活动分子的温床,并将深刻地改变该县的政治生活。②

不难想象,在这个以"民风纯朴"而极其自豪的地方,教育革新是一个矛盾丛生的领域。从1910年代初,这个地区的西式学校就成了恐怖袭击的常规目标,袭击者通常是那些具有公共道德感意识的组织,例如红枪会。③ 一位"现代化"人士郑重(他是在当地出生的国民党麻城县长,新生活运动的领袖,1935年县志编纂工作的负责人)在回忆新政时,认为这个时期激进而邪恶的新观念开始在该县传播,和三百年前的李贽时代一样,对社会秩序构成了极大的威胁。④ 新的教育趋势不容忽视,但必须将其纳入控制之下。县级的控制工具,就是1905年前后设立的劝学所和麻城学会,有意思的是,它就设在县城的保甲局内。麻城学会后来改名为教育局,逐渐积累了大量捐赠土地,从中得到的收益用来资助它所批准的学校。学会成立后的头十年,由改良派士绅吴东甲领导。但从1918年开始,教育局为一连串保守文人和当地权贵所控制,如郑康时、余晋芳和程荫南;自1930年代初,该局由县长郑重亲自掌管。在这期间,与现代化最背道而驰的项目得到了源源不断的资金:郑康时任内的要务是修复古老的文庙,余晋芳是重建孔庙,郑重则以2 369元的巨资翻修乡贤名宦祠。⑤

---

① 《麻城县志前编》,4:41~42页,8下:12页,10:32页;1993年《麻城县志》,12页。
② 李敏,《考棚由来》;《麻城县志前编》,4:36~41页;《麻城县志续编》,4:10~14页;1993年《麻城县志》,11~12,470,531,579~580页;《麻城县简志》,41~42页。
③ 见向云龙。
④ 郑重,《麻城县志前编》序。
⑤ 《麻城县志续编》,4:1~10页。这一时期也是该县重修宗祠的兴盛期,而且不再对其宗族成员进行道德训诫。

对于麻城的许多地主精英（他们大多数可能来自东山，例如余姓和郑姓）来说，"现代性"至多是一件有利有弊的事情。例如，完全进入民国时期后，当地慈善家们所热衷的，仍是其他更开放地区的同侪在一个世纪甚至更久以前所做的那些事情。1923年，受过西方教育的社会科学家余晋芳在县城资助了一个儒家惜字会，以防止对神圣文字的亵渎。对当地城市贫民施放粥饭、诊治疾患的儒家机构善堂，早在19世纪20年代就开始在长江流域的许多市镇大量设立，但直到1919年才首次出现在宋埠、1932年才出现在麻城县城。① 最受欢迎的改良领域，毫不奇怪，是公共安全。1908年，麻城的保甲机构被废除（后来证明是暂时的），由"现代"警察取而代之，警察总部设在县城，但各镇都设有分部。第二年，宋埠镇以地方自治的名义设立自己的警局，代替了县政府的警局，其他各大市镇很快如法炮制。又在各主要市镇建起了军械库，以加强对该县日益增长的现代武器的控制。②

政权更替

就在这一时期，年轻的宣统皇帝当政的第三年，"革命"发生了。如周锡瑞（Joseph Esherick）描述的那样，10月10日武昌兵营士兵首义之后，1911年（辛亥）起义在整个华中地区的扩散，这是一场完全由城市改良派精英推动、几乎没有流血的事件。③ 就麻城而言，周锡瑞的看法完全正确。在元末明初、明末清初以及太平军和捻军叛乱期间，麻城都惨遭屠戮，而在此后不久的20世纪20年代末到30年代初，屠杀甚至更加残酷。可麻城的共和革命却大不相同——它是罗曼蒂克、甚至温文尔雅的。在这里，统治中国两千余年的帝制被推翻，实质上是少数年轻人的英勇壮举，它在一起丰富多彩的谋杀事件中达到顶点。

---

① 《麻城县志续编》，2：18~19页。关于长江地区的这类机构，见 Rankin；又见 Rowe, *Hankow*。

② 《麻城县志前编》，5：26页；《麻城县志续编》，5：21~23页，5：57页。

③ Esherick, *Reform and Revolution in China*.

毫无疑问，当地社会内部积累的社会和政治矛盾颇有助于革命的最终发生，但它们都更像是革命的征兆而不是原因。我们已经看到，在整个帝国晚期，当地纳税人与收税者之间的紧张关系在麻城已成为常态（其他地方无疑也是如此）。清朝统治的最后20年里，对衙门吏役中饱私囊的指控迅猛增加，并促使麻城知县在1897年对该县财政体系进行全面而彻底的改革。① 下一年，邻县黄安又发生了一场大面积的粮食暴动。虽然连年歉收，该县粮仓依旧粮食充裕、大门紧锁，粮价上涨了三倍。知县巫国玉本是平民出身，在藩台（省财政部门）工作多年才升任现职。他试图控制粮价，下令精英出售囤粮，却无人听从。成群的饥民聚集在县衙门口，在他的默许下抢劫了该县粮仓。当地精英们来到武汉试图撤掉巫的官职，但总督张之洞决定将他降职后继续留用。精英们被迫接受巫的平民化政策，但反政府情绪愈益高涨。②

在麻城，粮仓也是一个敏感问题。整个19世纪末期，由当地士绅发起的一系列诉讼，促使知县对当地粮食库存进行更大范围的统一调控。最后在1904年，知县滕松下令，所有政府及社区粮仓的库存和管理都由县城的保甲局统一负责。随后的好收成缓解了粮食压力，并使滕的大胆举措没有遭到普遍反对。但在宣统朝初期的1908年，中央政府宣布将地方自治作为正在推行的新政改革的关键目标，依照这一政策，麻城大部分粮食库存再次被分散到新设立的各地方自治机构。结果是引发了所有人都立刻察觉到的骚乱。此后数十年间，一连串改革措施都未能很好地保护该县粮食供给，使之免受接连不断的地方自治首领的中饱和各种军事力量的劫掠。③

在其他方面同样如此，地方自治运动为清朝统治在麻城的终结铺平了道路。1909年，知县张锡云召集全县士绅领袖开会，讨论如何最好地自上而下地执行自治。士绅们将该县分为12个自治区，每区都设有区公所、区长、助理，以及由大约20名当地精英代表组成的区议事会。其经费来自新

---

① 麻城县粮食局编，1页。不幸的是，该书并未提供这次改革的细节和背景。
② 蔡寄鸥，30~31页。
③ 《麻城县志续编》，3：4~5页。

征的附加税。1911年5月设立议事会，总部设于这时已包揽一切的保甲局。和在中国其他许多地区一样，最后宣布麻城革命的正是该议事会。①

麻城的第一代自治领袖都是些什么人呢？这些人虽然在民国初年因为强取豪夺而迅速成为攻击目标，但起初他们在该地的名声似乎要更好一些。麻城县自治事项的负责人是江化龙，他自革命成功之日起就担任该县议长。江来自麻城北部偏远的大别山脚下，1894年考中秀才。他因其公平政治和财政能力赢得了当地人的尊敬，长期负责粮食赈济工作。最后在1926年，他和他的儿子被四处劫掠的土匪绑架勒索，他们拒绝支付赎金而被杀害。据说全县都目睹了为他们举行的追悼会。②

我们对东山南部靠近黄冈边界的两位早期自治领袖略知一二。丁正柏、丁正松兄弟都没有获得过功名（都在早年的科考尝试中失败了），但他们来自丁家山村的主要家族，在当地享有令人称赞而又反差甚大的声誉。正柏身上体现了非常传统的崇文美德，他以当地纠纷调解人而知名，总是尽力照顾各方利益，保护他们免受腐败的司法程序之害。他也是自己家族乃至该地的赈济领袖，并在20世纪初充当了复兴早已破败的回车书院的先锋，这所书院是他家乡精英文化的中心。正松则与之相反，体现了同样非常传统的尚武美德。他是一位骑射技艺高超、在战场上赢得了巨大荣耀的男子汉，使他的家乡形成了侠义干云、锄强扶弱之风。1935年县志告诉我们，只要看见当地村民（乡愚）受到有钱有势者的欺压，他总要打抱不平，讨个公道。③

我们看到，在整个麻城历史中，极端强烈的地方主义情感已经以复杂的方式，与帝国或王朝的政治交织在一起。在这一时期，地方主义实际上已被中央政府激发到了前所未有的程度，变成了煽动性的政治武器。1908年，王葆心出版了那部激动人心的《蕲黄四十八寨纪事》，该书将麻城反抗满族征服的梅之焕及其后继者奉为圣贤，激起了当地人对摇摇欲坠的清廷非常不利的地方自豪感。王在序言中含糊其辞地指出，由于乾隆朝文字

---

① 《麻城县志续编》，9：1~11页。
② 同上书，11：11~12页。
③ 《麻城县志前编》，10：34页。

狱期间对怀有敌意的文献的疯狂破坏，当地的历史重建工作非常艰难。王极力为自己辩解，以免遭到对朝廷不忠的指责。他说自己对明朝事迹的热心，只是在响应清朝在《贰臣传》及其他文集中对明朝英雄人物的慷慨称赞。但在这篇辩护之词的结尾，他宣称这部热情的地方主义作品是和当前迫切的爱国主义需要相一致的，而爱国的对象——"国"的准确含义——却有意未加阐明。①

所有这些因素，包括税收和粮食政策方面日益增长的紧张关系、地方自治基础的发展以及王葆心著作中明显的汉人民族主义，都无法对辛亥革命前夕麻城普遍存在的反清情绪，乃至任何一种支持政治变革的民众心态，提供一个合理的解释。（正如元末的大多数麻城居民可能从未见过蒙古人，清末的麻城人也很少接触过"满洲人"；举例言之，19世纪末20世纪初的麻城知县和县丞，几乎全都是汉人。）革命在很大程度上是输入到这里的。一群来自上层精英的年轻人成了当地的革命积极分子，他们大多数是在该县之外的世界里形成自己的政治观念的。

其中有一位叫余诚②（1884—1910）。他是东山木樨河郊外的余家村人氏，来自一个政治上不和的家庭。他的祖父余谋瑞【译者按，原文误作"Yu Mouduan"】投奔太平军而去，叔叔余雅祥却是该县最有名的反太平军强人。余诚的堂兄余应云是晚清麻城最杰出的教育家之一，也是改良派总督张之洞的知己。在省谘议局任职的余应云坚决反对革命（让他痛苦的是，他在武昌的宅邸被新军叛乱者夷为平地，珍贵的藏书也被损毁殆尽），余诚却是一位积极的革命先锋。

余诚的祖父不辞而别后，杳无音信，他的父亲余雅时深感羞愧，被迫放弃自己不温不火的仕宦生涯，小心翼翼地迁居到河南商城。他在那里以黄帮商人的身份谋生，余诚也出生在那里。1895年，这孩子回到家乡继续学习，逐渐迷上了顾炎武、黄宗羲这些忠于明朝的学者（尤其是狂热

---

① 见王葆心。序言日期为光绪三十四年三月，所署地点为"京师宣南坊"。
② 以下几段主要来自余佩鸿；《麻城县志续编》，11：4页；1993年《麻城县志》，561页；《麻城县简志》，26页。

反满的王夫之）的著作。他长期坚持学习经典，于 1902 年通过府试，又在科举废除前夕的 1904 年通过了湖北省乡试。但在这期间，余诚已经转向了激进的政治观念。当一位堂兄从北京回来告诉他戊戌变法（1898 年）惨遭失败时，余诚决定将自己的余生贡献于革命。

余诚刚通过乡试，就成立了自己的科学研究会，并参加了黄兴的兴中会（规模更大）。在湖北省当局开始调查他的活动时，余逃往日本，短期就读于早稻田大学。他在那里学习制作炸弹及其他内容，并成为孙中山同盟会的创始人之一。他协助编辑会刊《民报》，并被任命为湖北分会的负责人。于是他在 1905 年返回武汉创建了日知会（该名称是为了纪念顾炎武），实际上是为同盟会招募会员的一个预备机构。他在当年出版了自己的日记，认为道德沦丧是民族危机的根源，革命则是爱国救国的唯一途径。1906 年元旦，余诚回到家乡东山，在麻城日益激进的高等小学发表演讲，反对缠足、支持剪辫。

他在春天返回省城后，得知自己激进的学生同伴在湘赣边界山区发动了萍浏醴起义，打算在武汉起事作为响应。起义计划流产后，余诚再次出逃。先是到了上海，在那里继续为《民报》工作，并发表政治演说，反对康有为保皇派的温和改良主张。随后又逃到东京。1908 年，他最后一次回到家乡，一边不断逃脱清政府的缉拿，一边为渐趋瓦解的同盟会从事组织和宣传工作。他的风格颇为夸张，在这些年的一张照片里，余戴着时髦的帽子，身边有猎犬相伴，像范戴克骑士（Van Dyke cavalier）一样巡视着全世界。但实际上余的健康状况正在恶化。1910 年 2 月，他因病去世，年仅 26 岁。余的英年早逝，使他未能亲眼目睹（或许是以身相殉）自己为之奋斗多年的革命的发生。

麻城的另一位革命学生周维桢（1880—1911），来自岐亭和宋埠的一个富商家庭。周在 15 岁时离开家乡来到武汉，在张之洞的经心书院学习，是湖北省最早的日本留学生之一。1900 年，他返回武汉参加了唐才常的自立军起义，起义失败后逃脱清政府的通缉，回到日本。他在那里由黄兴引荐加入了同盟会，撰写海报抨击康有为的保皇方案，并在余诚的领导下协助创建湖北省同盟会分会。1906 年前后，他从事的这些活动使他被迫离开日本。此后周继续在湖北、湖南以及四川（利用黄帮在当地的关系）

开展革命组织工作。他曾短期回到麻城,在老家的镇上创办了一所军事学校,之后又开始在陕西、甘肃、满洲里等地从事同盟会的宣传工作,并在满洲里领导了反对日军侵占的抗议活动。辛亥革命发生的时候,周正在石家庄,他致力于将革命扩展到河南。1911年11月6日,他被袁世凯的特务逮捕杀害。①

麻城的第三位、也是对该地影响最大的一位革命烈士是屈开埏(1851—1911),我们已经知道他是该县高级小学的创建者。② 屈比周维桢年长一代,也来自富有的城居商人家庭,两家之间常有姻亲关系。屈氏家

余诚,约摄于1906年。现藏武汉辛亥革命纪念馆。

---

① 涂允恒、戴勤和编,356页;《麻城县志续编》,11:11页;《麻城县简志》,27页。

② 屈开埏的详细传记,见《麻城县志续编》,11:10~11页;1993年《麻城县志》,579页。

230 族的正式居所是在宋埠以之命名的一条街上（屈家巷）。但在太平军占领宋埠期间，屈的父亲举家迁往四川，到亲戚和商业伙伴那里避难。年轻的开埏在那里就读于一所专为麻城移民开设的书院。当父亲于1873年去世后，屈的母亲（周氏）又带家人返回宋埠。开埏在1879年府试中考中头名，三年后又通过了乡试。1891年，他奔赴武汉，在张之洞的新式两湖学院中继续深造，尤其关注经济学。

屈开埏已经成了清末的一名精英改革家，他的家庭也的确在本县、本地区的改良活动中发挥了重要领导作用：他的两位堂兄屈开池（音）、屈开坊与其他进步士绅一道，在1908年被宣统朝的新摄政者召入朝廷，共商新政大计。① 但开埏却长期选择了一条不同的道路——一条浪漫的密谋之路，这条道路以他惨遭杀害并被誉为革命烈士而告终。例如，在1958年出版的一部激动人心的外史（耸人听闻的非官方历史）《鄂州血史》【译者按，原文误作《湖北血史》】中，屈的形象出现在首页，他被人们簇拥在汉口港一艘小船的船头，在月光下密谋反清大业。他就是歌剧史诗第一幕中那个好事的英雄。②

他早年的一位熟人回忆道，屈开埏年轻时读过记载清军屠杀的著作《扬州十日记》，由此对满洲人产生了终生的仇恨。③ 19世纪90年代初在两湖书院学习时，他就在同乡学生中间成立了一个学习小组——恛学会，致力于汉人民族革命。学会成员中包括很快就要撰写四十八寨联盟历史的罗田人王葆心，以及后来成为湖北共产主义运动精神导师的黄安人董必武。唐才常也在书院学习，他让屈参加了自己的革命组织自立会。

1894年中日战争爆发的消息传来时，屈在宋埠组建了一支准军事武装，称为救国团，表面上是要保卫本地区免遭外国人的侵袭，实际上却是在为反清武装起义做准备。随后在日本，他仍与唐才常保持联系，并在即将到来的革命期间将其宋埠武装交给唐规模更大的自立军调遣。唐计划在1900年8月起事，由年已五十的屈开埏在前来黄州参加府试的考生中开

---

① 《麻城县志前编》，8下：25~26页。
② 蔡寄鸥，1页。
③ 谢世勤，492页。

展宣传和准备工作。一起舞弊丑闻对他实现这一目标大有助益。广受憎恶的湖北提学使蒋式芬担任主考官，他指责来自广济县的一名考生夹带纸条进入考场，而担任副考官的该县学监站在考生一边为他辩护。双方情绪化的相互攻击不断升级，继而发生暴力冲突，导致至少一人死亡。屈开埏不失时机地召集所有 3 万名考生包围了知府衙门，江提学使、知府、知县都在里面被困了整整两天。但是被围困的官员们设法给在武汉的张之洞发电报，张派遣了一队骑兵，将学生们分别驱逐回去。屈被指为自立军密探，遭到张榜通缉。不过他的侄子（武汉经心书院的一名学生）得知了这一消息，设法将他的叔叔转移到河南躲避。宋埠屈家放出开埏已死的消息，以打消官府捉拿他的兴致。①

过了几年，风声渐小，开埏得以重回麻城，致力于创办西式学堂。但在 1908 年，他试图振兴救国团，并和黄州、蕲州府其他各县的类似组织取得联系，这显然是受到了其好友王葆心对效忠明朝的四十八寨联盟的研究的启发。然而省政府的反应颇为警觉，这一努力遭到挫败，屈再次踏上了流亡之路。他先后在河南省立师范学校和武汉同乡会在北京创办的一所中学短期任教，最后在日本人控制的黑龙江找到了一个相对安全的容身之所。1911 年春，屈感到已经安全，可以回到麻城了。他被任命为该县教育局局长，让他的老同学、显然赞同社会主义的董必武担任高级小学的校长，这所学校正是屈本人在十多年前创建的。他进一步加强了与武汉革命小组的联系，并当选为新成立的麻城县议会议长。

谘议局里的谋杀

武昌起义爆发八天之后，黄州府自治局于 1911 年 10 月 18 日宣布支持共和，并派代表前往各县，敦促他们如法炮制。② 在麻城，屈开埏迅速

---

① 蔡寄鸥，28~29 页。关于唐才常未成功的自立军起义的英文记述，见 Joseph W. Esherick, *Reform and Revolution in China*, 28—33；Bays, 78—91。

② 章开沅、林增平，3：88~92 页；Esherick, *Reform and Revolution in China*, 194。

举旗宣布汉人独立并得到了谘议局同僚的支持,他还进而要求清知县加入他们的行列。愤怒的知县张锡云拒绝了这一要求,并把屈称为"匪"。屈动员自己的民团武装并制造民众舆论向张施加压力,针对屈的举动,张召来了忠于朝廷的管带刘金堂。关于刘管带的动机有不同说法,但都不是什么恭维之词。有一份材料声称刘和张知县都不过是邪恶的该县主簿所操纵的愚蠢傀儡,这反映了精英们对基层文吏根深蒂固的偏见。另一种说法是刘管带乘机利用革命的消息,要求知县为他手下的士兵加薪(这是他们渴望已久的目标);张知县精明地回答说他没有资金来支持这一请求,因为资金都掌握屈开墌及其县议会手中。总而言之刘确信,势力正在迅速增长的屈开墌需要被除掉。11月20日晚,屈和他的同僚正在县议会摆庆功宴时,刘率兵闯进来杀死了他。①

随后发生了大规模的聚众抗议,要求为屈开墌遇害讨回公道。屈的女儿在第二天自杀以示抗议,使人们的义愤之情更加高涨。开墌的侄子屈佩兰——他在十年前的自立军事件中搭救过自己的叔叔——试图让武汉的新革命政府给个说法。② 佩兰通过另一个宋埠人(可能还有姻亲关系)、在革命政府身居高位的周龙骧③的关系,使总统黎元洪派出一支军队,由新军将军罗鸿升率领,去惩罚谋杀者并宣布麻城坚决支持共和。罗抓捕并处死了刘把总(附带还有该县主簿),解除了张知县的职务。

1911年末到1912年初的整个冬天,罗将军都留在麻城,以平定各地乱势,巩固革命军对该地的控制。九歇山缉卡(边防队长)以"革命"名义,从当地百姓手中聚敛了大量钱财。邻村的治安队也加入这一勾当,设立收费站向过路人索要财物。长岭关的兵士们亦有此类举动,各种游民

---

① 《麻城县志续编》,11:11页;蔡寄鸥,111~112页;谢世勤,493页;Esherick, *Reform and Revolution in China*, 198。

② 屈佩兰(1877—1928)曾在经心书院和两湖书院学习,又是日本"归国留学生",并曾任武汉施南优级师范学堂监督;见《麻城县志续编》,11:5页。

③ 周龙骧(1878—1912)是一名生员,也是屈开墌在两湖书院的老同学,1890年代初他在这里参加了屈的反满学习小组。他从日本游学归来后担任了两湖书院的院长。武昌起义爆发后,他立刻加入了革命政府,主要负责新政权的对外关系。据说在民国第一年,尤其是任职湖北省政府期间,他对黎元洪影响甚巨。见1993年《麻城县志》,579~580页。

加入了叛乱者的行列。在 20 世纪 30 年代的鄂豫皖苏区之前的时代，省界两边的整个大别山地区多数时候处于事实上的自治状态，直到罗鸿升进入并一片片地接管该地。① 到 1912 年 2 月，共和革命在麻城已告成功。和大约 300 年前的梅之焕一样，敬爱他的当地民众为屈开埏举行了盛大的葬礼。为了纪念他的英勇事迹以及麻城的另两位"革命烈士"余诚、周维桢，一座纪念碑在古老城墙掩映下的岐亭镇竖立起来。开埏的侄子屈佩兰，在武昌新成立的湖北省议会中当选为麻城代表。

然而，无论革命对那些为之献出生命的人有过何种承诺，这样的承诺在麻城都远未实现过。辛亥革命留给麻城的遗产，不论从短期还是长期来看，除了日益深重的灾难性暴力之外几乎别无他物。作为从太平军和捻军手中拯救该县的救星的儿子和继承人，1886 年进士，当地乃至全省的教育改革先驱，余应云怀着日渐增长的绝望感审视着这一结果。当新军革命逐渐蜕变为骚乱，当新一代年轻政治家的声音变成混乱不堪、令人不解的呓语时，余离开家乡和省城，在这个挣扎中的新生国家开始了一段自我放逐、忧郁感伤的流浪之旅。②

夏斗寅的崛起

如果近代中国真的体验过片刻的自由，我们通常会将自由和一群十几岁或二十出头的年轻人参加的 1919 年五四运动和新文化运动联系起来，可麻城从未经历过这样的时刻。这里有过零散的纪念五四的象征姿态，例如县城里的武庙被改成了麻城县立女子小学校，但那时，该县以前所建的许多西式学校已被征用为军营。③ 麻城子弟渐渐开始出国留学，学习商、法等科目。到 1935 年，已有 4 位年轻人在海外获得学位，其中伦敦大学 2 人，明治大学、索邦大学各 1 人。但他们在数量上远不及那些跟随时代风向学习军事的人。从十几岁到二十几岁的麻城青年人中，有 3 人进了日本

---

① 《麻城县志前编》，5：20～21 页。
② 同上书，9：63 页。
③ 《麻城县志续编》，2：2 页。

军事学院，至少 31 人在北京的中央陆军军官学校学习【译者按，原文未出注，经查，中央陆军军官学校先后设于南京、成都，其众多分校中亦无北京分校，只在北京开办过军官培训班】。1912 年，东山人张森进入保定军事学校第一期，他的同乡有 20 多人迅速仿效，其中包括后来长期担任麻城县长的郑重。① 正是这些最没有学识而又冷酷无情的骨干分子，注定将在随后几十年里成为麻城县权力结构中的支配者。②

该县精英的整体构成和定位发生了微妙的变化。艾恺（Guy Alitto）在研究与麻城相对、位于大别山北麓的豫南地区时注意到，1910 年代末到 1920 年代初出现了一场"新乡村'创建'：由土匪、军阀、官员、吏役和各种类型的'土豪劣绅'组成的共生性结合体"。皇帝（天子）制度长期以来都显得遥不可及，在清朝的最后几十年里又变得空洞无物，它的废除却造成了可怕的失范。据艾恺分析："政治和道德共同体的瓦解，任何单一、客观、广为接受的合法性标准的缺失，制造了一批新的乡村精英，他们的权力虽然来自复杂而多样的渠道，**却最终都要依赖于对组织化暴力形式的直接或间接控制**。"③ 要说明这一现象，或许没有比麻城县更好的案例了。

中国的代议政府试验很快就失败了。到 1914 年，民国总统袁世凯的独裁野心已变得昭然若揭，湖北省议会派出一个代表团，在麻城屈佩兰的领导下到北京抗议。袁解散了议会。第二年当袁本人被逐出政治舞台时【译者按，袁去职当在 1916 年】，省议会重新成立，屈担任副议长，1918 年又被选为议长。④ 但是很明显，那时议会已经没有什么权力了。权力都掌握在北洋军阀，尤其是湖北都督王占元和河南将军吴佩孚手中。麻城

---

① 张森（1887—1928）早年学习儒家文献，但和许多东山人一样，他对《孙子》及其他兵书更感兴趣。他毕业于麻城新设立的高小学堂，在保定军校领导过学生抗议活动，后来成为湖北军和国民党的军官。见《麻城县志续编》，11：2～3页。

② 《麻城县志续编》，4：14～17页；郑恒武，《夏斗寅的一生》，77～88页。感谢 Steven MacKinnon 提醒我注意到后面的这份资料。

③ Alitto，225。

④ 《麻城县志续编》，8：1 页，11：5 页。

人，特别是东山人（在那里，抵制外来统治成为一种根深蒂固的文化价值至少已有四个世纪），对北洋军阀占据本地深感愤恨。这种抵制将在夏斗寅手上变成现实，他将成为民国大部分时间里该县、该地区唯一最有权力（也最残酷无情）的人物。

夏斗寅（1884—1951）继承了东山数百年来的尚武传统，同时也是一个相对"现代"的人物。他来自一个支系众多而受人敬重的家族，控制着东山主要集镇木子店一带。1935年的县志（其编纂经费主要由夏斗寅资助）形容夏家既是"望族"，又积有"隐德"①。"隐"字似乎委婉地承认，夏家虽然几百年来都是当地最大的地主家族之一，但在科举方面却并未取得显著成就。事实上，该县傲人的数百名乡试、会试录取者名单就收录在这一部及以前的历部县志里，其中夏家在明代没有一人上榜，在清朝也仅有一人（1848年的一名举人）；武举方面夏家也只有一两人考中，还有一位捐纳而来的贡生。② 但科举方面的糟糕记录所反映的，显然不是缺乏参与公共事务的渠道，更是缺乏对科考程序的兴趣。早在15世纪40年代，夏氏名人已因其赈济及其他慈善活动而被不断称颂。③ 但更重要的是，他们的"德"在于其武装起来、积极保卫当地安全的角色。

木子店夏家其实正是Johanna Meskill所描述的中国地方精英中的"强人"类型，他们活跃在中央政府渗透程度较低的地区（例如Meskill笔下的台湾平原以及麻城的东山）。这些人在不太发达的当地经济中相对比较富有，在地方上有影响力，并将自己充分武装起来，但并不热衷于高层士绅文化（不像麻城大多数古老的精英家族，夏家人从未留下一首诗被收入当地文人的选集中）或致力于入仕为官。④ 但就像Meskill所考察的清初台湾强人一样，只要意识到家族、地方和国家的利益是一致的，夏家随时可以让他们长期维持的准军事力量听候朝廷调遣。例如我们已经看到，在17世纪70年代的三藩之乱期间，夏家是应于成龙的招募去对付反清叛

---

① 《麻城县志续编》，11：9页。
② 《麻城县志前编》，卷8。
③ 同上书，10：17~18页，10：24页，10：26页，10：30页。
④ 见Meskill。

乱（或奴仆叛乱）的最早也最可靠的东山武装家族之一。在19世纪中期的叛乱中，他们更坚定地守卫朝廷、守卫家乡，夏梧（他是帝制晚期夏家唯一的举人）成了该县最杰出的民团首领之一、胡林翼的亲信部下，夏世鹏（夏斗寅的曾祖父）则被认为是该县最有名的为效忠朝廷而殉难者。① 罗尔纲很早以前就认为，民国时期"军阀主义"的制度根源在于反太平军运动中的团练和私人武装，木子店夏家至少提供了这两个军阀时期之间存在家族性联系的个案。②

和三百年前梅之焕的情况相似，夏斗寅的父亲在他年少时就去世了。他的母亲（有趣的是也姓梅）含辛茹苦地把他养大，但对他非常严厉。一位儿时的朋友回忆道，她为了抚养儿子，白天捡拾木炭，晚上纺纱。斗寅在当地小学念了几年书，但在经济负担太重时就退学了。虽然后来又受过几年教育，但据说他一生依旧识字不多。夏在15岁时加入了县城里的卫防营，后来去了武汉，进入一所"新式"军事学校，并在湖北新军得到了一个低级军官的职务。1906年他又加入了同盟会，并作为队副参加了1911年的武昌起义。他回到家乡木子店后想要开个茶馆，但很快就失败了。他结了婚，并生下了三个儿子中的第一个。1912年秋，他在东山老乡张森的赞助下获准进入保定军事学校。③

1915年从保定军校毕业后，夏来到山西，效力于一连串湖北同乡，并很快在石星川手下升到营长。1917年底，石将军转而拥护孙中山广州军政府发起的护法运动。石不再遵奉北京号令，将自己的部队改名为湖北救国军，回到家乡湖北省。在夏斗寅的帮助下，他在沙市建立了一个短命的自治政权。但当该政权被北洋系的湖北都督王占元推翻时，夏将石残部2 000余人集结到公安县内的长江以南地区。其中相当一部分（包括夏过去的庇护人张森）都是麻城本地人，不少还是夏的同宗，他们实际上成了夏的私人军队。这支部队逐渐向南推进到长沙，夏让他们在这里为联合

---

① 《麻城县志前编》，9：61～62页；《麻城县志前编》，11：9～10页。

② 罗尔纲：《清季"兵为将有"的起源》。

③ 王中兴；*Who's Who in China*, 4th edition, 145－46；*Who's Who in China*, 6th edition, 82；郑恒武：《夏斗寅的一生》，77～78页；《麻城县志前编》，4：42页；1993年《麻城县志》，572～573页；田子渝、黄华文，230页。

对抗北洋军阀而效力。当湖南籍将军们彼此争吵不休时，他作为长沙最强大的军事人物登场了。

1910年代末到1920年代初，联省自治、共建民国的观念日益盛行，被视为反抗北京北洋军阀高压统治的有效工具。最初是在辛亥英雄谭延闿的倡议下，湖南走在了这场运动的前列。1920年11月谭被罢免后，省议会宣布湖南独立，最后又颁布了省宪法。与此同时，1921年7月21日，一万余名湖北流亡者在湖南省城集会，决心将外来的军阀赶出本省。他们建立了一个流亡省政府，夏斗寅被指定为所谓"湖北自立军"的司令。议会命他率军北伐，解放"共和革命的故乡"。最初他的军队大获全胜；到8月7日，夏已开始向武汉进军，令人憎恶的王占元被迫逃走。但北洋军迅速重整旗鼓，8月9日，吴佩孚将军亲自负责防守武汉。他在夏斗寅军队穿越长江向省城进发时炸毁了洇阳大堤，夏所部士兵大量被淹死。剩下的部队逐渐撤回长沙。湖北解放运动到这时已然失败了。①

到他生涯中的这一时刻为止，夏斗寅始终是以坚决捍卫家乡湖北自治和孙中山共和原则、反抗军事暴政的形象出现的。1924年，北京政府任命萧耀南为湖北督军，并不无讽刺地声称这一任命是为了响应湖北自治的迫切呼声（萧虽然是湖北人，却完全以忠实的北洋部下自居），夏斗寅对此无动于衷。他仍然在长沙积蓄力量，等待1926年即将从南方袭来的新革命。但是，夏虽有爱国之心，却和过去的那些麻城英雄，例如17世纪的梅之焕、刘君孚和19世纪的余雅祥，别无二致。就是说，虽然具有"现代"教育和"革命"资历，他对底层阶级任何有违社会规范的行为依然全无同情之心。在接下来的十年间，他将有大量机会展示自己的暴力倾向。

混　乱

至少从短期来看，辛亥革命留给麻城的最重要的遗产，是推翻了太平

---

① 郑恒武：《夏斗寅的一生》，78～79页；田子渝、黄华文，71页；李剑农，401～408页。

之乱后脆弱的社会秩序，使之陷入了不分敌友的混战（乱）之中。正如我们在整个故事中看到的，该县一直是大批土匪劫掠的目标。世纪中期的这场叛乱之后，街上枪械的数量迅速增加，半组织化的违法行为在发生频率和残暴程度上都升级了。① 但是清朝崩溃后中央权威的迅速衰落（与此同时，随着文官考试课程被军事学校教育所替代，中国的大批底层精英转化成了军事化群体），进一步加剧了已经常态化的暴力骚乱问题，使之即便在这个常年动乱之地也达到了前所未见的程度。如 1935 年县志军事部分所记载的，辛亥年在这方面的影响，直到大约十年后才严峻地体现：

> 民国初元，虽间有政潮，影响不及麻城，地方尚称安谧，故无兵事可纪。惟有少数溃兵过境，迫胁索款，避即获免，并无激烈举动，居户仍未受害……十五年三月，娄云鹤来驻县城，自此多事。②

当代观察家很快就会注意到，这些现象都是彼此相关的。在军阀争斗日趋激烈时，魅力型领袖（像夏斗寅）率领的数千人的部队不时会跳出指挥系统，习惯于劫掠当地百姓的生活。他们会夺取当地土匪在山中所建的巢窟，将其消灭或使其劫掠行径变本加厉。这两类准军事力量的成员具有非常相似的个人背景，成员常常在两种类型之间游移不定，甚或整个群体都在二者之间变换自己的身份和特征。麻城位于湖北省东北部与河南、安徽交界的地方，这里是不同地区间古老的交通要道，它的商业价值久已衰落，在军事上却不幸地被过度使用。该县是全国从事这类活动的最声名狼藉的地区之一。③

自 1925 年初，编年史中记载了一连串令人郁闷的事情。大规模的土匪团伙一整年都在蹂躏着麻城。1926 年新年刚过，随着湖北吴佩孚军与河南张作霖军之间的冲突不断恶化，从部队中分裂出许多小股土匪，在当地大肆劫掠。其中第一伙由将军娄云鹤率领，于 1 月占领麻城县城，拿到

---

① 例如，湖北巡抚谭继洵【译者按，原文误作"Wei Jixun"】奏折，光绪 18/7/28，《宫中档光绪朝奏折》，7：293~295 页。
② 《麻城县志续编》，5：23 页。
③ 尤见 Nagano, 237-238，各处。又见何西亚；Billingsley, 34-35，各处；蔡少卿。

一大笔赎金后才同意离开,这笔赎金是由该县商会会长陶炯【原文误作"Tao Xiang"】认捐筹集而来的。①

到 8 月份,一支臭名昭著、纪律松弛的部队在袁英(张作霖手下的一名中尉)的率领下,穿越大别山进入麻城,再次抢占了该县县城。袁有计划地从地方政府和地方经济中勒索数十万美元;例如,我们在本章开头提到,正是此人侵夺了刚刚起步的棉布工厂的资产。更糟糕的是,他将许多在当地长期作恶的土匪任命为民团指挥,派他们到全县各地聚敛更多财物。当受人敬重的地方自治领袖江化龙拒不付钱时,这些人杀害了他的全家。袁还派了一支全副武装的匪军来到东山的木子店,向该镇商人们强行派捐。匪军与郑渐逵率领的一支东山民团相遇,郑声称要发动游击战将侵略者彻底击溃。麻城县长刘芳充分意识到这将是一场血腥的屠杀,因而居间调停,达成了一个解决方案:给袁英的军队一笔补偿,又将郑渐逵的东山民团合并到该县(理论上)统一的自卫团。11 月,袁本人暂时离开此地,经大别山进入河南商城县,他手下的土匪们则在麻城和黄安继续干着以前的勾当。② 下个月,当国民革命军及其从事阶级斗争动员的代理人从南方到达这里时,他们仍在此地制造着混乱的集体暴力。这个舞台是为大屠杀而设的,接下来发生的事情也没有让人失望。

---

① *Hankou Herald*,Jan. 8,1926;《湖北县政概况》,508~509 页;《麻城县志续编》,5:48 页,11:8~9 页。

② 《麻城县志续编》,5:24 页,10:4 页,11:12 页。

第十章

鼎　沸

据县志记载，到20世纪20年代末期，麻城已进入了恶性仇恨和突发暴力的鼎沸状态。① 当国民革命嵌入这个一触即发的场景，并提供了关于阶级斗争的理论和关于复仇与拯救的天启式承诺时，其结果就是一场极度骚乱的血腥屠杀（血洗②）。正如美国记者埃德加·斯诺（Edgar Snow）富有政治同情和人道忧虑的观察，这是一场"宗教战争般惨烈的内战"③。

经济崩溃

麻城的农业经济，在明朝后期足以支撑巨额家庭财富的积累和全国知名的士绅精英的崛起，并在整个清朝和民国初年有效地维持了这种状态。现在它却迅速崩溃了。19世纪最后25年到20世纪最初25年，该县农村人口增长近50%，耕地面积却基本保持原状，总产量没有明显变化。非农职业也没有显著进展，直到20世纪晚期，麻城仍有95%以上的人口主要以农业为生。④ 在这些结构性制约下，20世纪20年代末的特定问题导致了灾难性后果。

20世纪20年代末30年代初，当地的共产党人和国民党人对麻城的经济危机作了极其相似的描述。1925年夏天发生了一场大旱灾，秋天又

---

① 《麻城县志续编》，3：41页。
② 这个词和它的变体在关于这段麻城历史的通俗读物中不时出现，例如，见郭木。
③ Snow, 298。
④ 《湖北麻城县地名志》，1页；1993年《麻城县志》，71页。

遇到了稻谷、小麦、花生、棉花等主要农作物的全面歉收。县长李子青对祈雨行为横加干涉。住在武汉的麻城人被激怒,采取措施使李去职,继任者向担任省议会议长的麻城人屈佩兰请求赈灾援助。不幸的是,援助是以纸币形式到来的,很快就证明没有什么用。用铜币代替纸币的尝试迟迟未决,最后只能采用实物救济,这使早已严重枯竭的县粮仓变得空空如也。麻城借此捱过了这一年,可接下来几年的收成依然很少。等到终于有了好收成(例如20世纪30年代初的小麦收成)时,主要经济作物的种植者却发现市场需求已经消失了。起先是盗匪和叛逃士兵、随后是国共两党的革命,抛荒了土地,征走了粮食,也破坏了农产品的市场渠道。该县各镇具有购买潜力的店铺纷纷关门歇业,许多规模可观、历史悠久的店铺也不例外。黄帮更大范围的区域性和跨区域性市场网络骤然瓦解,其中大部分是永久性地瓦解了。市场网络的瓦解是和麻城本地的经济崩溃相互关联的:黄帮商人失去了本县的资源供应,当地农业生产者则失去了他们的商业买主。纺织品和其他手工业品(传统上是农业收入的补充)由于国内外的工业竞争而迅速衰落,在此之前当地生产者一直是受到保护而免于这种竞争的。连续几年歉收之后,到20世纪20年代末,农村人口大批逃荒的现象日益严重,据报道许多肥沃的农田无人耕种。①

在地主所有制问题上,共产党与国民党的描述大相径庭。1934年国民党的一份调查报告,虽然描绘了麻城全县农村经济的惨淡景象,但并不认为土地租佃关系是导致经济萧条的主要原因:报告认为80%以上的麻城农民是拥有土地的自耕农,剩下20%的"佃农"也大多拥有一部分自己耕作的土地。② 这种看法与1929年共产党的报告形成了鲜明对比,该报告以更丰富的分区数据为基础,因而更加令人信服。报告指出,在麻城中部偏东的东山脚下,明显缺乏社会分层,绝大多数居民是贫穷的自耕

---

① 麻城县长刘刚给方省长的报告,1929年6月12日,湖北省档案馆;《麻城县委报告》,234~235页;《湖北县政概况》,508~512页;何玉琳,34页;《麻城县志续编》,3:28页,15:9页。

② 《湖北县政概况》,510页。

农；雇农所占的比例也很低，因为没有人能够雇佣他们。（值得注意的是，我们没有得到东山高地木子店、木榇河一带的数据，因为直到1929年共产党人还几乎没有去过那里。）在高度分层的南部地区（宋埠、岐亭、中馆驿和县城一带），更优越的农业条件使大规模的土地积累成为可能。有9户人家拥有数千亩土地，100余户人家拥有一千多亩土地，几百户人家有数百亩土地。但除了这些富裕地主之家外，约有50%的人口（"中农"）拥有土地并时常将部分土地出租给别人。剩下的50%人口，则是富裕者土地上的佃农或雇农。问题最严重的是北部地区——干旱的大别山集镇乘马岗、顺河集和黄土岗。尽管这里没有真正富有的地主，小地主也只有100户左右，却有75%的人口是佃农或是雇农，大多在境况仅比他们稍好一点的家庭的土地上耕作。后者为了保持自己的微弱优势，必须从更穷的邻居那里榨取尽可能多的东西，地租高达粮食收成的60%。①

当然，除了地主个人所有的地产之外，麻城还有大量可耕地是集体所有的，而且其比例越来越高。和过去一样，这类土地的所有者多为宗族（例如，西村程氏拥有数千亩"祀产"）和寺庙（黄安的龙潭寺拥有5000多亩地，由100多个雇佣劳动力耕作），但也包括数量激增的新"公共"团体，例如麻城教育协会和新"善堂"②。

20世纪麻城的地租通常以实物形式（即大米）收取。在20世纪20年代后期的连年歉收之前，一般采用定额地租，但1925年以后，许多地主为保证收入稳定而改用分成地租。根据共产党1929年的报告，这种做法使许多农民家庭的贫困程度更加严重，他们逐渐难以依靠大大降低的收成份额度日。南部地区的地租情况比北部高地好很多，平均只占收成的五分之一。北部地区名义上的基本地租（正课）为粮食收成的一半，但实际上常常涨到三分之二。此外还有许多令人不满的附加租或暗租（紫课或黑课），包括对小麦、棉花、花生以及强制劳役（人课）收取的附加地租。这些租额加起来非常沉重，使越来越多的人失去租种权，变成了真正

---

① 《麻城县委报告》，238~239页；李敏：《红土地上的花果》；104~106页。
② 《西村程氏宗谱》，卷2；王立波：《麻城起义前后的片段记忆》；《麻城县志续编》，4：4~10页。

的农村无产者。①

我们在整个故事中已经看到，麻城的地主与佃农关系一直很紧张，但20世纪20年代的经济崩溃使之彻底恶化了。连国民党的调查者也对这一事实深感失望：地主向佃农出借种子和耕畜的现象在其他地方普遍存在，在麻城却没有听说过，尽管在佃农急需时以高额利息借粮给他们是地主增加收入的一条常规渠道。来自麻城和许多其他县份的农民代表，于1927年3月在武昌召开了第一届湖北省农民大会，对该省长期存在的奴仆和农奴进行反复讨论。下面我们会清楚地看到，直到这一时期，具有人身依附性的租佃关系在麻城依然存在。②佃户必须用"阔人老爷"和更口语化的"马褂子"之类的敬语来称呼地主家里的成员，忍受他们的嘲弄，还要被迫承担额外的杂务，例如为主人抬轿子，对主人送礼、宴请以感谢他们收留自己。1949年以后当地的"诉苦"材料中充满了对残忍无情的老爷们的回忆。例如，大别山的一位村民回忆说，他在小河边发现一条死鱼，想带回家做晚饭，主人却指责他偷鱼，索要了一大笔钱才没有告他犯罪。③

国共两党的资料都承认，商品价格飞涨是导致社会不安的主要因素。从19世纪70年代到20世纪30年代初，工人工资增长了7到10倍，但大米和其他食品的价格涨得更快。此外，东南部核心地区与北部大别山高地的工资水平差距很大，据说南部一个普通雇农的年收入（150～200吊钱），比北部的一名学校教师还要高，而两地的商品价格基本相同。所以毫不奇怪，到20世纪20年代末，局部性的小规模粮食骚乱开始在该县蔓延，这些骚乱很少（或很少声称）是由于职业宣传家的鼓动而出现的。④

最后，民国初期各级政府的横征暴敛，是导致经济崩溃和社会紧张的一个主要因素。当地文献注意到，物价飞涨与政府不断发行纸币直接相

---

① 《麻城县委报告》，239页；《湖北县政概况》，510页。注意国民党的调查报告明确否认（几乎可以肯定这是不准确的）麻城存在附加地租。
② *People's Tribune* (Hankow)，March 22，1927。
③ 《黄安县委关于"黄麻暴动"经过情形给中央的报告》，1927年12月14日，湖北省档案馆；新县委党校，8.22。
④ 何玉琳，34页；《麻城县志续编》，1：18页；《麻城县委报告》，238页。最后一点有力地强化了Bianco的论述。

关，货币贬值的速度比物价上涨的速度更快。耕地附加税和范围不断扩大的特别费，在清末已开始急剧增加，在整个 20 世纪 20 年代，其名目和数额进一步激增：酒税、烟税、屠宰税、草鞋税、锅灶税、门牌税，不一而足。据说令人讨厌的商业税是导致小镇商店关门的主要原因之一，而这些商店正是农村商业产品所依赖的市场买家。加强公共治安武装是增加税赋的正当借口，可这些武装通常针对的是底层阶级的反抗运动，这些税赋也通常要在底层阶级中征收。国民党的资料特别指出，和任何其他因素相比，正是无限制的财政掠夺，导致麻城社会在 20 世纪 20 年代和 30 年代初进入了鼎沸状态。① 这是无与伦比的革命环境。

激进的一代

毕仰高认为，20 世纪 20 年代末共产党领导的"农民运动"与其说是"阶级革命"，不如说是一场"代际革命"。他注意到，"比农民积极分子的社会出身更引人注目的……是他们与其他人之间的代沟"。当地农民运动的领导人往往是"他们所在阶级的叛逆"。他们是"地主"和"富农"的儿子（有时候是女儿），是"在城里读书后回到家乡领导革命的知识分子"。至于运动的"底层战士"，则是"来自各个阶层的年轻村民，为革命提供了最大的热情和最多的成员"②。作为最动荡又最瞩目的革命地点之一，麻城的经历充分证明了毕仰高关于乡村革命代际特征的论断。

湖北省的一部革命"烈士"辞典，提供了 69 名麻城人的小传，这一数字在全省各县中高居前列。③ 在这个群体中，很容易识别出两个年龄段：约有 35 个人出生于 1901 至 1910 年，另有 14 个人出生于下一个十年。也就是说，在该县乡村革命的高潮时刻，他们中大部分人都只有十多岁或者刚过二十岁。虽然该书没有说明大部分麻城"烈士"来自县内什

---

① 加征捐税（费）的类型，见《麻城县志续编》，3：39～42 页；《麻城县委报告》，235 页。

② Bianco，43－44。

③ 涂允恒、戴勤和编。

么地方,却提到其中 9 人来自该县西北部的大别山集镇——乘马岗。约有 40% 被提到受过某种教育,足以在共产党的社会学术语中被称为"革命知识分子"。但是在教育问题上,两个群体之间存在显著差别:在清末出生的人几乎都上过学,而在民国出生的人往往没有。这是因为前一代人在青年时代被父母(往往以巨大的经济代价)送到 20 世纪初创办的新式学校接受教育,这些人在鄂东高地掀起了第一次共产主义革命浪潮。

麻城乡村青年的激进化,从根本上说是从一个叫董必武(1886—1975)的人开始的,他去世前是中华人民共和国的副主席。董来自黄安县城的一个士绅家庭,该县位于麻城西北部,在 16 世纪时因李贽的老对手耿定向的努力而独立建县。年轻时代的董必武,是中国大转型时代一位稍有特权的青年。他在十岁时来到麻城县宋埠镇,随一位家庭教师学习,此地三年前发生过瑞典传教士被杀的事件。他的官方传记称,宋埠残存的排外气氛对他的成长产生了巨大影响。不过,在 15 岁考中生员之后,董去了武汉的一所教会学校,在那里学习完整的西学课程。1917 年,他从日本修习法律毕业。董的政治生涯一帆风顺。1911 年初,他在武汉加入了同盟会,辛亥革命爆发后在新政权的财政部得到了一个中级职位。1910 年代中后期,他意识到共和革命已经失败,参加了孙中山的中华革命党。但在 1919 年五四运动后,他又在上海转向马克思主义,最终作为湖北省的代表出席了中国共产党的创建会议。1920 年代初,他回到武汉开展工人组织工作。但在 1923 年吴佩孚血腥镇压京汉铁路罢工后,他逃到广州,在组织 1924 年 1 月的国民党第一次全国代表大会、建立国共两党统一战线、筹划两党联合北伐(又称国民革命)中发挥了重要作用。①

在这期间,董必武既是一名教育家,又是在青年学生中具有感召力的革命传道者。1911 年,他在(民国革命烈士屈开埏创办的)麻城县高等小学堂教书。20 世纪 20 年代初,他在武昌创办了启黄中学。1923 年他又

---

① Klein and Clark, 874-880。董的官方传记为《董必武年谱》;见董必武年谱编纂组编,特别是第 7、10 章(关于董的宋埠之行)。

回高级小学呆了一学期，对麻城年轻一代产生了转折性影响，并为这些年轻人建立了一条通道，使他们能够在武昌的中学里接受更复杂的革命训练。这些激进的年轻人，将成为20世纪20年代后期麻城"农民"运动的基础。①

在董的影响下信奉共产主义的麻城人中，最年长的一位是王幼安（1896—1928），他比董小10岁，但比董的大部分学生大10岁。王来自乘马岗镇的一个没落地主家庭，也许是唯一一个能把该地区与20世纪二三十年代的农村阶级斗争联系起来的人。他在当地私塾和该县新创办的师范学校受过教育，1918年转到武昌的湖北第一师范学校学习，他在那里的所见所闻，很快使他变得激进。他成为1919年武汉五四游行示威的主要领导者，1922年董必武（当时是新成立的中国共产党湖北分部的领导人）从上海回到武汉后，王成了他发展的第一批党员之一。他在省城待了一年，协助董进行工人组织工作，随后（可能是按照董的指示）回到麻城高级小学，一边教书，一边发展党员。他在那里挑选学生组成马列主义学习小组，广泛阅读《新青年》和其他新文化刊物，以及《共产党宣言》和当地马克思主义小册子。他动员学生在县城和其他主要商业中心举行反帝国主义游行，并派他的学生们回到乘马岗及各自家乡的集镇，开始发动越来越贫困的乡村民众进行阶级斗争。1925年春天，县政府试图逮捕王，他秘密转移到武昌，在湖北省第五小学教学并发展党员。不过，他还将回到此地。②

在董必武和王幼安通过学校发展入党的数十名麻城学生中，最活跃的是白果镇的蔡济璜（1905—1927）、冯树功（1901—1929）和刘象明（1909—1927），顺河集镇的邓天文（1905—1927）和刘文蔚（1909—1927），乘马岗镇的凌柱中（1898—1931）、王宏学（1899—1932）、徐子清（1903—1929）、王树声（1905—1974）和徐其虚（1906—1929）。除了蔡来自一个显要的商人士绅家庭外，其余年轻人都是普通地主家庭的后

---

① 1993年《麻城县志》，223，490页；《麻城县简志》，9；李敏：《考棚由来》；董必武年谱编纂组编，29，44~53页。

② 涂允恒、戴勤和编，20~21页；1993年《麻城县志》，223，564页。

代。这份清单令人痛心地表明，他们都没有长命：很少有人活到30岁，只有王树声一人活下来见证了日本人的入侵和1949年共产党的最终胜利（他在1954年成为中国国防部副部长）。①

1923年，几名学生被麻城县的意大利天主教学校开除，王树声领导高级小学的青年学生进行抗议，捣毁了许多教会财产。在这里，我们看到麻城早已存在的排外主义开始转变为受意识形态驱使的反帝国主义。这个转变过程在第二年基本完成。当时，紧随着广州统一战线宣告成立、激动人心的反帝檄文《国民党宣言》（董必武参与了起草工作）正式颁布，高级小学的学生们组织了一场抵制日货活动，从县城商店和当地其他市场抢夺并烧毁了许多外国商品。②

1924年底和整个1925年间，离开家乡在武昌觉黄中学学习的许多年轻人，成立了共产主义工作小组，计划在本县开展活动。③ 1925—1926年的寒假期间，这些学生回到家乡，开始实施他们的计划。这是麻城激进动员活动的开端，它发生在1925年底极其严重的粮食歉收和日益增长的食物危机之际。学生们现在将自己改组为中国共产党麻城特别支部，附属于更广泛的统一战线，王幼安本人从武昌返回家乡，指导他们行动。他们开展了狂热的宣传运动，出版以《麻城青年》、《工作指南津》、《宣传报》、《战斗报》等为题的零星刊物，并成立共产主义青年团以招收教育程度更低的同龄人参加运动。他们特别看中了东山镇，值得注意的是，该地直到这时还很少（如果有的话）有人信奉共产主义。（和明末四十八寨联盟的先例相似，共产主义青年团的组织范围横跨麻城县、罗田县的东山两麓，并为此而将总部设在该县边界一座历史悠久的山寨里。)④ 对这些坚定的年轻乡村"知识分子"来说，这本该是一段令人激动和陶醉的时光，事实上却不过是学生们的游戏而已。当他们于1926年春回到武汉的学校里

---

① 这些年轻人中有几位的小传收入了涂允恒、戴勤和编，26，96，439～440，445～446，469，571～572，574～575页。王树声的官方传记，见王树声传记编写组编。
② 1993年《麻城县志》，12，562～563，573页。
③ 同上书，223页。
④ 同上书，233，520页。

时，可能很少有人意识到即将发生的流血事件有多严重。

政治夺权

　　1926 年 9 月，当国民革命军席卷北方、攻下武汉时，麻城的游戏规则突然改变了。几个本县人在革命的迅速成功中发挥了关键作用。王操如（1876—1926）来自宋埠的一个富裕家庭，是保定军事学校的早期学生，并参加过辛亥革命。作为一名职业军人，他在 1923 年和他的上司、大名鼎鼎的左派将军贺龙一道加入了共产党。在北伐军向北挺进、经过湖南时，据说是由于统一战线内部右派分子的叛变，王遇到北洋军阀的伏击，惨遭杀害。① 王在保定的同学夏斗寅也加入了国民党声势浩大的革命力量。20 世纪 20 年代初，夏在长沙担任湖北流亡政府的军事领袖，一位来自广州的密使（不是别人，正是他的黄州老乡董必武）试图和他接近，让他在北伐军的进军路线上发动一场独立起义。实际上，他在长沙加入了北伐军，而且是军中最早进入武汉的将领之一，实现了他将北洋军阀赶出本省的夙愿。夏被任命为湖北军政委员会委员，迅即挥师北上，肃清河南的北洋军队。但当独立的四川军阀杨森穿过长江峡谷，对武汉的国民党人形成威胁时，夏奉命沿江而上与之对抗。②

　　1926 年最后几个月在武汉成立的国民党政权对左翼社会方案非常热衷，以至于当影子国民政府于 12 月从广州迁到这里时，统一战线中的大批保守分子率先反对，并提议在江西省城南昌另行设立"国民政府"首都。最后两派达成妥协，武汉在 1927 年 1 月成为中国统一的国民政府首都。在麻城，一个更左的方案搅动了刚成立的国民党县政府。占领武汉的几周内，新政权派了一位来自黄冈县的相当保守的党员刘方，出任首任麻城县县长。但刘发现其他政治活动家在人数上远远超过了自己，他们不仅是本地人，而且对革命的定义也要有影响得多。随着统一战线军队向华中

---

　　① 《北伐将领王操如》；1993 年《麻城县志》，562 页。

　　② *Hankow Herald*，May 18，1927；《麻城县志续编》，11：3 页；田子渝、黄华文，93，230 页。

地区推进，麻城高级小学和武汉觉黄中学培养的几乎所有激进学生，都以共产党员身份加入了国民党。新的县政府成立时，这些年轻人有许多（仍然在统一战线导师董必武的关照下）被委以要职。的确，董有这么多门生在县政府担任领导职务，以至于麻城的社会经济调整实际上是董说了算。21岁的蔡济璜被任命为县党部秘书，负责在当地执行党中央的命令。王幼安、刘象明、徐子清、王树声都是县党部委员会的成员，但与此同时又在乘马岗及各自的家乡设立了共产党的办事处。随后共产党的县级党委很快建立起来，总部设在古老的清代育婴堂内。

由统一战线国民政府授权并资助在当地成立的各种"群众组织"，将基层动员工作开展得更加生机勃勃，成立的组织有：工会①、商会、妇女会、教育会以及最有直接影响的农民协会（简称农会）。不过，在我们进入1926年底、1927年初麻城复杂而戏剧性的"农民"运动之前，有必要回顾一下正在进行中的军事化问题和更普遍的公共秩序衰落问题，这场运动正是为了解决这些问题。

全面军事化

无论采取何种意识形态方案，麻城县新成立的统一战线政府首先必须面对任何统治当局所面对的同样问题：保护该县免遭土匪和叛军的劫掠。事实上，随着大别山地区北洋军指挥系统的失败和瓦解，在20世纪20年代中期就已失去控制因而肆意劫掠的军事力量，现在愈益严重了。1926年底，臭名昭著、毫无纪律的袁英第二军再次从河南进入麻城和黄安，零零星星地占领了两县县城，并将当地的公私财物据为己有。袁的副官在麻城抢劫新建的棉布工厂（这是当地经济中唯一的"现代部门"），绑架县商会会长，并从当地盐政资金中勒索了4 000多墨西哥银元作为赎金。县长刘方向武汉请求军事援助，总司令蒋介石派营长严正去协助该地防务。1927年初，严长官和当地民团（有些由当地"农会"领导，但大多数为

---

① 第一个"红色"工会，由蔡济璜于1927年1月在他的家乡白果镇成立。见《麻城工会志》，2。

东山强人郑渐逵所控制）经过一系列血战，将袁的部队赶出该县。①

郑的民团是20世纪20年代中后期麻城社会更广泛军事化的表现之一。我们已经注意到，武装起来的准军事力量是当地数百年来的一个显著特征，但当地文献坚持认为，在土匪和叛军活动加剧之后，大约1925年前后，这些准军事力量达到了当地人记忆中前所未有的程度。1935年县志记载，在过去十年间，几乎每一个村镇都开辟了各种训练场（校场），"以为全县壮丁队集中训练时得以容受"。1925年后，这些民兵被组织到全县大约20个联团，全都配有当地精英集资购买的自动武器（快枪）。② 毕仰高敏锐地指出，在麻城和其他地区，这些不久将与共产党的准军事武装决战的自卫团或保卫团，多数情况下并不是为此目的而成立的。毋宁说，它们是对民国时期公共安全体系崩溃和披着民国外衣的军事力量肆意掠夺的一种反应。毕仰高提醒我们，他们的首要目标是保护乡村财产不被任何人抢走，无论是以偷盗、横征暴敛，还是以最终的社会主义再分配的形式。③

在辛亥革命后的"地方自治"热潮中，县政府大约授权成立了大约20个区级保卫团。各团均由团总领导，包括大约20个团丁，经费由区级承担，主要来自附加税和捐赠。但在民国初年，公共安全并未受到真正的威胁，对大部地区来说，这种上级指定的民兵体系不过是一纸空文。④ 当真正的威胁来临时，出现了一个由社会产生的全然不同的准军事系统来应对它。

无论在1926年国民党到来之前或之后，尽管县政府一再尝试接管、整编这些自发出现的新民团，它们本质上仍然是当地地主精英和社区"教父"的私人军队。在由俗称为"爹"【译者按，原文误作"祖父"】的强人指挥的"子弟兵"中，最基本的要素在于家族制度，当地大多数重要家族为了自己地盘的利益而纷纷登场。⑤ 最早的镇级自卫团的一个例

---

① 《民国日报》（汉口），1927年1月6日，1月18日，1月20日，1月28日，2月8日；People's Tribune (Hankow), June 10, 1927；《麻城县志续编》，5：24~25页，10：3~5页。

② 《麻城县志续编》，5：23页；1993年《麻城县志》，340页。

③ Bianco, 4-5, 10.

④ 《麻城县志续编》，5：49~51页。

⑤ 《黄安工作报告：关于"黄麻暴动"的经过》，3~4页。

子，很好地展示了家族、地方社区和政府之间的协商过程。1918年7月，黄安县的一名匪首越过县界进入麻城，包围了筑有城墙的商业集镇中馆驿。该镇主要商业世家的后代林殿华（我们在第三章追溯过他的历史）组织并资助成立了新的中馆保卫团，在他的率领下赶走了入侵者。在接下来的十年间，保卫团的地位日益巩固并承担了该镇及郊区的常规军事控制。1925年，县政府颁布了新的被称为"区户制"的三级"保甲"公共安全体系，像林殿华这样的准军事武装被包括在内。但是在中馆驿，很可能在全县，低级单位的编制显然是和家族单位相混杂的，实际上也以它们所代表的家族来命名。和麻城以前的情形一样，家族控制对20世纪20年代当地社会的军事化来说是不可或缺的。①

郑渐逵所控制的东山北部保卫团，成了家族武装中最成功、最壮大的一支。郑家并不是门第高贵的显赫家族，和木子店的邻居夏家一样，他们在整个明清时期都没有获得过较高的科举功名（无论文举还是武举），但他们也和夏家一样，是许多代的当地强人。他们新建的保卫团严格说来并不是家族军队，因为有几名非本族的邻居也参与了创建过程，但它主要是郑家长者郑仙槎和郑康时的功劳，后者曾在1918年担任当地教育会会长而在全县颇有声望。如我们所见，保卫团的实际指挥者是郑渐逵（1895—1938）。1926年4月，当叛军威胁到木子店和东义洲交界处时，郑从商城县买来一大批快枪，穿过河南边界，组织了一支被戏称为"东木联合保卫团"的2 000人的部队。10月，政府第一次试图收编郑的部队，将其更名为八区联团。当年晚些时候，在新成立的统一战线政权领导下，又改为八区人民自卫军。②

在郑渐逵的指挥下，自卫团在战场上所向披靡。1926年年中，它肃清了一伙嗜杀成性的匪帮，这帮匪徒曾残杀了曾山的熊氏全家，并为勒索赎金而继续霸占木子店镇。③ 随后如我们所见，自卫团与统一战线的营长

---

① 《风云变幻》，1页；《麻城县志续编》，11：7页。
② 1993年《麻城县志》，340，568~569页；《麻城县志续编》，4：1页。
③ 《麻城县志续编》，5：23~24页。中华人民共和国建立初期剿匪斗争的领导人也姓郑。

严正合作,把叛将袁英及其土匪盟友赶回河南(据当地资料记载,与严正胆小怕死的部下相比,郑渐逵和他的忠实手下才是对袁英作战的主力)。经过这场战役,郑的部队成为当地最有实力的自卫团。1927年初,为表彰该团在全县自卫中发挥的关键性作用,它被再次更名为"麻城人民自卫军"。这年4月,这支部队的一部分被长期派驻到县城。与以前的东山民团领袖——17世纪70年代的刘君孚和19世纪五六十年代的余雅祥一样,郑渐逵带领他声名大噪的部队巡回于东部山区的边缘地带,承担了对麻城全县提供军事保护的任务。郑本人的政治立场在当时尚不清楚,但将会对该地很快就要到来的阶级斗争的结果产生决定性影响。

除了叛军、土匪和当地自卫团,导致20世纪20年代中后期麻城武装力量暴力泛滥的另一个因素是通常称为红枪会的组织。当时的观察家和后来的历史学家已对这些群体的本质特征进行了很多讨论,在这里我们无需复述这些讨论的细节。① 简言之,红枪会是华北地区修习传统武术的乡村自卫组织。它们由地主控制,具有很强的地方主义倾向,经常袭击村里的任何外来者。他们抵制民国政府的侵入,特别是掠夺性的田赋和附加税,也抵制西式学校等其他"现代化"要素。红枪会组织具有显著的宗教成分,相信其成员可以通过虔诚信仰和其他实践获得刀枪不入的能力。麻城红枪会的一句口号就是"功到百日,刀枪不入"②。不过,红枪会的宗教倾向是否如此特别、足以被称为教派,抑或其信仰与实践只是对乡村民众早已普遍存在的特征加以提炼,仍然是一个问题。

有些学者将此类群体的来源追溯到白莲教传统。1932年,末光高义(Suemitsu Takayoshi)在八卦派(19世纪早期白莲教的一个分支)中具体识别出他们的源头。③ 张振之发现一份红枪会的内部史料,称该团体起源

---

① 这里参考了向云龙,35~41页;张振之,第2章;Suemitsu,113-144;Perry,197-224。除了这些群体明确称自己为红枪会外,还有称为白枪会和黑枪会的类似组织。试图区分这些组织,见戴玄之,132~136页。在麻城地区,这些组织的活动很相似。

② 另一句口号是:"金刚体,肚炼气,能挡刀枪能防戟,枪炮子弹不入体。"见1993年《麻城县志》,537页。

③ Suemitsu,116-117。关于八卦教,见Naquin。

于太平天国运动中一个持不同政见的派别。① 还有人认为红枪会起源于捻军；另一些人则认为它源于为对付太平军和捻军而成立的地方民团。很多支持或反对白莲教起源说的学者都发现，20世纪初排外的义和团运动对它产生了深刻的组织影响。他们都认为红枪会的活动在这一时期急剧增加，很多人发现红枪会的名称在文献中首次出现，是用于针对"老外"和匪帮而进行的村庄防卫中，他们在1910年代中后期给华北平原带来了恐慌。② 长野朗（Nagano Akira）在1938年指出，1920年代统一战线的北伐进一步刺激了红枪会的形成和活动，麻城的经历无疑印证了他的看法。③

各红枪会组织基本上以村为单位，通过共同参与当地集市体系而相互联系。他们通常把总部设在村中寺庙里，这些寺庙因此被称为会堂或香堂。经费主要来自入会费，也经常得到当地地主的资助，这进一步表明保护财产是其主要组织目标。即便最本土化的组织，也往往具有复杂的领导结构，包括文职的会长、负责军事的团长或大帅以及类似于牧师的学长；组织本身同时也被称为红学。大多数情况下，这些领导人全都来自当地富有的地主阶层。

末光高义发现的某河南红枪会组织的管理规程，或许最清楚地揭示了这类群体的基本倾向。其会员资格仅限于有产者，宣布的目标是保卫地方，反抗土匪、恶军或乱军以及（明确提到）苛税。但它还清楚地表达了一项更为宽泛而且极其保守的文化议题：要求子女不仅对父母而且对师长（也就是会中领袖）严守孝道，禁止饮酒和淫乱，还要求对通奸者和其他越轨之徒进行严厉的谴责。④ 因此，这些团体对当地承诺的不仅是抵御外部的掠夺者，也包括在面对文化变迁的威胁时实施毫不妥协的内部规范。

时人指出，红枪会运动在河南最根深蒂固，特别是在该省西南部，但也包括东南部的光山县和商城县，这几个县跨大别山与麻城相对。这里总

---

① 张振之，131页。
② 关于这一点，又见 Kuhn, *Rebellion and Its Enemies in Late Imperial China*, 34。
③ Nagano, 326–329.
④ Suemitsu, 115–131.

是战乱频仍的地区，各种准军事武装时常穿越其南部与湖北的分界线，例如在19世纪50年代，麻城知县就曾邀请商城"乡勇"帮助该县抵御太平军。为应对土匪活动（1926年的一份报纸赞扬某村红枪会组织，他们设宴邀请危险的匪徒，将其斩首47人①）和无原则的军阀纷争，豫南地区的红枪会组织在1920年代末数量激增。整个1926年，名义上忠于张作霖和吴佩孚的军队在这个地区混战。9月份武汉统一战线政府的成立，实际上使情况进一步恶化：1926年底到1927年上半年，撤退的北洋军队、前进的国民党军队以及冯玉祥将军率领的狂热的国民军，在该地区持续混战。当地的红枪会组织迅速发展并联合起来，有时会与这些国家权力的竞逐者结成战术联盟，但基本上是要采用一位英语记者所观察到的"游击战"战术，去保护他们的财产和家乡。② 很多红枪会组织积极支持1927年一度出现的河南独立运动，直到被冯玉祥血腥镇压。③ 1927年年中的一篇报道，估计河南红枪会的总人数超过60万。④

大别山另一边的这些红枪会组织，是20世纪20年代后期麻城内部斗争的主要角色，但该县本身也出现了规模较小的类似组织。为了应对1925年愈益恶化的土匪骚乱，各种枪会开始出现于全县各地，其数量在十年内迅速增长。在阎家河和白果的中心区域以及西南河谷的宋埠一带，超过20个红枪会组织拥有数千名会员。但红枪会数量增长最显著的地区是福田河镇和黄土岗镇，它们位于中部偏北的大别山地区，与河南接壤。共产党的文件记载了1927年年中黄土岗的数十个红枪会组织，可能有数百名会员，但到1929年，红枪会的数量激增到300个以上，几乎全部人口都被囊括在内。⑤

---

① *Hankow Herald*, June 23, 1926.

② Ibid., Feb. 26, 1927. 又见 *Hankow Herald*, Jan. 8, 1926, May 26, 1926, and Aug. 7, 1927。关于国民党到达前后的几个月里该地区的军事混战，见 Sheridan, chap. 9。

③ 张振之，145页。

④ 向云龙，37页。

⑤ 《黄安县委关于"黄麻暴动"经过情形给中央的报告》（后修订编辑为《黄安工作报告：关于"黄麻暴动"的经过》，3.1~15页）；《麻城县委报告》，244~245页。

麻城本地的红枪会与邻省河南的红枪会似乎有些不同。它们总体上发展较晚，而且似乎出现过较低层的跨地区组织。例如，它们在命名上的丰富多样就暗示了这一点：除了红枪会之外，北部还有白枪会、黑枪会，南部还有金枪会，还有些组织如宋埠的仁义会，时人们认为该组织在功能上没有什么不同，只是名称里没有"枪"的字样。①此外，河南或淮北的红枪会组织（裴宜理对后者作过出色的描述）可以被视为小自耕农联合保卫自己土地的互助组织。麻城的红枪会则绝不是这种类型，它们往往是专门效力于当地地主强人而组织起来的一帮保镖和打手。在一个典型案例中，据说北部某村庄的大老板强迫贫穷的同乡加入其红枪会组织，并招来一位河南拳师（其他地方则不那么好听地称之为流氓）训练和指挥他们。② 我相信这一点颇为重要，即使完全没有材料提到麻城的红枪会组织参与抗税或其他反体制活动，而此类活动在河南及其他地区是很常见的。

　　虽然情形不容乐观，统一战线和共产党积极分子还是一再尝试将红枪会组织拉到自己这边来。按照共产国际的建议，中国共产党创立者李大钊和陈独秀在1926年分别撰文，主张和这些群体联盟。这年7月在上海召开的一次中央委员会会议，宣布这些"中贫农"组织已经发展成熟，足以吸纳到党组织中来。早在1925年北伐期间，河南的基层党组织已开始尝试与红枪会联系。③ 在麻城，20世纪20年代后期的艰难岁月里，当地党委一直要求将两种类型的红枪会组织区分开来，一种是毫无希望的地主的工具，另一种则具有革命的潜力。④ 他们甚至偶尔取得过成功。曹门村一个叫吴焕先的年轻党员和著名拳师，设法改组了自己村庄的红枪会，并利用同学的关系与相邻各村的红枪会建立了联系，吴的组织最后被编入了红军。⑤ 但我们将会看到，在麻城，共产党与红枪会的关系总体说来是大规模的相互斗争。

---

　　① 《麻城县委报告》，245页；《麻城县志续编》，5：25页；1993年《麻城县志》，537页。
　　② 《麻城县简志》，14页。
　　③ 戴玄之，217~218页；Perry，213—216。
　　④ 《麻城县委报告》，247页；何玉琳，31页。
　　⑤ Wou，117—118.

激进分子夺权

导致 1920 年代麻城各种准军事组织血腥混战的最终因素,是被称为农民协会(通常简称为"农会")的明确的革命团体。① 1925 年夏,国民党的先遣代表成立了农民部,作为武汉地下党领导机构的一部分,12 月又成立了湖北省农民协会。同年,国民党代表在县城成立了麻城县农会,由当地士绅党员罗清涟担任首任会长。② 但后来的共产党文献认为它是一个非常传统的、自上而下的机构,虽然表面上拥有很多会员,可无论在功能上还是组织上,它都和第二年在该县各乡镇大量出现的真正激进的同名组织没有任何关系。

1926 年暑假期间,随着统一战线军队从南方席卷而来,许多麻城激进青年离开了董必武在武汉创办的觉黄中学,回到各自的家乡去动员乡村民众。前一年,董本人已经在宋埠附近进行了关于乡村状况和民众态度的调查,准备成立以阶级斗争为宗旨的基层农会。这年夏天和秋天,在董的指导下,徐子清、王树生和王宏学在乘马岗的东岳庙成立了地下农会,邓天文、蔡济璜和刘文伟也在顺河集成立了农会。叶家的两名年轻积极分子宣布成立中馆驿农会,并将其宗祠征用为农会的会议厅。其他各镇的年轻积极分子纷纷效尤。这年 10 月,当统一战线军队接管这一地区时,这些协会由地下转为公开。在董必武的领导下,农会会员佩上象征三民主义的红、白、蓝三色肩带,自豪地宣布他们的会员身份。新组建的麻城农会于 1926 年底在县城宣告成立,蔡济璜和徐子清任会长,并成立了一个计划委员会,负责将组织拓展到以前未曾控制的东部和南部地区。截至 4 月

---

① 我在研究中一直避免将农或者农民翻译成 peasant,因为这个居高临下的英语单词具有意识形态和东方主义的色彩。大多数情况下,farmers 或 cultivators 是更为准确和价值中立的翻译。但在农民协会的例子中,该术语的意识形态内容是被协会组织者有意利用的,实际上农民本身就是马克思主义意义上的 peasant 的直接翻译,因此,peasant associations 似乎是最恰当的翻译。

② 《麻城县志续编》,7:4~5 页;1993 年《麻城县志》,233 页;田子渝、黄华文,192~193 页。

份,农会已有不少于340个分会,全县共有124 000会员。① 大部分会员是至少拥有一些土地的男性农民(如果算上租种的土地)。1929年,共产党县委将农会会员大致分为40%的自耕农(总数的10%是"富裕的",20%是"贫穷的")和60%的佃农。雇农不到会员总数的2%,妇女只占1%。②

这一时期的主要工作仍然是宣传。组织者们为不识字的乡村民众介绍党的标语。早期流行的标语是"打倒贪官污吏"(这是一切乡村有产者,无论其财富多寡,共同享有的情绪)和更有争议、更加开放的"打倒土豪劣绅"③。当地的积极分子意识到了这种做法的局限性,麻城组织者何玉琳在1929年报告说:

> 问一佃农民:"你是革命的么?"
> 他答:"是的!"
> 再问:"你怎样革命法呢?"
> 答:"杀尽土豪劣绅。"
> 问:"然后呢?"许多就不能再回答了……
> 还应当对于这加倍地努力。④

这"加倍"努力包括积极开展识字运动,只有这样,当地积极分子大量印刷的党的指示、报纸特别是传单才能够被阅读和理解。为此,麻城和黄安的组织者在1926—1927年的冬天创办了大量的"群众阅览室"、"群众教育学校"和"乡村夜校",并被武汉的统一战线政府表彰为全国开展这一运动的模范。⑤

作为当地乡村人家的后代,麻城的共产党活动家们具有地理优势,可

---

① 《风云变幻》,4,8~9页;1993年《麻城县志》,12,232页,562~564页;《麻城县简志》,10页。

② 《麻城县委报告》,240页。

③ 《风云变幻》,8页;1993年《麻城县志》,230页。关于"土豪劣绅"概念相当含混的所指,见 Alitto,239–242;Kuhn, *Local Self-Government under the Republic*。

④ 何玉琳,43页。

⑤ 《民国日报》(汉口),1927年1月28日;《麻城县志续编》,7:2~4页。

以利用当地大众文化来争取自己的同胞参加革命。他们大胆运用的一种媒介是民歌。在像大别山这样教育落后地区的人口中，如一位当地组织者所说："标语比传单管用，但最管用的还是歌曲。"① 尤其有效的是深受当地人喜爱的"山歌"，通常由牧人、船夫、采茶人吟唱，其特色是在手鼓伴奏下的问答对唱。在统一战线政权统治的最初几个月里，高地出生的年轻人从武汉回到家乡，为这些熟悉的旋律填写新的"进步"歌词。王幼安在1928年初创作的一首歌曲是这样的：

> 马列思潮沁脑骸，军阀凶残攫我来。
> 世界工农齐秉政，甘心直上断头台。②

积极分子还试图把当地传统节日变为革命节日，并取得了一定的成功，这些节日当然是他们自己在孩提时代所喜爱的。几名积极分子以庆祝春节为借口，要求当地富户捐献粮食，让穷人可以舒适地过节。元宵节（农历正月十五）的时候，一位组织者在大别山区自己的村庄里上演"文明戏"，演员们在主街上欢蹦乱跳，滑稽地扮演"大鼻子外国人"、军阀和地主，引来了观众的嘲笑声。为了庆祝重要的革命时刻，新节日也会很快被发明出来。③

统一战线中党的路线，要求指导当地开展反对"帝国主义者"的活动。1927年初，当武汉政权收回汉口、九江英租界的运动高涨时，麻城的积极分子分散进入各村庄，提醒农民80年来英国人给他们带来的屈辱。当时正在发生饥荒，他们又声称饥荒的原因之一正是英帝国主义无情地拒绝卖粮或借钱给当地饥民，这对他们实现自己的目标颇有助益。1月30日，麻城中部的几个农会成功召开了一次群众反英大会，据说在白果的天主教堂前聚集了1万多人。④ 全县各地，被指责囤积食物的店主频频遭到

---

① 《麻城县委报告》，247页。
② 1993年《麻城县志》，493页。1981年，麻城文化局将255首民歌结集出版，但我没有见到。共产党人将麻城活跃的民歌传统用于动员大众，这种做法贯穿了整个毛泽东时代，例见《湖北麻城农民歌谣》。
③ 新县县委党校，25页；《麻城县志续编》，7：2~4页。
④ 《民国日报》（汉口），1927年2月9日、3月7日。

攻击，由于传言某商人改信外国宗教，攻击的程度进一步加剧了。① 但是时间将会表明，尽管麻城有敌视基督徒及其他外国事物的自豪而暴力的传统，乡村民众的反帝动机显然只是革命主要诉求的细微支流，这一诉求就是：借机表达对当地老爷们蓄积已久、根深蒂固的仇恨，并将其付诸行动。

积极分子们承认，这种世代仇恨正是他们在麻城非常轻易而迅速地组织农会的主要资源。② 在乘马岗，徐其虚在一个邻居的院门上贴了一张威胁性的海报，上面写着一首诗：

> 穷莫忧愁富莫夸，
> 哪有常穷久富家。
> 土豪把我穷人压，
> 不劳而获得荣华。
> 只要农民团结紧，
> 千年铁树也开花。③

在中馆驿和其他地方，农会领导人针对特别受人憎恨的财主们召开了"斗争会"。他们给这些人戴上纸帽子（表明他们是要被"消灭"的"劣绅"），押到街上游行。④ 王树声后来回忆道，这种做法在1927年初成了一种激进的时尚，热情高涨的年轻人对此尤为热衷。正如毛泽东在其著名的湖南调查报告中所描述的，"戴帽子"是一种极具象征性的暴力行为：遭到这种待遇的当地士绅立刻明白，他们再得不到同乡的尊敬了。⑤ 但农会精心策划的暴力行为并不仅限于这种象征。

1926年冬到1927年春，麻城的"农民运动"逐渐转向一种更激进的模式。毛曾非常欣赏地说："革命不是请客吃饭。"他那篇著名的调查报

---

① 《风云变幻》，9页。
② 《民国日报》（汉口），1927年2月8日。
③ 涂允恒、戴勤和编，445页。
④ 《风云变幻》，8~9页；Chang, 213。
⑤ 毛泽东：《湖南农民运动考察报告》（1927年3月）。

告于3月份出版，其中称赞了自己家乡湘江流域的农民激进行为，武汉的统一战线高层对报告褒贬不一。① 但时任国民政府"农工部"部长的黄安和麻城人董必武，是最热心的读者之一。毛的精辟见解很快被证明完全适用于董的家乡。

12月底，麻城县农会宣布减租25%、减息20%，接下来6个月里，全县为执行该决议而积极开展了抗租抗债运动。当地积极分子还希望发动一场土地再分配运动，但这种想法在当时并不符合耕种者的实际要求，因

打倒"土豪劣绅"。来自《风云变幻》。

---

① 毛泽东，《湖南农民运动考察报告》，28页（其中有对"请客吃饭"的评论）。关于武汉对该报告的反应，见Schram, 94–103。

而并未付诸实施。农会还领导开展了反对麻城精英支配的堡垒——祖先崇拜（被指责为封建迷信）和家族制度、反对吸食鸦片及赌博等活动。他们还试图禁止在乡村上演"淫戏"，这项举措其实深刻地揭示了统一战线中两党对中国大众文化的极度反感。①

该县恶性阶级对抗的长期遗产，显然导致麻城这些运动具有非同寻常的暴力性质。但近来有些学者开始注意到，麻城在其中扮演重要角色的早期农民运动，也拨动了更广泛的、内在于乡村文化的暴力之弦。曼素恩注意到，乡村土地革命尤其赋予那些在男性社会结构中长大的年轻人以力量（这一结构具有深刻的暴力特征），这又进一步释放了早已在武术传统中被全面内化、在地方民团中被全面制度化的暴力性文化要素。② 田海更大胆地指出，将这些阶级敌人指认为民间宗教假定潜藏在世间的魔鬼的化身，使得对土豪劣绅的极端暴力行为被合法化了。③ 我在1920年代的麻城并未发现直接妖魔化的证据，但我相信它是存在的。毕竟，我们已经看到"魔鬼范式"在麻城大众文化中广泛蔓延，也看到1920年代的共产党活跃分子（当地的年轻男性）积极地拓展这种文化并让它服务于自己的暴力革命目标。

用南京时期县志中的话来说，1927年春天，"时局混沌，宵小［也就是农会］横行……连年浩劫，杀人盈野"④。热血青年王文伟在顺河集组织了农民自卫军，开始对当地地主进行武力威胁。在黄安边界，一位化名夏国儿（中国之子）的女积极分子率领寺庙地产上的年轻佃仆向地主发起攻击，谴责他们的魔鬼行径——"吃人肉喝人血"⑤。吴焕先组织了一场"斗争会"，斗争可恶的当地财主方思孔【译者按，原文误作"Fang

---

① 《民国日报》（汉口），1927年3月7日；《麻城县委报告》，239；Chang, 213-214；何玉琳，34页；1993年《麻城县志》，233页。

② Mann, *The Male Bond in Chinese History and Culture*。Mann这一看法的论据主要来自Friedman, Pickowicz, and Selden。

③ ter Haar, *China's Inner Demons*, 28-29。

④ 《麻城县志续编》，15：9页。

⑤ 见王立波。

Enkong"】,方随即被一群挥舞着鱼梭的村民处死。① 另一些有名的精英人物,像吴惠存、陈耀庭(音)、王自立(音),也遭受了类似的命运。

尽管共产党领导的统一战线积极分子通过农会工具成功地发动了"农民运动",但他们还没有找到属于自己的乡村阶级斗争舞台。正如毛泽东在湖南观察到的和毕仰高最近强调的那样,由愤怒的贫苦农民组成的协会,经常是在没有党的情况下主动进行阶级斗争。这个时期,一场以"胁富会"(胁迫富人的协会)名义发动的非常秘密的农民反抗运动,在麻城和黄安活跃起来。和同类组织红枪会一样,胁富会具有教派倾向,还发明了用来掩饰其活动的隐语。但与红枪会不同的是,它是专为最贫苦者设立的组织:明确禁止拥有一亩以上土地的农民加入。这个组织的简称(胁会)与共产党指导的农民协会同音异义。胁富会显然在利用这个巧合去执行秘密任务。据说该组织的基本特征就是对所有富人的刻骨仇恨,它最偏爱的活动方式就是恐怖暗杀。②

许多乡村暴力事件被武汉的中西方媒体所报道,使麻城逐渐在国内和国际上赢得了激进温床的名声。但真正令世界关注麻城的一系列事件,是从1926—1927年冬天严重歉收期间乘马岗的一场家庭纷争开始的。我们看到,21岁的乘马岗人王树声从县高级小学的学生时代起就是一个政治活动家,在武汉统一战线政府成立后,他一直是该镇农会非常成功的一位组织者。但他与地主脱不了干系。王是乘马岗地主强人丁枕鱼的外甥。人称"北虎"的丁受到人们的广泛谴责,说他不但冷酷无情地剥削自己的佃户,还经常蹂躏他们的妻子。王树声显然因为与丁的亲戚关系而感到尴尬,决心拿他舅舅开刀,表明应该如何处置恶霸土豪,从而巩固自己的革命资历。12月份,当地的饥荒越来越严重,王召集农会会众洗劫了丁的粮仓。随后他对自己的舅舅发起了本人缺席的公开审判,因其罪行累累而宣判其死刑。③

---

① 见新县县委党校。

② 《黄安县委关于"黄安暴动"经过情形给中央的报告》;《黄安工作报告:关于"黄麻暴动"的经过》,4页。

③ 《麻城县简志》,10~11页;1993年《麻城县志》,574页。

但丁枕鱼并不是束手就擒的人。他开始动员大别山的强人们结成联盟，动用他们的准军事力量和与当地红枪会组织的关系。王呼吁县长刘方领导下的统一战线县政府采取行动对付这些"反革命"行为，但没有得到什么回应。12月20日，丁对该镇几个集市的农会总部发动同时袭击，将其成员抓获并处决。当晚，王树声进行反击。他率领一支上千人的农会军冲进丁筑有工事的院子，和他的随从进行了激烈战斗，并将丁抓获。随后组织"斗争会"，请佃户们来控诉这只被捕的"老虎"。这些人中叫喊最凶的是几个尚未成家的佃农，他们控诉丁和他的打手强行阻止他们结婚、建立独立家庭（成不了家）——这是20世纪麻城仍然存在农业奴隶制的有力证据（至少是以一种被弱化的形式）。在接下来的几天和几周之内，整个乘马岗和顺河集镇的农会自卫军对"土豪"发起了类似的逮捕和审判。①

在麻城县城，国民党县长刘芳开始对该县的革命进程感到恐慌。他向身边最有影响的两股力量寻求支持：该县商会会长李舜卿和极其保守的工会会长罗佑章，他们过去曾和左派农会多次发生冲突。麻城农会会长蔡济璜宣布将丁枕鱼和另外18个土豪带到县城、让县长对他们处以死刑，刘却下令将这些知名人士全部释放，并要求该县所有农会立即解散。蔡济璜拒不服从，从县城撤到农会势力的中心乘马岗。由于双方都不肯退让，这一僵局持续了一个多月。

随后在2月2号，农会发动了进攻。与元朝末年、明朝末年和清朝初年的情形相似，一支由麻城外围高地贫苦农民组成的部队进军占领了县城。乘马岗的数千名农会自卫军由蔡济璜率领，以对抗人民的罪名强行逮捕了"资本家"李舜卿和"工贼"罗佑章，要求县长刘方判处他们死刑。当刘拒绝这一要求时，蔡下令罢免县长的职务，并宣布现在麻城的一切权力归农会所有。②

---

① 《民国日报》（汉口），1927年5月16日；1993年《麻城县志》，230页；《麻城县简志》，10~11页；涂允恒、戴勤和编，574页。

② 《麻城工会志》，1页；涂允恒、戴勤和编，571~572页；1993年《麻城县志》，563~564页。

与此同时，其他地方发生的事件也导致了麻城暴力的不断升级。在鄂东南与湖南、江西接壤的阳新县，发生了一起刺激人心、被称为"惨案"的事件。在农历新年那天（2月27日），该县县长和商会会长（和麻城的刘芳、李舜卿职务相同，后者也许借鉴了他们的先例）采取了先发制人的行动。他们召集了一百余名红枪会成员突袭县农会总部，将石油泼在房屋上并点燃，里面9名农会领导人和统一战线积极分子被烧死。武汉政府派出包括毛泽东在内的三人委员会前去调查，并根据其调查结果颁布了一系列新的省级规章，下令对参与此类活动的土豪予以逮捕、审判和处决。在武汉成立省级的"审判土豪劣绅委员会"来监督这项工作，其下还设有包括麻城在内的8个县级分会。①

从3月4日到3月22日，由统一战线国民政府倡议并资助的湖北省农会第一次"代表大会"在武昌召开。截至此时，省农会宣称代表了40个县的共约80万农民。近200名代表参加了会议，其中以刘象明为首的5人来自麻城。② 左翼的外语媒体详细报道了这次大会，鼓吹其"历史"意义堪与中世纪欧洲农民的"启蒙"及由此导致的"农奴制"被废除相媲美。与会者决议，全省各县的国民党政府需要彻底改组，确保其领导权与该县农会高度统一。新的政府将首先致力于清算本县公共及集体所有的土地，对农民施行减租减息政策。最值得注意的是，过去那些"腐败当权者"的"代表"将被从地区自卫团中清洗出去。③ 新的自卫团虽然要由县长任命，但几乎全部由农会会员组成，任何"压迫性"的准军事武装都将被消灭。地方精英将被剥夺一切荣耀的头衔，并禁止他们集会、抗拒农会命令。这实际上是毫不含糊地夺取当地权力，必要的时候可以采用暴力手段的号召。它和已经在麻城大获成功的议程也非常接近。

---

① 田子渝、黄华文，195~196页。

② *Hankow Herald*，March 4，1927；1993年《麻城县志》，232页；田子渝、黄华文，194页。

③ *People's Tribune*（Hankow），March 22 and 24，1927。这几篇文章的作者可能是美国共产党员 Earl Browder。

麻城惨案

但是，麻城有组织的精英反抗行为也在加剧。① 整个春天，乘马岗的主要地主们都在丁枕鱼之子丁岳平（王树声的表兄弟）的领导下，设法将他们被监禁的同伴从农会手中救出来。按照由来已久的方式，他们穿过山中省界，向河南光山寻求支援。他们在那里招募了大量红枪会会众，邀请他们穿越大别山进入麻城。与此同时，他们还强迫自己的佃户和同乡另行成立红枪会组织，据说违者以死论处。因此，不仅在麻城，而且在邻县黄安和罗田，其组织成员都急速增加。丁岳平和乘马岗精英利用这些新扩充的力量，对当地各农会组织发起了一系列越来越猛烈的袭击。王树声和镇农会的其他领导人再三向县政府求援，但刘方的继任者符家檠【译者按，原文误作"Fu Jiashu"】（1927—1928年间，该县令人眼花缭乱地换了9个不同的县长②）从未应允。根据左派的资料，他实际上与乘马岗的地主们订有秘密协议，支持他们镇压该镇的"农民运动"。

最后在4月3日，丁岳平和他的红枪会经过精心策划，对乘马岗及附近黄土岗的4个区级农民协会和妇女协会会部同时发起攻击。他们打死打伤了50多人，绑架了60多人（其中很多人后来也被处死）。接着又毁坏了当地农会和共产党主要领导人的住宅，其中许多人携女眷仓皇逃走。③ 乘马岗农会会长王树声逃到县城避难，在那里，蔡济璜领导的县农会仍然把持着统治权力。不久，罗佑章的右翼总工会对该县西南部中心地带的第七区农会会部发动联合袭击，打死打伤约50位领导人。蔡济璜发电报向武汉请求军事支援，但当时无人前来。

4月5日开始，数千人的红枪会武装包围了麻城县城，搜捕"党匪"。蔡济璜和王树声率领数量相当的农会军保卫县城（这支部队大约两个月

---

① 以下几段论述主要来自《民国日报》（汉口）1927年5月16日一篇篇幅可观、论述详尽的文章。又见《麻城县简志》，12~14页。

② 《麻城县志续编》，6：2页。

③ 《民国日报》（汉口），1927年4月5日。武汉这份报纸对此次袭击事件的整篇报道，都是用加粗、加大的字号印刷的。

前侵入并占领了县城)。据我们所知,他们得到了城里革命工人和店员的支援。围城的第二天中午,几个戴白头巾的红枪会成员由拳师率领,在确信自己刀枪不入的情况下对几个城门发起了进攻。但守城者从城墙上向他们倾倒石灰,他们伤亡惨重,被迫撤退。蔡再次向武汉的统一战线省政府求援,可是当警备队作为援军抵达此地时,却加入了围城的地主武装。城里精英领导的保卫团也是如此。整个场景似乎复制了可怕的明朝末年,当时底层的农民叛军占领了麻城县城,反过来又被乡村精英所包围。

新上任的麻城县长郭治平是邻县蕲水人,他在农会和乡村精英的战争中小心翼翼地不表明自己的倾向。下面我们将会看到,在这一点上,他无疑是代表了武汉统一战线政府愈益矛盾的立场。郭没有宣布支持某一方,而是邀请全麻城最强大的军事力量——郑渐逵和他的东山人民自卫军——开进县城阻止血战。郑答应这么做,但显然在故意拖延进军的步伐,以便使未来的革命进程暂时保持他所感觉到的中立状态。①

王树声设法从被包围的县城中逃出,将他本人对该事件的报告带到武汉。在那里,按照2月阳新事件的先例,4月对麻城农会总部的袭击被定性为"惨案",由此在修辞上确立了激进行为的合法性。(从某种意义上说,红枪会的袭击显然只是对乘马岗农会自身暴力行为的报复。)经中央农民部(董必武负责)、军事委员会、国民党省委员会和省农民协会共同授权,武汉成立麻城惨案调查委员会前往该地。调查小组中包括上述各单位的代表,到了麻城后又让蔡济璜(代表麻城县农会)和徐其虚(代表麻城县党部)加入。考虑到调查小组的人员构成,毫不奇怪,土豪领导人完全不愿配合他们的调查。5月9日,武汉代表团回到省会。

虽然没有达成一个均衡的解决办法,但对激进分子来说产生了巨大的宣传效应。5月12日,国民政府读者最广泛的中文报刊《民国日报》的头条,就是关于一伙麻城"反动军队"如何危害整个国民革命、挫伤正义事业的报道。该县北部大别山一带乘马岗和黄土岗镇的"土豪",被认为"尤为恶毒"。县里各种防军被谴责为无视法定权威,但郑渐奎的东山人民自卫军被谨慎地排除在外,报纸声称(有几分是希望)他是站在

---

① 《麻城县志续编》,5:25页。

"反动"分子对立面的。报道最后呼吁武汉对被围困的麻城农民给予大力的军事支持。①

接下来发生的，是麻城历史乃至整个革命历史上一个神话般的重大事件。王树声请武汉的董必武代为调停，董说服毛泽东，从他的农民讲习所派了一支约300人的两湖学生军前往麻城解围。十几岁的麻城积极分子刘文伟获得了指挥权，他从3月开始在毛的讲习所学习。5月14日晚，这群人在武昌的黄鹤楼集合（这里正是三百年前耿定向的支持者攻击李贽的地方）。这群"学生军"喊着"打倒麻城土豪！"和"权力归农会！"，唱着《国际歌》，向麻城进发了。虽然当时的统一战线资料显示这支军队也是在国民党军事委员会（这年3月成立，委员包括蒋介石、冯玉祥、谭延闿）批准下派遣的，但蒋这时已经表现出对农民运动的强烈反对，几乎完全没有同意。实际上，毛泽东时代关于该事件的一份材料提到，学生军也明确喊出了"打倒蒋介石！"和"保卫武汉！"的口号。到这个时候，麻城的地方政治显然已经和统一战线的全国政治紧密交织在一起了。②

在去麻城的途中，学生军数次与当地的红、白枪会组织发生小规模冲突。5月7日，他们到达被围困的县城附近，与该县令人畏惧的人民自卫军领袖郑渐奎会面。现有的关于学生军取胜的神话般叙述，没有提到郑的军队是否真正参加了解围；考虑到学生们轻易打败了人数更多的对手，他们似乎是参加了。我们所知道的是红枪会和地主保卫团对这些神兵的到来惊慌失措，立刻逃离此地。5月18日，学生军经南门进入县城，高举着红旗，上面写有"打倒土豪劣绅！""打倒封建制度！""打倒帝国主义！"，（我们知道其实不太可信）挥舞着毛的《湖南农民运动考察报告》。③

---

① 《民国日报》（汉口），1927年5月12日。《麻城县志续编》，5：25页；1993年《麻城县志》，12，223页。

② 《民国日报》（汉口），1927年5月22日；1993年《麻城县志》，562页；刘曼容，78页。

③ 《民国日报》（汉口），1927年5月22日、5月27日。关于解围的更简洁、更实事求是的描述，见《麻城县志续编》，5：25页，1993年《麻城县志》，12页；《麻城县简志》，12~14页。

进入城市的当天晚上，学生军和县农会在城隍庙召开了一次强制参加的群众大会，教育当地居民明白他们目睹之事的重要意义。随后这些人在过去的科举考棚里安顿下来。蔡济璜、王树声和选出来的其他人组成了临时的控诉土豪劣绅委员会，整晚都在讨论如何行动。第二天早上，按照3月份省农会代表大会制定的条例，举行了大规模的公审大会，审理已经被激进分子关押了数月的一众土豪。其中三人（商会会长李舜卿、"北虎"丁枕鱼和另一人王于历）被判处死刑。他们被拖到县城西门外的刑场砍头，头颅被挂在杆子上游街示众。麻城的革命暴力，到达了展示恐怖的新阶段。①

执行死刑之后，蔡济璜立刻宣布学生军和农会开始新的"北伐"，想要肃清来自大别山区乘马岗镇和黄土岗镇的所有恶霸及会匪武装。② 5月20日，王树声率领的"农民敢死队"在宴会上伏击、暗杀了王的表兄、来自河南的红枪会组织的指挥者丁岳平，随后又包围了王已被处死的舅舅"北虎"丁枕鱼重重设防的院子。当地的一所佛教寺庙，曾被上一代的改革者强行改造成西式小学，现在又被学生军征用为乘马岗军营。接连几天，王的军队袭击了一个又一个的红枪会巢穴，杀死了许多重要拳师，其中包括非常可怕的"六魔王"胡友安（音）。他们相继与其他村庄的农会自卫军取得联系，在黄安和其他各县协调行动，同时进攻，逐渐聚集成一支超过2万人的军队。（战士人数迅速增加，以致食物供应成为严重问题。）与之对抗的当地地主（共约200人）被抓起来，立刻进行公审并处死。武汉的媒体为革命力量每天的功绩而欢呼雀跃，但也承认双方都有数量惊人的伤亡者。

高潮在5月3日到来，红枪会最险要的据点方家垸被包围，这座山寨高枕无忧地坐落在大别山脚下，顶上建有许多碉楼。学生军在雷雨的掩护下，整夜包围了山寨，次日早上发起强攻，没有成功。但他们注意到寨子

---

① 1993年《麻城县志》，230，564页；刘曼容，79页。
② 以下几段描述根据《民国日报》（汉口），1927年5月21日、26日、27日、28日、30日、31日，6月2日、6日。又见1993年《麻城县志》，348，531页；刘曼容，80页；郭木，第3章。

里有很多木质的牛棚，一支"敢死"队设法攀越围墙点燃了这些牛棚，许多守寨者被烧死，幸存者被迫逃进深山。第二天，在乘马岗的集市广场上召开群众大会，宣告胜利并宣传毛泽东的"光辉思想"。5月27日，学生军回到麻城县城，召集当地居民举行万人大会。讲演者一个接一个地向群众高谈阔论，阐述这一时刻在大别山长远历史上的重大意义，会后学生们分成八个小组，分头将解放的消息带到该县各个角落。根据武昌媒体曾作为头条的一段记述，麻城惨案调查委员会声称其雪耻工作已胜利完成，委员会宣告解散。①

但麻城本地的农会领导人并不满足于已经取得的成就。他们在5月底发起了一场有些勉为其难的"东征"，进入红枪会大批出没（但直到此时还相对平静）的东山高地。几天后又发动了齐心协力的进攻，穿过大别山

乘马岗农会总部，麻城西北部。作者摄。

进入了光山县，这里是乘马岗精英大部分雇佣兵的老巢。麻城的农会自卫军及其在学生军中的支持者，花了一周多时间肃清了与本县毗邻的河南南

---

① 《民国日报》（汉口），1927年5月28日；1993年《麻城县志》，348页；《麻城县简志》，14页。

部地区的全部抵抗活动,这是跨越省界、来回侵袭这一古老模式的延续。当学生军在 6 月 4 日宣布圆满胜利、开始撤回武汉时,当地有些人埋怨他们宣布得太早了。的确如此,接下来的几天红枪会发动了一系列反击,促使省政府派遣另一支军队到麻城保卫胜利果实。事实上,红枪会武装并未像人们期待的那样被彻底击败,整个夏天他们都在全县和邻县不断发起零星的恐怖袭击。①

尽管如此,这一时刻显然代表了当地左派运动的某种高潮。他们选为主要目标的土豪和会匪头目都被杀死。麻城赢得了日益增长的国际声望,来自日本和其他国家的记者不时造访该县,观察它辉煌的"农民运动"进程。正如武汉媒体在 5 月底的报道:麻城反动力量与革命力量之间的冲突,已逐渐升级到湖北其他各县前所未见的程度。② 但是对人民共和国时期的当地历史学家来说,"惨案"最重要的遗产并不是这种新得到的声望。而是在这起事件的最后阶段,该县共产党和农会开始组成正式的军事武装——县级农民自卫军,并有零星的农民敢死队、赤卫队甚至偶尔还有自称红军的当地武装作为补充。③ 如过去经常发生的那样,该县又跳进了大规模军事化的状态。有文化、有权威的居民全都被消灭了,麻城滑入了另一个长期持续的全面战争时期。

① 《民国日报》(汉口),1927 年 6 月 4 日、7 日、9 日、11 日。
② 《民国日报》(汉口),1927 年 5 月 22 日。
③ 1993 年《麻城县志》,341~342 页;《麻城县简志》,39~40 页。

第十一章
幼　稚

到1927年春末夏初时，麻城的一群年轻共产党人，蔡济璜、王树声、刘文蔚等，似乎已经在该县取得了成功。他们在没有多少外部支援的情况下，成功粉碎了麻城西部和西北部的大部分精英保卫团和红枪会敌人，甚至将战场上的胜利延伸到了县界之外总是带来麻烦的豫南地区。在这场胜利中，他们至少得到了该县另一支重要军事力量的默许，即控制着麻城东部高地的郑渐奎的人民自卫军。在县城里，他们虽然没有直接占据县长职位，但因其人数众多并得到了统一战线国民政府（沿举水到武汉只有半天路程）的明确支持，他们实际上把持着当地行政事务。这个"国民党左派"政府由资历深厚的共和革命者汪精卫领导，但从各种迹象来看它都听命于外国的共产国际顾问和国内的共产党人，尤其是麻城共产党员的导师和庇护者——黄安人董必武。政府为麻城农会愈益增长的力量而欢欣鼓舞，将其树立为全国模范，并在该县的年轻激进分子需要时实际给予军事援助。但事情并不像表面看起来的那么可靠：国民党革命联盟内部的武汉当局面临着越来越多的挑战，武汉的支持将被证明是靠不住的。麻城的"进步"青年很快就会发现这一点——在多数情况下，是以他们的生命为代价。

武汉的对手中最难对付的当然是仍在进军的北伐军总司令蒋介石。上年12月，当统一战线各派在武汉成立国民政府时，蒋没有参与其间，而是选择在江西省会南昌另建权力中心。蒋介石当时虽未公开挑战武汉政府的合法性，但在1927年的第一季度，他一再对武汉工农运动的激进领导人、特别是他们被共产国际外来者所支配表达越来越强烈的不满。当他率领国民革命军进入长江流域并通过外交和军事手段占领了南京、杭州和上海等主要城市后，蒋渐渐脱离了武汉政府的控制，并用他自己的方式来处置该地区的异己社会力量。实际上在3月中旬，他就逮捕并处决了自己江西大本营的主要"群众运动"领袖。最终在4月12日，在共产党、国民党左派和蒋本人的国民党右派组成的统一战线形式上仍然存在的情况下，蒋介石在上海和他控制的其他地区发动了引人瞩目的大清洗，接下来的几周之内，数以千计的城市和乡村左派人士被杀害，这就是人们所称的白色恐怖。①

夏斗寅返回家乡

蒋介石的行动得到了武汉方面另一些人的密切关注，尤其是那些和他一样对革命中的阶级战争元素感到不安的人。在麻城，蒋压制群众运动和团结国民党右派力量的努力愈益明显，已经促使当地精英武装在4月初对左派分子发动了暴力性的报复行为，他们的对手称之为麻城暴动。但对当地和全国历史来说更为重要的，则是蒋介石叛变对麻城最重要的实力派人物、东山将军夏斗寅的影响。

我们会想起，夏是一位家世悠久的湖北爱国者，在北伐军攻克武汉时发挥了关键作用。正因为这一点，他被任命为国民政府湖北省政务委员会的委员。夏名义上是武汉高级将领唐生智的部下，1926年底被派往鄂西，保护政府侧翼免遭四川军阀杨森的威胁。夏在那里受命指挥肃清当地土匪和北洋残部的行动，并因成效显著而赢得了武汉官方媒体的一再称赞。②但夏和统一战线高层人物的关系并不总是很和谐。例如，在占领华中地区后，武汉政府的主要目标之一是整顿相当混杂的军事指挥结构，并在军队中开展实现官兵平等的"民主化"运动。夏斗寅新改编的国民革命军独立14营，被改革者指责为特别封建、指挥者对部队（其中当然有许多是他本人的同宗或东山老乡）拥有不寻常的人身特权。夏不能忍受这些攻

---

① 关于蒋介石与统一战线左派之间长期决裂的权威论述，见 Isaacs, 143-144, 175-185；又见 Wibur, 78-112。

② 《民国日报》（汉口），1927年1月11日、16日。

击，对新政权的不满也越来越强烈。① 其家乡麻城的地主们遭到恐怖袭击的消息不断传来，自然也让他感到苦恼，他希望结束这种状况，并对鼓励这种行为的武汉政府进行惩罚。②

虽然证据还不太充分，但似乎是在四一二政变后不久，蒋介石就从上海派出私人密使与夏会面，令其加入反武汉政府的联盟。他对远在三峡另一边、被公认为夏的对头的四川军阀杨森也如法炮制，并秘密任命杨担任其国民军第二十军军长。5月10日左右，夏响应蒋通过电报发来的进军号令，发动兵变，调转部队向武汉进军。他过去的敌人杨森开出峡谷，接受夏的领导。③ 考虑到14世纪以来麻城移民在四川人口中的比重增长显著，以及他们在该地人口中最尚武好斗的名声，杨森军队（其人数与夏斗寅军队不相上下）完全有可能主要由麻城人组成，他们渴望着改善自己仍念念不忘、现在已闻名全国的家乡的处境。

在5月中下旬向武汉进军的过程中，夏在整个湖北西部和南部地区进行了大范围的血洗。他在毗邻长江的嘉鱼县逮捕了国民党政治部主任李伯刚，此人对夏氏军队"封建"特征的批评最为严厉。5月13日，他在嘉鱼黄石港戏剧般地横渡长江，宣布要肃清武汉政府中的共产党人及其他左派分子。为了强调自己的决心，夏释放了被嘉鱼农会关押的"土豪"，集结了当地精英的保卫团，抓捕并处死了农会领导人。在其军队经过的每一个县，他都采取了同样的举措。④

5月18日，武汉主要英语报纸的头条通过报道战况，宣告这座城市

---

① 郑桓武：《夏斗寅的一生》，80~81页。
② 《民国日报》（汉口），1927年6月25日。
③ 关于夏斗寅叛变的一般性描述，见郑桓武：《平定夏斗寅、杨森叛乱》；皮明庥、欧阳植梁，522~524页；田子渝、黄华文，231~232页；Wilbur, 126-128。关于夏的行动可能是蒋介石的精心策划，见 People's Tribune (Hankow), June 21, 1927；《麻城县志续编》，11:3页；郑桓武：《夏斗寅的一生》，81页。
④ Hankow Herald, May 18, 1927；《民国日报》（汉口），1927年6日11日；《麻城县志续编》，11:3页；郑桓武：《夏斗寅的一生》，83页；郑桓武：《平定夏斗寅、杨森叛乱》。自称夏行军目击者的回忆录，见时宣【译者按，原文误作"Shi Heng"】、韩浚【译者按，原文误作"Han Ling"】、兰文蔚的著作；感谢 Steven Mackinnon 提醒我注意这三份材料。

已处于高度骚动之中。夏斗寅的军队在距省会只有20英里的咸宁县扎营，据报道在武昌东湖岸边已有小型冲突发生。夏的新盟友杨森从湖北西部的沙市向东挺进，直逼武汉。与此同时，蒋介石的部分军队也从南京沿江而上，形成威胁之势。北洋军阀吴佩孚的残部仍在省会北部一带盘旋。武汉政府好几名军官被怀疑支持夏的叛乱。夏军所到之处，难民纷纷涌向武汉。统一战线政府和靠它资助的全省各地的群众运动领导人，前景看起来都日益危急。①

5月19日，武汉政府总工会召集了反夏群众大会，前来出席将于次日召开的泛太平洋地区工会会议的国际代表也参加了这次大会。大会严厉谴责这位叛变的麻城将军为"吴佩孚和蒋介石的走狗"、"土豪劣绅阶级的代表"。省农民部召开紧急会议，警告当地积极分子当心那些"土豪"、右派民团及红枪会组织，夏及其追随者在湖北横冲直撞时将全省的这些势力拼凑在了一起。为了应对如此复杂的公众压力，紧张不安而又内部分裂的国民政府派遣共产党人叶挺将军，率领一支成分混杂的志愿军队去拦截夏斗寅，并从九江及其他长江中游城市召集忠于武汉政府的增援部队。在随后几天的一系列激烈战斗中，叶装备简陋的部队取得了惊人的成功，将夏的军队牵制在咸宁，显著推迟了他进军武汉的步伐。②

夏斗寅在进军全国的企图受挫后，转而在省会南部、东部和北部的乡村地区，对所有左派嫌疑分子开展了为期两个月的清洗运动，武汉媒体生动地称之为"铁蹄践踏鄂东地区"③。在咸宁、通城、崇阳、通山、蒲圻、鄂城、大冶等县，夏与当地的地主保卫团及秘密会社（包括曾在长江下游的白色恐怖中与蒋介石相互勾结的青帮）成功取得联系，摧毁了左翼的地方政府，关闭了群众运动指挥部，并以最凶残的方式杀害了大约数千名共产党员及农会、工会领导人。通山县曾按照麻城的模式成立惨案善后委员会，调查对当地积极分子小组的袭击事件并加以报复，现在夏将委员

---

① *Hankow Herald*, May 18 and 19, 1927; Wilbur, 126.

② *Hankow Herald*, May 21, 1927; *People's Tribune* (Hankow), May 20 and 22, 1927；《民国日报》（汉口），1927年6月1日、12日；吴忠亚。

③ 《民国日报》（汉口），1927年7日14日。

会成员抓捕并杀害。① 6月初,他到了湖北东部自己的家乡,将血腥复仇延伸到黄冈、黄安、罗田和黄梅县的乡村。仅举一例,夏在黄梅县碰巧遇到一场数百人的反蒋介石集会,他将与会者全部杀害。② 最后,夏在7月中旬进入安徽,在两省交界的宿松和太湖县屠杀左派分子,随后沿江而下,加入了蒋介石在南京的右派政权。③

夏在离开湖北之前,曾煞费苦心地对家乡麻城进行整顿,这一点毫不奇怪。王树声在其口述史中这样描述该县的白色恐怖:

> [夏军]大部分军官是当地人,熟悉本地情况。他们和当地的地主保卫团勾结,凡是和农会有联系的人都被搜捕杀害,有时全家都被杀光。他们烧毁房屋,逐区、逐村地彻底搜查整个山区。资历较深的共产党员、共青团员和农会主要干部都被杀害了。还有大量无辜的农民也惨遭杀害。④

当夏横扫东山、从东边逼近麻城时,全县惊慌失措的左派分子纷纷逃到农会控制下的县城,在那里请求武汉给予军事援助,准备再次顶住围攻。与此同时,县城精英抢走了县邮政局的账目,以便从河南招募雇佣兵帮助自己。6月的大部分时间里,麻城县城都处于紧张、动荡、混乱之中。⑤

但夏斗寅向县城进军的步伐极其缓慢,事实证明他对此并不热心:实际上他从未到达那里。很有可能是6月底至7月初举水的大洪水阻挡了他的步伐,这场洪水使麻城东南部的核心地带免于战乱,但却立时害死了好几百人,毁掉了这一年的大部分收成。⑥ 不过,就算没有洪水,夏更大的

---

① 《民国日报》(汉口),1927年5月23日、24日、25日、6月1日、14日;People's Tribune(Hankow),May 24,June 21,1927;郑桓武:《夏斗寅的一生》,82~83页;郑桓武:《平定夏斗寅、杨森叛乱》,186~189页。
② 《民国日报》(汉口),1927年6月4日、14日、27日、30日,7月2日、18日;People's Tribune(Hankow),July 21,1927。
③ 《民国日报》(汉口),1927年7月18日;皮明庥、欧阳植梁,524页。
④ 王树声口述,见Chang,214。
⑤ 《民国日报》(汉口),1927年6月19日、24日、27日、28日。
⑥ 《民国日报》(汉口),1927年7月18日。

兴趣显然在于一路上对乡村地区流产的革命进行报复,尤其是在东山,首先是他的家乡木子店一带。武汉媒体称,夏在这个地区的行为令人毛骨悚然。他烧毁了该镇的农舍和商铺,屠杀了数百人,其中许多是妇女和儿童。村庄精英在该地抓捕有嫌疑的共产主义支持者,作为礼物献给夏,随后他们会被残忍地杀害。在东山南部的集市黄石港,夏手下的一名军官袭击了一所乡村学校,杀害了里面的老师和全部23个学生。① 到7月底,武汉《民国日报》报道,整个麻城县土地革命的下级干部已经被全部消灭。②

毫无疑问,夏斗寅被很多人视为"救世主"。一份接近于当时的材料正面描述了他的部队在整个湖北的漫长进军过程,其中提到他在其经过的每一个县都得到了"人民"的热烈欢迎。③ 但这则报道的可靠性,严格来说取决于如何界定"人民"的概念,没有理由怀疑夏在任何所之之处都能发现欢迎的群众。被农会日益增强的暴力攻击逼入绝境的地主精英,自然欢迎夏的到来,将其视为救命稻草。出生于当地、受过西方训练的社会科学家孟广澎,在1935年《麻城县志》(诚然主要是由夏资助的,但显然也在很大程度上反映了当时该县精英的广泛共识)的序言中将群众运动的领导人描述为掠夺成性的小偷和强盗("贼披靡厥"),他们提供的只是与大约四百年前的李贽相似的粗鲁野蛮、导致社会混乱的学说。他认为夏斗寅的贡献不仅在于恢复了家乡的社会秩序,而且更广泛地看来,也在于整顿人之心思,重振忠诚观念,同时打上了中国文明传统和麻城当地文化的印记。④

夏本人一直坚持按照儒家家长式的堂皇说辞行事。他写道:我的家乡备受磨难,土匪蹂躏、灾荒肆虐、邪淫蔓延,我为此而深深苦恼。人民的元气已被侵蚀,我的宿命就是去重振这种元气。⑤

与此同时,夏及其军队的暴力程度甚至已远远超过这个暴力时代的常规,恐怖、残忍而又充满戏剧性。对其暴力行为的描述当然大多来自他的

---

① *Hankow Herald*, June 26, 1927;《民国日报》(汉口),1927年6月22日、25日,7月5日。
② 《民国日报》(汉口),1927年7月28日。
③ 《麻城县志续编》,11:3页。
④ 孟广澎:《〈麻城县志前编〉序》。
⑤ 夏斗寅手书《序言》。【译者按,本段意译】。

敌人，但是充分令人信服的，连极端反共的美国学者韦慕庭（C. Martin Wilbur）都受不了，他对一位国民党将军竟然如此行事显然颇为尴尬，称夏的屠杀方式是"可鄙的"①。据说，夏在黄冈曾用烙铁去烧俘虏的肉，在罗田曾把受害者绑到树上，"用沾了沙和盐的刀把他们千刀万剐"。他喜欢将有嫌疑的左派分子浸在煤油里，并将他们点燃。（省农会利用这个方便的借口将矛头对准了"帝国主义"商品的经济渗透，命令当地工人在夏到来之前烧毁当地所有的煤油商店。）夏的手下被当地人畏如蛇蝎，据说他们曾将婴儿从母亲胸前抢走，当着她们的面将其撕成几块。他们成桶地收集农会会员的耳朵，献给夏斗寅。② 当然，这种行为在很大程度上是高

夏斗寅，来自《中国名人录》，第4版，1931。

————————

① Wilbur, 128。
② 本段引用的词句，见 Isaacs, 227。又见《民国日报》（汉口），1927年6月12—13日、22日；谢冰莹。

度意识形态化、如世界末日般的时代进程的反映。部分是由于夏在北洋时期军校和军团学习的背景，但从根本上说，显然应该归因于夏及其大多数手下的成长环境——麻城及东山特有的地方暴力文化。

性别之战

夏斗寅特别热衷于折磨、羞辱妇女。他的部队所到之处常常强奸妇女，不过这在中国历史上的动乱时期司空见惯，只是几百年来麻城地区似乎更严重。夏的厌女症还远不止此，他对女性采取了极富戏剧性的恐怖行径。他喜欢抓住有左派嫌疑的女性，将她们剥去衣服后放在当地戏台上示众，以表明她们的放荡。在一起广为报道的事件中，夏在麻城的邻县罗田将几个妇女扒光衣服并把乳房撕裂开来，用铁棍刺进去，并带着她们在乡村街道上游行示众。①

这种行为中显然包含着满足其厌女症幻想的因素，这种因素深植于夏的人格以及他所浸染的地方文化之中（有争议）。但这也是夏和像他这样的人对时世变迁的一种策略性反应，他们带着深刻的恐惧发现了这种变迁。帝制晚期的中国社会总体上是压制女性的，而在麻城，这种压制似乎已经把女性降到了财产的地位。想想18世纪那位不情愿的新娘被锁在复壁里一年多的故事（见第一章），不管是在当地的传说还是在袁枚的重述中，监禁妇女本身都没有被谴责为违背传统道德。再想想16世纪当地人对梅国桢之女的暴力反应，她决定在李贽及其僧友无念门下皈依佛教，这也许是麻城文献中女性第一次践行其自由意志。现存的帝制晚期的麻城家训全都对妇女活动进行了严格限制，到民国时期则愈加严厉。迟至1946年，由当地乡老会起草修订的《石氏家训》仍证明了这一点：在锻造国家之需要、个人自治精神之关键作用（例如通过积极学习各种科学）等现代修辞的字里行间，《家训》比以前更强烈地重申了让女性在家中与世隔绝的要求，并为当代女性踏入社会的有害趋势而哀叹。② 夏斗寅所在的

---

① 《民国日报》（汉口），1927年6月12—13日、22日。
② 《新增家训引》，见《石氏宗谱》，3：15~22页。

东山，在古老的性别模式上比全县更加保守。例如，1934年一篇国民党的报道中指出，缠足在麻城大部分地区已成明日黄花，在东山却依然流行。

但时代正在急剧变化，部分是因为政治革命。变化的一个方面是对妇女的竞争和变化了的婚姻市场的竞争（社会中男性过剩的原因之一是长期的溺杀女婴行为）。明朝中后期以来奴仆制度留给麻城的普遍遗产，就是老爷们剥夺佃户的婚姻自由和自立门户的自由，并常常霸占他们的妻女。我们已经看到，尽管在法律上奴仆制度到20世纪20年代已经不复存在，但对麻城地主这两种做法的抱怨仍然时有所闻，这被认为是刺激乡村男性加入农会的一个关键因素。从共产党的角度来看，两性关系是一把双刃剑。例如，1929年麻城党支部的一份报告感叹道，在有产地主家里境况较好的随从中发展党员颇为困难。报告指出，在老爷经常不在的情况下，这些乡村管理人员对其家庭拥有实际上的完全支配权，其特权包括与老爷的女眷发生性关系。有什么能刺激这样的人去干革命呢？报告自豪地说，尽管如此，考虑到麻城极其严重的性压迫，年轻的男性激进分子发现自己对女性的吸引力及结婚成家的机会，由于他们在性别意识上的进步名声而显著增加了。① 当然，保守人士很快就谴责这些激进分子利用自己新获得的力量进行性征服：常见的故事是出身贫困的左派青年胁迫"富农"遗孀嫁给他们，以保证她们的土地不被没收和再分配。② 整个大别山地区，红枪会组织（如我们所见，他们以捍卫传统的性道德为己任）都在传播年轻的女性激进分子共享男人的恐怖故事。③

确实有来自女性自身的确凿证据，表明这种指责至少是可信的。的确，只是在国民革命时期，当地历史记录中才开始出现妇女的声音，但在此之后，她们的声音越来越清晰和响亮。诚然，如果像毕仰高所说，早期的激进国民革命与其说是一场阶级战争，不如说是一场代际战争，那么很显然，它在很大程度上还是一场性别战争。从1926年底到1927年中，革

---

① 《麻城县委报告》，237、242页。
② Wou, 127. 在夏初的一份指示中，统一战线政权承认并禁止这样的强制婚姻；见 People's Tribune (Hankow), July 6, 1927。
③ Gilmartin, 196.

命者一直宣称性别关系的根本转变是自己的使命，正如 Christina Gilmartin 所说，人们对这个问题的立场成了在总体上检验他或她对革命变迁是否真诚的试金石。① 也正是这一问题，激起了令人感受最深、也最具暴力色彩的反抗运动。

妇女本身在运动中掌握着领导权——尤其是城市妇女，但绝不仅限于她们。1927 年上半年，湖北省县级妇女协会（通常是当地农民协会的分支机构）的会员人数戏剧性地从 2 000 增长到 60 000。② 这一阶段运动的中心环节，是 1927 年 3 月 8 日（妇女节）在汉口召开的、得到国际媒体报道的第一届湖北省妇女代表大会。③ 会议期间，据称有几十万妇女在市中心举行群众集会和游行。据说惊慌失措的保守派领袖们雇了一群妓女，在代表们身旁裸露上身游行，致使媒体忙不迭地报道说湖北左翼妇女在搞"裸体游行"。不过，会议本身的进展同样富有戏剧性。与会者在激进演说家黄木兰的领导下，在孙中山先生遗孀、受人尊敬的宋庆龄及共产国际首席顾问鲍罗廷的妻子支持下，决议要为妇女大力争取更多的工作机会及同工同酬，为农村妇女开设补习学校，开展大规模的妇女扫盲运动。她们要求立刻废除缠足。（根据这一要求，统一战线政府宣布所有 30 岁以下的妇女必须在 5 月 16 日之前停止缠足，其执行效率之高令人印象深刻。④）与会者公开抨击了当地古老的礼教化身——清节堂（纪念贞节寡妇的厅堂），嘲笑地称之为"牛圈"，并下令立刻将其改造为女工培训中心。但最有煽动性的是这次会议关于性和婚姻问题的决议，以及随之而来的骇人听闻的性行为模式的热潮。

大会决议将被统称为礼教的个人规范、人际准则和家庭结构作为主要攻击目标，其意义是根本而深远的。换言之，与会者直接对准了绝大多数

---

① Gilmartin, 180.
② Wang Zheng, 345.
③ 以下关于妇女代表大会的几段论述，主要来自会议本身的通告和决议，以及《民国日报》（汉口）和《湖北妇女》（湖北省妇女协会主办的刊物）的相关报道；这些资料收入了全国妇联妇女运动史研究部编，741～745, 760～767, 779～780 页。又见 Wang Zheng, 296–302。
④ Gilmartin, 187.

中国精英视为文化内核的那些东西。这些教条规范被与会者形象地称作"吃人"。这些决议就是要消除父系家长制的种种弊端，包括一夫多妻和纳妾、买卖婚姻及童养媳（实际上是作为奴婢买到新郎家中）。但要求很快进一步升级，一项要求全省各地妇女协会力争实现离婚结婚绝对自由的决议，使之达到高潮。妇女要求立刻和丈夫离婚、选择新配偶在武汉蔚然成风，其他县乡也在一定程度上纷纷效仿。许多妇女甚至更进一步，傲慢地提出了反对男权的独身主义、带有女同性恋色彩的妇女主义等主张。

麻城于一年前成立的妇女协会，也派代表参加了汉口大会，至少一部分妇女代表深受决议的影响。买妻和童养媳在麻城仍很常见，该县妇女协会将根除这些陋习作为短期内的首要目标。① 但这一运动在当地的影响，似乎主要来自那些热情洋溢的妇女个人，而较少出于制度化的行为。例如熊家模和熊家训姐妹，她们的父亲是夏斗寅乡木子店郊外的一位秀才和乡村教师，祖父则是太平天国时期的进士。当她们的父亲逐渐受到20世纪20年代中期激进风潮的影响时，她们自己也日益激进，成了农民协会的妇女委员。她们在整个东山高地开展了卓有成效的宣传工作，喊出了"妇女们！打倒封建婚姻制度！"之类的口号。因为此事，也因为她们不合正统的生活方式（在外人眼中，他们熊家是"父亲不像父亲，女儿不像女儿"），他们被赶出了自己的家族。② 罗七姐出生于麻城的一个贫困家庭，九岁时被卖到邻县黄安的一户人家做童养媳。当新郎的父母想要给她缠足时，她撕开裹脚布逃了出来，加入了共产主义青年团，并化名参加了游击队。后来罗回到家乡和一位左翼青年公开同居，以示对传统婚姻制度的蔑视和反抗。最后她成了一位抗日领导人，1944年被日本人杀害。③ 我们在前面（第十章）还提到过年轻的妇女积极分子夏国儿，她在20世纪20年代末领导了麻城、黄安边界"农民自卫军"对土豪的致命袭击。④

这些例子表明，在20世纪20年代的妇女激进化中，展示勇敢尚武的

---

① 1993年《麻城县志》，233页。
② 见《熊冕南父女》。
③ 涂允恒、戴勤和编，334页。
④ 王立波，档号GM2-118-2。

暴力特征占有中心地位。表现之一是木兰崇拜的复兴（木兰是传说中的中国古代女勇士），例如妇女节大会上的演说者黄木兰就以木兰为化名。另一个表现是当时的女性积极分子喜欢自称"女兵"【译者按，原文为"Amazons"，指希腊神话中的亚马逊族女战士】。1927年上半年，整个华中地区都从新成立的妇女协会中挑选会员到武汉的中央军事政治学校学习。这些天足、留短发的年轻女性，身穿灰色制服，头戴帽子，脚蹬马靴，和男同学一道学习行军、骑马和射击。

5月中旬，夏斗寅的军队逐渐靠近人心惶惶的武汉，这些学生和周围一大批农村妇女组成女生队，被派到战场上协助阻击夏部前进。根据大量的回忆录资料（既有当时撰写的，也有后来在人民共和国全国妇联的热心资助下发表的），这支队伍显然是在华中地区女性意识和妇女运动的刺激下成立的。队伍主要是由女共产党员、北伐老兵李哲时（李文宜）组建的，她后来担任了湖北省妇女协会和省政府妇女部的负责人。在女生队出发前的一次集合中，李哲时鼓舞自己的部队："如果不能杀尽敌人，我们怎么有脸去见革命群众。"大约200名女战士高喊着："杀死敌人！"然后奔赴战场。据说她们确实在仙桃镇成功阻击了夏斗寅的部队，夏进军武汉计划的破产也有她们的一份功劳。我们可以想象，夏这位早已对革命带来的两性关系和大众道德之堕落而深怀怨愤的东山将军，在面对这支女兵部队时心头会有怎样的阴霾。①

20世纪20年代妇女激进化的标志，也许没有比剪发更显而易见、更有煽动性的了。1926年10月11日——中华民国国庆节的第二天，统一战线军队攻占武汉的几个星期之后———一大群妇女在湖北省妇女协会的总部门前集会，集体剪掉了自己的头发，以此宣告从旧秩序下解放。② 她们声称，长发辫不过是"封建尾巴"，而剪短头发却使人有了"文明头"。在统一战线的意识形态中，妇女剪断头发是和放足一致的。男人剪掉发辫

---

① 《民国日报》（汉口），1927年5月22日；见谢冰莹；又见Gilmartin, 188-191。丰富的回忆录资料，见李文宜，12~14页；胡兰畦，86~98页；吕儒贞，154~158页；傅浩。

② Gilmartin, 182。

是共和革命在发式上的象征，妇女剪去长发则是国家主义的标志。它不仅表明了两性平等，也是同女性虚荣心的告别，更是为国家利益而自我牺牲的承诺。统一战线宣传家们用很现实的话语，劝告妇女们将以前每天打理长发的 15 到 30 分钟时间，用来追求革命目标。

大别山地区留短发的共产党女游击队员，1948。Bettman Archive.

到 1926 年底革命向北发展到湖南中部地区时，许多城市和乡村的妇女都改头换面，剪了一头短发。1927 年的最初几个月，积极分子分散到湖北各地乡村，在该省推行这一运动。但是出乎意料，沿途遇到了一些妇女的抵制。许多湖南妇女听到谣言说革命分子要把她们抓起来强行剪发，便逃往偏远地区。湖北有不少农村妇女威胁说，如果被强行剪发，她们宁愿自杀，就像遇到占领部队的其他性侵害时那样。① 于是，革命领导者不得不放慢步伐。在 1927 年 3 月妇女节的那次群众集会上，尽管所有与会者几乎是清一色的短发，但通过的决议只要求废除缠足，而没有同样强制要求剪发。革命行动在春末开始全面降温，6 月 21 日，湖北省农民协会在"答农村妇女问"中明确表示禁止当地积极分子强制剪发。②

在麻城（也许其他地方也一样），女性留长发在传统上不仅是一种审

---

① *Hankow Herald*, Jan. 15, 1927; Gilmartin, 192-193。
② 《湖北省农协大会对于农村妇女问题决议案》，全国妇联妇女运动史研究部编，708 页。

美选择，也是认同既有婚姻和家庭制度的一种标志：未婚女性把长发扎成一条或两条辫子，已婚妇女则把头发盘成发髻。① 不过，麻城妇女协会早在1926年中期建立之初，就在妇女身体解放运动中对剪短发和禁缠足给予了同等的重视。像熊家模、熊家训姐妹这样的积极分子，甚至还把落后的东山地区的农妇们召集起来，喊出"妇女剪头放脚"之类的口号，表达她们对"封建"性别习俗的反抗。②

从某种意义上说，至少在麻城地区，20世纪20年代末女性剪发对革命的激励作用与1645年清朝下令男性剃发蓄辫颇为类似。在这两个例子中，看似微不足道的发式革新，在很大程度上都伴随着更宏伟的政治目标，成为引发当地对新政权的大规模反抗的一面红旗。在这两种情况下，就连最初与征服者相安无事的那些人，或者像夏斗寅这样曾经作为其先锋的人，都受到了影响。在当地奉行保守文化的男性看来，二者都是对宝贵文化价值的根本冒犯和对文明社会秩序的挑战。毫不奇怪，麻城男性针对剪发的第一波暴力行为来自传统道德的极力捍卫者红枪会。1927年4月3日，红枪会袭击了乘马岗和黄土岗的左派指挥部，据说他们把碰到的所有剪发妇女都抓起来，戴上镣铐游街示众。③ 6月，复仇天使夏斗寅回到家乡，使报复行为进一步升级，对剪发妇女进行残忍的严刑拷打和侮辱猥亵。④ 但接下来几年，他逐渐放弃了这种戏剧般的暴力行为，转而采用更直接而无声的方式：到1930年，他已通令全军，只要发现剪了短发的妇女，一律就地枪决。⑤

对激进一代的再教育

1927年4、5月间，武汉的统一战线领导人围绕麻城等地农民协会的仇杀，展开了一场辩论。以董必武和毛泽东为首的一派主张继续授权当地

---

① 1993年《麻城县志》，540页。
② 《熊冕南父女》，8页；1993年《麻城县志》，233页。
③ 《民国日报》（汉口），1927年5月16日。
④ 《民国日报》（汉口），1927年5月22日。
⑤ Snow, 300—304.

领导人相机行事，而包括共产国际首席代表鲍罗廷在内的其他人则试图实行较温和的统一控制。5月20日，在夏斗寅和其他人的右翼军队实际把持首都门户的情况下，国民党中央委员会召开会议并发布了一项指示，禁止各地积极分子未经授权袭击当地精英。根据《自由西报》(Hankow Herald)的报道，这条指示如下：

> 一切反对……及阻碍农民解放的地主（和士绅），均为本党所厌弃。然须有证据方可予以惩罚。若证据成立，则可押上法庭接受审判，依法惩处。（然而）不反对革命之诚实富人，得受国民政府之保护。①【译者按，此段为意译。】

这只是一系列中央指示中的第一项。同一个政权曾经鼓励年轻的地方积极分子在统一战线控制地区采取行动，现在这些指示却在拆他们的台，这一点在麻城比在其他地方更明显。

武汉国民政府内部已严重分裂，外部也受到多方军事威胁，对蒋介石的背叛和血腥清洗不知所措，也不知道该争取哪派军阀的支持。民国政府指责主要是地方积极分子的过激行为造成了目前的困境。从6月8日到6月10日，湖北省农民协会和全国农民协会召开了一连串紧急会议，发布了一系列指示和新闻稿，声称迫切需要修正该省的农民运动路线。这些表述因发言者的政治立场而在侧重点上有所不同，如有些人对华中地区农村所发生的事情批评更加严厉，但他们都赞成将地方农会领导人的失败归结为"幼稚"。据称农民运动发展太快，超出了中央政府实行家长式控制的能力，而且由于年轻人的热情，它还不必要地疏远了社会中的个人和群体，使他们在夏斗寅的影响下成为自己的激烈反对力量。据传，农村地区都陷入了一种无政府状态。更可靠稳定的革命地领导机关亟待建立，经济生产能力也需要得到保障。形势迫切要求一方面要立刻停止在没有得到中央明确指导情况下对地主的财产的没收和再分配行为，一方面要寻求无产农民、小地主、商人和手工业者之间更紧密的合作。在武汉召开的众多会

---

① *Hankow Herald*, May 22, 1927。关于武汉辩论的讨论，见 Wilbur, 117–24。

议发布的禁止令中，最一致的就是所有革命官兵的家人和财产都应受到保护，像夏斗寅和他的追随者就属于受保护的范围。①

接下来的几周，中央进一步批判地方积极分子"幼稚"，下令放慢农村革命的步伐。例如，6月21日湖北省农民协会发布的一条决议，禁止女性积极分子再提结婚离婚绝对自由的要求。在湖北省上半年革命工作的一份总结报告中，国民党中央委员附带对全省各地的大量"农民屠杀"加以指责，将其归因于地方积极分子"没有迅速有效地执行党和湖北省农会的命令"②。

6月底，董必武召集了一大批地方积极分子（其中许多当然是他自己的手下），去汉口参加湖北省农会和各地代表出席的会议，对他来说，会议的目的是倾听他们这一方的观点，并制定到目前为止乡村应对策略的最后一道有效防线。看来他在会上受到了指责。6月25日会议闭幕时，董发表了一个宣言，《人民论坛》（People's Tribune）以"（湖北）农民否认行为幼稚"为题进行了报道。③ 该文件充分尊重政府领导层对农会的看法，但同时也号召在各地农会的指导下加快打土豪、分田地的进程。但在随后几周内，党中央连续发布了一系列关于会议最后报告的草案和修订草案，每一份都更加强调各地农会"严肃纪律"的紧迫性。草案宣布，村级的积极分子必须"更清晰、更全面地理解总体政治形势及党的政策和组织"。为实现这些目标，还在农会中建立了更严格的等级制度和更明确的指挥链条。④ 7月8日，省农会领导人召开会议，以便给两周前那次热烈而又充满争议的会员大会提供一个统一的官方解释。会议责成各地农会

---

① *People's Tribune* (Hankow), June 9 and 11, 1927；《民国日报》（汉口），1927年6月12—13日。武汉政府在这一问题上的主要发言人是全国农会会长任旭（音）和中央委员会委员蔡以慎（音）。任所阐述的政策显然比蔡更缓和。关于当时武汉政府领导状况之混乱，见Isaacs, 252–271.

② *People's Tribune* (Hankow), June 25, 1927；全国妇联妇女运动史研究部编，708页。

③ *People's Tribune* (Hankow), June 26, 1927.

④ *People's Tribune* (Hankow), June 29, 1927；July 1, 2, 6, and 12, 1927. 这些报告中还包括关于土地革命、乡村民兵组织及我们在这里不必关注的其他事项的详细（有时相互矛盾的）指示。

支持领导层的所有决议，并按照国民政府的指示对所谓的阶级敌人进行鉴别和惩处。会议闭幕时发出指示，要求国民党和共产党为了农村革命的未来进程而"紧密合作"。考虑到长江下游和其他地方正在蔓延的右派恐怖，以及共产国际首席代表鲍罗廷正是在这一天离开武汉，这多少有些讽刺意味。[1]

在接下来的一两周，国共合作的不可能性日益清晰，武汉政府本身也最终垮台，它所依靠的地方积极分子的活动进一步削弱。7月13日到16日，汪精卫逐步与政府内部的共产党员划清界限，共产国际也让顾问全部撤出了武汉。从这时起到9月13日汪精卫本人放弃武汉政府，"反革命……扩展到左派首都"，武汉开始戒严。数十名工运积极分子被逮捕并枪杀。[2] 妇女运动中最能言善辩的激进分子陈定一（音）在8月份被杀害，她的头被挂在武昌的主城门上示众三天。[3] 至于农民运动，国民党官员声称正在收回以前被共产党窃取的领导权，后者的"幼稚行为"带来的只有灾难。湖北各地的农民协会，必须按照"党的指示"和"严格的革命纪律"进行改组。推行二五减租是乡村地区最紧迫的任务，但攻击地主和没收财产的行为将不再被容忍。正如《人民论坛》在8月初的报道，"共产党员一直在宣传阶级斗争和工农专政，这些糖衣空话都是用来欺骗民众的"。在8月10日发表的一篇题为"纠正几种错误思想"的重要理论文章中，武汉领导人顾孟余提出了这样的问题："国民党一定要有阶级基础吗？"他对自己这个问题的回答是断然否定的。[4]

麻城正是农民运动"幼稚"行为的关键地区之一，曾经得到过中央的大力称赞，现在又作为农会改组的典型而成为全国瞩目的焦点。汪精卫刚和共产党人决裂，麻城国民党党部就发布了公告，宣称对各地农民运动拥有绝对控制权，这么做是为了鼓吹自己的阶级斗争立场，并与蒋介石

---

[1] *People's Tribune* (Hankow), July 13, 1927.
[2] Wilbur, 144-145, 158.
[3] Gilmartin, 181.
[4] 《民国日报》（汉口），1927年8月10日；*People's Tribune* (Hankow), Aug. 3, 5, 11, 1927；*Hankow Herald*, Aug. 9, 1927。

"背叛"农民的"伪"国民党政权划清界限。① 可是没过几天,该党部又在县城成立了一个"改组后的"教育机构,旨在通过"党化"教育来"促进革命"。为了与新方案保持一致,所有乡村学校的教师都必须经过"甄别"和再教育。为此成立了乡村教师甄别委员会,并对所有现任的和未来的教师进行党义考试。考试题目之一是这样的:"阐述'教育党化'对国民革命进程的重要性。"②

基于麻城农民运动的下级干部已被夏斗寅在自己家乡的报复行为彻底消灭的说法(但很大程度上是错误的),国民党县党部在县城举办了党务与农民运动联合讲习所。省党部官员在7月18日的毕业典礼上发表演讲,提醒大家只有紧紧追随党的领导,才是将黑暗麻城转变成光明麻城的唯一可靠的道路。在运动中对真正的反革命"土豪劣绅"的攻击仍然得到了党内高层的赦免,但事实上这将是最后一次。③

但在6月23日,《民国日报》报道麻城举行军民联欢会,欢迎由汪精卫政权派往河南参加二期北伐的军队。既然汪的对手蒋介石已经公然与外国资本家相勾结,这次北伐表面上的目标是要在华北开展反帝活动;但是很显然,派出这样一支部队经过麻城及其邻县,是武汉政府为"改组"这些过激地区的群众运动而及时采取的一种手段。联欢会声称当地各阶级一致拥护新政策,而且尽管汪政权继续标榜自己比其右翼对手更能代表人民群众,联欢会仍然敏锐地没有提及该县乡村革命中最近发生的暴力行为。④

那些最近才刚刚发现自己实际控制了该县行政机构的"进步"青年怎么样了呢?在汪精卫清洗左派分子一周之后的7月15日,共产党中央委员会发表声明,称自己(而不是国民党)才是农村革命的领导者,指责汪精卫背叛革命并两面三刀地暗中支持夏斗寅及其红枪会联盟残酷镇压农民运动,并指出现在亟须转向地下运动。⑤ 8月,武汉领导人中最活

---

① 《民国日报》,1927年7月19日。
② 《民国日报》,1927年7月23日。
③ 《民国日报》,1927年7月28日。
④ 《民国日报》,1927年7月23日。
⑤ 《中央对于武汉反动时局之通告》,1927年7月24日,收入中央统战部、中央档案馆编,7~9页。

跃的土地革命倡导者、麻城几乎所有青年积极分子的私人导师董必武被迫躲进汉口的日租界,后来又辗转逃到上海、日本,最后到了莫斯科。① 9月,一场暴力而持久的"清党"运动在麻城展开,同时对麻城的农民自卫军进行"改组"②。21岁的农会领导人徐其虚逃走,加入了贺龙领导的共产党军队向江西进军。8月初,他在贺龙最终失败的南昌起义中发挥了主导作用。③ 另一些左翼青年,像王幼安、蔡济璜、王树声和刘文蔚,离开县城回到自己的家乡——高地小镇乘马岗和顺河集,等待另一轮乡村革命的号角。

黄麻起义

8月7日在汉口召开的中共中央紧急会议,吹响了这一号角。统一战线政策遭受的严重挫折被归咎于党的总书记陈独秀的右倾机会主义错误,以瞿秋白为首的新领导集体取而代之。会议制定了在湖北、湖南、江西和广东等地夺取地方领导权的新战略,党认为自己在这些地方仍有生存能力。会议发出了相当激进的号召,要求通过一系列暴动直接夺取当地的政治权力,在全地区坚决实行"群众民主"。为实现这一目标,各地农民协会要把自己改组为坚定的军事单位,所有的敌对武装将要被"粉碎";要没收和重新分配所有大中地主的财产及宗族、寺庙的土地;要一举肃清整个"土豪劣绅"阶级和"反革命分子"④。就其实质而言,刚刚获得自主权的共产党是在对夏斗寅及其盟友令人发指的血腥暴力行为复仇。

在"八七精神"的指导下,中共湖北省委在一周后召开会议,号召在全省范围发动武装起义,杀尽一切阶级敌人。特别挑选了6个县(其中3个是麻城及其邻县黄安、罗田),由刚刚武装起来的农民军在各个村庄

---

① Klein and Clark, 876-877。
② 1993年《麻城县志》, 223, 341页。
③ Hankow Herald, Aug. 9, 1927;《麻城县简志》, 30~31页。
④ 《中国共产党的政治任务与策略的议决案》, 1927年8月21日, 收入中央统战部、中央档案馆编, 32~43页; 田子渝、黄华文, 334~335页; Isaacs, 279-280; Wilbur, 150-151。

发动"秋收起义"。9月中旬，流亡到乘马岗的中共麻城县委也在蔡济璜、刘文蔚和王树声的领导下召开会议，高调传达"八七精神"，并确定了随后几周在各村庄发动起义的细节。9月26日，这些年轻积极分子按照预先安排，乘船或骑马分散到全县各地，动员当地同情者参加行动。在"杀土豪分田地"的明确口号下，他们精心策划的行动从第二天开始实施。即便最具同情色彩的资料，也认为他们的做法是暴力的。①

乘马岗镇的情形最为典型。这个高度军事化的地区位于大别山脉深处，年成最好的时候也只有微薄收入，它见证了国民革命以来农民协会最狂热的活动，也经历了夏斗寅及其红枪会盟友最残酷的报复。这年夏天，夏斗寅在乘马岗发起了焦土式的镇压运动，他粗暴地命令自己的部队杀光所有人口，摧毁所有房屋，屠宰所有牲畜。当"改组"的武汉政府突然（令当地组织者震惊地）下令停止一切农会活动时，县政府让同一批红枪会组织负责在乘马岗执行这项新政策。但是当政府同时下令实行二五减租时，该县东北地区的地主们拒绝执行，坚持按照从前的标准收取秋收地租。（国民党县长刘刚抱怨说，这些乘马岗"乡绅"是他在麻城开展反共运动的主要障碍；和住在城市中心地区的精英相比，这些乡绅顽固守旧、狭隘自私，对公共利益毫不热心。②）这一举动似乎是压垮骆驼的最后一根稻草，引发了该地血腥屠杀地主的浪潮，该镇的大多数精英要么逃往武汉，要么逃到山中土匪那里避难。③

从9月底到11月初，乘马岗镇和毗邻的黄安县七里坪镇见证了农会与红枪会之间极度血腥的内战，两边都从底层逐渐汇聚成日益强大的武装力量。据估计，乘马岗农会军人数到10月下旬已超过两万，七里坪也有一万余人。④ 乘马岗的这支武装拥有大约80支快枪，但他们的常规武器是剑和矛。我们得知这些矛有意造得比红枪会常用的短矛更长一些，可以

---

① 《麻城县简志》，15~16页；田子渝、黄华文，336~337页。

② 麻城县长刘刚，《给湖北省方省长的报告》，1929年6月12日，湖北省档案馆。

③ 本段及以下几段的内容，主要来自《黄安县委关于"黄麻暴动"经过情形给中央的报告》，档号GM2-117。

④ 田子渝、黄华文，340页。

使农会战士刺死敌人而自己更有安全感。在几次短兵相接中,他们就这样杀死了千余名红枪会士兵。根据中共麻城县委当时的报告,他们在战场上的口号就是"杀!杀!杀!",村级农会常常比赛看谁杀死的敌人更多。

但是,如果说麻城、黄安边界的屠杀行为直到11月初之前还主要是"自发"的话,至少在党的上级负责人看来,形势已给他们提供了一个在统一指挥下采取进一步行动的诱人机会。湖北省委注意到国民党的主力军队已经在华中地区卷入自相残杀的权力斗争,认为发动一场大规模攻势的时机已经成熟。① 一个由四位经验丰富的军官组成的工作组被派到乘马岗,他们在那里建立了鄂东特委,制定进攻计划。蔡济璜担任委员,刘文蔚、王树声等当地积极分子被派往边界地区,将当地农会改组为义勇队,为发动攻势做好准备。② 换言之,著名的黄麻起义(对麻城的许多激进青年来说这将是最后一场战役)是从外部和上级得到灵感的。

由于全国形势急转直下,国民党的白色恐怖愈演愈烈,麻城的大部分年轻共产党员打算从乘马岗跨过边界进入北边的黄安县,与那里的中共部队会合,然后在该县夺取政治控制权。他们缠着红腰带作为标志,首先向筑有围墙的大别山集镇七里坪出发。11月10日,一个配有快枪的突击队占领了国民党设在镇外的一个小炮台。突击队烧毁了占地甚广的龙潭寺(该寺拥有当地最大的集体地产,但在起义部队逼近时大部分被弃置),占领了七里坪。他们在镇上肃清了竟敢留在这里的所有"反革命分子"。听到这个消息,负责守卫黄安县城的国民党第三十军小心翼翼地撤出了县城。11月13日夜,约两万名共产党民兵武装从七里坪南下黄安,在黎明时分进入县城,其间只遇到了象征性的抵抗,只有一名战士在战斗中牺牲。起义者们一度准备迎接反击,可是出乎意料,根本没有什么反击。当天,他们公开处决了县长贺守中和他的警察局长,放火烧毁了县政府,逮捕了几个大商人,但同时也采取措施安抚城中居民。③

---

① 关于国民党权力斗争的细节,见 Wilbur, 158–159。
② 1993年《麻城县志》,564页;《麻城县简史》,17页。
③ 《黄安工作报告:关于"黄麻暴动"的经过》;《黄安县委关于"黄麻暴动"经过情形给中央的报告》;王立波;1993年《麻城县志》,348~349页。

接下来的几天，起义部队忙于在黄安成立革命政府，事实上，班国瑞（Gregor Benton）称之为华中地区的第一个"苏维埃"政府。① 这个政权的统治范围不仅限于该县，例如，麻城农会的21位领导人已经到了这里，并被任命为新政府的代表，来自鄂东其他县份的代表也参加了政权。领导人们宣布实行八小时工作制，制定了继续开展土地革命的章程，重申了反对"帝国主义"的主张。获胜的各支部队被整编成鄂东工农革命军，王树声任第二团团长。11月18日举行了万人群众大会，正式宣布成立黄安县农民政府，政府委员会由九人组成，曹学楷为主席，麻城的蔡济璜也在委员之列。连续几位发言者都强调暴动（武装起义夺取地方政权）是当前形势下的最佳策略，感谢党中央对他们的支持，告诫大家要听从中央指示（政府委员会的所有成员都是党员），并誓言要继续大规模镇压当地的大地主。为了强调这一点，几名大地主被仪式化地当场处决。作为一种示威工具，这样的公开处决得到了农民政府的正式批准。②

到11月底，新政权估计它对黄安县城的控制已经比较稳固，是时候去实现其推翻愈益右倾的武汉政府这一更大的目标了。它为此发动了一次"南征"，一路上不断有地方农会加入其中。红枪会控制着黄安南部的大部分乡村，总是拼死抵抗。南征部队突袭邻县黄冈，在那里抢占了前湖北督军萧耀南的地产。他们在黄安南部一个叫八里湾的集镇举行了群众集会，公开处决了该镇大部分头面人物，烧毁了他们的房屋，以此来庆祝胜利。当地许多有名的地主被戴上镣铐，拖到县城处死，头颅被悬挂在城门上示众。③

正如共产党的战略家所希望的那样，英雄无畏的黄麻起义令国民党当局极为震惊。但他们没有料到的是，看来四分五裂、濒于瘫痪的国民党政府竟能如此迅速地作出反应，派出远为强大的部队前来镇压。到11月底，大批红枪会志愿军已被动员起来，从大别山另一侧的河南省光山县，南下进入黄安。从武汉派出的向北推进的正规军，12月初从宋埠镇（这个麻城西南部的河港，是该县反共当局最坚实的堡垒）向西推进的国民党军

---

① Benton, 310。
② 《黄安工作报告：关于"黄麻暴动"的经过》，8~9页。
③ 同上书，10页。

队,也加入了他们的行列。战斗异常血腥,双方都伤亡惨重。12月5日,国民党人最终将成立仅21天的农民政府赶出了黄安县城。因为热衷于"南征",县城里只留下了75名守城者(包括来自麻城的一支15人的机关枪队),所以县城轻易地丢掉了。几周之内,国民党将苏维埃分子全部赶出了黄安。当地革命历史上的黄麻起义阶段就这样结束了。①

许多农民政府领导人逃到黄陂境内的木兰山躲藏起来,麻城的徐子清穿过大别山逃到河南商城,在那里继续从事组织活动。② 但大多数激进分子没有这么幸运。整个12月到次年春天,获胜的国民党人为抓捕11月起义的参加者,在黄安和麻城开展了一次非常成功的拉网式搜查。这场运动被当地历史学家称为"血洗",无疑是这一地区革命史上的低谷。③ 麻城县"进步"青年中的一大批杰出战士,他们是董必武和王幼安在20世纪20年代初精心招募和训练的,却在这次黄麻冒险中惨遭杀害。王幼安本人在黄安失守后回到家乡乘马岗,继续领导一支农民自卫队,直到因奸细告密而遭到右翼民团的伏击。他被押到宋埠,于1928年2月17日在河边被杀害,据说在行刑时还在高唱《国际歌》。出生于宋埠的革命"知识分子"蔡济璜和勇敢的农家子弟刘文蔚撤退到顺河集,因村民向民团头目告密而被捕,于1927年12月7日就义,当时蔡22岁,刘只有21岁。被清乡团逮捕和杀害的同龄人还有邓天文、王勉勤、刘象明和冯树功。④

当地中共党委在12月14日的报告中写道:黄麻起义所取得的成果,成功地证明了中央在大别山区发动武装暴动的策略是正确的。在今天的方志和党史中,这场起义都被描述为一次重大胜利,而胜利的取得在很大程度上得益于"中央委员毛泽东"的幕后指挥。⑤ 然而,王树声——在幸免

---

① 《黄安县委关于"黄麻暴动"经过情形给中央的报告》;《黄安工作报告:关于"黄麻暴动"的经过》,11~14页;田子渝、黄华文,341页。
② 1993年《麻城县志》,566页;《麻城县简志》,18页。
③ 1993年《麻城县志》,230页。
④ 涂允恒、戴勤和编,21,96,572页;1993年《麻城县志》,13,564~565页。
⑤ 尤见黄麻起义编写组;这本通俗著作使用了生动的插图、民歌和想象中的对话,以《辉煌的二十一天》为高潮,只有寥寥数页提到起义的后果。郭木的著作对此描述稍多。

于难的麻城进步青年中,他也许是最杰出的一位——并不这么看。在几年后由张国焘记录下来的一份口述文献中,王承认,以今人的眼光来看,游击部队之所以惨遭失败,是起义领导人组织混乱及缺乏经验的直接后果。张国焘本人又补充说,完全是对当时形势的一无所知,才促使中央起初就做出了这种自杀式的荒唐命令。张阴阳怪气地模仿改组的武汉政府关于农民积极分子极其幼稚的断言,总结说黄麻起义和之前的事件从一开始就"如同儿戏"①。

---

① 《黄安工作报告:关于"黄麻暴动"的经过》,15页;Chang, 214。

第十二章
灭绝回归

中华民国历史上有一些非常重要的人物，其形象是模糊不清而又令人深感不快的，任应岐就是其中之一。他出生于河南西部山区的鲁山县，出生年份不详【译者按，应为 1892 年】。任的传记微妙地提到了他的绿林出身，也就是说他是一个土匪。由于某种原因，很可能是为了逃避法律的制裁，1924 年他突然出现在国民党控制下的广州，担任豫军第二混合旅旅长。两年后他回到河南，在吴佩孚手下当师长。但当其上司被统一战线北伐部队击溃后，他于 1926 年 9 月 12 日再次向国民党投诚，得到的奖励是被提升为国民革命军第十二军军长。次年 8 月，他进入了麻城。①

夏斗寅在实施了近两个月的焦土政策后，于 7 月中旬撤离该县。看起来，夏和任占据麻城没有什么分别。两个人都拥有自己的私人军队；当时都宣布服从蒋介石 4 月在南京成立的国民政府；都声称自己在麻城的首要目标是针对左派分子进行彻底的清党。然而大约 8 年后由夏斗寅资助并指导编纂的县志，对任应岐极尽批评之能事，其严厉程度不亚于人民共和国时期共产党编纂的县志。这两位国民党将领之间，有着根本性的差异。夏是有着强烈爱国情怀的麻城当地人，任却是一个外来者。任出身于土匪，而夏虽然也深受高地尚武文化的熏陶，其祖上却是世代与土匪对抗的地方强人。夏占领麻城期间的行为虽然极其残暴，却显然而且一贯受到了意识形态力量的驱动。任应岐则与之相反，显而易见是一个机会主义者，只要

---

① 任应岐在 20 世纪 30 年代初的中原大战中再次表现了自己见风使舵的风格，他背叛蒋介石的国民党，投靠了冯玉祥。但他的好运在 1934 年到了头，被国民党当局在天津逮捕处决。见张宪文等编：《中华民国史大辞典》（南京：江苏古籍出版社，2001），699~700 页；Jordan, 280。

看到有好处可捞，他就会修正表面上的政治使命去追逐它。所以毫不奇怪，他在麻城最大的对手不是别人，正是夏斗寅最亲密的盟友。

任在8月冲进麻城后，立刻罢免了现任县长，用自己的一个河南党羽取而代之。他迅速逮捕并杀害了超过600名农会积极分子，在农村实行恐怖统治。但与此同时，他又通过暴力威胁从城镇店主和城乡绅富那里敲诈了一大笔钱，还霸占了麻城少数几个幸存下来的工业企业的资产，这些企业往往就此倒闭。①

任应岐的部队主要集中在麻城最发达的西部地区，包括县城和举水谷地，但他的统治范围已扩展到除东部高地外的全县各地。② 东部高地对任的抵抗活动是由东山强人郑渐逵领导的，如我们所见，郑曾是该县实力最雄厚的民团领袖，也是自去年国民革命军攻占武汉以来麻城的保护者。为了消灭郑，任与罗田、黄冈及泛东山地区其他"绿林"避风港的各色匪帮结成了混杂的联盟。从1927年末到1928年初，当黄麻起义正在破坏麻城西北部时，由于这些人的入侵和郑对自己地盘的顽强防守，麻城东部地区事实上变成了一片废墟。

地方自治的间奏

1927年10月底，国民革命军第十九军第三十师师长郑重（1896—1950）率另一支部队从南面进入麻城。郑重是麻城北部中心的福田河镇人，这里位于大别山高地的核心地带（所以他显然和木子店的郑渐逵没有什么关系）。他和夏斗寅曾是保定军校的同学，在接下来的十年间，他成为夏的得力助手，也是在麻城举足轻重的行政和军事人物。③此时，他满足于占领"东山门户"白果镇（这里也是两个半世纪前于成龙镇压东山叛乱时的集结地）。在那里，他试图把国民党同志任应岐赶出自己的家

---

① 《麻城县委报告》，233，243页；《黄安工作报告：关于"黄麻暴动的经过"》，15页；《麻城县志续编》，10：5；1993年《麻城县志》，13页。
② 下面几段内容主要依据《麻城县志续编》，5：25~26页。
③ 1993年《麻城县志》，590~591页；《麻城县志续编》，8：2~5页。

乡麻城县。1928年1月,武汉麻城同乡会的商人捐助资金,为郑重和郑渐逵增派雇佣军,支持他们的行动。3月,南京政府本身也撤销了任的职务,并答应增派部队击败任部。经过3月19日的一场大战,郑重成功地夺回了县城,4月又夺回了宋埠和举水沿岸的其他市镇。任应岐在麻城坚持到5月,最终越过大别山退回了河南。现在任撤走了,共产党人在黄麻起义失败后几乎难以维持生存,于是郑重和郑渐逵开始在家乡麻城行使几乎完全的支配权。他们抓住时机让麻城本地人韩学海当上了县长,在一个较短的时期内,麻城几乎实现了完全自主的地方自治。

我们已经看到,直到此时,郑渐逵一直在左与右的冲突中刻意保持中立,当麻城惨案及其报复性后果发生时,郑甚至看起来像是麻城农会积极分子的一个盟友,即使在偶尔为"土豪"和"劣绅"提供庇护时,他也有意避免与任何一方发生武装冲突。多数情况下,正如在反任应岐运动中那样,他扮演的是意识形态上中立、保护自己家乡免受外人奴役的角色。事实表明,在1928—1929年的那个冬天,他又获得扮演这一角色的机会。12月,一个人称李老末①的北洋军阀将领率领一支约40 000人的部队,从松子关进入麻城东北部,在滕家堡【译者按,原文误作"沈家堡(Sheng Family Fort)"】安营扎寨,并再次洗劫了附近的东山高地。郑渐逵动员自己的民团武装,建起了一条周长达30英里的防御带,指挥部就设在他的家乡木子店。整个冬天,他为赶走入侵者发动了一场顽强而血腥的战斗。1月底,他取得了胜利,亲手杀死了李老末。②

麻城边境暂时安全了,郑渐逵得以将注意力放到镇压内部叛乱上来,在共产党的历史叙述中就是"背叛革命"。他同意将自己的农民自卫军编入南京政府的军事结构,其使命也从防御东北部的山区关隘变成了镇压西北部的共产党人。东山的武装力量,实际上已经对准乘马岗了。最后在1930年3月,郑渐逵被南京政府任命为罗田、麻城、商城三县联防委员会主任,不久又成为鄂豫皖边区剿匪总司令。到1935年病死时,他是国

---

① 李建邦,人称李老末,得名于杂剧传统中的丑角。
② 《麻城县志续编》,5:26~27页;1993年《麻城县志》,349页。

民党第三路游击司令。①

清 乡

郑渐逵从一个不关心政治的村庄民团头目跃升为国民党的高级将领,这是麻城广阔社会进程的一个缩影:20 世纪 20 年代末到 30 年代初,该县地方民团武装逐渐合并成更大规模的县域准军事部队,这些部队在功能上融入了国民革命军,有时还正式编入了国民革命军的指挥系统,其关注点也从保护本地免受土匪和叛军的侵扰,变成了清乡和肃清共产党的同情者。

1928 年 5 月,新近任命的麻城县长、湖北东部大冶人叶开演组建了 12 个区级清乡保卫团,专门用于剿灭共产党。② 郑渐逵被任命为第一团团长,负责巡逻县城及其周边地区。县城里成立了清乡委员会,以协调全县的"搜捕肃清"行动。保卫团的经费来自按亩征收的土地附加税,以及向城镇店铺新征收的商业税,取代了到目前为止还是地方民团主要经费来源的捐款和缴纳会费制度。不过,叶的新安排仍然是分散式的:税款的评估和征收仍由 12 个保卫团的团长负责,各团实际征收的税额差别很大,这引发了随后几年乡镇一级的争论和政治活动。

次年,叶的继任者、留日归来的湖北鄂城人卢邦燮【译者按,原文误作"Lu Bangbian"】进一步采取措施,规范清乡部队及其经费来源。卢不仅成立了正式的县级总团部,制定了专职教官指导下的常规军事训练制度,而且创建了由总团长(他本人)领导的全县军事指挥官僚结构。从

---

① 1993 年《麻城县志》,569 页。
② 下面几段内容主要依据《麻城县志续编》,3:40~41 页,5:49~53 页,以及 1993 年《麻城县志》,340~341 页;《风云变幻》,2~4 页。除了或多或少由国民党县政府控制的反共武装外,还须注意一直存在着的私人性反共武装。例如,麻城当地的罗马天主教会组织了自己的反共圣母军,教会负责人是一位叫李道纯的意大利神父,他对自己祖国的法西斯政府抱有越来越明显的同情。李神父在日据时期以合作者身份留在了麻城,1951 年被新中国政权最终驱逐出境。见 1993 年《麻城县志》,537 页。

此以后，该县整个民团组织（1931年适时地改名为"铲共团"）的指挥权，正式变成了麻城县长的一项附带职责。

这种安排简直是根据下一任县长郑重的个性量身打造的，这位当地出生的国民党将领、夏斗寅的门人，于1932年继任麻城县长，并担任这一职务直到日本人占领该地。郑不遗余力地屠杀共产党人。他把全县12个区简化为9个区，这种结构一直沿用至今，还把区级民团的指挥部扩展为功能多元的乡镇行政机构。他聘请胡光麓留在麻城率领一支更具攻击性的部队，作为该县保卫团的补充，这支部队由9个区级大队和25个中队组成，郑渐逵担任胡的副手。胡是湖北沔阳人，毕业于日本人创办的北京警察学校，曾在1931年短期担任过麻城县长。还有两支特务队（实际上是县秘密警察），一支设在县城，另一支设在东山的木子店，由郑渐逵的本家郑茂前指挥。到1930年代中期，该县的专职军事武装共有1 007人，拥有900多支步枪。

新的军事组织成本极其高昂，特别是相邻区的长官经常同时对某一地区征税。①1932年，尽管商人们抗议说由于全县商业衰退而无力纳税，郑重还将店铺税提高了50%，每年的征收总额超过10 000元。次年他又将土地附加税提高了20%，税额总数的五分之三由地主支付，五分之二由佃农支付（考虑到这项税收的用途，颇有些讽刺意味）。当所有可以想到的地方收入来源都被榨干时，郑便转向汉口的麻城同乡会，过去同乡会曾表现出为保护家乡而捐助的意愿。同乡会应县长的请求，成立了一个内部的认捐筹款机构（协金会），最终为家乡的反共"剿匪"事业贡献了数万美元。

有一个区级保卫团的信息幸存下来，就是以中馆驿集镇为中心的七区保卫团。该团的后台是林仁敷（1892—1950），一位福建籍进士的第十八代孙，这位进士在14世纪由明朝派到麻城做官，从那时起，他的后代就完全控制了中馆驿的布匹、茶叶和草药贸易。林的父亲是1903年的举人，仁敷本人则就读于武汉的湖北第一中学。作为当地最富有的人，林在1915年当上了中馆驿商会的会长。1929年七区保卫团团长被共产党暗杀

---

① Wou, 111, 407.

后，林接过了这一职位。整 20 世纪 30 年代，全县民团系统的分化更加精细，林通过与其他地方强人结盟，逐步扩大了自己对日益增长的军事网络的控制权。他在创建当地军火库、修筑防御工事、捕杀左翼分子（据统计约有 220 人）等方面成效显著。共产党方面的资料将林刻画成一个凶残成性的酷刑大师。据说他所钟爱的杀死敌人的方式是：挖出他们的心脏，浸泡在辣椒汁中，再用栗子油煮，再插上数百根竹签。人们称他为阎王，他对此很是得意。①

国民党官员通过重建保甲户籍制度，实现了当地社会的军事化，这和三藩之乱时期的于成龙、太平天国时期的胡林翼在麻城成功实施的政策惊人地（也是有意地）相似。②1932 年年中，蒋介石在建立鄂豫皖三省剿匪总司令部的过程中巡视了鄂东地区，巡视结束时，他在 8 月 1 日宣布要在大别山地区实行一种新的保甲制度；1934 年 11 月，蒋正式将这种模式推广到整个南京政府统治区域，其中包括最为特殊的江西苏区周边地区。③条例详细规定，共用锅灶的家庭单位设户长，十户设甲长，十甲设保长。后两个职务均由下一级首领每年轮流充任。各级首领不仅要保证所有成员遵纪守法，还要满足纳税、徭役和征兵等要求。最后保长要对区公所负责，但在二者之间还有一个关键性的中介机构保长联合办公处（通常简称为联保处），按照设想每个区有 15～25 个不等的联保处。联保处以联保主任为首，在辖区内拥有广泛的军事、警察和司法权力，其中司法权力由被称为调解委员会的联保处法庭协助行使。但是呈送给上级军事长官的日常报告清楚地显示，联保处的中心任务是剿灭当地的共产党。④ 联保主任

---

① 《林氏宗谱》(1947)，卷 2；《风云变幻》，2～3，43～47 页；1993 年《麻城县志》，572 页。麻城林氏家族的形成，在前面第三章已有论述。1949 年共产党解放麻城后，自称"阎王"的林仁敷逃到成都的林氏支系避难，但被押回了麻城，次年被人民政府处决。

② 下面几段参考了郑桓武：《鄂豫皖三省"剿总"实施保甲连坐法》。

③ 关于国民党在围剿江西苏维埃及苏维埃垮台后"重建"该地时对保甲制的运用，见 Averill。

④ 例如，见 1936 年麻城第四区的系列报告，湖北省档案馆藏，题为《四区转麻城城邑联保办公处办事》。

这个权力极大的职位，最初规定要由所属的保长选举产生。然而，来自中馆驿林仁敷第七区的证据显然表明，麻城的许多或者大多数联保主任都是由宗族领袖担任的，联保处的办公室通常也设在改造过的宗祠。①

如 1934 年一个调查组所描述的，国民党当局很快就意识到，麻城的联保主任和保长都已"不可救药地脱离了"他们管辖的人民。② 一方面，他们的职责越来越不受欢迎。除了日渐繁重的税赋征收和为建设公共工程而迅速增加并广为诟病的徭役征发之外，这些首领们最令人憎恶的职能大概是在征兵方面。随着麻城国民党正规军人数的增加，每天都有超过 3 000 名当地居民被迫做军队的搬运工，当地百姓对此都极力逃避。③ 后来在 1933 年，南京国民政府颁布了《兵役法》，规定所有 18～45 岁之间的男性都必须在国民党军中服役，还明确了保长和联保征兵任务的比例分配。由于麻城当地的抵制，这项规定在 1937 年之前完全没有有效施行，直到抗日战争期间的 1942 年，麻城才真正接近于它每年的征兵配额。④

另一方面，由于最有影响的本土精英不是逃往武汉，就是顾虑声名受损而逃避出任公职，保甲人员的素质急速下降。杜赞奇（Prasenjit Duara）对华北的研究已清楚地表明，地方首领的职能越来越臭名昭著，致使地方精英退出、由一帮无耻的投机分子取而代之。这些地方精英即便曾是"土豪"，也至少在表面上享有某种地方文化的合法性，并至少部分地扮演着保护地方利益免遭外来侵害的角色。⑤ 1934 年的省级调查组实际上承认了这一点，抱怨说麻城即便是较高级别的联保职位，大多数任职者也都是文盲，连最简单的记账簿都不会——在这个越来越迷恋人口统计信息的政权看来，这是其基本职责所在。⑥在麻城及国民党统治的其他地区，对保甲人员表现的强烈不满促使国民党政权对他们的选择实行官僚化。每个区都设有专门针对低级保甲人员的培训学校，从第四区培训学校毕业照上

---

① 《风云变幻》，3 页。
② 《湖北县政概况》，2.507~508。
③ 同上书，2.514。
④ 1993 年《麻城县志》，345 页。
⑤ 见 Duara。
⑥ 《湖北县政概况》，2.507。

的制服样式来看，他们实际上就是当地的警察。①到20世纪30年代中期，鄂东地区的保甲制度进行了修改，规定级别较高的联保主任要由省里直接任命，并须在武汉的乡镇人员训练所接受标准训练。② 19世纪中期胡林翼在麻城实行保甲制的成功，以及于成龙在17世纪晚期的更大成功，都得益于一项重要因素——原有地方强人的合作。1930年代的国民党当局并不具备这一因素。

但在一个关键的方面，国民党的保甲制度实际上将清代于成龙和胡林翼方案中的核心要素发挥到了极致，这就是户籍管理、地方军事动员与文化教化的有机结合。在县长郑重的引导下，国民党时期的麻城将演变成人们所称的"社会军事化"。1935年，麻城在新近重建的保甲机构中增设了一个壮丁队。县长郑重亲自统领大队，下设由各区区长率领的9个区队，再往下是由联保主任负责的265个联队，最下面是以保长为首的1 128个小队。县里每一个身体健全的年轻人都须服役至少三个月，任何时候都有约60 000人登记在册。郑重还在县里设立了一个新职务——社会军事训练教官，各级教官负责向各自的部队深入灌输爱国主义和道德规范。③ 毫无疑问，民团组织是几个世纪以来麻城社会的一个显著特征，在明清易代、太平叛乱这样的紧张岁月，它为全面塑造社会结构发挥了重要作用。但是到20世纪30年代末，民团似乎最终找到了自己的归宿：作为麻城民众最基本的文化生产工具。

麻城的"新生活"

"社会军事化"是国民党在"新生活运动"的总体名目下开展的更广泛运动的中心环节，这场运动旨在根本上重塑麻城文化，进而在反共战争

---

① 《麻城第四区保甲训练班同学录》，1937，麻城县档案馆。
② 郑桓武：《鄂豫皖三省"剿总"实施保甲连坐法》，234页。关于这种普遍的官僚化现象，见 Kuhn, *Local Self-Government under the Republic*。
③ 麻城县长郑重：《整理保甲肃清零匪方案》，1934年2月15日，湖北省档案馆；1993年《麻城县志》，341页；郑桓武：《鄂豫皖三省"剿总"实施保甲连坐法》，235~236页。

中赢得情感上和理智上的民心。韦思谛（Steven Averill）根据他对江西山区所做的研究指出，尽管"新生活运动"在西方观察家看来可能像是一场不合时宜的滑稽剧，可对其倡导者来说绝对是一件非常严肃的事情。① 显然，没有任何地方比国民党统治的麻城更需要这场运动，这里一直是乡村激进主义的温床，即便当前也正在见证大别山区苏维埃政权的巩固。

20 世纪 30 年代初期，国民党在麻城进行了一系列组织改革和思想整顿运动，这显然反映了国民党的列宁主义根源。1930 年 10 月，省党部向该县派出了一个三人整党委员会，他们怀疑当时的县领导人仍然效忠于汪精卫的武汉政府而将其撤职，成立了一个临时委员会取而代之。整党委员会中有一个叫屈方诚（1906—1951）的本地代表，时年 24 岁，是东山南部的张家畈区人，刚从武汉的省立第一国学馆（湖北国民党右派进行思想整顿的基地）毕业。② 1933 年 1 月，临时委员会又改组为县党委。这时屈方诚被正式任命为"干事"，国民党喜欢用这个称谓来指称与党中央联系密切并负有报告之责的地方党组织领导人。接下来的几年间，屈方诚的干事权限逐渐扩展成以东山为中心，包括麻城、罗田、英山三县在内的党的领导权。同一时期，麻城的各类群众组织，包括工人协会、妇女协会、教师协会、商人协会以及最重要的农民协会，也都进行了改组，有些是反复改组，以使它们的议程和活动与国民党的目标更密切地保持一致。这些组织原有的领导结构，即内部选举产生的会长，被当地国民党组织任命的党员所取代。麻城的党员干部在 1935 年有 247 人，这样，国民党对麻城社会和政治的集体控制日益强化了。③

遵循蒋介石关于"剿共"需要"七分政治、三分军事"的名言，该地国民党人发动了一场多战线的思想战运动。党的领导人屈方诚担任了鄂东地区初等教育副政治委员。新的党办学校系统开始在麻城土地上扎根。又

---

① 见 Averill。对于 Mary Clabaugh Wright 轻蔑地否定新生活运动，他当然是持反对态度的。又见 Wright，introduction。

② 1993 年《麻城县志》，591 页。

③ 《麻城县志续编》，7：1~5 页；1993 年《麻城县志》，233 页。值得注意的是，国民党指定的麻城商会会长是一个叫梅玉峰【译者按，原文误作"Mei Yuqi"】的人，他很可能是在明末麻城的社会和政治生活中处于核心地位的梅国桢和梅之焕的后人。

创办了地方党报和群众阅览室网络,以便尽可能多的当地百姓能够读到(或听别人读到)正面信息。仿效几年前共产党积极分子的先例,国民党人还竭力维护自己对传统节日庆祝活动的领导权,使之服务于当前的政治目的,对年度节日日历进行调整,突出"国庆节"及其他具有政治意义的仪式性活动。1931 年,麻城成立了反共宣传队,来协调这些新的运动。还成立了农村复兴工作训练学校,依靠个人道德和新奇的社会科学方法(统计分析、使用图表等)两方面的吸引力,训练几百名学员如何复兴农村进而消灭共产党。①这些活动最终都被纳入了新生活运动促进会的总体控制,该会成立于 1934 年 3 月,由郑重(县长和总司令)和屈方诚(党的领导人)共同担任会长。

新生活运动的出现,至少在麻城,并不是出于对国民党统治前景的乐观,更多地是来自国民党当局对令人绝望的现状的深刻认识。前文提到的 1934 年湖北省各县调查报告,为当时麻城的经济、社会和文化描绘了一幅异常黯淡的画卷,几乎与他们的共产党敌人描绘的同样黯淡,只是给出的解决方案全然不同。报告从该县令人自豪的慷慨而正直的历史开始说起。晚明梅之焕和太平天国时期余雅祥率领的麻城乡勇,不仅集结起来保家卫国,还越过了县界去平息其他地区的狂热叛乱。直到 1928 年(没有明言是指夏斗寅)他们还做着同样的事情,令自己的祖先感到自豪。可是现在,这种鼓舞人心的本土精神(土气)已经枯竭。麻城地方领袖光荣传统的继承人们已经变得消极,变得不敢负责。麻城的物质条件(建设)和人们的进取精神(事业)都变得落后了。麻城的豪绅大族不再关心公共事务,数十年的掠夺勒索已经损伤了他们的脊梁。小民入不敷出。在这样的情况下,地方信仰中的那种自我牺牲精神已经遗失,取而代之的是灾难性的城乡分裂(城乡畛域之见)和青年人反社会的个人主义。在新生活运动的倡导者看来,要治愈麻城这种显而易见的文化绝望症,只能通过自上而下的渠道:士绅阶级必须在地方官员骨干的积极领导下,重拾曾普遍存在于麻城历史上的道德。②

---

① 鄂豫皖边区剿匪司令部黄麻分部。
② 《湖北县政概况》,2.517~518。

1934年省级调查中麻城报告的幕后策划者不是别人，正是最有名的麻城子弟夏斗寅本人。他在1933年称为湖北省"主席"，次年离职去担任规模更大的长江中游各省"剿共军司令"。在1935年重修《麻城县志》时，夏的影响更是无孔不入，这部县志正是由夏和他的手下郑重出资编纂的。① 如果说1934年调查是要求对新生活运动进行补救的批评和方案的话，次年的县志则主要是对极短时间内所取得的成就的一种赞扬。由不二人选孟广澎撰写的序言，证实了这种成就———一年前的湖北省调查报告正是由他编辑的。②

1935年县志是一部非同寻常的文献。它信息丰富，是本书的主要资料来源之一。但它又是一座纪念碑，见证了国民党在麻城唯一的胜利时刻，也见证了一个虽然地处边缘、却进步而开明的县所应有的气象。县志的总编是年逾七旬、被称为"春晖老人"的白果人余晋芳（1861—1938）。余是该县最后、也最令人自豪的几位拥有科考功名者之一，1894年考中进士，入翰林院。余是位财政管理专家，曾在清朝户部广州司、贵州司任职，还做过云南清理财政监理官。1911年辛亥革命之后，他作为湖北省谘议局议员被袁世凯召至北京，协助处理清帝退位事宜。随后他回到家乡麻城，在该县医院、学校和实业发展机构担任各种高层管理职务。他还出版了一本初级医学教科书和一本诗集。③

整部县志，但尤其是余晋芳、孟广澎及县长郑重撰写的序言，明确阐述了一个教化麻城民众的方案，它一方面有赖于对当地历史的仔细阅读，一方面也须积极响应那些（最合国民党知识分子胃口的）历史人物的道德规范。河南人孟广澎首先指出了麻城在国家危机时刻的战略中心地位。孟说道，胡林翼正是看到了这一点，才修筑堡寨、组织民团来防守这一关键地区。但胡也懂得教化作为一种防守策略的深层必要性。据孟所说，幸

---

① 夏斗寅捐了1000元，是县志编纂最大的捐助者；县长郑重捐了300元，排名第二。见《捐户姓名》，收入《麻城县志续编》。

② 孟广澎是河南商丘人，统计学家，也是国民党内受人尊敬的地方治理专家。1933年，他被任命为湖北省民政厅厅长，在任期间，他不仅于1934年指导编纂了卷帙浩繁的六册《湖北县政概况》，还主持了次年的湖北省地籍调查工作（见孟广澎）。

③ 1993年《麻城县志》，577页。

运的是麻城人天性正直，例如，他提请读者想一想，他们是怎样把信奉异端邪说的李贽赶出麻城的。可是后来李贽学说的遗毒鼓动了许多诋毁圣人正统的奸民，这些人必须被镇压下去。北伐过后麻城滋生了许多异端的小偷和强盗，辉煌的教化成果再次受到威胁。孟说道，感谢上苍，有夏斗寅和郑重这样可敬的绅士再次前来征服那些离经叛道者。对孟广澎来说道理是很清楚的：变乱常有，在麻城这个脆弱的地方更是如此，可也有恒常的应对之道，即更严厉的思想控制。也就是说，要更热切地关注纠正人心和风俗。总之，孟广澎建议要强调四维，即礼、义、廉、耻。① 至于县长郑重，他指出之所以把全县德高望重的学者召集起来编纂这部县志，主旨就是为了阐明忠义、孝友、节烈的美德。郑说道，向社会下层进行宣化和教督，正是这些精英们的职责所在。② 接下来，年高德劭的余晋芳也就如何推进这些道德价值提出了明智的忠告。他写道，必不可少的第一步，就是严格遵守儒家的家庭礼仪（四礼）。余注意到，在麻城历史上，每当离经叛道的道教或佛教活动出现（虽未明言，但显然是指李贽），社会崩解很快就会随之而来。而且礼仪最重要的方面，他说道，就是仪式行为应该与行为者的社会地位相一致（世俗各如其分），礼仪的本质就是服从。③ 总而言之，在麻城的阶级革命刚刚结束之际，由一群受过西方教育、又有着新生活社会理想的人编纂的这部1935年县志，显而易见地响应了该县过去最保守的文化精英们的话语。④

游击战争与鄂豫皖苏区的兴起

新生活运动倡导者们提出的乐观方案，尽管也许是出于真心诚意，在

---

① 《麻城县志续编》；孟广澎：《〈麻城县志前编〉序》。麻城的几部宗谱（尤其是民国时期的修订版本）同样强调要遵守四维，例如《石氏宗谱》，3：8~21页。
② 见郑重：《〈麻城县志续编〉序》。
③ 《麻城县志续编》，1：43~44页。
④ 或许毫不奇怪，他们首先响应的是耿定向（和李贽相反）对道德和社会分别、尊俗维风（被视为社会失序的矫正物）的热情拥护，但也有对梅国桢、梅之焕、于成龙和胡林翼，以及当地历代宗谱的强烈回应。

国民党统治的十年间却似乎严重脱离了麻城和大别山地区的实际生活。看起来，这个具有战略地位的高地地区所经历的内战，要比中国其他任何地方都更普遍、更持久，也更具破坏性。在1927年底黄麻起义失败、国民党实行高度"白色恐怖"之后，麻城的地下共产党领导人发动了游击战争，这场战争实际上一直延续到1949年，但其高潮是在1930年前后的几年间。1928—1929年的冬天，共产党开始对区级行政人员进行暗杀（他们刺杀的最高人物是黄安县公安局长"曹屠夫"）。① 接着在3月，由于蒋桂战争爆发，同时一个闹独立的国民党官员夏逢时也在麻城发动叛乱，国民党在鄂东地区的军事形势迅速恶化。抓住这次机会，河南南部新成立的一支红军部队翻过了大别山，与麻城的村级赤卫队取得联系，并经过夏天的战斗牢牢控制了松子关以西长约四十英里的边境地区。他们将该地区十多个最大的地主家族树为靶子，开始进行土地再分配。共产党这种有选择的暗杀活动，相当成功地向当地民众展示了自己的力量，暗杀者则在完成任务后轻易地逃走，麻城县长刘刚在当年6月的一份报告中对此深感沮丧。② 但到了8月，夏斗寅亲自担任麻城的国民党第十三师师长，在秋天夺回了红军占领的大部分地区，在此过程中他杀害了数千名共产党的同情者。这场战役中还有几千名当地居民被屠杀，后来证明这只是一个不准确的较小的数据，此外还有6 000多间农舍被夷为平地。③

在中共党史上，1929年还以两起相互联系的重大事件而知名，即"立三路线"的当权和地方苏维埃的建立，它们都对麻城产生了重要影响。这年春天，莫斯科任命湖南工人运动领袖李立三（1899—1967）为中国共产党的主席，李担任这一职务直到次年9月被免职【译者按，李立三自1928年6月起担任中共中央政治局候补委员、候补常委，1930年6月至9月担任中共中央政治局常委兼秘书长，不曾担任中共中央主席】。和全国各地一样，在麻城当地，"立三路线"是和冒险夺取政权以及扩张

---

① 《麻城县委报告》，240~241页；涂允恒、戴勤和编，445~446页。
② 麻城县长刘刚给湖北省方省长的报告，1929年6月12日，湖北省档案馆。
③ 《麻城县委报告》，233页；《麻城县志续编》，5：27页；1993年《麻城县志》，349页；新县县委党校，8.27；Chang，218；Wou，122，410。

性军事行动联系在一起的。1929年夏，李立三压倒一切的目标是夺取武汉及华中其他主要城市，如九江、长沙和南昌。占领麻城和黄安县城，被视为实现该目标的步骤之一，因此两县的乡村党组织是从属于这个较大目标的。也就是说，乡村地区只从党组织那里得到了极少的财政和军事资源（这些资源被用于城市党组织了），而与此同时，没收土地和打击乡村精英的运动进一步升级，主要仍是为了从本已紧缺的乡村经济中，为计划中的城市暴动提供粮食。在麻城，其后果之一就是乡村民众对共产党的不满日益增长。①

"立三路线"在麻城的主要执行者，是野心勃勃的乘马岗农家子弟王宏学。王宏学（1899—1932）出身于一个没落的地主家庭，是王幼安从学校发展的麻城第一代革命青年中的一个。他于1927年加入共产党，第二年的恐怖运动期间，在自己的家乡领导一支火攻队。随后他在11月的黄麻起义中扮演了次要角色，是起义的少数幸存者之一。就在这个时候，他开始真正获得声望。1929年3月，在该地乡村领导人因黄麻起义失败而被大批杀害的情况下，王在家乡乘马岗镇成立了新的农民委员会，必须得到两人担保才能成为会员，身体健全的会员都要在委员会的军事武装"赤卫队"中服役。在打击地主、没收财产方面，王的组织总是很激进。这年6月李立三正式就任党的主席后，王奉命将其农民委员会扩展到整个麻城，3个月后他担任了麻城县委书记。②

这一时期共产党有两条并行不悖的发展战略，一是游击战逐步转向阵地战，一是试图建立"苏维埃"对其控制地区进行统治（主要是为了获得财政收入以支持其他地方的行动）。麻城及其周边地区，建立了几个规模不等的苏维埃政权。虽然大多位于北部山区的边缘地带，但也有一些是在城镇中心。例如，当地共产党员利用1929年春国民党混战的机会，在麻城商业化程度最高、国民党统治最稳固的西南扇形地带成立了中宋边区工作委员会（中馆驿—宋埠）。第二年，党派了一名专家来这一地区组建财政管理体系，中宋边区工作委员会改名为"中宋边区苏维埃"。一尊列

---

① 1993年《麻城县志》，230~234页；McColl, 51~52。
② 1993年《麻城县志》，234, 566页；涂允恒、戴勤和编，26页。

宁雕像，在位于西阳镇的苏维埃总部自豪地树立起来。游击队在宋埠进行恐怖暗杀活动，赤卫队则针对全麻城最富有的郊区地主，发起了一波更强劲的没收土地和"斗争会"浪潮。中宋边区苏维埃一直存在到 1932 年 9 月，因为一名领导人叛变而失败，总部被"阎王"林仁敷手下令人恐惧的秘密警察攻占。其他领导人逃到了麻城北部高地，但很快就被抓获、处决。①

在整个中国内战历史上，规模更大、时间更长、地位更重要的，是大别山地区的"鄂豫皖苏维埃"。鄂豫皖苏区占据着麻城和黄安北部方圆几百英里的贫瘠山区地带，以及毗邻的河南商城县、光山县及安徽金寨县的各一部分。鼎盛时期管辖着大约 350 万人口，比赣南地区著名的中央苏区还要多 100 万人。②

鄂豫皖地区几个世纪以来都以土匪和小股叛乱分子的藏身之地而知名③，这些山区地带的早期中共领导人，无论在文化风格还是组织模式上都很有些绿林习气。他们依赖该地原有的土匪团伙以求生存，并与其中一些结成临时同盟，在许多人看来，他们自己的行为方式也很像是"社会土匪"：冲入某个地方，痛击某些阶级敌人，并为了自己的生计而征收他们囤积的粮食。④ 当地资历深厚、适应力强的中共活动家——乘马岗的王树声，在其口述史中描述道，他在 1929 年逃亡途中曾一度加入了一个 18 人的"匪帮"，其中一半是共产党同志，一半是传统意义上的土匪。某天晚上，土匪们认为共产党员不再是有用的盟友了，因为这些人招来了政府更严厉的追捕。他们勒令共产党员交出所有的武器和粮食以保住自己的性命，而后土匪消失在了树林里。⑤

后来所称的"鄂豫皖苏维埃"的组织史颇为混乱，要受制于地方认同和派系认同、一次次的统一化改造以及最重要的战争局势。最简单说

---

① 《风云变幻》，4～20 页。
② Benton, 304；《麻城县简志》，18 页。
③ 该地区长期作为叛乱分子藏身之地的一个例子，见张之宛（音）和毛昌希（音）奏折，同治 3/8/13，中国第一历史档案馆。
④ Billingsley, 256-258.
⑤ Chang, 215.

来，1929年3月，控制乘马岗红色区域的一个特别委员会，由王树声改名为苏维埃。它在9月垮台，但随后又出现了一连串组织：麻城县苏维埃政府（由王宏学领导）、鄂东特委、鄂豫边特委、鄂豫皖边区政府，最后在1930年3月，成立了听命于李立三党中央的鄂豫皖苏维埃。虽然王树声、王宏学等本地积极分子在扩大后的机构中仍保留了某些权威，但随着1930年的改造，其复杂领导结构的大部分权力迅速转移到了外来人手中。其中最有影响力的人物是红四军军长、山西人徐向前（1901—1990），他毕业于黄埔军校，是北伐战争中的英雄，1927年在武汉投身共产主义事业。① 他手下有位得力干将叫徐海东，以前是黄陂县的陶工，埃德加·斯诺称他是自己见过的最具有阶级意识的人（因此使他名垂史册），对所有富人都怀有不可动摇的深仇大恨。这年5月，上海党中央所派的新领导人到来后，鄂豫皖苏维埃再次被改造，首府设在河南省光山县新集镇，该地区革命运动的公认发源地麻城，被降到了特别区的地位。②

围　剿

1930年3月，蒋介石的国民党政府为了对付不断扩大的共产党统治区，再次把它最信任的当地人夏斗寅将军从安徽调到武汉，担任湖北省的警备司令。据夏（怀有敌意）的传记作者描述，他在长期担任该职务期间，不仅保持了一贯的冷酷无情，而且本人也越来越腐化堕落。他主要通过从武汉的地区间鸦片贸易中抽取利润，积聚了一大笔财富，并用这笔收入在武昌和汉口购置了豪华洋房，在郊区东湖边上买了一块1 000英亩的地产，还在家乡麻城进行了大笔的不动产投资。他经常光顾武汉的妓院，把几个最有名的妓女纳为小妾，她们的家人也跟着发了财。据说，他把大部分精力都用在了指责和诽谤自己的上司、湖北省长何成濬上面。1931

---

① 关于徐向前在鄂豫皖的经历，见徐向前。
② 《麻城县委报告》，242页；1993年《麻城县志》，13，224页；Snow，295；Klein and Clark，348-350；McColl，46-47。到20世纪70年代，徐向前已成为党的中央委员和共和国的元帅。

年夏天的长江大洪水给了他机会,他成功地将这场洪水的灾难性后果怪罪到何的头上,使何被迫去职,由他自己(起初是非正式地)取而代之。①

不管夏本人有多腐败,他不惜伤亡把自己的家乡从共产党手中夺过来的真诚决心则是无可置疑的。他一回到湖北,立刻调派了一支规模可观的国民党正规军开赴自己的家乡东山木子店镇。1930—1931 年间,他还多次从外省增调援兵。与此同时,他在当地的盟友郑渐逵逐渐拼凑起了一支横跨东山两边(麻城和罗田)和大别山两边(麻城和商城)的民团联盟,其跨越数县的范围和镇压叛乱的使命,很容易让人想起 3 个世纪前梅之焕打造的四十八寨联盟。郑在整个夏天积极招兵买马,使其民团联盟的兵力足以改组为 40 多个旅,其中包括一支训练有素的敢死队。

就在共产党的战略从灵活多变的游击战转向相对固定的苏区防御战时,国民党的战略也从一般性的清剿演变为阵地战式的围剿。参战部队到位后,国民党军于 1930 年 12 月对新成立的鄂豫皖苏区发动了第一次"围剿",由夏斗寅亲自指挥【译者按,总指挥当为鲁涤平】。随后又在 1931 年春天发动了第二次"围剿",夏天发动了第三次"围剿"。"围剿"造成了大量军民伤亡,大片农田化为焦土,但都远未实现预定的目标。②

事实上,这一时期麻城及其周边地区的战斗,尽管激烈程度和伤亡比例都在不断提升,看起来却完全不像有组织的战役,而更像是不久前那种失范性暴力的强化。在麻城西北部的乘马岗及其相邻各镇,沿黄安、光山两县边界一带,共产党仍旧得到了民众的支持。1930—1931 年、1931—1932 年的两个冬天,共产党军队(这时通常被编为新红军的某个单位)在该地区战场上取得了多次胜利,1932 年春他们向南面的举水流域推进,对宋埠镇、岐亭镇的中心地区形成威胁,迫使国民党军队派兵增援。1931 年 9 月,一支路过的共产党军队曾短期围攻县城。但这些年最惨烈的战斗发生在麻城东北部、具有战略意义的鄂豫皖三省交界地带。松子关和长岭

---

① 郑桓武:《夏斗寅的一生》,84~88 页。
② 关于 1929 到 1934 年间抓捕和杀害共产党员的常规报告,见《麻城县政府办理红军土匪案件月报表》以及《抄呈原籍共匪名单》。关于"围剿"成功的总体评论,见《麻城县志续编》,5:29~34 页;皮明庥、欧阳植梁,546 页;McColl,53。

关是兵家必争之地，在 1930 年到 1932 年间曾多次易手。这一地区不仅对保卫鄂豫皖苏区极其关键（这时苏区的神经中枢就在关隘北边），而且向南与东山北部地区（这里正是夏斗寅和郑渐逵的老巢）连成一片。国民政府方面，郑日益壮大的民团组织在战斗中首当其冲，夏则从武汉向该地派出一批又一批援军，保卫自己的家乡。显而易见，共产党有意选择会让夏心神不宁的地点作为攻击目标。1930 年 7 月，共产党军队在围攻东山北部的中心城镇木子店时，曾短暂占领木梓河（这个卫星集市是夏的祖籍地）并将其夷为平地。次年 1 月，他们伏击了夏斗寅的部队，经过三天异常惨烈的战斗，夏几乎成了光杆司令。①

几个世纪的暴力给麻城及周边各县留下了许多山区堡垒（山堡和山寨），它们在过去的大型冲突中发挥了核心作用，现在又在国共内战中找到了用武之地。1927 年，统一战线军队刚刚占领该县就陷入了其内部的血腥争斗，当地精英急忙去重建他们古老的堡寨。有时候他们做得如此成功，以至于能够将多达数千人的独立领地维持数年之久。许多翻修后的堡寨都很大，由数十个先进的炮台和堡内的众多民兵把守。他们与统治该地的国民党政权维持着表面上的和平，实际上却阳奉阴违、自行其是。有些寨主明确把自己比作太平天国时代的士绅英雄（有一位自称"新曾国藩"），一方面在野蛮叛乱之际维持着以当地精英宗族为基础的社会稳定，另一方面也维持着军事上和意识形态上都摇摇欲坠的国家。王树声在他的口述历史中，以有些勉强的赞赏语气提到了大别山里一位叫"顾狗子"的寨主，他在持续抵抗国民党和共产党统治的同时，也在自己领地上施行了堪称模范的改良主义社会政策。②

由于新武器不断涌现，这些山寨不再像过去那样坚不可摧，但它们仍是包括红军在内各方争夺的焦点。该县东部与罗田接壤的滕家堡、西北部与河南接壤的杨四寨、西南中心地带中馆驿外的水寨，都发生过长期的战斗。王树声在占领了乘马岗一处太平天国时代的山寨后，自豪地将它改名为"得胜寨"，甚至在 1949 年中共胜利后还回到这里，写了一首诗来纪念此事。

---

① 《麻城县志续编》，5：35~40 页；1993 年《麻城县志》，13 页；McColl, 57。
② Chang, 224-225；《麻城县志续编》，5：7 页。

但更常见的是,共产党占领这些山寨后会立刻将其拆毁,就像17世纪40年代清军对精英领导的具有地方色彩、不断招惹麻烦的山寨所做的那样。①

国民党军队也并非地方精英自治的支持者,他们常常做着同样的事情。但出身于东山精英家族的国民党要员夏斗寅,却深知山寨在平叛战争中的历史价值。晚明时期麻城伟大的军事英雄梅国桢和梅之焕,在指挥保卫朝廷、保卫家乡的战斗时都强调了这一点。显然是效仿胡林翼反太平天国的战争(夏本人的祖先曾在其中英勇作战),夏斗寅仅在1933—1934两年间就建起了484座碉堡。这些碉堡大多数集中在共产党威胁最大的大别山西北部集镇乘马岗和顺河集【译者按,原文误作"Shunjihe"】,而不是旧式堡垒云集的东山。这些碉堡看起来和具有封建庄园性质的山寨颇为不同(后者除了军事功能外还有商业和生产功能),但它们都有大批武装力量把守。和山寨相同的是,这些碉堡都有各自的名称,有明确的创建者和领导者——有时是一个军事单位,但通常是一位当地精英(有的称为"夏",有的称为"梅"或麻城其他古老姓氏)。② 20世纪30年代的清剿运动直接借鉴了帝国晚期的清野焦土策略,并把坚壁与清野结合了起来。

清　算

鄂豫皖苏维埃内部发生的事件,对"围剿"政策的最终成功起了不可估量的作用。1931年4月9日,张国焘(1897—1979)到达鄂豫皖,上海党中央派他来这里建立中央分局,实现党的一元化领导。张虽然出生于江西萍乡一个富裕的地主商人家庭,到这时却已积累了令人印象深刻的革命资历。1906年萍浏醴起义和1911年辛亥革命在他的家乡发生时,他已经是一个抱有同情的年轻观察者。他曾就读于北京大学,在那里参加了1919年的五四游行,并通过陈独秀和李大钊接受了马克思主义。他曾陪

---

① 《风云变幻》,33~35页;《麻城县志续编》,5:29~30页;1993年《麻城县志》,230,348,490页;《麻城县简志》,14~15页;涂允恒、戴勤和编,574~575页。

② 《麻城县志续编》;孟广澎:《〈麻城县志前编〉序》;孟广澎:《麻城县志前编》,5:1~21页;1993年《麻城县志》,345~346页。

同陈和李参加了 1921 年在上海召开的中国共产党成立大会【译者按，陈独秀和李大钊未出席中共"一大"】。他在旅居莫斯科期间，积极参加了 1922 年召开的远东劳苦人民大会，随后回国开展工人组织工作。与莫斯科的联系使张的影响力迅速上升。1931 年，李立三被解除党的中央委员会主席职务，由"留学生"王明取而代之。虽然张本人并非王明"二十八个布尔什维克"成员之一（其中二人，沈泽民和陈昌浩，随张国焘来了鄂豫皖），但他作为中共新领导层选定的代表来到鄂豫皖，负责纠正"立三路线"，同时使该地组织活动更严格地服从中央领导。他为实现这一目的而进行了灭绝性的党内清洗，别的不说，从夏斗寅的白色恐怖中幸存下来的麻城本地共产党员，大多在此时被杀害。①

长征期间张国焘与毛泽东的关系破裂，张于 1938 年被驱逐出党，随后成了国民党中央委员会委员。张国焘作为共产党"叛徒"的身份，使一些党史学家将大清洗的罪责归因于他。② 可显然并不是他发明了这些清洗。举例言之，王幼安在麻城高级小学发展的富裕青年徐其虚，以及家境贫寒的油贩子徐子清，都曾是乘马岗农民运动的先驱。黄麻暴动失败后，两位年轻人都穿过大别山来到商城县南部，徐子清以共产党的名义在那里开辟了一块根据地。1929 年 3 月，这块根据地并入鄂豫皖特别区，徐子清被任命为区委书记。徐其虚成了鄂豫皖的军事将领之一，当年春天在山区策划了一次农村暴动。然而，两位年轻人很快就发现自己被"政治问题"所困扰。党中央 5 月份派来对特别区进行"改造"的巡视组，将 500 名干部开除了大约 40%。巡视员陈孤零反对二徐让"土豪"进入根据地领导层，以及对叛变分子过于宽大。他先后下令，将 26 岁的徐子清和 23 岁的徐其虚处死。③

1930 年发生的"富田事变"，很可能是张国焘血腥杀戮的更直接的前

---

① 关于鄂豫皖清洗，以陈永发的研究最为出色。又见盛仁学，30 页；Benton, 307, 313~14。关于张国焘的早期生涯，见 Klein and Clark, 38~43。

② 例如郭木，425~426 页。又见陈永发，他采取了折中的态度，认为如果没有张国焘，清洗很可能也会发生，但肯定不会如此血腥。

③ 不久后两人都被恢复名誉、追认为烈士。见 1993 年《麻城县志》，224 页，565~566 页；涂允恒、戴勤和编，439~440, 445~446 页。

奏。临近那年年底时，毛泽东以"AB团"（反布尔什维克联盟）成员为由，在江西苏区逮捕了几千名反对者。12月8日，一名营政委发动兵变，将被关押者释放，反过来逮捕了约100名毛的支持者。还有其他人发动叛乱，成立他们自己的苏维埃政权与之对抗。但叛乱失败了，最终毛和他的盟友处死了反对者。① 从1910年代末二人同在北京大学，直到1938年毛将其清洗出党，张国焘本人与毛泽东的关系一直很糟糕。张的鄂豫皖苏区和毛的江西苏区，同样是高度竞争的关系。1931年底，共产党试图将两块根据地在行政上合并为一个中华苏维埃共和国，使张成为毛的下属，这一努力最终未能实现。② 但张密切关注着毛在江西的行动，毛对其反对者的严厉打击也使张受到鼓舞，为了在鄂豫皖贯彻自己的意志而不惜牺牲党的老同志。在向党中央报告自己的清洗工作时，张其实是在挑战他的上级，他们谴责自己的大屠杀却容忍了毛同样的行为：富田事件给我们的教训，就是要彻底清除这里的敌人。③

张国焘在鄂豫皖的肃清反革命行动（或简称肃反），最初针对的是商城白雀园红四军军部的军官。这些军官，尤其是精力过人的将军许继慎，对听命于张及其年轻的"留学生"同事感到不满。对张来说，他谴责许继慎及其手下的"军阀土匪"行径，在所到之处抢占百姓食物、绑架和强奸妇女。据张所说，这些军官和士兵们对自己的行为受到束缚非常恼火，抱怨说他们时常与之交战的那几支白军日子好过多了。1931年夏，张宣称这种不满导致大批下级军官组成了一个反布尔什维克联盟（和毛在江西发现的类似），赞同汪精卫的"改组派"及其他第三方运动。张国焘在给党中央的形势报告中提到，在红军内部发现了各种政治派别的不计其数的间谍；张显然急于找到任何可能的理由来剪除对手、巩固自己的权力，但他似乎确实对自己的安全有些多疑。

不仅如此，张几乎刚来到鄂豫皖，就和这些军官们在军事策略上意见不同。1931年春末，在国民党第二次和第三次围剿的间隙，军事将领们试

---

① Guillermaz, 216–217.
② Klein and Clark, 40.
③ 张国焘：《苏区发展经过及肃反胜利的原因：张国焘给中央的报告》，295页。

图抓住机会进行"南征",从豫南根据地进军到鄂东的蕲州和黄州地区。他们认为,转移到这个更丰饶的农业地区,既能缓解苏维埃的食物短缺,又能将武汉的国民党军队与长江中下游的军队分割开来。张国焘则更为谨慎,驳回了军官们的计划,认为这是李立三路线的"左倾冒险"行为。夏天,张勉强同意将统治范围适度地扩大到毗邻的安徽省六安县和颍上县。但当军官们占领这些地区后,他们公然违背张的命令,向南越过关口推进到湖北的东山,于8月8日占领了罗田县城。这些军官为轻而易举的胜利所鼓舞,对张的限制不屑一顾。9月13日,他们在安徽陆安县的马埠镇公开声名不再听命于鄂豫皖书记处。但后来的事实证明,张国焘的手腕更加强硬。他率领忠于自己的部队,进军马埠逮捕了这些反叛者。接下来的两个月里,他讯问并处死了数百名(也许是数千名)红四军人员,其中包括将军许继慎。①

军事整顿只是鄂豫皖肃反运动的冰山一角。运动最根本的打击目标,后来证明其实是那些直到此时还与鄂豫皖苏维埃政权相安无事的县级党的领导人和较为富裕的农民。在鄂豫皖的辖区之内,被张谴责最严厉的地方莫过于麻城和黄安,他坚称两县"异议分子"的数目可能高达20 000。② 具有讽刺意味的是,张补充道,这是如下事实的后遗症:在1920年代中后期的农民运动中,两县都是该地区最早和最热情的参加者。其结果是,那里的革命领导权落入了当地最早信仰共产主义、出身于地主或富农家庭的"乡村知识分子"手中,在统一战线的鼎盛时期,他们大多数实际成为了国民党党员。随后,当统一战线让位于白色恐怖时,这群人中的幸存者开展了被张斥为"土匪行为"的恐怖主义游击战运动。张说道,当地不少党员实际上本身就是"真正土匪"。由于上述原因,张国焘及其"留学生"盟友对麻城和黄安的本地领导人有着深深的不信任,他们一到这里就立即开始领导层"改造",严格说来它还算不上肃清,但很快就会变成肃清了。③

---

① 张国焘:《苏区发展经过及肃反胜利的原因:张国焘给中央的报告》,290~295页。又见Chang, 241;盛仁学, 30~35页;Guillermaz, 217。

② 陈永发,第1部分,25页。

③ 张国焘:《苏区发展经过及肃反胜利的原因:张国焘给中央的报告》,288~290页。

张国焘发动清洗的主要工具,是他刚来不久就在各县设立的保卫局。由于张对麻城深为猜疑,设在顺河集区可行桥的麻城保卫局受到了他的特别关注,因而在清除间谍的运动中特别卖力。麻城保卫局的头目叫顺河集人陈文富,家里出过好几位共产党烈士,可他本人将会成为该县革命史上最被人诟病的人物之一。陈掌控着约100名秘密警察,他逮捕并"疯狂地屠杀"了估计共达1 175名所谓的改组派分子、李立三残余以及"AB团"成员,其中包括32名县级干部、84名区级干部、189名乡级干部以及68名村级干部。陈保卫局外的野地曾经尸体堆积如山,被附近的野狗吞食。如今这里被称作"白骨塔",以资纪念。据民间流传,在某天深夜对西阳镇的一次突然袭击中,陈派了两个特别代表提前在没有改组派嫌疑的居民屋子上做个标记,可这两人还没完成任务就睡着了,114名无辜者就这样被陈手下的暴徒漫不经心地杀害了。①

1931年的夏天和秋天,张国焘发布了一系列公告,召开了几次群众大会,会上肃反运动的目标被扩大化了。他最终在11月公布了对红四军的调查结果,报告说军中约有10 000到20 000名"反革命分子"。他又将对军队的清洗明确扩大到对地方党组织和农民协会的清理。中共中央鄂豫皖分局给所有县级干部发出指示,命令他们加紧清洗。结果导致了政治迫害,地方干部们为了保全自己而供出长长的"反革命分子"名单,这些人都是他们的同事。根据党史学家盛仁学的说法,这年冬天,鄂豫皖苏区几乎所有出身地主、富农或知识分子家庭的地方党员或积极分子都遭到了清洗。②

大屠杀往往超越了党内级别。张国焘对被清洗的鄂豫皖领导人的主要指控之一,是他们没有对阶级斗争给予足够的重视。他的确注意到了其中的反讽之处:尽管"立三路线"的执行者因为过分自信的扩张行动而被严厉批评为左倾冒险主义,可事实上这种"左"倾行为却掩盖了更为根

---

① 李和陈;《风云变幻》,19~20页;1993年《麻城县志》,329,567,569页;张国焘,《苏区发展经过及肃反胜利的原因:张国焘给中央的报告》,294页。陈永发,第2部分,详尽地再现了清洗的运作机制。

② 盛仁学,36~37页。

本的右倾错误——其冒险扩张之举，也许正是因为他们完全忘记了土地革命。① 在 6 月 28 日和 7 月 1 日召开的鄂豫皖苏维埃第一次代表大会（富农、知识分子和地主都被排除在外）上，张提出了大力加强土地征收的计划，这次富农成了主要打击对象。在 10 月 1 日的一次后续会议上，他下令对鄂豫皖苏区的所有土地进行彻底的、平均的重新分配。但在某些村子，包括陈文富顺河集区的几个村，革命甚至更加彻底：没收来的土地根本没有重新分配，而是实行集体化，归具有实验性质的"经济公社"所有。②

这绝不是一场不流血的革命。张刚到这里就抱怨道，尽管此前鄂豫皖领导人总是对中央说他们在尽职地杀地主和富农，可他们根本就没做过这件事。③ 张国焘着手纠正这种状况，6 月 28 日，他发誓要彻底消灭这一地区的地主和富农阶级。④ 7 月被张国焘任命为鄂豫皖苏维埃主席的光山县人高敬亭，是执行这项任务的合适人选。高年轻时曾亲眼目睹自己的父亲、妻子和年幼的儿子被富农杀害，强烈的阶级仇恨驱使他大肆屠杀，就连他的共产党同志也感到过于残酷。⑤ 根据张国焘本人的描述，1931 年麻城和黄安土地革命中的行为特别暴力。⑥

到这年年底，对张国焘残酷领导的反抗在整个鄂豫皖苏区蔓延开来。1932 年 1 月，当保卫局人员来到黄安县仙居镇抓人时，遇上了估计有 5 万人的群众示威，高喊"打倒张屠夫！"张宣布他们的行动是"反革命暴乱"，大约 600 名抗议者被逮捕，其中大多数被张下令枪毙。⑦ 1932 年的大部分时间里，随着新领导层在战略上的分歧和军事形势的恶化，张发动了第二轮的清洗和处决，麻城首当其冲。5 月，麻城县委被一锅端。县委

---

① 张国焘：《苏区发展经过及肃反胜利的原因：张国焘给中央的报告》，289 页；Chang, 242。
② 1993 年《麻城县志》，417 页。
③ 张国焘：《苏区发展经过及肃反胜利的原因：张国焘给中央的报告》，290 页。
④ 盛仁学，32 页。
⑤ Benton, 308-309, 317. 高最终在 1939 年被新四军军长叶挺当做"山头主义"处死。
⑥ 张国焘：《苏区发展经过及肃反胜利的原因：张国焘给中央的报告》，293~294 页。
⑦ 陈永发，第 1 部分，26 页；盛仁学，39 页。

书记王宏学（曾经是赤卫队的组织者和李立三的追随者）被保卫局长陈文富拘捕，押赴河南处决。遭受同样命运的还有农会的长期领导人凌柱中和团委书记陈则风。另一位老干部廖荣坤，由于徐向前将军亲自担保说他的贫苦出身无可挑剔，战场上英勇顽强，才幸免于难。①【译者按，廖荣坤亦在1933年肃反中被杀害，原文作"Liao Songkun"，疑有误。】20世纪20年代初被董必武发展入党的王树声因在外演习而逃过一劫，成了麻城"进步"青年骨干中几乎唯一的幸存者。他逃过了清洗，他的妹妹却在一次行动中被指为改组派，和红四军军长徐向前的妻子一起被枪毙。②不过，到了9月，血洗的势头逐渐降了下来，欠下的债也了结了。令人恐惧的麻城保卫局长陈文富本人，因为和张国焘发生冲突也被逮捕处决。到这年年底，陈的保卫局已被党组织完全废止，他的秘密警察也被解散。③

1931—1932年的鄂豫皖肃反运动，至今仍是一起充满争议、晦暗不明的事件。（例如，湖北省档案馆有一份关于此事的重要文件，但至今未对学者开放。④）对肃反受害者人数的估计差别甚大，从张国焘本人靠不住的低数字600，到班国瑞（Gregor Benton）教授猜测的超过10 000，各不相同。中共官方资料通常将这个数字认定为2 500。⑤这意味着，党在大别山地区的本土支持者几乎被一网打尽。⑥看来很显然，这至少部分是出于有意为之的策略。即使在时间足够久远的20世纪60年代隐居香港期间，受过高等教育的张国焘仍然极端蔑视大别山那些农民党员的智力，表达了当他努力使这些人明白党中央哪怕是最简单明了的指示时，自己所经

---

① 涂允恒、戴勤和编，26，299，469，575页；1993年《麻城县志》，566页。
② 徐向前，162~163页。
③ 1993年《麻城县志》，329页。
④ 在档案馆目录中，该文件显示为：《鄂豫皖边区市省委第四次扩大会议关于目前形势及党的中心任务、党的组织问题、反革命派斗争肃反问题的决议》，湖北省档案馆，档号GM，2-1-66。
⑤ Chang, 276; Benton, 307; 徐向前，152~163页；郭木，425；《麻城县简志》，18。
⑥ 陈永发，第3部分，127；Benton, 307; Xiaorong Han, "Patterns of Central-Local Relations in Soviet China, 1927—1935"。

受的巨大挫败感。他还对导致当地积极分子分裂的狭隘地方观念感到恼火，其中特别提到黄安和麻城本地人对外来同志的愤恨。①

出生于山西的红四军军长徐向前并非张国焘的朋友，但他同样对麻城和黄安根深蒂固的地方主义倾向不解。徐在回忆录中这样写道：

> 黄麻一带的农民群众，革命热情甚高，把共产党看做是他们自己的组织……如果党组织秘密开会被他们发现，会生气地说："开会为什么不约我呢？"要费许多口舌，向他们做解释工作。党的一些口号，如"杀尽土豪劣绅"等，家喻户晓，深为群众拥护。……唯"苏维埃"一词，很多人弄不清楚。②

但是，张国焘对这些大别山"农民"的屈尊俯就，在很大程度上掩盖了真正的冲突，即与本土乡村精英的地盘观念之间的冲突。正如我们所看到的，张国焘在鄂豫皖地区（特别是其中的麻城）所见到的蓬勃兴旺的共产主义运动，在很大程度是有着深厚地方根基的乡村知识分子干部们创造出来的。这些人在党中央看来是有"阶级问题"的，但更深层的问题是地方观念。王宏学这样的"进步"青年与帝制晚期麻城养育的一代代士绅并无不同，他们有着宏大的道德责任感，但也怀有甚至更强烈的办好自己家乡之事的使命感。和以前的梅之焕、余雅祥甚至夏斗寅一样，他们显然将自己视为当地的拯救者和庇护者。实际上，即使在今天关于麻城共产主义运动的地方史志和集体记忆中，这场运动本质上仍被视为本地之事，是将地方从民国时期的动荡局势中拯救出来的一种努力。③ 在由外部强加的党的科层等级机构看来，也许特别是对张国焘这样的危险人物来说，大别山区这种典型的"英雄浪漫"是不能容忍的，于是张决定根除它。④ 从这

---

① Chang, 240-241, 253, 274。
② 徐向前，73 页。
③ 例见《伟业垂青史，风范留故乡》，麻城县委为王树声诞辰 100 周年准备的表彰辞（未刊稿）。
④ 陈永发，第 2 部分，68～69；Benton, 311。关于这种矛盾的更宽广的地理学视角，见 Bianco, 26-28；又见 Xiaorong Han, *Localism in Chinese Politics Before and After* 1949。

个意义上讲，在麻城发生的鄂豫皖大清洗，只不过是地方领袖与更大的统一政权之间冲突的一个更为血腥的例证，这种冲突已经困扰该地区好几个世纪了。

被遗弃的麻城

　　张国焘的肃反清洗与鄂豫皖苏区军事形势的急剧恶化，在时间上是完全重合的，这种恶化不久就导致了苏维埃的失败。内部清洗造成的人员匮乏和士气低落是一个重要因素，但还有其他原因。苏区的社会条件很糟糕。食物短缺越来越严重，到1931年下半年，人们粗劣的饮食中已几乎找不到蔬菜的影子。集体农业的拙劣实验导致产量锐减，苏区对（本已极度匮乏的）食物及其他必需品强制推行配给制，使当地百姓情绪低落、离心离德。在这个地区，"四害"（苍蝇、蚊子、臭虫、老鼠）横行，疾病（疟疾、痢疾、皮肤病）肆虐，基本上没有医疗救护。1931至1932年的冬天，苏区遭受了一次瘟疫的毁灭性打击，三分之二的居民都病倒了。湖北境内的疫情尤为严重，仅黄安一县，据说就有约10 000人死亡。肃反清洗正好在疫情高峰时刻进入了最歇斯底里的阶段，不难相信，张国焘也认识到这场疫灾与肃反中逐步升级的政治迫害之间的联系。①

　　考虑不周的南征湖北之举，也是导致鄂豫皖苏区安全危机的一个重要因素，并使得苏区政治领导人与军事领导人之间的争吵重新爆发。红四军军长徐向前从一开始就反对南征，指出国民党军队可以在该地区迅速集结；而几个月前刚以冒险扩张为由将大批军官撤职和处死的张国焘，这时却要求进行这样的扩张。他的主要理由是需要夺取粮食以解救苏区濒临饿死的百姓，但张的传记作者却声称，作为唯一认为革命基本性质是反对帝国主义的鄂豫皖领导人，张真正的目的是为了打击武汉的外国势力。不管怎样，1932年夏，承袭了中国长期反叛传统的鄂豫皖红军派遣主力部队向南进军，穿过大别山，对麻城、黄安和罗田进行

---

① 张国焘：《苏区发展经过及肃反胜利的原因：张国焘给中央的报告》，294页；Chang, 263-264；1993年《麻城县志》，417~418页。

围攻。

　　这年年初,共产党军队已经占领并夷平了麻城的古都岐亭,随后又占据了该县东南部举水流域的部分地区。7月初,鄂豫皖苏维埃对麻城许多次要城镇突然发动协同攻击。鄂豫皖军队战果辉煌,占领了中馆驿、白果、福田河、黄土岗和几个较小的集镇。但是他们无法守住这些地方,没过几天,大部分集镇都被国民党军队夺回了,这个月剩下的时间里一直在进行这种你来我往的拉锯战。与此同时,沿着几个世纪以来许多从该县外围乘虚而入者的足迹,鄂豫皖军队对麻城县城发动了一次长时间的围攻。7月31日,面对人数越来越多的国民党守城部队,张国焘下令集中兵力,以图彻底占领麻城。然而,在红四军于8月7日占领毗邻的黄安县城后,张开始顾此失彼。三天后,张下令停止围攻麻城,将这些部队调去支援黄安。这一举动无济于事,8月15日,黄安又被国民党军队夺回。鄂豫皖苏维埃的南征到此结束,部队元气大伤,溃不成军地翻过大别山,回到河南。这次战役最严重的后果,是使大别山区这块最丰饶土地的收成化为乌有,此时此刻,整个大别山地区是根本无法承受这种损失的。①

　　大约在同一时间,国民党军队正以前所未有的重视程度开始向鄂豫皖逼近。5月,蒋介石亲自视察这一地区,成立了新的鄂豫皖三省"剿匪总司令部",亲任总司令。他委派自己的亲信杨永泰去武汉担任军事委员会主席和行政协调专员,负责对鄂豫皖苏区的"围剿"运动。② 不过,这年夏天第四次"围剿"运动的直接军事指挥权,蒋还是交给了新任命的湖北省省长、该地区级别最高政治上最可靠的本地人夏斗寅。围剿发动之时,张国焘还在打着进攻麻城的如意算盘,可这次围剿决定性地改变了战争的局势。③

---

　　① 《麻城县志续编》,5:35~41页,7:6页;1993年《麻城县志》,223、231页;盛仁学,41~42页。
　　② 广州人杨永泰(1880—1936)是辛亥革命和二次革命的元老、前广东省省长。他在国民党的政治谱系中一直处于中间偏右的位置,是蒋介石在20世纪30年代党内斗争中的坚定盟友。1936年被任命为湖北省长之后不久,被一个对立派别暗杀。见Boorman and Howard, 4.17-19。
　　③ 郑桓武:《夏斗寅的一生》,85页;郑桓武:《鄂豫皖三省"剿总"实施保甲连坐法》,234~236页;盛仁学,40页。

第四次围剿与前三次截然不同，它是一场彻底的焦土（"三光"的委婉说法）运动。在所谓的"匪区"，所有的壮年男子都被杀害，所有的房屋都被烧毁，所有的庄稼都被抢走或破坏。在有嫌疑的村庄，国民党的"杀人队"杀光了所有的男人、妇女和孩子，还向村里的水井投毒以斩草除根。日本人的报纸报道，仅黄安县就有 100 000 人被杀死或故意饿死，整个鄂豫皖苏区的死亡人数至少是它的两倍。这种骇人的战略收到了成效。一支国民党军队向豫东南及安徽省毗邻地区的鄂豫皖心脏地带进犯，于 9 月 9 日占领了设在新集的苏区总部，马埠、英山和商城也很快失守。到秋末时，鄂豫皖苏区将近 80% 的领土都被国民党军队牢牢控制。10 月，张国焘和残存的苏维埃政权，在徐向前和王树声（唯一幸存的麻城籍中共领导人）率领的红四军主力掩护下逃往四川。徐海东领导的红二十五军残部被留在当地。红四军撤离后，国民党宣布开始新的第五次"围剿"。在 1932 至 1933 年的冬天，整个大别山地区屠杀平民的现象愈加严重，埃德加·斯诺将其描述为"异常野蛮"①。

但徐海东这个黄陂陶工、富人不共戴天的仇敌，却表现出令人惊讶的韧性。1933 年上半年，他不仅奋力支撑，甚至还收复了部分原苏区领土。气急败坏的国民党当局洗劫了徐的家乡，杀害了他包括妇女和婴儿在内的 63 位亲人。② 由于战事久拖不决，蒋介石对似乎无能为力的夏斗寅越来越不满。这年夏天他视察武汉，免去了夏的省长职务，并当众奚落他一直要求"湖北人的湖北"，可真正掌控该省后，却没有能力管好它。③ 麻城的战事仍在继续，战斗惨烈却没有结果，直到 1933 年至 1934 年的冬天，国民党军队才开始取得一连串引人注目的胜利。1934 年 11 月，连勇猛的徐海东也被迫放弃这个地区，与毛泽东、朱德会合，开始向延安长征。大别山里少数残存的中共游击队撤入"深山密林"中藏匿起来。国民党军队

---

① 1993 年《麻城县志》，231 页；Snow，300-304；Benton，315-18；盛仁学，43 页；Klein and Clark，38-43，346-348，931-933。

② Benton，317。

③ 夏保留了武汉警备司令的职务，据说他对自己的卜师非常生气，因为此人预测他会当九年省长，而不是他实际任职的九个月。见郑桓武：《夏斗寅的一生》，86~87 页。

迅速而有效地完成了他们的清剿。①

国民党在麻城的胜利，当然没能维持很长时间。夏斗寅和郑重主持的1935年《麻城县志》曾满怀期望地描绘了麻城的"新生活"图景，但它随着1938年日本的入侵而灰飞烟灭了。经过数日的狂轰滥炸，日本军队在1938年10月26日占领了麻城县城及境内所有的主要城镇中心。夏和郑向西逃去，投奔四川的国民党流亡政府。接下来的十几年间，在抗战及内战过程中，国共双方的知名人物如蒋介石、李宗仁、郭沫若、李先念、邓小平等，都曾在麻城留下自己的足迹。② 但在此刻，当地延续数百年之久的领导权、冲突和暴力模式都已成为明日黄花——我们的传奇旅程，也该恰如其分地告一段落了。

从20世纪20年代后期到20世纪30年代前期的十年，对麻城来说是一段异常残酷的时光，尽管它在麻城的暴力史上并不是独一无二的。国际记者们关于中国革命的骇人描述，包括了麻城的例子。其中最著名的是埃德加·斯诺，他将麻城大屠杀描述为"宗教战争般惨烈的内战"，对14世纪红巾叛乱（他肯定不知道此事）的无意识反应激发他采用了"摩尼教"一词来概括那种极端的阶级仇恨，正是这种仇恨将鄂豫皖一带的战役变成了清除异己的宗教战争。③ 当地的集体记忆也留下了特别恐怖的记录，例如，共产党游击队在1929年夏天杀死了乘马岗和光山交界地带的大约3 000名地主家庭成员，1935年8月杀光了某地主葬礼上的所有在场者。④ 国民党在麻城及周边地区的残暴行径也充满了神话色彩。其中包括1933年1月的万字山屠杀，据说红区有数万居民被消灭，一所野战医院里的300名伤员被活活烧死。当地资料讲述了共产党员不分性别和年龄，全家被消灭殆尽，讲述了人们感到脚下地面湿滑，挖掘大墓掩埋尸体——有一次，3 500人在一夜之间被全部活埋。⑤

---

① 1993年《麻城县志》，224，230～231页。
② 1993年《麻城县志》，14页。
③ Snow, 295-304。
④ 《麻城县志续编》，5：27～29；Benton, 309。
⑤ 代表性例子见李和陈；《风云变幻》，22～24页；新县县委党校，8.28；1993年《麻城县志》，13，231页。

但是，蓄意的屠杀还算不上这些年麻城人大规模死亡的唯一原因。即便在河南和安徽的饥民大量涌入之前，麻城本县的饥馑和贫困已经很严重了。① 这一时期有多个年份几乎完全干旱，1931年和1934年尤为显著，大别山区还遭受了严重地震的频繁打击。与此同时，瘟疫也在高地肆虐，霍乱夺走了该县中心城镇数千人的生命。② 麻城这些年所经历的恐怖，最显著的标志就是人口锐减：从1923—1941年，人口减少了近20%。受内战影响最严重的顺河集和乘马岗，人口损失更加惊人：从1926—1934年的8年间，人口从180 000锐减到不足50 000。③

中华人民共和国成立后，国民党县长郑重、"阎王"区长林仁敷及南京政府时期该县许多其他官员，在1950年全国追捕中被抓获并押送回麻城。在那里，他们要么死在监狱里（如郑重），要么被人民法庭处死（如林仁敷）。夏斗寅则幸运得多。他设法当上了共产党政府的治安委员会委员，后来明智地逃到香港，两年后在那里平静地死去。④ 虽然没有实在的证据，可是不妨想象一下夏斗寅与同样流亡到香港的张国焘会面的情形，这将是很令人着迷的——如今两人都从火热的历史场景中抽身出来，在这个还处于英国统治下的城市坐下来，饮着一杯清茶，静静地回想着各自在麻城欠下的几千条人命。

---

① 《鄂东移民办法》，同一卷宗还有12份相关文件，1935年5—7月，湖北省档案馆。
② 《麻城县志续编》，3：14~18页，7：6页；1993年《麻城县志》，13页。
③ 李成彬、陈邑，31页。
④ 郑桓武：《夏斗寅的一生》，88页；《风云变幻》，47页；1993年《麻城县志》，572~573、591页。

结　论

在一本见解深刻的新书中，王德威（David Der-wei Wang）探讨了20世纪中国书面文化对杀头、饿死、食人及其他暴力形式的病态迷恋，这些暴力已经成了民族经验中一个司空见惯的元素。王指出，既然过去和现在的历史学家看来都对巨大的伤亡数字中"似乎永无尽头的暴力"漠不关心，小说家和散文家便不得不承担起记录"中国暴力与痛苦的道德后果和心理学后果"的任务。在某种程度上，对暴力之中心位置的认识构成了这些经典作品内部的一种"反话语"，但是16世纪晚期李贽的作品以及明清更迭之际（对人类的肆意杀戮这时更变成常态了）的文学描述，也许尤为突出。20世纪中叶，尤其是在伴随国民革命而出现的集体屠杀的刺激下，对"历史这头怪兽"的憎恶和恐惧成了占主导地位的文学主题。[1] 正如我们所看到的，麻城人民一直处在这个漫长而曲折的历史经历的最前列，既是这头怪兽的代理人，又是它的受害者。

从14世纪中叶蒙古人被驱逐到20世纪中叶日本人入侵，其间麻城经历了两个明显的繁荣时代。第一个是在明朝中后期，其特征是出口农业的发展，并由此取得了科举入仕的巨大成功和全国性的文化声望；第二个在清朝中叶达到顶峰，这一时期商业移民带来的利润奠定了繁荣的基础，但与此同时，该县在政治上、文化上的地位逐渐边缘化了。这两个时代，麻城有着不同的权力结构特征。前一时期，占统治地位的是中部和西南部核心地区那些家境富裕、文化程度高的地主士绅，他们组成了规模庞大、相互通婚的家族；而在后一时期，这些文人显贵虽然仍保有地产，却在一群

---

[1] 见 David Der-wei Wang，特别是 2，4-6，79。

文化程度较低的强人面前相形见绌了：从1670年代的刘君孚开始，先后有余雅祥、郑渐逵、夏斗寅等，他们跃出东山一隅，在全县范围内行使军事霸权。两个时代都不时被流血事件所打断，也都以真正骇人听闻的大屠杀而告终：一次在1630到1650年代，一次在1920到1930年代。在这七个世纪的每一次全国性暴力动乱场景中，麻城发现自己总是处在中心位置。唯一的例外是1796—1805年间的白莲教起义。在其中几个阶段，麻城实际上起了推波助澜的作用。这绝不是巧合。

在麻城这个极其特殊、似乎难以归类的地方，究竟是什么造就了如此令人困扰的野蛮暴力记录呢？像国民党的"上帝之鞭（scourge of god）"夏斗寅或"阎王"区长林仁敷这样的怪兽，是从何而来的呢？如果麻城在这一点上是相对极端的（看起来这是事实，尽管根据单个地方的研究很难说清它如何极端），那又为什么会如此呢？

显而易见，不仅仅在自然生态学方面，麻城与中国其他许多地方都有着共同之处。但有别于广阔的泛长江中游区域的类似山地，大别山并不是通过密集的土地开垦和移民而较晚形成的定居点，例如在它西边的汉江高地。这些进程导致了清代中期独特的剥削性土地占有关系，并在定居后一两代间发生了严重的生态退化和急剧爆发的社会冲突，其结果之一，就是18世纪末期大规模的白莲教起义。相比之下，大别山是中华帝国最早的定居区之一。整个晚清和民国时期，它的人口增长平稳而均衡，与全国的步调极为一致。也没有出现引起社会动荡的移民与非汉族"原住民"之间的对抗，这种对抗整个清代都存在于长江中游的西南部山区。事实上，虽然明清两代麻城一直在接受来自中国各地（江西尤为显著）的小股移民潮，但我没有发现证据表明种族仇恨在当地社会冲突中发挥了任何作用。长江中游的其他山区，如湖南的萍浏醴地区，都加入了清代中叶的采矿热潮，因此招揽了大量无家可归、有暴力倾向的男性矿工，而麻城没有这种情形。无可否认，麻城也有过小型矿山，但在其经济中占压倒优势的一直是农业。①

---

① "大跃进"期间麻城建起了"凤凰窝钢铁厂"，并作为全国典型进行推广，但只开了四年就以失败而告终。见 Wagner, 52-56; 1993年《麻城县志》, 186。

根据裴宜理的研究，实际上最适合与麻城作比较的地区很可能根本不是山区，而是附近河南东部和安徽、江苏北部的淮北冲积平原。① 裴宜理笔下的淮北同样是一个高度军事化、遍地堡垒、集体暴力长期存在的地方，和麻城相似。1860 年代的捻军、20 世纪二三十年代的红枪会都曾在这里横行。整个帝制时期和民国时期，这两个地区都被觊觎国家权力的野心家视为战略要地（兵冲）。但是，两个地方之间的差异性，至少和它们的相似性一样显著。淮北与众不同的特征之一是它的"生态脆弱性"，特别是易遭洪水，裴宜理认为这是导致该地独特的暴力行为（一种"基本"的生存策略）及缺乏严格而持久的社会分层（持续向下流动的压力和相对不发达的市场体系的结果）的主要因素。与之相比，麻城的农业生态算不上特别"脆弱"。自然灾害和农业歉收的确时有发生，但看上去并不比中国其他地方更频繁或更严重。麻城肥沃的山区谷地，事实上成就了它在农业商业化、财富积累、土地集中和社会分层等方面的显著成功。这可能也是麻城截然不同于裴宜理笔下的淮北，热情接受共产党革命号召的原因之一。

与此同时，麻城也和淮北一样，在其历史上的大部分时间里都是没有什么全国影响的小地方，麻城人清楚地知道这一点。②他们的家乡所在地不是南京或北京，不是苏州或上海，甚至也不是武昌或汉口。从 15 世纪末到 17 世纪初的这段时间，麻城一反常态地在帝国文化版图上有了一席之地，但很快就又跌回了它习以为常的那种默默无闻和边缘化的境地。我相信，正是这种地理上的自卑情结（也许可以称为小地方意识），支撑着麻城人不断展现出来的那种咄咄逼人的地方自豪感，对地方自治的热切渴望以及与强行楔入该地历史的中央集权力量间的流血冲突。帝制晚期的评论者们，一再谈到麻城弥漫着不无夸张的地方主义情感（邦风），谈到麻城人的骄傲，也谈到了他们在乱世期间被遗弃为一座"孤城"时所感受的苦痛。③

---

① 见 Perry。
② 这一段借用了赵冈的观察，他读过本书初稿后提出了这一看法。
③ 仅举一例，见知县郑庆华：《"大事记"叙略》，1882 年《麻城县志》，卷 36、37。

结　论

在元末天完政权的自治宣言中，在明清更迭之际四十八寨联盟和东山叛乱的抵抗运动中，在20世纪30年代与轻率发动鄂豫皖清洗的党中央进行斗争时，中央与地方之间的冲突以最富戏剧性的方式爆发了。但这种冲突始终存在于历史长河的潜流中。麻城人有自己的立场。

麻城内部的统治模式和反抗模式，有着显著的地域差别。农业上的人身奴役，以及精英对农村劳动力成家生子的控制，在明末的顶峰时代遍布整个麻城，在该县存在的时间也比在中国大多数地方长得多（其弱化的形式甚至一直延续到20世纪）。中国其他一些地方也有山寨，但山寨对于麻城地方社会和地方文化塑造的中心地位罕有其匹——它们居于麻城地方认同的最核心。麻城户籍整理制度（保甲）的强制程度和地方军事化（团练）的密集程度都异乎寻常地高，二者都长期影响着当地的社会关系。武装地方精英利用这些工具对同乡们施行巨大的强制性权力，在此过程中也会或多或少地僭取中央政权的权力，这种情形在麻城比其他地方更早出现，也更加彻底。正如孔飞力所表明的，对华中的大部分地区来说，地方精英僭取中央权力是19世纪清朝衰落的结果；而在麻城，这种情形至少在1670年代清政权巩固时期就已经出现了（见第七章）。在国民党统治时期，国家权力得到了有力的重塑，它在新生活运动的"社会军事化"中将保甲和团练重新组织成一个整体。在整个过程中，麻城的乡村底层阶级是永远的输家，他们的反应是组织起来进行各种形式的武装抵抗，共产党领导的乡村革命不过是其中最近的一次。

当地集体暴力的结构，遵循着历史上产生的复杂模式。阶级矛盾强烈而持久地存在着，但在卷入更大冲突（元末、明末、三藩、太平天国时期的叛乱，以及国民党和共产党的革命）并受其推动的时候，它表现得最为激烈。但这种阶级矛盾时常会被这个小地方抵制外来集权力量的愿望所打断，无论平民还是精英都受到了这一愿望的感召。精英阶层内部的敌对状态也长期存在。城市与乡村之间、西南部经济核心地带与山区边缘地带（东山、乘马岗）之间的冲突，是当地各种冲突中较常见的方面。乡村准军事武装（无论由精英领导还是下层领导）围攻县城，见势不妙则逃往山中，这是麻城司空见惯并得到当地文化认可的做法。

这些做法只是麻城更广泛的暴力文化的一部分。作为一种文化类型的强人堡长,以及水浒式反叛文化中的绿林意识(儒家传统一个极其阳刚的变体),是地方观念的主要特征之一。① 如我们所见,麻城在《水浒传》(好汉传统的典型文学宝库)本身的文本历史中扮演了重要角色,这并不是偶然的。W. J. F. Jenner 指出,这种传统最令人恐怖的地方,或许在于它将最残酷和非理性的暴力描述成"儿戏"②。麻城的暴力可以是很多种东西,却唯独不可能是游戏。

武术在麻城异乎寻常地发达,其制度形式是为数众多的拳会,教授形形色色的当地拳术。拳会发展迅速,在受到号召时会变异为更具政治色彩的会,我们已经看到,从 17 世纪的里仁会,直到 20 世纪的红枪会、胁富会和农民协会,都是麻城暴力史上的主角。帝制晚期麻城数不清的地方民团领袖和军校毕业生,大多是由这些拳会造就的,在这种传统下成长起来的人可以轻易进入 20 世纪的军事学校,例如保定军事学校(夏斗寅、郑重及该县许多国民党将领的母校)和它的对手、毛泽东的武汉农民运动讲习所(麻城许多中共早期领导人的孕育地)。③

但是麻城的暴力文化(参与其间的既有本地人,也有国家政权在当地的代理人)远非雄健尚武所能概括,它只是这种以戏剧性展示为目的的暴力文化的一个方面。砍头、剁耳、挖心、割胸等残暴行径,和将敌人满门灭绝的做法一样,都是这种文化当中司空见惯的一部分。当地文献中出现的话语,不论是官方的还是民间的,都充斥着刺激性的语言,如尸积如山、血流成河、血洗,以及具有丰富象征意义的红色。④ 即使在人民共和国时期,通俗历史读物也酷爱使用这类语言,从 1958 年蔡寄鸥的《鄂州血史》到 1997 年郭木的《喋血大别山》和不计其数的当地革命回忆录,皆是如此。对当地人来说,到 20 世纪中叶,看似无伤大雅的词汇"清"已经被赋予了人们再熟悉不过的恐怖色彩,使大屠杀有了模式化的

---

① 关于作为一种文化类型的强人,见 Meskill;又见 Robinson, 20。关于绿林意识,见 Alitto,尤其是 229—231。
② 见 Jenner, 12。
③ 1993 年《麻城县志》, 514~515 页;《民国日报》(汉口), 1927 年 6 月 12—13 日。
④ 从麻城独立出去的黄安县,在新中国建立后改名为红安县。

委婉说法，如清野、清乡、清剿、清县和肃清。

这种暴力文化，通过历史和集体记忆工具得以系统地再生产。在官方的历史编纂过程中，尤其是在1535—1993年间出版的七部县志中，过去的悲剧性或英雄式历史片段仍然鲜活，但也经历了重塑和辩驳。在这些县志中，梅国桢、王树声等麻城名人赞颂武德的诗歌，对过去战役的激动人心的描述，民团组织的实际规划以及失败英雄的详尽殉难史，都被收录在其中并一再重印。历部县志对该县历史上那些英雄和坏蛋的不同评价，乃是展现县志编纂之时当权者政治立场的试金石，其中既有邹普胜、梅之焕、汤志、周文江、鲍世荣、屈开埏、刘文蔚等本地人，也有张献忠、李贽、于成龙、胡林翼、张国焘等外来者。与此同时还有一种更通俗的历史编纂传统，它最早发端于万松书院及其他私人书院。其中最引人注目的作品，是王葆心对四十八寨联盟所作的细致入微而极富传奇色彩的描述。王出版于1908年的这本著作是如下问题的生动例证：过去（17世纪的效忠主义或地方主义叛乱）是如何被用作当代（反满）革命和（王的朋友及同侪董必武所鼓吹的）阶级仇恨的灵感来源的。①

更加庞杂的集体记忆宝库，例如民间传说，则常常以讽刺和诙谐的口气来讲述过去的恶性事件，如宗族宿仇、土匪袭击以及叛乱期间（诸如张献忠叛乱）的血腥行为。② 当地民歌吟咏过去的战斗，反过来又根据当时的需要而改写。③ 麻城独具特色的地方戏剧传统也包含着强烈的暴力和抵抗精神，以至于主要演剧组织——天福泰剧团——在成立（1837年）一个世纪之后被日本人强行解散。④ 过去暴力的实体纪念物散布在麻城各地：坟墓、石碑、堡寨、古战场遗址以及抵御盗匪的武庙。当地人讲起最

---

① 王葆心（1860—1944），罗田人，地方史志专家，后任武汉大学和北京大学教授（此条信息由武汉大学历史学教授冯天瑜提供，冯是黄安人，与王家、董家都有交情）。

② 例如，见《黄州府志拾遗》，卷6，湖北省图书馆；1993年《麻城县志》，485~486页。

③ 相对较近的一部选集，经重写而强调"大跃进"的目标，见《湖北麻城农民歌谣》。

④ 见缪镜洁。

早可追溯到战国时代的英勇战役来如数家珍，并把这些战役与该县著名的"五关"之一联系起来。更生动的是，供奉该县保护神、道教神仙麻姑的一座石窟，显然让人回想起这位少女在4世纪时违抗命令、释放筑城劳工的情形（这是该县得名的由来），从而为后来麻城抵抗外来统治提供了原型。

　　看起来，这些因素共同作用，造就了一种全面而持久的暴力性地方文化。在前面叙述元末麻城叛乱的章节中，我们提到埃德加·斯诺将这种文化态度概括为"摩尼教式的"①。斯诺这么说的意思是，对敌人极端的、毫不妥协的仇恨会超越政治意识形态的谱系，从而认可对他们采取最恐怖、最野蛮的行为。这种思维方式，在1882年县志中被颇为自豪地称为"杀贼致果之思"②。看起来，这是麻城人耐心学习了好几个世纪的一种心性。

---

① 见Snow，295。
② 1882年《麻城县志》，39：15页。

缩略语

以下缩略语用于附录、注释和参考文献。

DMB	L. Carrington Goodrich and Chaoying Fang, eds. *Dictionary of Ming Biography*, *1368—1644*. New York: Columbia University Press, 1976.
ECCP	Arthur Hummel, ed. *Eminent Chinese of the Ch'ing Period*, *1644—1912*. Washington D. C.: U. S. Government Printing Office, 1943–1944.
HBTZ	《湖北通志》，民国时期，未注明出版日期。
HGO	湖北省地方志办公室
HPA	湖北省档案馆
HPL	湖北省图书馆
MCA	麻城县档案馆
MCXDMZ	麻城县地名领导小组编，《湖北省麻城县地名志》，麻城，1984。
MCXJZ	《麻城县简志》，麻城：麻城县人民政府，1981。
MCXZQB	余晋芳编，《麻城县志前编》，初版于1935年，台北，成文出版社，1975。
MCXHXB	余晋芳编，《麻城县志续编》，初版于1935年，台北，成文出版社，1975。
MQA	第一历史档案馆，北京（明清档案）。
MQDA	历史语言研究所编，《明清档案》（现存清代内阁大库原

	藏），台北，"中央研究院"，1986。
MSLLZ	《明实录类纂：湖北史料卷》，武汉，武汉出版社，1991。
NMZZ	中国人民大学历史系、第一历史档案馆编，《清代农民战争史资料选编》，北京，中国人民大学出版社，1984。
SKQS	《文渊阁四库全书电子版》，香港，香港中文大学出版社，1999。
1670 XZ	屈振奇编，《麻城县志》，初版于1670年，麻城，地方志办公室，1999。
1795 XZ	姜廷铭编，《麻城县志》，初版于1795年，麻城，地方志办公室，1999。
1882 XZ	郑庆华【译者按，原文误作"Guo Qinghua"】编，《麻城县志》，初版于1882年，麻城，地方志办公室，1999。
1993 XZ	严仪周编，《麻城县志》，北京，红旗出版社，1993。

附　录

麻城县官方人口统计表，1391—1984

年份	总人口	男性人口	女性人口	户数
1391	105 112			15 609
1512	145 095			
1556	148 240			19 380
1619	116 234			10 605
1694	110 387			
1715				10 781
1756				10 920
1795	283 888			
1876	368 312			
1912	462 371			111 494
1923	579 585	327 236	252 349	119 914
1941	467 835			
1949	584 509			
1964	718 975	373 698	345 177	
1984	977 467			201 989

资料来源：《麻城县志前编》3：1~3；1993年《麻城县志》，71，75（性别比）；《麻城县志续编》，3：1（1923年数据）；《麻城县志续编》9：3（1912年数据）；《麻城县地名志》，1（1984年数据）。

参考文献

1934 年湖北农业产量. 中国经济杂志与公告：17.2，1935

Alitto, Guy S. Rural Elites in Transition: "China's Cultural Crisis and the Problem of Legitimacy." *Select Papers from the Center for Far Eastern Studies* 3 (1978—79), 218-277

全国妇联妇女运动史研究部编. 中国妇女运动历史资料. 北京：人民出版社，1986

全国妇联，黄埔军校同学会编. 大革命洪流中的女兵. 北京：中国妇女出版社，1991

Anagnost, Ann. "The Beginning and End of an Emperor: A Counterrepresentation of the State." *Modern China* 11.2, Apr. 1985, 147-76

Antony, Robert J. "Banditry and the Culture of Violence in Late Imperial South China." Paper presented at the annual meeting of the Association for Asian Studies. San Diego, Calif., March 6, 2004

——. "Demons, Gangsters and Secret Societies in Early Modern China." *East Asian History* 27 June 2004, 71-98

Araki, Kengo（荒木见梧）. "Minmatsu ni okeru Ju Butsu chowarron no seikaku"（晚明儒佛合流的性质）. *Nihon Chūgoku gakkai hō* 18 (1966), 210-24

Arendt, Hannah. *On Violence*. San Diego, Calif.: Harcourt Brace Jovanovich, 1970

Averill, Steven. "The New Life in Action: The Nationalist Government in South Jiangxi, 1934—37." *China Quarterly* 88, Dec. 1981

Ayers, William. *Chang Chih-tung and Educational Reform in China*. Cambridge, Mass.: Harvard University Press, 1971

白果区概况. 白果：白果镇办公室, 1986

Bays, Daniel H. （裴士丹） *China Enters the Twentieth Century: Chang Chih-tung and the Issues of a New Age, 1895—1909*. Ann Arbor: University of Michigan Press, 1978

Beattie, Hilary. *Land and Lineage in China: A Study of T'ung-ch'eng County, Anhwei, in the Ming and Ch'ing Dynasties*. Cambridge: Cambridge University Press, 1979

北伐将领王操如. 麻城文史资料, 第1辑, 1987, 6~7

Benjamin, Walter. "Critique of Violence," orig. 1921. In Walter Benjamin, *Reflections: Essays, Aphorisms, Autobiographical Writings*, ed. Peter Demetz. New York: Schocken Books, 1978

Benton, Gregor （班国瑞）. *Mountain Fires: The Red Army's Three-Year War in South China, 1934—1938*. Berkeley: University of California Press, 1992

Bianco, Lucien （毕仰高）. *Peasants without the Party: Grass-Roots Movements in Twentieth-Century China*. Armonk, N.Y.: M. E. Sharpe, 2001

Billingsley, Phil （贝思飞）. *Bandits in Republican China*. Stanford, Calif.: Stanford University Press, 1988

Blight, David W. *Race and Reunion: The Civil War in American Memory*. Cambridge, Mass.: Harvard University Press, 2001

Boorman, Howard L. （包华德）, and Richard C. Howard. *Biographical Dictionary of Republican China*. New York: Columbia University Press, 1967—1979

Boretz, Avron A. "Martial Gods and Magic Swords: Identity, Myth and Violence in Chinese Popular Religion." *Journal of Popular Culture* 29.1 (1995), 93-109

Braudel, Fernand. "History and the Social Sciences: The *Longue Durée*." In Fernand Braudel, *On History*, trans. Sarah Matthews. Chicago:

University of California Press, 1990

Brook, Timothy. "Family Continuity and Cultural Hegemony: The Gentry of Ningbo, 1368—1911." In Joseph W. Eshereck and Mary Backus Rankin, eds., *Chinese Local Elites and Patterns of Dominance*. Berkeley: University of California Press, 1990

——. "Funerary Ritual and the Building of Lineages in Late Imperial China." *Harvard Journal of Asiatic Studies* 49. 2 (Dec. 1989), 465–99

——. *Praying for Power: Buddhism and the Formation of Gentry Society in Late Ming China*. Cambridge, Mass.: Council on East Asian Studies, 1993

Buck, John Lossing (卜凯), *Land Utilization in China: Statistics*. Nanjing: Nanking University Press, 1937

蔡寄鸥. 鄂州血史. 上海: 龙门联合书局, 1958

蔡少卿. 民国时期的土匪. 北京: 中国人民大学出版社, 1993

蔡少卿. 中国秘密社会. 杭州: 浙江人民出版社, 1989

Cai Shaoqing (蔡少卿). "On the Origins of the Gelaohui." *Modern China* 10. 4 (Oct. 1984), 481–508

蔡乙青. 闲话汉口. 新生月刊, 6卷1~2期: 约1930年

中央统战部, 中央档案馆. 中共中央土地革命前期统一战线文件选编. 北京: 档案出版社, 1990

Chang, Hao (张灏). Liang Ch'I-ch'ao and Intellectual Transition in China, 1890—1907. Cambridge, Mass.: Harvard University Press, 1971

Chang Kuo-t'ao (张国焘). *The Rise of the Chinese Communist Party, 1928—1938: The Autobiography of Chang Kuo-t'ao*. Lawrence: University Press of Kansas, 1972

抄呈原籍共匪名单. 1930年5月16日, 湖北省档案馆藏

Chaves, Jonathan. *Pilgrim of the Clouds: Poems and Essays from Ming China*. New York: Weatherhill, 1978

陈伯庄. 平汉沿线农村经济调查. 上海: 交通大学研究所, 1936

陈鼎. 东林列传. 初版于1711年,《四库全书》本

陈平原. 千古文人侠客梦: 武侠小说类型研究. 北京: 人民文学出版

社，1992

陈氏宗谱. 1937，麻城市档案馆藏

陈世松主编. 四川通史. 成都：四川大学出版社，1993

陈廷敬. 于公本传. 午亭文编，初版于1708年. 台北：商务印书馆，1972；略作改动后收入1882年县志

陈永发. 政治控制和群众动员：鄂豫皖肃反. 大陆杂志，86卷，1~3期（1993）

陈子龙. 皇明经世文编. 台北：国联出版社，1964

Chow, Kai-wing. *Publishing, Culture, and Power in Early Modern China*. Stanford, Mass.：Stanford University Press, 2004

储仁逊. 于公案. 收入储仁逊：清代抄本公案小说. 天津：百花文艺出版社，1996

Ch'u Tung-ts'u（瞿同祖）. *Local Government in China under the Ch'ing*. Cambredge, Mass.：Harvard University Press, 1962

Confino, Alon. "Collective Memory and Cultural History：Problems of Method." *American Historical Review*, Dec. 1997, 1386—1403

Coser, Lewis A. "Some Social Functions of Violence." *Annals of the American Academy of Political and Social Sciences* 364（March 1964）, 8-18

大清历朝实录. 台北：华联出版社，1964

戴笠，吴殳. 怀陵流寇始终录. 台北：正中书局，1985

戴玄之. 红枪会, 1916—1949. 台北：食货出版社，1973

Dardess, John W. *Blood and History in China：The Donglin Faction and its Repression, 1620—1627*. Honolulu：University of Hawai'i Press, 2002

——. *A Ming Society：T'ai-ho County, Kiangsi, Fourteenth to Seventeenth Centuries*. Berkeley：University of California Press, 1996

——. "Shun-ti and the End of Yuan Rule in China." In Denis Twitchett and John K. Fairband, eds., *Cambridge History of China*, vol. 6：Alien Regimes and Border States, 907 - 1368. Cambridge：Cambridge University Press, 1994

Davis, Natalie Zemon. "The Rites of Violence." In Natalie Zemon Davis, *Society and Culture in Early Modern France*. Stanford, Calif.: Stanford University Press, 1965

de Bary, William Theodore (狄百瑞). "Individualism and Humanitarianism in Late Ming Thought." In William Theodore de Bary, ed., *Self and Society in Ming Thought*. New York: Columbia University Press, 1970

Dennerline, Jerry (邓尔麟). *The Chia-ting Loyalists: Confucian Leadership and Social Change in Seventeenth-Century China*. New Haven, Conn.: Yale University Press, 1981

——. "Fiscal Reform and Local Control: The Gentry-Bureaucratic Alliance Survives the Conquest." In Frederic Wakeman, Jr., and Carolyn Grant, eds., *Conflict and Control in Late Imperial China*. Berkeley: University of California Press, 1975

——. "Marriage, Adoption, and Charity in the Development of Lineages in Wu-hsi from Sung to Ch'ing." In Patricia Buckley Ebrey and James L. Watson, eds., *Kinship Organization in Late Imperial China, 1000—1940*. Berkeley: University of California Press, 1986

di Cosmo, Nicola (狄宇宙). "Did Guns Matter? Firearms in the Qing Formation." In Lynn A. Struve, ed., *The Qing Formation in World-Historical Time*. Cambridge, Mass.: Harvard University Asia Center, 2004

Dimberg, Ronald G. *The Sage and Society: The Life and Thought of Ho Hsin-yin*. Honolulu: University of Hawai'i Press, 1974

董必武年谱编纂组. 董必武年谱. 北京: 中央文献出版社, 1991

Dreyer, Edward L. *Early Ming China: A Political History, 1353—1435*. Stanford, Calif.: Stanford University Press, 1982

Duara, Prasenjit (杜赞奇). *Culture, Power, and the State: Rural North China, 1900—1942*. Stanford, Calif.: Stanford University Press, 1988

鄂东移民办法. 1935, 湖北省档案馆藏

鄂东移民事务组织章程. 1935, 湖北省档案馆藏

Elman, Benjamin. *Classicism, Politics, and Kinship: The Ch'ang-chou School of New Text Neo-Confucianism in Late Imperial China*. Berkeley: University of California Press, 1990

——. *From Philosophy to Philology: Intellectual and Social Aspects of Change in Late Imperial China*. Cambridge, Mass.: Council on East Asian Studies, 1984

——. and Alexander Woodside, eds., *Education and Society in Late Imperial China*. Berkeley: University of California Press, 1994

Elvin, Mark（伊懋可）. *The Pattern of the Chinese Past*. Stanford, Calif.: Stanford University Press, 1973

Endicott-West, Elizabeth. *Mongolian Rule in China: Local Administration in the Yuan Dynasty*. Cambridge, Mass.: Council on East Asian Studies, 1989

Entenmann, Robert Eric. "Migration and Settlement in Sichuan, 1644—1796." Ph. D. diss., Harvard University, 1982

Esherick, Joseph W.（周锡瑞）*The Origins of the Boxer Uprising*. Berkeley: University of California Press, 1987

——. *Reform and Revolution in China: The 1911 Revolution in Hunan and Hubei*. Berkeley: University of California Press, 1976

鄂豫皖边区剿匪司令部黄麻分部. 兴复农村工作人员训练班毕业典礼. 1935, 麻城市档案馆藏

冯梦龙. 春秋衡库. 上海：上海古籍出版社, 1993

——. 麟经指月. 见：冯梦龙全集. 上海：上海古籍出版社, 1993

风云变幻廿二年, 1927—1949. 宋埠：中馆驿镇地方志编辑办公室, 1986

Feuerwerker, Albert（费维恺）. "Handicraft and Manufactured Cotton Cloth in China, 1871—1910." *Journal of Economic History* 30（June 1970）, 338-78

Fox, Robin. "The Violence Imagination." In Peter Marshall and Anne Campbell, eds., *Aggression and Violence*. Oxford: Basil Blackwell, 1982

Franke, Herbert（傅海波）. "Siege and Defense of Towns in Medieval China." In Frank A. Kierman, Jr., and John K. Fairbank（费正清）,

eds. , *Chinese Ways in Warfare.* Cambridge, Mass.: Harvard University Press, 1974

Friedman, Edward, Paul Pickowicz, and Mark Selden. *Chinese Village, Socialist State.* New Haven, Conn.: Yale University Press, 1991

符浩. 在夏斗寅叛乱的日子里. 武汉文史资料, 第 15 辑 (1984), 64—73

傅衣凌. 明清封建土地所有制论纲. 上海: 上海人民出版社, 1992

———. 明清农村社会经济. 北京: 三联书店, 1961

———. 明清之际的"奴变"和佃农解放运动. 收入傅衣凌. 明清农村社会经济. 北京: 三联书店, 1961

———. 明末南方的"佃变"、"奴变". 历史研究, 1975 年 5 月, 61—67

耿定向. 耿天台先生文集. 台北: 文海出版社, 1970

Gilmartin, Christina Kelley. *Engendering the Chinese Revolution: Radical Women, Communist Politics, and Mass Movements in the 1920s.* Berkeley: University of California Press, 1995

宫中档光绪朝奏折. 收入宫中档历朝奏折. 台北: 故宫博物院

Goodman, Bryna (顾德曼). *Native Place, City, and Nation: Regional Networks and Identities in Shanghai, 1853—1937.* Berkeley: University of California Press, 1995

Goodrich, L. Carrington (富路德), and Chaoying Fang (房兆楹). *Dictionary of Ming Biography, 1368—1644.* New York: Columbia University Press, 1976

顾炎武. 郡县论. 收入顾炎武. 亭林诗文集. 上海: 商务印书馆, 1929

———. 原抄本日知录. 台南: 唯一书业中心, 1975

谷应泰. 明史纪事本末. 上海: 商务印书馆, 1934

Guillermaz, Jacques (纪业马). *A History of the Chinese Communist Party, 1921—1949.* New York: Random House, 1972

郭木. 喋血大别山: 黄麻暴动纪实. 北京: 解放军文艺出版社, 1997

Halbwachs, Maurice. *The Collective Memory*, trans. Francis J. Ditter, Jr., and Vida Yazdi Ditter. New York: Harper and Row, 1980

韩恒煜. 略论清代前期的佃仆制. 清史论丛, 第 2 辑 (1980), 88-110

韩浚. 讨伐夏斗寅、杨森叛乱亲历记. 武汉文史资料, 第 15 辑 (1984), 60-63

Han, Xiaorong. "Localism in Chinese Politics Before and After 1949: The Case of Feng Baiju." *Chinese Historical Review* 11. 1 (Spring 2004), 23-56

——. "Patterns of Central-Local Relations in Soviet China, 1927—1935," paper presented at the annual meeting of the Association for Asian Studies, San Diego, California, March 4-7, 2004

Handling, Joanna. *Action in Late Ming Thought: The Reorientation of Lu Kun and Other Scholar-Officials*. Berkeley: University of California Press, 1983

Harrell, Stevan (郝瑞). "Introduction" to Jonathan M. Lipman and Steven Harrell, eds., *Violence in China: ESSAYS IN Culture and Counterculture*. Albanu: State University of New York Press, 1990

Hartwell, Robert M. (郝若贝) "Demographic, Political, and Social Transformations of China, 750-1550." *Harvard Journal of Asiatic Studies* 42. 2 (Dec. 1982), 365-442

Hauf, Kandice. "The Community Covenant in Sixteenth-Century Ji'an Prefecture, Jiangxi." *Late Imperial China* 17. 2 (Dec. 1996), 1-50

贺长龄编. 皇朝经世文编. 初版于 1826 年, 台北: 国风出版社, 1963

何西亚. 中国盗匪问题之研究. 上海: 泰东图书馆, 1925

何玉琳. 中国鄂东北特委何玉琳给中央的报告: 黄麻地区政治、经济、军事及党的工作情况. 1929 年 5 月 7 日, 收入鄂豫皖革命根据地, 第 3 册, 郑州: 河南人民出版社, 1989

Heijdra, Martinus Johannes. "The Socio-economic Development of Ming

Rual China (1368—1644): An Interpretation." Ph. D. diss., Princeton University, 1994

Henry, Eric. "The Motif of Recognition in Early China." *Harvard Journal of Asiatic Studies* 47.1 (1987), 5-30

Hibino Takeo（日比野丈夫）. "Goson boei to kempeki shoya"（乡村防卫与坚壁清野政策）. Tōhō gakuhō 22 (1953), 141-55

中国人民大学历史系、第一历史档案馆编. 清代农民战争史资料选编. 北京: 中国人民大学出版社, 1984

Ho, Virgil Kit-yiu. "Butchering Fish and Executing Criminals: Public Executions and the Meanings of Violence in Late Imperial and Modern China." In Goran Aijmer and Jon Abbink, eds., *Meanings of Violence: A Cross-Cultural Perspective*. Oxford: Perg, 2000

Hofheinz, Roy, Jr. "The Ecology of Chinese Communist Success: Rural Influence Patterns, 1923—45." In A. Doak Barnett, ed., *Chinese Communist Politics in Action*. Seattle: University of Washington Press, 1969

Hsiao, Kung-chuan（萧公权）. *Rural China: Imperial Control in the Nineteenth Century*. Seattle: University of Washington Press, 1960

胡兰畦. 女生队参加平叛战斗侧记. 收入全国妇联、黄埔军校同学会编: 大革命洪流中的女兵. 北京: 中国妇女出版社, 1991

胡林翼. 胡林翼集. 长沙: 岳麓书社, 1995

胡我琨. 钱通. 初版于明代,《四库全书》本

胡昭曦. 张献忠屠蜀考辨（兼析湖广填四川）. 成都: 四川人民出版社, 1980

Huang, Ray（黄仁宇）. *1587, A Year of No Significance: The Ming Dynasty in Decline*. New Haven, Conn.: Yale University Press, 1981

黄宗羲. 明儒学案. 初版于1676年,《四库全书》本

黄安工作报告: 关于"黄麻暴动"的经过. 1927年12月14日, 鄂豫皖革命根据地. 郑州: 河南人民出版社, 1989, 第3册, 1-15

黄安县委报告. 1929年, 收入中央档案馆编: 鄂豫皖苏区革命历史文件汇集, 第5册, 204-214, 北京: 中央档案出版社, 1985

黄安县委关于"黄麻暴动"经过情形给中央的报告. 1927 年 12 月 14 日, 湖北省档案馆藏

刘承启. 黄安县志. 初版于 1697 年, 北京: 中华全国图书馆文献缩微复制中心, 1999

黄安县志. 1869, 湖北省档案馆藏

皇甫汸. 皇甫司勋集. 初版于 1550 年,《四库全书》本

黄麻起义编写组编. 黄麻起义. 武汉: 湖北人民出版社, 1978

黄州府志. 初版于 1500 年, 上海: 古籍书店, 1965

黄州府志. 初版于 1884 年, 英启修, 台北: 成文出版社, 1976

黄州府志拾遗. 初版于 1909 年, 沈致坚【译者按, 原文误作"Liu Jinrong"】辑, 湖北省图书馆藏

湖北麻城农民歌谣. 诗刊, 第 3 期 (1958 年 3 月), 5-6

湖北通志. 民国时期, 无出版日期

湖北县政概况. 张群编. 武汉: 1934, 湖北省图书馆藏

Hucker, Charles O. （贺凯）"Hu Tsung-hsien's Campaign Against Hsu Hai, 1556." In Frand A. Kierman, Jr., and John K. Fairbank（费正清）, eds., *Chinese Ways in Warfare*. Cambridge, Mass.: Harvard University Press, 1974

——. "The Tung-lin Movement of the Late Ming Period." In John K. Fairbank（费正清）, ed., *Chinese Thought and Institutions*. Chicago: University of Chicago Press, 1957

湖广通志. 初版于 1733 年,《四库全书》本

Hummel, Arthur（恒慕义）, ed. *Eminent Chinese of the Ch'ing Period*, 1644—1912. Washington D. C.: U. S. Government Printing Office, 1943—44

Hymes, Robert P. *Statesmen and Gentlemen: The Elite of Fu-chou, Chiang-his, in Northern and Southern Sung*. Cambridge: Cambridge University Press, 1986

——. *Way and Byway: Taoism, Local Religion, and Models of Divinity in Sung and Modern China*. Berkeley: University of California Press, 2002

Idema, Wilt L., Wai-yee Li, and Ellen Widmer, eds., *Trauma and

Transcendence in Early Qing Literature. Cambridge, Mass.: Harvard University Asia Center, 2006

Iggers, Georg G. *Historiography in the Twentieth Century: From Scientific Objectivity to the Postmodern Challenge*. Hanover, N. H.: Wesleyan University Press/University Press of New England, 1997

中国社会科学院历史研究所编. 明清史料. 北京: 中华书局, 1987

"中央研究院"历史语言研究所编. （现存清代内阁大库原藏）明清档案. 台北: "中央研究院", 1986

中国人民大学清史研究所编. 康雍乾时期城乡人民反抗斗争资料. 北京: 中华书局, 1979

Irwin, Richard Gregg. *The Evolution of a Chinese Novel: Shui-hu-chuan*. Cambridge, Mass.: Harvard University Press, 1953

Isaacs, Harold R. *The Tragedy of the Chinese Revolution*. Stanford, Calif.: Stanford University Press, 1961

Iwami Hiroshi（岩见宏）. "Kōkan juku, tenka soku"（湖广熟, 天下足）. *Tōyōshi kenkyū* 20. 4 (1962), 175

Jelavich, Peter. "Method? What Method? Confessions of a Failed Structuralist." *New German Critique* 65 (Spring-Summer 1995), 75－86

Jen, Yu-wen（简又文）. *The Taiping Revolutionary Movement*. New Haven, Conn.: Yale University Press, 1973

Jenner, W. J. F. "Tough Guys, Mateship, and Honour: Another Chinese Tradition." *East Asina History* 12 (1996), 1－33

计六奇. 明季北略. 初版于清初, 北京: 中华书局, 1984

Jiang, Jin. "Heresy and Persecution in Late Ming Society: Reinterpreting the Case of Li Zhi." *Late Imperial China* 22. 2 (Dec. 2001), 1－34

金长真. 请严诸仆. 收入李渔编. 资治新书, 初版于1663年; 重印于李渔. 李渔全集, 第16卷, 271－273, 杭州: 浙江古籍出版社, 1991

经君健. 清代社会的贱民等级. 杭州: 浙江人民出版社, 1993

Johnson, David G. *The Medieval Chinese Oligarchy*. Boulder, Colo.: Westview Press, 1977

Jones, Susan Mann（曼素恩）, and Philip A. Kuhn（孔飞力）."Dynastic Decline and the Roots of Rebellion." In John K. Fairbank（费正清）, ed., *Cambridge History of China*, vol. 10: *Late Ch'ing, 1800—1911, Part 1*. Cambridge: Cambridge University Press, 1978

Jordan, Donald A. *The Northern Expedition: China's National Revolution of 1926—1928*. Honolulu: University of Hawai'i Press, 1976

蕨淡山周氏族谱. 无日期, 黄安县档案馆藏

Klein, Donald W., and Anne B. Clark. *Biographic Dictionary of Chinese Communism, 1921—1965*. Cambridge, Mass.: Harvard University Press, 1971

Ko, Dorothy（高彦颐）. *Teachers of the Inner Chambers: Women and Culture in Seventeenth-Century China*. Stanford, Calif.: Stanford University Press, 1994

Kuhn, Philip A.（孔飞力）"Local Self-Government under the Republic: Problems of Control, Autonomy, and Mobilization." In Frederic Wakeman, Jr.（魏斐德）, and Carolyn Grant, eds., *Conflict and Control in Late Imperial China*. Berkeley: University of California Press, 1975

———. *Rebellion and Its Enemies in Late Imperial China: Militarization and Social Structure, 1796—1864*. 2d ed. Cambridge Mass.: Harvard University Press, 1980

Kutcher, Norman. "The Fifth Relationship: Dangerous Friendships in the Confucian Context." *American Historical Review* 105. 5（Dec. 2000）, 1615—1629

Lamely, Harry J. "Hsieh-tou: The Pathology of Violence in Southeastern China." *Ch'ing-shih wen-t'i*（清史问题）3. 7（Nov. 1977）, 1—39

兰文蔚. 我是怎样策动夏斗寅叛乱的. 武汉文史资料, 第15辑（1984）, 74—76

Le Roy Ladurie, Emmanuel. *The Peasants of Languedoc*. Urbana: University of Illinois Press, 1976

Levi, Giovanni. "On Microhistory." In Peter Burke, ed., *New Perspec-*

tives on Historical Writing. University Park: Pennsylvania State University Press, 2001

Lewis, Mark Edward. Sanctioned Violence in Early China. Albany: State University of New York Press, 1990

李成彬,陈邑."左"倾【译者按,原文误作"右倾(youqing)"】路线的悲剧：简记可行桥惨案. 麻城文史资料,第1辑 (1987), 29-31

Li Chien-nung（李剑农）. The Political History of China, 1840—1928. Stanford, Calif.: Stanford University Press, 1956

李华. 清代湖北农村经济作物的种植和地方商人的活跃. 中国社会经济史研究, 50-60, 1987年12月

李敏. 红土地上的花果：麻城革命简介. 未刊论文

——. 考棚由来. 麻城文史资料, 第7辑 (2003), 164-168

——. 龙湖居士杨定见. 收入凌礼潮,李敏编：李贽其人. 麻城：麻城地方志办公室, 2002

李氏下分宗谱. 宋埠：同森堂

李文宜. 妇女革命的榜样. 收入全国妇联、黄埔军校同学会编：大革命洪流中的女兵. 北京：中国妇女出版社, 1991

李文治. 论清代前期的土地占有关系. 历史研究, 75-108, 1963年5月

——. 晚明民变. 上海：上海书店, 1989

李贤. 古穰集. 初版于1460年,《四库全书》本

李贽. 焚书. 北京：中华书局, 1959

——. 藏书. 北京：中华书局, 1959

——. 续焚书. 北京：中华书局, 1975

李贽在钓鱼台讲学. 麻城文史资料, 第1辑 (1987), 37-38

Lieu, Samuel N. C. Manichaeism in the Later Roman Empire and Medieval China: A Historical Survey. Manchester: Manchester University Press, 1985

林氏宗谱. 1873

林氏宗谱. 1947

凌礼潮,李敏编. 李贽与龙湖. 麻城：湖北音像艺术出版社, 2002

刘凤云. 清代三藩研究. 北京：中国人民大学出版社，1994

刘刚. 麻城县长刘刚向省政府的报告. 1929年6月12日，湖北省档案馆藏

刘宏. 海瑞敬重的清官. 湖北档案. 46，2001年3月

——. 思想家与怪僧李贽. 湖北档案，36-37，2000年11月

——. 一捧雪、金瓶梅、麻城. 湖北档案，36-37页，2000年9月

Liu, James M. Y. *The Chinese Knight-Errant*. London：Routledge and Kegan Paul, 1967

刘建业. 雍正麻城杀妻案. 法律与秩序，31-41，1995年12月；42-45，1996年1月；44-47，1996年2月

刘曼容. 学生军麻城剿匪. 武汉大学学报，25卷，3期（1978年5月），77-80

刘平. 张之洞传. 兰州：兰州大学出版社，2000

刘天和. 督抚奏议. 初版于1540年，《四库全书》本

——. 问水集. 初版于1540年，《四库全书》本

刘侗，于奕正. 帝京景物略. 初版于1635年，台北：广文书局，1969

龙仁夫【译者按，原文误作"Liu Xian"】. 秦氏义田记碑. 麻城县志前编，14：14-15

留秀（音）蔡氏宗谱. 第六版，麻城市博物馆，2003

Louie, Kam. *Theorising Chinese Masculinity：Society and Gender in China*. Cambridge：Cambridge University Press, 2002

吕儒贞. 记武汉分校女生队. 收入全国妇联、黄埔军校同学会编. 大革命洪流中的女兵. 北京：中国妇女出版社，1991

卢象升. 卢忠肃公集. 1875

Lufrano, Richard. *Honorable Merchants；Commerce and Self-Cultivation in Late Imperial China*. Honolulu：University of Hawai'i Press, 1997

罗尔纲. 清季兵为将有的起源. 中国社会经济史研究，5卷，2期（1937），235-250

——. 湘军兵志. 北京：中华书局，1984

麻城县粮食局编. 麻城县粮食志. 麻城, 1989

麻城县地名领导小组编. 湖北省麻城县地名志. 麻城, 1984

麻城第四区保甲训练班同学录. 1937, 麻城市档案馆藏

麻城工会志. 麻城：麻城总工会, 1990, 湖北省地方志办公室藏

麻城市人物志. 麻城：麻城县地方志办公室, 1987, 湖北省地方志办公室藏

麻城县概况. 麻城：麻城县地方志办公室, 1987, 湖北省地方志办公室藏

麻城县简志. 麻城：麻城县人民政府, 1981

麻城县粮食志1840—1985. 麻城：麻城县物资局, 1989, 湖北省地方志办公室藏

麻城县政府办理红军土匪案件月报表. 1929—1934, 24件, 湖北省档案馆藏

麻城县委报告. 1929年5月26日, 收入中央档案馆编, 鄂豫皖苏区革命历史文件汇集, 第5册, 233-248, 北京：中央档案出版社, 1985

麻城县志. 屈振奇修. 初版于1670年, 麻城：麻城县地方志办公室, 1999

麻城县志. 姜廷铭修. 初版于1795年, 麻城：麻城县地方志办公室, 1999

麻城县志. 郑庆华修. 初版于1882年, 麻城：麻城县地方志办公室, 1999

麻城县志. 严仪周编. 北京：红旗出版社, 1993

余晋芳编. 麻城县志前编. 初版于1935年, 台北：成文出版社, 1975

余晋芳编. 麻城县志续编. 初版于1935年, 台北：成文出版社, 1975

Mann, Susan（曼素恩）. "The Male Bond in Chinese History and Culture." American Historical Review 105. 5（Dec. 2000）, 1600—1614

——. Precious Records: Women in China's Long Eighteenth Century. Stanford, Calif.: Stanford University Press, 1997

毛泽东. 湖南农民运动考察报告（1927年3月）. 收入毛泽东：毛泽东选集. 北京：外文出版社，1967

Marx, Emmanuel. *The Social Context of Violent Behaviour: A Social Anthropological Study in an Israeli Immigrant Town.* Landon: Routledge and Kegan Paul, 1976

McColl, Robert W. "The Oyuwan Soviet Area, 1927—1932." *Journal of Asian Studies* 27.1 (Nov. 1967), 41-60

McDermott, Joseph P. "Emperor, Elites, and Commoners: The Community Pact Ritual in the Late Ming." In Joseph P. McDermott, ed., *State and Court Ritual in China.* Cambridge: Cambridge University Press, 1999

——. "Friendship and Its Friends in the Late Ming." In Institute of Modern History, comp., *Family Process and Political Process in Modern Chinese History.* Taipei: Academia Sinica, 1992

McMahon, Daniel. "The Yuelu Academy and Hunan's Nineteenth-Century Turn toward Statecraft." *Late Imperial China* 26.1 (June 2005), 72-109

梅国桢. 加包边堡疏. 初版于16—17世纪，收入徐孚远编：皇明经世文编. 台北：国联图书，1964

梅基发. 农民梅勤生的口头诗. 麻城文史资料，第1辑（1987），74-80

梅吉文. 要我不革命，除非太阳从西边出来！中国妇女，18-20，1964年12月

梅氏族谱. 1990，麻城市博物馆藏

梅之焕. 梅中丞遗稿. 初版于1640年，北京：北京出版社，2000

孟广澎. 湖北土地测量汇编. 武昌：湖北省政府民政厅，1935

蒙思明. 元代社会阶级制度. 北平：哈佛燕京学社，1938

Meskill, Johanna M. *A Chinese Pioneer Family: The Lins of Wu-feng, Taiwan*, 1729—1895. Princeton, M. J.: Princeton University Press, 1979

Min, Tu-ki. "The Theory of Political Feudalism in the Ch'ing Period." In Tu-ki Min, *National Polity and Local Power: The Transformation of Late Imperial China*, ed. Philip A. Kuhn（孔飞力）and Timothy Brook. Cambridge,

Mass.： Council on East Asian Studies, 1989

明史. 北京：中华书局, 1974

明实录类纂：湖北史料卷. 武汉：武汉出版社, 1991

缪镜洁. "天福泰"戏班的建立及其发展. 麻城文史资料, 第1辑 (1987), 71-74

Mixius, W. Andreas. "*Nu-pien*" und die "*nu-p'u*" von Kiangnan： *Aufstande Abhangiger und Unfreier in Sudchina, 1644/45*. Hamburg：Gesellschaft fur Natur und Volkerkunde Sstasiens, 1980

Morohashi Tetsuji（诸桥辙次）. *Dai Kan-Wa jiten*（大汉和辞典）. Tokyo：Taishūtan shoten, 1966—68

Mote, Frederick W. "The Rise of the Ming Dynasty, 1330—1367." In Frederick W. Mote and Denis Twitchett, eds., *The Cambridge History of China*, vol. 7：*The Ming Dynasty, 1368—1644*, Part 1. Cambridge：Cambridge University Press, 1988

Muir, Edward. "Introduction：Observing Trifles." In Edward Muir and Guide Ruddiero, eds., *Microhistory and the Lost People of Europe：Essays from 'Quaderni Storici'*. Baltimore, Md.：Johns Hoplins University Press, 1991

Nagano Akira（长野朗）. Shina hei, tohi, kōsōkai（支那兵、土匪与红枪会）. Tokyo：Sakaue shoen, 1938

Naquin, Susan（韩书瑞）. *Millenarian Rebellion in China：The Eight Trigrams Uprising of 1813*. New Haven, Conn.：Yale University Press, 1976

Nienhauser, William, Jr., ed. *The Indiana Companion to Traditional Chinese Literature*. Bloomington：Indiana University Press, 1986

Nirenberg, David. *Communities of Violence：Persecution of Minorities in the Middle Ages*. Princeton, N. J.：Princeton University Press, 1996

农民起义领袖鲍世荣. 麻城文史资料, 第1辑 (1987), 39-40

Nora, Pierre. "Between Memory and History：Les lieux de Memoire." *Representations* 26 (Spring 1989), 7-24

欧阳修. 文忠集. 初版于宋代,《四库全书》本

Ownby, David（王大为）. *Brotherhoods and Secret Societies in Early and Mid-Qing China: The Formation of a Tradition*. Stanford, Calif.: Stanford University Press, 1996

Oyama Masaaki. "Large Landownership in the Jiangnan Delta Region during the Late Ming-Early Qing Period." In Linda Grove and Christian Daniel, eds., *State and Society in China: Japanese Perspectives on Ming-Qing Social and Economic History*. Tokyo: University of Tokyo Press, 1984

潘曾纮. 李温陵外纪. 初版于 1599 年, 台北: 伟文图书出版社, 1984

Parsons, James B. *Peasant Rebellions of the Late Ming Dynasty*. Tucson, Ariz.: Association for Asian Studies, 1979

彭孙贻. 平寇志. 初版于 1650 年, 上海: 上海古籍出版社, 1984

Perdue, Peter C. "Insiders and Outsiders: The Xiangtan Riot of 1819 and Collective Action in Hunan." *Modern China* 12.2 (Apr. 1986), 166–201

——. "The Qing Empire in Eurasian Time and Space: Lessons from the Galdan Campaign." In Lynn A. Struve, ed., *The Qing Formation in World-Historical Time*. Cambridge, Mass.: Harvard University Asia Center, 2004

Perry, Elizabeth J.（裴宜理）*Rebels and Revolutionaries in North China, 1845—1945*. Stanford, Calif.: Stanford University Press, 1980

Peterson, Willard. "Confucian Learning in Late Ming Thought." In Denis Twitchett and Frederick W. Mote, eds., *The Cambridge History of China*, vol. 8: *The Ming Dynasty, 1368—1644, Part 2*. Cambridge: Cambridge University Press, 1998

皮明庥, 欧阳植梁. 武汉史稿. 北京: 中国文史出版社, 1992

钱谦益. 梅长公传. 收入梅之焕: 梅中丞遗稿. 初版于 1640 年, 北京: 北京出版社, 2000

——. 牧斋初学集. 台北: 文海出版社, 1986

邱树森. 元末红巾军的政权建设. 元史论丛, 第 1 辑 (1982), 91–108

权衡. 庚申外史. 初版于 1380 年, 台北: 艺文印书馆, 1966

Rankin, Mary Backus. *Elite Activism and Political Transformation in China*. Stanford, Calif.: Stanford University Press, 1986

Rawski, Evelyn S. "Agricultural Development in the Han River Highlands." *Ch'ing-shih wen-t'i* (清史问题) 3.4 (1975), 63-81

Reed, Bradley W. *Talons and Teeth: County Clerks and Runners in the Qing Dynasty*. Stanford, Calif.: Stanford University Press, 2000

Riches, David. "The Phenomenon of Violence." In David Riches, ed., *The Anthropology of Violence*. Oxford: Basil Blackwell, 1986

Robinson, David. *Bandits, Eunuchs, and the Son of Heaven: Rebellion and the Economy of Violence in Mid-Ming China*. Honolulu: University of Hawai'i Press, 2001

容肇祖. 李贽年谱. 北京: 三联书店, 1957

Rowe, William T. (罗威廉) *Hankow: Commerce and Society in a Chinese City, 1776—1889*. Stanford, Calif.: Stanford University Press, 1984

——. *Hankow: Conflict and Community in a Chinese City, 1796—1895*. Stanford, Calif.: Stanford University Press, 1989

——. "Hu Lin-I's Reform of the Grain Tribute System in Hupeh, 1855—58." *Ch'ing-shih wen-t'i* (清史问题) 4.10 (Dec. 1983), 33-86

——. *Saving the World: Chen Hongmou and Elite Consciousness in Eighteenth-Century China*. Stanford, Calif.: Stanford University Press, 2001

——. "Social Stability and Social Change." In Willard J. Peterson, ed., *Cambridge History of China*, vol 9: *The Ch'ing Empire to 1800*. Cambridge: Cambridge University Press, 2002

——. "Success Stories." In Joseph W. Esherick (周锡瑞) and Mary Backus Rankin, eds., *Chinese Local Elites and Patterns of Dominance*. Berkeley: University of California Press, 1990

Ruhlmann, Robert. "Traditional Heroes in Chinese Popular Fiction." In Arthur F. Wright, ed., *The Confucian Persuasion*. Stanford, Calif.: Stanford University Press, 1960

Satō Fumitoshi (佐藤文俊). "Kōsan ken, Majo ken dohen kō" (光山、

麻城奴变之研究). In *Min shin shi ronsō* (明清史研究). Tokyo: Ryōgen shoten, 1977

Schneewind, Sarah. "Competing Institutions: Community Schools and 'Improper Shrines' in Sixteen-Century China." *Late Imperial China* 20. 1 (June 1999), 85-106

Schoppa, R. Keith (萧邦齐). *Xiang Lake: Nine Centuries of Chinese Life*. New Haven, Conn.: Yale University Press, 1989

Schram, Stuart. *Mao Tse-tung*. Rev. ed. Harmondsworth: Penguin, 1967

Schurmann, Herbert Franz. *Economic Structure of the Yuan Dynasty*. Cambridge, Mass.: Harvard University Press, 1956

Shek, Richard. "Ethics and Polity: The Heterodoxy of Buddhism, Maitreyism, and the Early White Lotus." In Kwang-Ching Liu (刘广京) and Richard Shek, eds., *Heterodoxy in Late Imperial China*. Honolulu: University of Hawai'i Press, 2004

盛仁学. 张国焘年谱及言论. 北京: 解放军出版社, 1985

Sheridan, James E. *Chinese Warlord: The Career of Feng Yu-hsiang*. Stanford, Calif.: Stanford University Press, 1966

时宣. 平定夏斗寅、杨森叛乱的经过. 武汉文史资料, 第15辑 (1984), 51-59

石诗 (音). 梅澹然对李贽有爱情吗? 收入凌礼潮, 李敏编: 李贽其人. 麻城: 麻城地方志办公室, 2002

——. 也谈李贽与梅澹然. 收入凌礼潮, 李敏编: 李贽其人. 麻城: 麻城地方志办公室, 2002

施氏宗谱. 宋埠: 宗伯堂, 1946

Shimada Kenji (岛田虔次). *Chugoku ni okeru kindai shii no zasetsu* (中国现代思想的挫折). Tokyo: Chikuma shohō, 1949

世宗宪皇帝朱批谕旨. 《四库全书》本

四区转麻城城邑联保办公处办事通则. 1934年3月11日, 湖北省档案馆藏

Skinner, G. William (施坚雅), ed. *The City in Late Imperial China*.

Stanford, Calif.: Stanford University Press, 1977

Smith, Paul Jakov. "Impressions of the Song-Yuan-Ming Transition: Evidence from Biji Memoirs." In Paul Jakov Smith and Richard von Glahn, eds., *The Song-Yuan-Ming Transition in Chinese History*. Cambridge, Mass.: Harvard University Asia Center, 2003

Snow, Edgar. *Red Star over China*, orig. 1938. New York: Grove Press, 1973

Sorel, George. *Reflections on Violence*, orig. 1908. Cambridge: Cambridge University Press, 1999

Spiegel, Gabrielle M. "Memory and History: Liturgical Time and Historical Time." *History and Theory* 41.2 (May 2002), 149–62

Ssu-ma Ch'ien. *Records of the Historian: Chapters from the Shih Chi of Ssu-ma Ch'ien*, trans. Bruton Watson. New York: Columbia University Press, 1969

Stone, Lawrence. "The Revival of Narrative: Reflections on a New Old History." *Past and Present* 85 (Nov. 1979), 3–24

Strand, David. "Community, Society, and History in Sun Yat-sen's Sanmin zhuyi." In Theodore Huters, R. Bin Wong, and Pauline Yu, eds., *Culture and State in Chinese History: Conventions, Accomodations, and Critiques*. Stanford, Calif.: Stanford University Press, 1997

Struve, Lynn A. *The Southern Ming, 1644—1662*. New Haven, Conn.: Yale University Press, 1984

Stuart, Jan, and Evelyn S. Rawski. *Worshiping the Ancestors: Chinese Commemorative Portraits*. Washington, D.C.: Freer and Sackler Galleries, 2001

苏轼（东坡）．东坡全集．初版于宋代，《四库全书》本

苏云峰：《中国现代化的区域研究：湖北省，1860—1916》，台北：近代史研究所，1981

Suemitsu Takayoshi（末光高义）．*Shina no himitsu kessha to jizen kessha*（中国的秘密社会与慈善团体），Dairen, 1932

Suzuki Chūsei（铃木中正）. *Shinchō chūki shi kenkyū*（清中期史研究）, Toyohashi: Aichi Daigaku Kokusai nondai kenkyujo, 1952

Swope, Kenneth M. "All Men Are Not Brothers: Ethnic Identity and Dynastic Loyalty in the Ningxia Mutiny of 1592." *Late Imperial China* 24.1（June 2003）, 79-130

唐桂芳. 唐氏三先生集. 初版于1380年, 北京: 书目文献出版社, 1987

Taniguchi Kukuo（谷口规矩雄）. "Minmatsu Shinsho no hōsai ni tsuite"（明末清初的要塞）, *Tōkai shigaku* 9（1973）, 1-15

——. "Yu Seiryū no hōkō hō ni tsuite"（于成龙的保甲制）. *Tōyōshi kenkyū* 34.3（1975）, 62-80

ter Haar, Barend J.（田海）"China's Inner Demons: The Political Impact of the Demonological Paradigm." In Woei Lien Chong（庄爱莲）, ed., *China'aGreat Proletatian Cultural Revolution: Master Narratives and Post-Mao Counternarratives*. Lanham, Md.: Rowman and Littlefield, 2002

——. "Rethinking 'Violence' in Chinese Culture." In Goran Aijmer and Jon Abbink, eds., *Meanings of Violence: A Cross-Cultural Perspective*. Oxford: Berg, 2000

——. *Ritual and Mythology of the Chinese Triads: Creating and Identity*. Leiden: Vrill, 1998

Terada Takanobu（寺田隆信）. "Yōseiter no semmin kaihōrei ni tsuite"（论雍正皇帝之解放贱民）. *Tōyōshi kenkyū* 18.3（1959）, 124-41

Thompson, E. P. *The Making of the English Working Class*. New York: Vintage, 1966

田子渝, 黄华文. 湖北通史: 民国卷. 武汉: 华中师范大学出版社, 1999

Tilly, Charles. "Retrieving European Lives." In Olivier Zuna, ed., *Reliving the Past: The Worlds of Social History*. Chapel Hill: University of North Carolina Press, 1985

涂允恒, 戴勤和编. 湖北英烈辞典. 武汉: 湖北人民出版社, 1997

Volkmar, Barbara. "The Physician and the Plagiarists: The Fate of the Legacy of Wan Quan." *The East Asia Library Journal* 9. 1 (Spring 2000), 32–34

von Glahn, Richard. *The Sinister Way: The Divine and the Demonic in Chinese Religious Culture*. Berkeley: University of California Press, 2004

Wagner, Donald B. *Dabieshan: Traditional Chinese Iron-Production Techniques Practiced in Southern Henan in the Twentieth Century*. London: Curzon Press, 1985

Wakeman, Frederic, Jr. （魏斐德）*The Great Enterprise: The Manchu Reconstruction of Imperial Order in China*. Berkeley: University of California Press, 1985

——. "Localism and Loyalism during the Ch'ing Conquest of Kiangnan: The Tragedy of Chiang-yin." In Frederic Wakeman, Jr., and Caroline Grant, eds., *Conflict and Control in Late Imperial China*. Berkeley: University of California Press, 1975

——. "Romantics, Stoics, and Martyrs in Seventeenth-Century China." *Journal of Asian Studies* 43. 4 (1984), 631–666

万延. 行状. 收入梅之焕：梅中丞遗稿. 初版于1640年, 北京：北京出版社, 2000

王葆心. 蕲黄四十八寨纪事. 初版于1908年, 台北：文海出版社, 1971

Wang David Der-wei（王德威）. *The Monster That Is History: History, Violence, and Fictional Writing in Twentieth-Century China*. Berkeley: University of California Press, 2004

王瑞明, 雷家宏. 湖北通史：宋元卷. 武汉：华中师范大学出版社, 1999

王纲. "湖广填四川"问题探讨. 社会科学研究, 1979年3月, 82–90

王立波（音）. 黄麻起义前后的片断回忆. 1950年2月, 湖北省档案馆藏

王凌. 冯梦龙麻城之行. 福建论坛. 45-47, 1988 年 4 月

王世贞. 麻城穆侯均赋颂序. 弇州山人四部稿, 初版于 1577 年, 《四库全书》本

——. 弇州山人四部稿. 初版于 1577 年, 《四库全书》本

——. 弇州山人续稿. 初版于 1630 年, 《四库全书》本

——. 有象列仙全传. 初版于 1600 年, 台北: 学生书局, 1989

王树声传记编写组编. 王树声传. 北京: 当代中国出版社, 2004

王英志编. 袁枚全集. 南京【译者按, 原文误作苏州】: 江苏古籍出版社, 1993【译者按, 原文缺出版时间, 标注为"n. d."】

王若东. 天下第一廉吏于成龙. 太原: 山西人民出版社, 2000

Wang Zheng（王政）. *Women in the Chinese Enlightenment: Oral and Textual Histories*. Berkeley: University of California Press, 1999

王中兴. 我所知道的夏斗寅. 麻城文史资料, 第 1 辑 (1987), 50-54

Watson, James L. （华琛）"Self-Defense Corps, Violence, and the Bachelor Subculture in South China." In James L. Watson and Rubie S. Watson, *Village Life in Hong Kong: Politics, Gender, and Ritual in the New Territories*. Hong Kong: Chinese University of Hong Kong, 2004

韦庆远, 吴奇衍, 鲁素. 清代奴婢制度. 北京: 中国人民大学出版社, 1982

Who's Who in China. 4th ed. Shanghai: China Weekly Review, 1931

Who's Who in China. 6th ed. Shanghai: China Weekly Review, 1950

Wilbur, C. Martin. *The Nationalist Revolution in China*, 1923—1928. Cambridge: Cambridge University Press, 1983

Will, Pierre-Etienne. "Un Cycle Hydraulique en Chine: La Province du Hubei du XVIe au XIXe Siecle." *Bulletin de l'Ecole Francaise d'Extreme Orient* 68 (1980), 262-287

Wills, John E., Jr. "Contingent Connections: Fujian, the Empire, and the Early Modern World." In Lynn A. Struve, ed., *The Qing Formation in World-Historical Time*. Cambridge, Mass.: Harvard University Asia Center, 2004

Wolf, Arthur P. （武雅士） "Gods, Ghosts, and Ancestors." In Arthur P. Wolf, ed., *Religion and Ritual in Chinese Society*. Stanford, Calif.: Stanford University Press, 1974

Wong, R. Bin （王国斌）. "Food Riots in the Qing Dynasty." *Journal of Asian Studies* 41.4 (August 1982), 767−788

Wou, Odoric Y. K. *Mobilizing the Masses: Building Revolution in Henan*. Stanford, Calif.: Stanford University Press, 1994

Wright, Mary Clabaugh （芮玛丽）. *The Last Stand of Chinese Conservatism: The T'ung-Chih Restoration, 1862—1874*. Stanford, Calif.: Stanford University Press, 1957

吴晗. 朱元璋大传. 台北【译者按, 原文误作北京】: 远流出版社, 1991

吴伟业. 绥寇纪略. 初版于清初, 台北: 广文书局, 1968

吴忠亚. 讨平杨夏叛乱的战场实况. 武汉文史资料, 第14辑 (1983), 91−95

武城曾氏宗谱. 1936, 家藏

Wyman, Judith. "The Ambiguities of Chinese Antiforeignism: Chongqing, 1870—1900." *Late Imperial China* 18.2 (Dec. 1999), 86−122

夏斗寅编. 湖北地方政治整理会议. 1932年9月1日, 湖北省档案馆藏

峡口县志, 1920

向云龙. 红枪会的起源及其善后. 东方杂志, 24卷, 21期 (1927), 35−41

西村程氏宗谱. 1919

Xie Bingying （谢冰莹）. "Letters of a Chinese Amazon,"（女兵自传）trans. Lin Yutang （林语堂）. In Lin Yutang, ed., *Letters of a Chinese Amazon and War-Time Essays* （女兵自传和战时随笔）. Shanghai: Commercial Press, 1930, 3−47

谢国桢. 明季奴变考. 收入谢国桢: 明清之际党社运动考. 257−289, 台北: 台湾商务印书馆, 1967

——. 清初农民起义资料辑录. 上海: 新知识出版社, 1956

谢世勤. 舒公随笔. 收入中国社会科学院近代史研究所资料室编. 辛亥革命. 北京：中华书局, 1961

新县县委党校. 山乡怒火. 史学月刊. 1965年8月, 22-32

熊冕南父女. 麻城文史资料. 第1辑（1987）, 7-8

熊氏宗谱. 初版于1942, 麻城市档案馆藏

徐乾学. 资治通鉴后编. 初版于1690年,《四库全书》本

徐向前. 历史的回顾. 北京：解放军出版社, 1987

杨国安. 社会动荡与清代湖北乡村中的寨堡. 人大复印报刊资料——明清史. 2002年2月, 45-49

Yang, Lien-sheng（杨联升）. "Ming Local Administration: Feudalism and Centralism in the Chinese Tradition." In Charles O. Hucker, ed., *Chinese Government in Ming Times: Seven Studie*s. New York: Columbia University Press, 1969

杨讷. 天完大汉红巾军史述论. 元史论丛. 第1辑（1982）, 109-36

阎家河区概况. 阎家河：阎家河镇办公室, 无出版日期, 湖北省地方志办公室

Yasuno Shōzō（安野省三）. "Meimatsu Shinsho Yūsokō chū ryūiki no dai tochi shoyū ni kansuru ikkosatsu"（明末清初长江中游地区的大土地所有制）. *Tōyōshi kenkyū* 20.4（1962）, 61-88

叶显恩. 明清徽州农村社会与佃仆制. 合肥：安徽人民出版社, 1983

叶子奇. 草木子. 初版于1378年, 北京：中华书局, 1959

易光蕙. 白骨塔碑记.《麻城县志前编》, 15：19

于诚生平简介. 麻城文史资料, 第1辑（1987）, 35-37

于成龙. 于清端公政书. 初版于1683年, 台北：文海出版社, 1976

余佩鸿. 余诚革命事略. 麻城文史资料, 第3辑（1990）, 37-66

袁枚. 袁枚全集. 南京：江苏古籍出版社, 1993

元史. 北京：中华书局, 1976

袁中道. 李温陵传. 收入贺复徵编：文章辨体汇选, 541：9-22,《四库全书》本

张国焘. 苏区发展经过及肃反胜利的原因：张国焘给中央的报告.

1931年11月25日，收入盛仁学：张国焘年谱及言论．北京：解放军出版社，1985

张建民．湖北通史：明清卷．武汉：华中师范大学出版社，1999

章开沅，林增平．辛亥革命史．北京：人民出版社，1981

张瑞德．平汉铁路与华北的经济发展，1905—1937．台北：近代史研究所，1987

张氏三修家谱．初版于1876年，第三版，武汉市图书馆藏

张云飞．梅国桢的爱民思想．麻城文史资料．第7辑（2003），176-183

张振之．革命与宗教．上海：民智书局，1929

郑桓武【译者按，原文误作"Zheng Hengwu"】．鄂豫皖三省"剿总"实施保甲连坐法．武汉文史资料，第41—42辑（1990），234-236

——．平定夏斗寅、杨森叛乱．武汉文史资料，第41—42辑（1990），184-189

——．夏斗寅的一生．武汉文史资料，第15辑（1984），77-88

郑天挺，孙钺编．明末农民起义史料．上海：中华书局，1954

郑重．整理保甲肃清零匪方案．1934年2月15、17日，2件，湖北省档案馆藏

中国人名大字典．上海：商务印书馆，1980

周群．袁宏道评传．南京：南京大学出版社，1999

周汝成．浅谈李贽思想在麻城的发育环境．收入凌礼潮，李敏编：李贽其人．麻城：麻城地方志办公室，2002

《周氏宗谱》．1992，麻城市档案馆

朱谦之．李贽：十六世纪中国反封建思想的先驱者．武汉：湖北人民出版社，1957

朱希祖．校补《蕲黄四十八寨纪事》跋．收入朱希祖：明季史料题跋．北京：中华书局，1961

朱批奏折：农民运动类．北京：中国第一历史档案馆，全宗号5、36、43、97、98、121、122、167、265

宗力，刘群．中国民间诸神．石家庄：河北人民出版社，1986

索　引（页码为原版书页码）

麻城农业经济：集体化，313-314，326；商业化，62-64，65，111，323；大别山的，25；东山地区的，26；干旱，136，319；内乱的影响，240，317；焦土政策的影响，209，212；太平叛乱的影响，215；十八世纪的，196-197；出口，62，63-64；耕地，18-19，23；歉收，39，48，120-121，136，151；土地分类，87-88；土地开垦，61，64，70；农产品，23，25，44，62，220；稻谷种植，44，61，62，63（图）；二十世纪的，220，239-242；高利贷，196-197；劳动力，110；元代，43，44。又见奴仆；佃农；纺织品

艾恺（Alitto, Guy S.），233-234

全国农民协会，283

湖北省农民大会，158，241-242，261-262，265

阿弥陀佛，57

祖先，民间宗教的，7

祠堂，66，68，70，72，241，297

钓鱼台，84，95

安徽省：奴仆，110；与麻城的边界，17；共产党人，312；堡寨，134；金寨县，305；宗族，66；六安县，312；明遗民，150；红巾军，50；太平叛乱，203；夏斗寅部队，273；又见徽州府

反共宣传队，300

世家，44

惨案，见灭绝；麻城惨案

韦思谛（Averill, Steven），299

启黄中学，武昌，244，245，247，254

单身汉，18

白果：土匪袭击，31；天主教堂，256；共产党占领，317；破坏，213；附近的堡寨，131；作为市镇，24；商业，62，191，192，205；冶铁业，192；国民党占领，293-294；出自……的激进领导人，245；学校，222；枪会，253；太平军占领，212-213；纺织贸易，192；城墙，205

白果董氏，79

白米寨，132

白水畈区，181

白田畈刘氏，61

八里畈王氏, 61

八里畈邹氏, 61, 148

土匪：活动, 30-31; 1920年代的冲突, 248-249, 250; 与共产党合作, 31-32; 305-306; 与国民党合作, 293; 文化反应, 32; 大别山的, 21, 25, 31-32, 266, 305-306; 东山地区的, 27, 31, 166, 250; 保甲制度的影响, 179; 精英庇护, 30; 民间传说, 32-33; 明末, 121; 梅之焕的剿匪运动, 32, 127; 国民党军队, 292-294; 参与叛乱, 186-187; 农民协会的剿匪运动, 265-266; 持续威胁, 30, 32; 职业的, 31; 叛乱领袖, 41; 御匪的红枪会, 252; 与有秩序力量的关系, 6; 民国时期的, 237, 238; 亚文化, 324-335; 镇压……的努力, 30, 32, 179, 185; 术语的使用, 31-32; 武器, 33

堡，见山寨

鲍鹏, 193-194, 195

包世发, 120

鲍世荣, 11, 137, 181, 182, 183, 189

保定军事学校, 233, 235, 246, 293-294, 325

坝上李氏, 79, 81, 138

北京：中央军官学校, 233; 文人对李贽的批评, 102-103; 麻城会馆, 80

京汉铁路, 220-221

北洋军：在武汉被国民军击败, 246-247, 252; 领导人, 234; 湖北都督, 236; 占据麻城, 234; 叛军, 248, 250, 294; 抵抗, 234, 236

仁义堡, 130

班国瑞（Benton, Gregor）, 289, 315

毕仰高（Bianco, Lucien）, 38-41, 243, 248-249, 259, 277

碧潘, 132

黑枪会, 253。又见枪会

碉堡（碉楼）, 205-207, 309

奴仆叛乱：1630年, 120-121; 1640年代的, 137, 138-141, 144, 155; 1651年的, 154, 155-156, 163; 1670年代的, 185-188; 汤志, 137, 138-141, 155; 张正中, 156-157

奴仆：中国的, 110; 强占, 112; 投靠, 112-113, 154; 数量减少, 197; 规训, 114; 赎买, 120, 158; 广泛使用的因素, 111; 光山县, 111-113; 世仆, 110, 112; 教养, 114; 卷入反清斗争, 153; 明末, 109-114; 婚姻限制, 18, 277; 成为……的途径, 111-113; 军事服务, 120; 自愿的动机, 112-113; 十九世纪的, 158, 197; 人数, 110, 112; 反叛的, 127-128, 259; 抗争, 120; 权利, 154, 157; 逃走, 113, 120, 155, 157-158, 186; 制度的社会影响, 111; 团结, 120; 清初的状态, 154, 155, 156, 157, 186; 制度的延续, 323-324; 税负, 155; 术语, 110; 二十世纪的,

242，259，260

鲍罗廷（Borodin, Michael），278，282，284

义和团运动，251

拳术，33，325

拳会，33，138，325

卜正民（Brook, Timothy），192-193

卜凯（Buck, John Lossing），18

佛母，48，49

佛教：天完宗教中的佛教因素，57，58；文人对……的兴趣，95，96；千禧年传统，8；净土，57；晚明时期的学者僧人，84，95

地籍调查：1314年，48；1570年的，87-88，89，90；于成龙的，175

蔡济璜：作为共产党领袖，245，286；被处决，291；家庭，245；麻城惨案调查委员会，264；国民党员，247；农民协会与，254，261，263，265；武装起义计划，287，288；黄安革命政府，289

蔡寄鸥，325

蔡氏，70

蔡五九，48

蔡义忠，《焚书辩》，100，107

曹门村，253-254

曹学楷，289

曹胤昌，143，144，149，150

士绅戴帽子，257，258（图）

木樨河：共产党占领，308；领导人，178-179；出自……的士绅，195；云台庙，201。又见木樨河夏氏

天主教堂，白果，256

天主教学校，222，245

墓地，112

中央政府，见地方—中央关系

商会，麻城，221，238

成大吉，210-211

齐皎瀚（Chaves, Jonathan），83

陈楚产，10

陈鼎，37，38

陈定一（音），284

陈独秀，253，286，310

陈扶升，197

陈孤零，310

陈宏谋，216

陈恢恢，169，174

陈氏，70，71

陈汝蕃，209

陈廷敬，165，166，170，172，175，187

陈文富，312-313，314

陈无异，116

陈耀庭（音），259

陈友谅，52-53，55，59

陈玉成（四眼），203，210

程朝二，68

成大吉，212，213，214

程颢，162

程氏，162，191

西村程氏：科举成功，69，79；宗谱，68-69，70，73；族规，71；祠堂，68，69（图）

程学瀚，墓志铭，73-74

程颐, 99

程荫南, 69, 223

乘马岗：土匪, 31, 266；乘马会馆, 267（图）；出自……的共产党将军, 26；共产党, 247, 287, 306, 307；地主, 262-263, 287-288；山寨, 131, 309；农民协会, 254, 256-257, 260, 261, 263, 264, 287-288, 310；农民委员会, 304-305；人口下降, 319；来自……的激进领导人, 243, 244-245, 305-306, 310；剪发女性, 282

迟日益, 150

儿童：杀女婴, 18, 195, 277；社会化, 3, 5。又见教育

秦家懿（Ching, Julia）, 91

崇祯帝, 119, 142, 144

基督教：白果天主, 256；对……的敌意, 256；传教士, 40-41, 221, 222, 256；学校, 222, 244, 245；暴力抵制, 40-41, 221

《春秋》, 116-117

《春秋衡库》, 119

民事诉讼, 34

内战（1920和1930年代）：阶级斗争, 256-268, 271, 287-288, 319, 326；国际记者的报道, 239, 318, 319；黄麻暴动, 288-291, 304；强度, 239；国共冲突, 289, 290, 294, 295, 303-305, 307-309, 316-318。又见中国共产党；国民党员；农民协会；红枪会

阶级敌人, 7, 259, 314

阶级矛盾：清初的, 185-186, 187；麻城的, 38, 324；红巾起义的动机, 53-55；抗租运动中的, 40；反清斗争中的, 152-153；太平天国起义期间的, 215。又见麻城社会

阶级斗争：内战期间的, 256-268, 271, 287-288, 319, 326；国民革命中的, 238, 239, 270；红巾军的, 54

清乡, 291, 295

清乡委员会, 295

书吏：腐败, 87, 92, 127, 174, 180, 224；对……的批评, 177；麻城县的, 171, 174；梅之焕的反……运动, 127；掠夺性的, 53

芝佛院, 95, 96, 97, 98, 102, 103

纺织业, 62

云龙寨, 205

集体记忆：暴力文化与, 8-9, 325-326；与历史的关系, 9, 10；关于于成龙的, 188-189

共产国际顾问, 269, 270, 278, 282, 284

中国共产党：与国民党的武装冲突, 289, 290, 294, 295, 303-305, 307-309, 316-318；武装起义, 286-287, 288-291；暗杀, 303, 304, 305, 319；拉拢红枪会的尝试, 253-254；军队中的土匪, 31-32, 305-306；与国民党决裂, 284-285；与红枪会的冲突, 254；教育乡村民

众，255；被精英视为土匪，32；女游击队员，281（图）；创建者，253，310；成立，244，310；游击战，303－305，312；温床县，1－2；在黄安，289－290；湖北支部，245；立三路线，304－305，310，312，313；长征，318；在麻城，1－2，247，253－254，269，277，286，287，288－289，291，312；麻城特别支部委员会，246；农民运动与，259；宣传，246，255－256；清洗，286，310－311；夏斗寅的反共运动，307，308，317－318。又见鄂豫皖苏区；人民共和国；麻城的激进分子；统一战线

共产主义青年团，246，279

姨太太，73

儒学宫，56，77，78

儒学：真机，99；对暴力的谴责，3－4；二十世纪初的，223；五伦，100；异端，98，99. 又见新儒学

腐败：书吏的，87，92，127，174，180，224；官员的，141；官员的谴责，194；征税中的，87，92，143，224；夏斗寅的，306－307

强迫劳役，55，112，154，155，156

织布厂，219，238，248

棉花生产和贸易，62，63－64，220

镇压叛乱的方法，208－209，309。又见剿灭的方法

县志，黄安，93，94，96，122

县志，麻城：1535年县志，19，61，89；1670年县志，62，106，110；1795年县志，165；1882年县志，76，166，205，216－217，326；1993年县志，10；对太平军叛乱的描述，200，216，217－218；对战争的描述，19－21；李贽传记，106；暴力时期的历史，325－326；重要造访者，106；地方史，9，19－21；军事英雄的故事，325－326；于成龙的传说，188，189

县志，麻城（1935），301－303；对抵御太平军叛乱的描述，217－218；论丁正松，226；名贤，80；资助，301；重要造访者，106；论辛亥革命，237；序言，274，302－303；论任应岐，292；于成龙的传说，189；夏斗寅与，274，301；论夏氏，234；郑重与，301，302－303

县城，麻城. 见麻城县城

朱山寨，140，144

红雨，1

大别山：农业，25；自治，152，232；……的土匪，21，25，31－32；保甲制，177；碉楼，205，309；奴仆叛乱，157；……的共产党人，22，305－306，315，318；红雨，1；北洋统治的失败，248；精英家族，94；国民党的围剿运动，318；明遗民部队，149；山寨，128－129，133，205，308；山歌，255－256；国民党控制，297；关隘，17；居民，322；社会阶级，241；枪会，253；居民的

刻板印象，27；太平叛乱，210；旅行经过，21-22.又见鄂豫皖苏区

戴阿禄（音），73-74

戴氏，162

单言扬，40

澹然，98，103

道教，96

道一（周明明），84，95，96

Dardess, John W., 58

大胜山，53

狄百瑞（de Bary, William Theodore），106

地方防卫：城墙，28，41-42，122，205；梅之焕领导，122-128；自卫军，137-138，248-249，259，263-264，268，269；自力更生，217-218.又见民兵；山寨

人口统计：麻城人口，17-19，61，239，319，335 注7；移居麻城，59，68，70；移居四川，59-60，64，141，151，230；性别比例，18

魔鬼学范式，7-8，56，259

魔鬼，7-8，32，41，121，198，259

郑大鹏，41

邓氏，61

邓世阳，97

邓天文，245，254

邓小平，319

丁岳平，262，266

丁正柏，226

丁正松，226

丁枕鱼，260，261，262，265，266

定慧寺，26-27，44，84，183，202，215

离婚自由，278，283

董必武：作为共产党员，244，326；批评宗族和祖先崇拜，65；早期生涯，244；作为教育家，231，244；失去权力，286；家庭，243-244；在统一战线中的影响，269，282；对青年的影响，244，245，247，254；与地方积极分子会面，284；政治生涯230，244，245，257，264；夏斗寅与，246

董璋，162

董官，41

董氏，见白果董氏

董时升，162

东林书院，92，115

东林运动，85，86，107，115-117，118，119

东山高地：农业，26；自治，27，152，211；剿匪运动，185；……的土匪，27，31，166，250；……的保甲系统，177；北洋占领，234；共产党针对……的宣传，246；武装抗争的文化，27；抵御太平军叛乱，203-304；……的性别关系，276；地方认同，161；市镇，26-27；军事英雄，27；民兵，180，211，238，248，249-250；山寨，129，131，132，142，177；清朝的绥靖努力，146-147；……的叛军，137；……的红巾军，52；抗租，40；抗清，145，

索 引 381

151，163；抗太平军，200-202；抗元，46，129；来自……的学者官员，195；自治领袖，226；对居民的刻板印象，27；强人，27，112，163-164，166，174，195，234-235，248，249-250；抗税，40；杀虎手，122

东山叛乱，166-175；特赦，170-174，175，177，178，179；结束，188；……的历史，165-166，174，175，189；领袖，11，163-164，178；对手，178-179

东义洲，122，137

东木联合保卫团，250

斗方寨，147

龙虎集团，96-97

龙湖，84，95，96，102

爱德华·德雷尔（Dreyer, Edward L.），50，58

打鼓寨，149

杜甫，84

杜赞奇（Duara, Prasenjit），298

高帽，257，258（图）

地震，319

鄂东工农革命军，289

东晋，21

经济：1920和1930年代的危机，239-243；货币贬值，242；明代的繁荣，61，321-322；清代的繁荣，191-192，220，321。又见麻城农业经济；工业

鄂东特委，288，306

教育：天主教学校，222；儒学宫，56，77，78；董必武的影响，244；小学，77，222，223，231，233；经费，79；政府控制，223；图书馆，77；明代的，77-78；教会学校，222，244，245；新式学校，222；国民党的，285，300；新政时期，223；留学，233；公立学校，193；清代的，192-193；改革，222-223；乡村地区的，255，278；西式小学，222，223，231，233；女性的，233，278. 又见科举成功；万松书院

教育会，247

八大王，122

精英：默认清朝统治，157；被共产党人暗杀，319；自治，190；辛亥革命后的变化，233-234；城市里的，28，29；教化运动，42；……中的冲突，183-184；清初……间的差异，167；儿童教育，77；参与保甲体系，178；从麻城迁移，298；明代的，59，321-322；庇护土匪，30；权力，324；红巾军对……的攻击，54-55；改革者，224，230；乡村的，28；支持军事化，207；唐代的，44；对现代性的看法，223；元代的，47。又见绅士；地主，富裕的；宗族；文人；官员；土豪

围剿运动，307，317-318

周锡瑞（Esherick, Joseph W.），224

族群，322

科举成功：宗族的，12-13，69，75，

79，81，86，94，234，235；明代
的，76－79，80；获取功名的人数，
78；捐功名的人数，78；清代的，
161－163，192－193，215－216；配
额，216；宋代的；通过……向上流
动，70。又见官员；学者官员

科举制：废除，222；运用，44

剿灭的方法：清乡，291，295；围剿，
307，317－318；委婉说法，325；肃
清（liquidation），204，287，289，
295；肃清（mopping up），173，
213，270；清剿，307，309，318

剿：剿匪运动，30，32，179，185；剿
共，272－275，287，292－293，295，
308，317－318；大规模的，13；明军
的，147；国民党的围剿运动，307，
317－318；作为绥靖手段，151；明军
的，150，151；四川的，141－142；
国家的，42，147；对太平军叛乱的，
204，213；万字山屠杀，319；白色
恐怖，270，273. 又见清洗

鄂豫皖三省剿匪总司令部，297，317

鄂豫皖边区剿匪总司令，294

鄂豫皖红军，316－317

鄂豫皖苏区：统治地区，305；撤守，
316，318；形成，305，306；土地征
收，313－314；领袖，306，309－
310；国民党的镇压运动，307，308，
317；清洗，310，311－316

工厂，见工业

家庭：集体屠杀，139，183，184，
318。又见宗族

饥荒：人相食，48，55，136；清初的，
151；明末的，120－121，136；西北
地区的，215；清代的，212；难民，
19，21；赈灾的努力，120，151，
180，195，212，240；太平天国叛乱
时期的，203；二十世纪的，240，319

方思孔，259

方公孝，185，186－187

房寰，85

方继华，155，156，163

方家垸寨，266

杀女婴，18，195，277

冯梦龙：生平，117，119－120；《春秋
衡库》，119；小说，6；《麟经指月》，
116－117，119；访问麻城，84，116

冯铨，124，133，135

冯树功，245，291

冯廷详，209，215－216

冯应京，102，104－105

冯岳，93

冯玉祥，252，265

节日，66，256，300

费维恺（Feuerwerker, Albert），220

火器，见武器

柴禾征收，40

第一届湖北省妇女代表大会，278－279

民歌，27，255－256，326

食物骚乱，39，55，224

食物供给：被围县城的，28；山寨的，
125，132. 又见饥荒；谷仓

缠足，276，278，279，280，281－282

外国人：针对……的反帝抗争，245，

256；义和团运动与，251；让步，256，286；……的工厂，25，221；对……的敌意，245；传教士，40-41，221，222；对……开放，220；与……的贸易，25，220，221；反对……的起义，221；针对……的暴力，40-41，221，244

堡垒：汉水高地的，129-130；圩寨，129。又见碉楼；山寨

四十八寨联盟，见蕲黄四十八寨联盟

福王：Fu Prince, 144。又见弘光帝

符家楼，262-263

傅衣凌，111，121

白米寨，132

福建省：奴仆，110；来自……的移民，69

复社运动，85，86，107，142，143

富田事变，310-311

福田河，26，212，253，317

高敬亭，314

高仁杰，36

地方志：湖北省，21，217；四川省，59。又见县志

哥老会，214

性别：1920年代的……冲突，277-278；传统道德，277，278，281；麻城社会的，276；宗族内部的……关系，72-73；隔离，72-73。又见婚姻；男性气概；妇女

总工会，263

民团总局，205，209，216

民团总团部，295

耿定力，91，101，104

耿定理，91，95，96

耿定向，65，90-92；家庭，91；对佛教的兴趣，95；仕途，90，93-94，96；与李贽的关系，95，96，97，98-100，101；对成立黄安县发挥的作用，93-94；学生，100；支持税收改革，104

耿光，91

耿九一，124

耿氏：与梅氏的冲突，34-35，104；科举成功，94；学识，117；权力，94；财富，91

耿应衢，147，148

灭绝：委婉说法，325；四川的，141-142。又见剿灭

士绅：反劣绅运动，257，258（图），260，287；儿童教育，77；寨主，152-153；明代的，321-322；国民政府时期的，301；土豪网络，146；针对……的农会运动，256-259，258（图），262，266；城居的，28. 又见精英；地主，富裕的；商人

鬼，7-8，184

神灵，驱魔的，32

金枪，253。又见枪会

龚景瀚，208

龚瞎子，210，211

龚芝麓，32

粮食骚乱，39，224，242

谷仓：社区的，196；县的，203，225，

240；常平仓，196；家族的，66；袭击，203，215

墓地，112

大崖寨，145，147

大汉政权，53

大夏国，60

大明王，50，57，58

顾狗子，308

顾孟余，285

顾宪成，92

顾炎武，107，177，216，227

光山县，22，157，252，262，290，305

官文，202，212，216

关学（陕西）学派，91-92

桂王，148

商业行会，见黄帮

郭凤仪，93

郭沫若，319

郭木，325

郭庆华，24，76，79，217

郭治平，263

《国民党宣言》，245

海瑞，85，94-95

发式：女性剪发，280-282；清代蓄辫令，142，145，147，153，163

Halbwachs, Maurice, 8, 9

天堂寨，132，205

韩宝昌，200，364注34

韩林儿，50

汉人民族主义，152，230

汉水高地，208，322

韩山童，50

韩学海，294

汉口：被张献忠部队攻击，140；第一届湖北省妇女代表大会，278-279；外国租界，256；外国人的工厂，221；黄帮商人，191；麻城同乡会，296；对外国居民开放，220

汉学家，193，194

翰林院，78，114，119，194，202，302

汉阳，52，53，195

郝瑞（Harrell, Steven），3，4

郝若贝（Hartwell, Robert M.），44

何成濬，307

何家堡，181

和宏忠，150

和零落，150

贺龙，246，286

何鸣銮，146，147

贺燊，201

何士荣，181-183

贺守中，289

何心隐，91，95，96

何玉琳，255

天井寨，205

和记蛋厂，25，221

豫军，213

河南省：土匪，21；奴仆叛乱，157；奴仆，110；与麻城的边界，17；共产党领导的起义，290；精英家族，66；堡垒，133，323；光山县，22，157，252，262，290，305；淮北冲积平原，322-323；独立运动，252；反元起义，48；红枪会运动，251－252；汝宁，66；第二次北伐，286；教派起义，211；商城县，22，157，252，290，305；太平军叛乱，203

杏花村，84

英雄人物，见军事英雄

高等小学，222，228，231，244，245，247

历史：年鉴学派，2，12，13；周期，13；叙述，11；与集体记忆的关系，9，10；……中的暴力，325－326. 又见麻城历史

小罗伊·霍夫海因茨（Hofheinz, Roy, Jr.），1－2

自治（Home rule），211，236，249，294

洪承畴，143，150，151

洪亮吉，194

洪楼先，138

洪正龙（音），141

红苗寨，129

洪武帝，66

弘光帝，144－145

温床县，1－2

保甲制：支持……的观点，92；权威结构，177－179；……中的奴仆，186；全国范围的，176，177－178；逃离，186；目标，177；保甲长，176－177，297－298，299；历史学家的看法，176，177；户长，177；对社会关系的影响，324；于成龙的实施，175－180，183，186；族长，177，297；社会军事化与，178，180－181，297－299；征兵与，298；……中的道德教化，179－180；国民党的，66，249，297－299；反对，186；对不服从的惩罚，180；首领的资质，298；被警察取代，223－224；目标，179；……中的征税，297－298；对宗族居住模式的利用，66；麻城人民的看法，176－177；区长，177－179，180

萧公权（Hsiao, Kung-chuan），176，177－178

胡安国，116

胡鼎三，201，202

胡光麓，296

胡林翼：建造碉楼，205，206－207；函札，205，209，210，216；论守城，28；教育，195；领导镇压太平军，180，201，202－203，204，309

胡巨成，41

胡闻儿，48

胡廷凤，41

胡友安（音），266

淮北冲积平原：与麻城比较，322－323；圩寨，129

黄巢起义，129

黄金龙，166，167，174，175，185，187

黄卷，12－13，88－89，90，104，111

黄氏，见万人崖黄氏

黄木兰，278，279

黄奇，12

黄仁宇（Huang, Ray），104，106

黄书，141

黄武孟，12

黄兴，227，228

黄易杰（音），211

黄元凯，140，141

黄安县城：共产党领导的起义，289－290；国民党控制，317；来自……的革命领袖，243－244

黄安县：奴仆叛乱，156－157；农会与红枪会之间的内战，288；共产党领导的起义，289－290；抵御明末叛军，124；设立，92－94，104；科举成功，78；粮食骚乱，224；……的国民党军队，318；农民运动，259－260，266；七里坪镇，288，289；红枪会成员，262；抗清，145，148，164；革命政府，289－290；来自……的革命领袖，243－244；统一战线军队占领，31；白莲教叛乱，199；仙居，314；夏斗寅部队，272；邹氏，75－76

黄安县志，93，94，96，122

黄帮：二十世纪的衰落，240；教育子孙，79，193；起源，63，64；繁荣，68－69，191－192，220；重建麻城县城，215；……资助的学校，222

黄冈县：共产党领导的起义，290；科举成功，78－79；捻军，212；清朝控制，145；抗清，147；苏东坡造访，44；夏斗寅部队，272，274

黄麻暴动，288－291，304

黄梅县，夏斗寅部队，272－273

黄石，188

黄石港，273

黄土岗，26，253，263，266，282，317

黄州府自治局，231

黄州府：农业，44；保甲系统，177；旱灾，164；地理位置，19；清朝控制，145，157；……的叛乱，139，181－183；太平叛乱，199，200，210

楚军，202－203，212

湖北救国军，235

湖北自立军，236

湖北军政委员会，247

湖北新军，235

湖北省：自治，236；民事诉讼，34；共产党领导人，243；共产党支部，245；堡垒，129－130，133；汉水高地，208，322；汉川县，110；宗族，66；阳刚气质，114；都督，236；民团组织，209－210；国民政府，65，270；国民党的调查，65，240，241，297，298，301；农会，254－262；清朝控制，145；……的叛军，136－137，140－141；抗清，152；抗元，48；南明统治，144；电报系统，221；统一战线政府，263；白莲教叛乱，208；夏斗寅的剿左剿共运动，272－275，287，292－293，307，308，317－318

湖北省谘议局，222，227，232，234，302

中共湖北省委，287，288

湖北省志, 21, 217

湖北省农会, 254, 264, 274, 281, 283, 284; 代表大会, 158, 241–242, 261–262, 265

湖北省政务委员会, 270

湖北省妇女协会, 280

湖北省妇女代表大会, 278–279

回车书院, 77, 193, 226

徽州府: 奴仆, 110, 158; 宗族, 66

幽默, 关于土匪的, 32–33

湖南省: 书院, 195; 剪发女性, 280–281; 奴仆, 110; 黄帮商人, 191; 宗族, 66; 效忠明朝者, 151; 采矿, 322; 农民运动, 259

湖南省议会, 236

韩明士 (Hymes, Robert P.), 44

自立军, 228, 230

自立会, 230

工业: 织布厂, 219, 238, 248; 内战期间的破坏, 219, 293; 发展, 192; 外国投资, 25, 221; 金属制造业, 192; 纺织品, 219, 238, 240, 248; 武汉的, 220

杀女婴, 18, 195, 277

教化运动, 45, 114, 125–126, 302, 303

岩见宏 (Iwami Hiroshi), 62

玉雾山寨, 123, 124

日本: 抵制日货运动, 245; 中国留学生, 233; 侵华 (1938), 318; 军事学校, 233; 占据麻城, 318–319

杰拉维奇 (Jelavich, Peter), 11

詹纳 (Jenner, W. J. F.), 6, 324–325

江化龙, 31, 225, 238

蒋嘉年, 36

蒋介石, 248; 保甲条例, 297; 在湖北, 297, 317; 在麻城, 319; 南京政府, 273, 292, 294, 297, 298; 反对农民运动, 265; 反对统一战线政府, 269–270, 271–272; 与桂系的战争, 303; 夏斗寅与, 318

江氏, 40

蒋式芬, 230–231

蒋虞, 121

江禹绪, 145, 146

江汉书院, 195

江南: 奴仆, 110; 文人, 115, 119

江苏省: 宗族, 66; 抗清, 145

江西省: 奴仆, 110; 地籍调查, 48; 科举成功, 345 注 57; 商人, 62–63; 来自……的移民, 70; ……的国民党员, 247; ……的红井俊, 51

江西苏维埃, 49, 310–311

焦竑, 84, 95, 96, 98, 101

嘉鱼农会, 271

金长真, 111–114, 157

Jin Jiang, 104, 107

金声桓, 144, 146, 149

旌贤, 100

京汉铁路罢工, 244

竟陵学派, 142

经心书院, 222, 228

进士. 见科举成功

约翰逊（Johansson, A. D.），41
举水：发洪水，273；作为贸易通道，24，63，220-221；支流，22，24
掘断山周氏，79，94-95
举人，见科举成功
康有为，228
康熙帝，157，161，164，175
宗族集团，见家庭；宗族
阎王，见林仁敷
明王，198
孔飞力（Kuhn, Philip A.），180-181，210，324
工会，272
雇工：自由，113，241；权利，113-114；清初的地位，158；年限女婿，113；工资，242. 又见奴仆；佃农
蓝丑儿，59
土地税，64，87-88，92，112，295，296。又见地籍调查；征税
小土地所有者，46，240
地主，富裕的：团体的，64-65，241；被共产党处决，266，289，290；土地被共产党没收，313-314；低地地区的，23；反对……的农会运动，256-260，261，262，266；农民，313-314；私人军队，249；清代的，185-186，196；与佃农的关系，241-142；对……的怨恨，28；抵制农会，262-263；撤退到山寨，54；城居，28；针对……的暴力，257；元代的，46。又见奴仆；宗族；佃农
土地占有：二十世纪初的，240；集中化，64，89；庄园，65；再分配，257，313-314；地租，241，257
元宵节，256
老回回，121，122，123
老洋人，251
蕲黄四十八寨联盟：形成，133；对……的历史看法，152-153；后世叛乱的灵感，163，166；领导人，152-153；梅之焕作为首领，133-134；行为规范，134；抗清，144，145-150；1640年代的复兴，141；王葆心的史著，11，134，145，182，226，231，326
勒保，208
传说：关于土匪的，32-33；关于鲍世荣的，189；关于保甲长的，176-177；关于宗族世仇的，35；关于山寨的，132-133；关于逃跑新娘的，35-38；诡计，132；……中的暴力，326；关于贞节寡妇的，34；关于于成龙的，188-189；关于张献忠的，10，139
列宁（Lenin, Vladimir），305
小明王，50，57
小明主，51
天书，166，198
马克·刘易斯（Lewis, Mark Edward），5
李博，102-103
李伯刚，271
李长庚，84，86，119，138
李长年，117
李大夏（音），93

李大钊, 253, 310

李公茂, 178, 181, 183

李恒, 145

李建邦（李老末）, 294

李巨甫, 67

李克明, 199, 200, 209

李克慎, 199, 200

李氏, 见坝上李氏; 罗田李氏; 麻城李氏; 宋埠李氏

李立三, 304-305, 306, 310

立三路线, 304-305, 310, 312

李培祥, 41

李庆, 81

李荣, 36, 37

李森仆（音）, 181

李省七, 67

李时荣, 140

李仕英, 41

李舜卿, 261, 265

李添保, 39-40

李体明, 140

李文祥, 81

李文治, 64

李先念, 319

李孝先, 50

李有实, 151, 163, 181

黎元洪, 232

李钊, 67

李兆元, 39

李正芳, 78, 81

李哲时, 280

李贽：《藏书》, 98, 101, 103-104; 死亡, 103; 与耿定向的辩论, 98-100; 辩护者, 103-104; 敌人, 98, 100-101, 102-103, 104, 107;《焚书》, 98, 100; 追随者, 116; 对……的历史评价, 10, 105-107, 302; 梅国桢与, 96, 101, 103-104, 107; 梅之焕与, 104, 107, 115; 现代主义, 106; 道德英雄主义, 6; 在南京, 95-96, 101; 仕途, 95; 公共话语, 97, 107; 与耿定向的关系, 95, 96, 97, 98-100, 101; 放荡行为, 97-98, 99, 100, 107;《史纲评要》, 101-102; 泰州学派与, 91; ……之墓, 106, 143; 剃度, 97, 98; 造访黄安, 96, 97; 造访麻城, 84, 96-101, 102, 103;《水浒传》评注版, 6, 101-102, 116; 作品, 97, 321

李忠素, 32

李自成：攻占北京, 142; 死亡, 144, 146; 叛军, 129, 137, 139, 140, 142, 146; 抗清, 144

李子青, 239-40

李宗仁, 319

梁恭辰, 158

梁雪亭, 78

两湖书院, 230

廉吏于成龙, 189

廖荣坤, 314

刘南强（Lieu, Samuel N. c.）, 58

护身堡, 122, 128

林古松, 70

中馆驿林氏, 62, 69-70, 71, 191,

296-297
林棉，70
林仁敷（阎王），42，70，296-297，305，320
林则徐，194-195
祀产，65
宗族：奴仆，110，111，112，158；房长，297；房，72；公墓，112；聚居，66；……间的冲突，34-38，103-105，108，178，324；延续，73-75；作为个人认同的要素，65；科举成功，70，161-163；赞助节日，66；经费，72；制度化，70-71；……中的性别关系，72-73；宗谱，67，68，70，71，71（图），191-192；增长的权力，66-67，70；雇工剥削，76；族田，241；商人的，62，67，68-69，70，73，191-192；军事功能，12-13；民团，66，85，249-250；明代的，61，66-67；山寨，12-13，205；国民党时期的，301；反体制，257；族规，70，71-73，158，276；社会意义，65-67；宗祠，72，241，297；财富积累和维持，73-74
凌柱中，245，314
《麟经指月》，116-117，119
狮子寨，205
书写文化：对暴力的迷恋，6，321；对《春秋》的兴趣，116-117，119；对麻城的兴趣，76；好汉角色，101-102。又见诗歌

文人：对天完暴行的描述，59；对李贽的攻击，100-101；藏书，83；在奴仆叛乱中的死亡，138；龙湖集团，96-97；作为寨主，142-144；聚会场所，84，95；参与保甲系统，178；教化的努力，45；政治卷入，84-85；改革者，222；对明朝灭亡的反应，142-144；团结，117；研习《春秋》，116-117；对暴力的看法，4，5；造访麻城，83-84，95。又见理学
刘采，76，77
刘承禧，81，83
刘从政，81
刘芳，238，247，248，260-261
刘峰之，148
刘刚，288，304
詹姆斯·刘（Liu, James J. Y.），6
刘金堂，231-232
刘君孚：抵御1674-1675年叛乱，182；山寨，166；领导准军事力量，166，179，182，185；效忠明朝，175；参与叛乱，167，169，170，178，187；支持清朝统治，179，182；向于成龙投降，171-174
刘良，137
刘氏，61，161-162。又见锁口河刘氏
刘伦新（音），93
刘名梦，81
刘荣，39
刘侨，140，141，142
刘青黎，166-167，174，182，183

刘仁本，53

刘守友，81

刘天和，81，140

刘侗，81，106，107，142-143，150

刘文琦，87，105，120

刘文蔚：作为共产党领导人，245，286；处决，291；农会与，254；农民自卫军，259；武装暴动计划，287，288；学生军与，264-265

刘象明，245，247，262，291

刘星耀，122

刘勋，81

刘仲普，32-33

刘仲镍，81

刘仲辁，81

礼佑营，210

乡勇，180，182，183，185，301

地方历史，见麻城历史

地方—中央政府关系：精英与清朝的共同利益，206-207；清初的，181，190；利益整合的努力，178；清末的，92；地方精英的权力，324；权力共享，161，173，181；太平军叛乱期间的，206-208；征税问题，92；紧张，28，92，323

地方主义：共产党员的，315-316；清初的，145-146；二十世纪初的，135，226；麻城的，323；红枪会的，251；与效忠主义的关系，124，145-146，153-154，214，217

万人崖高，12，13

长征，318

长岭关，17，149，308

龙潭寺，64-65，241，289

隆武帝（唐王），146，148

娄云鹤，238

Louie, Kam, 4-5

底层阶级：城市的，223；教化运动，42；无产者，185-186；红巾军追随者，54；在山寨避难，131．又见阶级矛盾；农民；佃农

效忠主义：对清朝的，214；与地方主义的关系，124，145-146，153-154，214，217；对宋朝的，129。又见效忠明朝者

卢邦燮，295

卢杰（音），93

陆晋锡，139，140

鲁氏，62，133

卢象升，129-130

鲁元孙，132-133

罗尔纲，235

罗鸿升，232

罗七姐，279

罗清涟，254

罗其玉（音），90

罗绣锦，155，156，157

罗佑章，261，263

罗田李氏，67-68，70

罗田县：……的共产党员，312；与麻城比较，33；山寨，146；……的叛军，130；红枪会成员，262；抗清，145；太平叛乱，212；夏斗寅部队，272，274，276

马朝柱，40，198

麻姑，21

麻姑仙洞，21，22（图），84，215，326

马经纶，102-103

马氏，40

麻秋，21

马士英，141，144

麻城军民联欢会，285-286

麻城惨案，262-265，270，294

麻城惨案调查委员会，264，266

麻城县城：军火库，33；土匪袭击，31；清乡委员会，295；书吏，171，174；儒学宫，77，78；织布厂，219，238，248；抵御太平叛军，209；高等小学，222，228，231，244，245，247；重要性，24；贫困人口，223；日军占领，318-319；地理位置，22；军事管制，169；梅之焕保卫，123；农会占领，261；张献忠占领，140；民国时期的占领，238；人口，24；清朝的控制，148，149；太平军占领后的重建，215；对居民的刻板印象，27；太平军占领，200，204，215；统一战线军队占领，31；城墙，28，41-42，122

麻城县城，围城：1920年代被土匪，31；奴仆叛乱中，139，156；被共产党，308，317；被效忠明朝的军队，148；被捻军，212；1630年代被叛军，122；1640年代被叛军，139；被红枪会，263-265

麻城县：城市和集镇，24-26，28-29；气候，19；中心与边缘地区，22-27；地理状况，17，18，22-23，322；地图，20（地图）；名称，21；外围，191，192-193，219，220-221，323；人口衰减，18，319，335注7；人口增长，17-19，61，239；好斗的名声，33-34；城乡矛盾，27-29；自治，225-226；战略位置，19，213，217，237-238，302；市镇，23-25。又见麻城农业经济；麻城历史；麻城社会

麻城县妇女协会，281-282

麻城县议会，231，232

麻城学会，223，241

麻城县立女子小学校，233

麻城历史：……意识，19-21；暴力文化与，8-9；周期，13；口述历史，9；定居，17；宋代，44-45；唐代，44. 又见县志

麻城李氏，67

麻城县农会，254-255，261，263，265，285，289，300

麻城人民自卫军，250

麻城社会：辛亥革命后的变化，233-234，237；1920年代的变化，276-277；元明之际的变化，59-60；名义上的平等，109；无产者，185-186；清初的，185-186；二十世纪初的，65，240-242；明代的，59-60，61，109，321-322；国民党时期的，301；再封建化，111；分层，98，99，185-186，323；向上流动，70；

妇女地位，276；元代的，43－44，46－47，54. 又见奴仆；阶级矛盾；精英；士绅；地主，富裕的；商人；社会军事化

弥勒佛，57，58

满族，208，227，230. 又见清朝

摩尼 Mani，57

满摩教，56，57－59，128，198，319，326

曼素恩（Mann, Susan），4，196，259

制造厂，见工厂

毛凤韶，61，64，76，77

毛氏：古城畈，61；脑五山，79

毛文穆，45

毛泽东，282；论戴高帽子，257；光辉思想，266；对袭击农会的调查，261；长征，318；论农民运动，259；农民讲习所，264，325；清洗，310－311；关于农民暴力的报道，257；学生军与，264；张国焘与，310，311

茅子元，57

市镇，24－25，26－27；军火库，33；增长，192；商人集团，62－63；警察，224；学校，222；城墙，205。又见白果；宋埠；阎家河

婚姻：族规，73；童养媳，279；买卖，279；妇女要求的改革，278－279，283；对奴仆的限制，18，277；妇女发式与，281

武术，33，41，259，325。又见拳术；红枪会

军事英雄：县志中的描述，325－326；东山地区的，27；理想的，6，114；关于……的传说，132；麻城文化中的，143，145；关于……的诗歌，325；女性，279－280；夏氏，234－235

阳刚气质：湖北人的，114；梅之焕为例，114；好汉，6，101－102，324－325；暴力与，4－5，6，259

明主，51

五四运动，233，244－245，309－310

梅国楼，86，87

梅国森，86，114

梅国桢：碧云寺，84；剿匪运动，32；论土匪，31；《藏书》序，101，103－104；女儿，98，103；死亡，86；对麻城社会的描述，109；与麻城精英的辩论，104－105；家庭，98，103，114；……的历史观念，10；李贽与，96，101，103－104，107；生平，86－87；戎马生涯，86；仕途，86，129；诗歌，83，86；社会观念，107；税收改革运动，87；利用堡垒，309；造访麻城，105

梅亨，85

梅吉，86

梅氏，见七里岗梅氏

梅钿，155，182

梅增，147

梅之焕：提携麻城学子，80；与东林运动合作，107，115－117，118；剿匪运动，32，127；教化的使命，125－126；指挥四十八寨联盟，133－134；

批评明政权, 124; 死亡, 136; 在麻城抵御叛军, 33, 122－126, 128, 146, 309; 践行社会规范, 107; 家庭, 86, 114; 朋友, 118－120; 坟墓, 136, 139; 影响, 114; 知识兴趣, 116; 作为麻城领袖, 123－124, 125－128, 133－134, 153, 226; 李贽与, 104, 107, 115; 生平, 114－115; 作为当地英雄, 123－124; 军事管制, 126; 仕途, 114, 115, 118, 119, 121, 122; 性格, 114－115; 权力, 123－124, 126;《麟经指月》序, 117; 社会议程, 126－128; 镇压敌人, 42, 126; 著作, 115, 124, 125, 135; 无念与, 97

梅之镳, 86, 142, 153

孟广澎, 29, 106, 274, 301, 302

蒙思明, 46, 54

同业公会: 宋埠镇的, 25, 62－63, 又见黄帮

商人: 外商, 221; 宗族的, 62, 67, 68－69, 70, 73, 191－192; 繁荣, 196; 城居, 28

商会, 247, 300

Meskill, Johanna M., 234－235

救世主传统, 8, 56, 121, 359 注 13

铸造厂, 192

团练: 抗击太平军运动, 200－204; 土匪因素, 32; 局, 201; 文化教化与, 298－299; 防御太平军, 180, 200－204, 209－211; 经费, 201, 202, 214－215; 得到支持, 207; 对社会关系的影响, 324; 与保甲系统的联系, 178, 180－181, 297－299; 梅之焕保卫麻城, 122－126; 国民党治下的, 248, 298－299, 324; 1920 年代的, 248－249, 268; 宗族的角色, 249－250; 自保会, 137－138; 开端, 180－181; 于成龙的, 180－181, 又见民团

军事学校, 233, 275。又见保定军事学校

征兵, 298

武功名获得者, 33, 78, 192, 325

民团: 反共联盟, 307; 反太平军运动, 195, 199, 200, 201－202, 205－207, 209－211, 215, 235; 与宗族结盟, 66, 85, 249－250; 内战期间的, 262－265, 270, 272－273; 清乡保卫团, 295－297; 民国时期的冲突, 238; 抵御 1674－1675 年叛乱, 182; 东山地区的, 180, 211, 238, 248, 249－250; 经费, 295, 296; 民团总局, 205, 209, 216; 并入国民革命军, 294, 295; 融入保甲系统, 180－181; 清末的, 122; 领导人, 325; 梅之焕的, 122, 123, 125; 效忠明朝者的, 149; 山兵, 122; 兵变, 215; 国民党治下的, 295－297, 299; 1920 年代的, 248－250, 262－265, 270, 272－273; 湖北的……组织, 209－210; 农会的, 260, 267, 268, 288; 抢劫, 183－184; 清代的, 197－199, 201; 自卫军, 248－250;

区级的，295，296－297；武器，248，250

千禧年，198-199；佛教中的，8；叛乱中的……因素，198；红巾军的，49，55-59；黄术士的，185

明承祖，138

明朝：腐败，141；对……堕落的抨击，124，143；灭亡，142，144；创建者，49，51，53，59，67；将军，137，140-141；……时期的麻城社会，61；官员，76-77，79-82，86，124，141，155；平定麻城，137；南明朝廷，144-145，147，148-149；军队，122，123，137，146-147

明教，57，58。又见满摩教

效忠明朝者：武装抗清，144，145-151；阶级，152-153；继续效忠，163，167；后裔，163；东山堡垒中的，142；对……的历史评价，175；湖南的，151；马朝柱起义，198；民团，149；学者，227；围攻麻城县城，148。又见东山叛乱；蕲黄四十八寨联盟

《明史》，34，56，80，81

明玉珍，51，53，57，60

明亮，208

采矿，322

传教士，40-41，221，222

现代性：进入麻城县，219；精英的看法，223；红枪会抵制，251。又见工业

蒙古人，见元朝

僧侣，84

纪念碑，11，326

道德教化，179-180

牟复礼（Mote, Frederick W., 54），58

山兵，见民团

山寨：被张献忠部队攻击，140；自治，308；内战期间的战斗，308-309；获准进入的平民，131；建造，130-132，205；关于……的文化记忆，134-135；大别山的，128-129，133，205，266；被共产党人破坏，309；大别山地区的，129，131，132，142，177；经费，205；食物供给，125，132；寨主，142-144，145，178-179，180，182，183，201，308；在麻城认同中的重要性，324；关于……的传说，132-133；特定家族的，12-13，205；命名，130；十九世纪的数量，205；清军攻占，147，151；作为避难所，12-13，29；作为内战期间的避难所，308；奴仆叛乱时的避难所，156；捻军起义时的避难所，213；清军追剿的避难所，145，148，167；1630年代叛乱时的避难所，123；1640年代叛乱时的避难所，140；红巾军时期的避难所，54；太平天国运动时的避难所，205；抗清，145；反抗太平军统治，201；被清军包围，148；太平军占领，213；……中的城镇居民，29。又见蕲黄四十八寨联盟

山歌，255-256

穆炜：剿匪运动，32；地籍调查，87－88，89；税收改革，87，89－90，104

木兰，279

木子店：……的土匪，250；商业，26；共产党包围，308；民国时期的冲突，238；定慧寺，26－27，44，84，183，202，215；地理位置，26；屠杀左派分子，273；民团，296；反抗太平军统治，201；夏氏，234；夏斗寅部队，273

长野朗（Nagano Akira），251

南昌：……的国民党人，247，269－270；……的红巾军，51

南京：知识分子，95－96，101；南洋商贸展览会，220；国民党攻占，270；国民党政权，273，292，294，297，298；清军占领，144－145；反太平天国的部队包围，212；南明朝廷，144－145，147，148－149；太平军占领，200，212

南洋商贸展览会，220

脑五山毛氏，79

国民革命军，238，292，293－294

救国团，230，231

民族主义：统合式的，135；汉人的，152，230；抗清中所见的，153

国民党军队：与共产党的武装冲突，289，290，294，295，303－305，307－309，316－318；在麻城的暴行，319；征兵，298；将军，292－293；任应岐作为指挥官，292－294

国民革命：阶级斗争，238，239，270；地方参与者，244；胜利，246；暴力，239；妇女角色，277－278；在武汉，246. 又见北伐

国民党：保甲条例，297－299；与共产党决裂，284－285；镇压共产主义的努力，299－303；湖北省政府，65，270；蒋介石的领袖地位，292；麻城的领导人，299－300；左派分子，269，270；肃清共产党的同情者，295；麻城县政府，218，247，248，285－286，293－294，297－303，324；麻城县党委，300；镇压农民运动，265；整党委员会，299；农会，247，254－255，285，300；清洗，270；来自麻城的激进领导人，247，312；右派分子，265，270，273；对对手的命名，31－32；区户制，249。又见新生活运动；统一战线

自然权利，113－114，157

理学，44，56，77，193－194

理学：耿定向的观点，91；关学（陕西）学派，91－92；教化努力，45；南宋的，116；泰州学派，85，91，96

新军，232，233，235

新文化运动，233

新生活运动，299，300－301，303，324

新生活运动促进会，300－301

新政时期，134，223，225，230

新兴寨，148

索 引

倪文俊, 52, 55

捻军起义: 联盟, 203, 214; 对……的抵御, 210-211, 217; 在湖南省, 323; 在麻城县, 212, 213; 大屠杀, 213; 与红枪会的关系, 251; 包围麻城县城, 212

诺拉 (Nora, Pierre), 9

北伐: 对……的历史评价, 10, 302; 蒋介石的领导地位, 269-270; 来自麻城的参与者, 246-247; 筹划, 244; 红枪会的反应, 251; 第二次, 286

官员: 腐败, 141; 来自麻城宗族的, 70, 79-82; 明代的, 76-77, 79-82, 86, 124, 141, 155; 来自麻城同乡的提携, 80; 清代的, 162, 163, 192, 193, 215-216, 227; 民国的, 244; 唐代的, 44; 改奉异朝, 150, 162, 226; 元代的, 46-47, 53. 又见书吏; 科举成功

戏曲: 民间的, 26, 326; 廉吏于成龙, 189; 乡村的, 257

小山正明 (Oyama Masaaki), 111

抚, 173; 以剿为策略, 151; 于成龙的……运动, 183, 184

准军事组织, 见民团

农民协会: 共产党领导的武装起义, 22, 286-287; 对……的袭击, 261; 反对土豪劣绅运动, 265-266; 阶级斗争, 256-268, 271, 287-288; 教育乡村民众, 255; 控制……的努力, 282-285; 精英的抵制, 262-263; 形成, 247; 湖北的, 254; 国际声望, 267-268; 领导人, 284; 麻城的, 254-255, 260, 263-264, 265-266, 269; 会员, 277; 民兵, 260, 267, 268, 288; 国民党重新组织, 285, 300; 先去, 138, 325; 对……的报复, 262-265, 270, 272-273, 287, 288, 293; 策略, 284; 武器, 288。又见妇女协会

农民委员会, 304-305

农民运动: 谴责奴仆制度, 158; 总体特征, 243; 幼稚, 283; 当地领导人, 243-246, 312; 暴力, 257-259

农民起义: 关于……的传说, 189; 红巾军的, 54; 被视为……的抗清活动, 152-153

农民自卫军, 268, 286, 291, 294

农民讲习所, 264-267, 325

彭氏, 66

彭莹玉, 49, 50, 56, 57, 58, 59

彭遵古, 85

人民共和国: 剿匪斗争, 30; 建立, 319-320

人民自卫军, 263-264, 265, 269

彼得·珀都 (Perdue, Peter c.), 11-12

裴宜理 (Perry, Elizabeth J.), 129, 210, 253, 323

彼特森 (Peterson, Willard), 106

松子关, 17; 碉楼, 205; 太平军叛乱期间的防务, 203, 206, 210-211; 国共之间的战斗, 308; 清朝的控制, 149

萍浏醴起义（1906），49，228

贫农局，215

诗歌：麻城对……的兴趣，76；竟陵学派，142；晚明的，83－84，86，96，142－143；关于武德的，325；梅国桢的，83，86；梅之焕的，115，124；苏东坡的，44

警察：清代的，30；作为保甲制的替代品，223－224；秘密的，305，314

民间宗教，见宗教，民间的

宝剑，166，198

抗争，39－40

公共安全：二十世纪初期的，223－224；1920年代的……问题，248－249；夏斗寅作为省警备司令，306－307，308

保卫局，312－313

清洗：共产党人的，286，310－311；鄂豫皖苏区的，310，311－316

齐姓寡妇（齐二寡），199

钱谦益，118－120，124

乾隆帝，38，84，193，226

蕲黄四十八寨，见蕲黄四十八寨联盟

七里岗梅氏，85－86；与耿氏的冲突，34－35，104；科举成功，79，86，161－62；民团，85；权力，66；农奴，107，110；财富，90

七里坪镇，288，289

秦朝卿，47

秦氏，47，64

秦翼民，122

秦岳（音），93

清朝：中央政府，196；对麻城的控制，149，154－155，156，157－158，190；抵御者，41，221；创建，142，144；灭亡，302；效忠于，214；官员，162，163，192，193，215－216，227；蓄辫令，142，145，147，153，163；镇压，197；对……的抵抗，144，145－151，152－153，163；三藩之乱，164－165，235；对抵抗的镇压，146－148，150，190；税收，154－155；军队，146－148，182，197－198，200，203，211，213，237－238；白莲教起义，198－199，208，322

清代：土匪，30；麻城社会，65，185－186；新政，134，223，225，230；初期的乐观态度，154；警察，30；繁荣年代，196

青帮，272

岐亭：土匪袭击，31；共产党攻占，317；作为市镇，24；商人，191；……的叛军，122；辛亥革命在，232；包围，197；太平军占领，200

蕲州府：农业，44；山寨，207；清朝的控制，145，149；……的叛军，141；……的叛乱，139，181

屈方诚，299－300

屈开埏，230

屈开坊，230

屈开云，222，228－231，232

屈佩兰，219，232，234，239－240

瞿秋白，286

索引 | 399

邱树森，55

屈振奇，76，167，169，170，171，174

权衡，59

麻城的激进分子：对妇女的吸引力，277；来自乘马岗的，26，243，244－245，305－306，310；县政府中的，247；死亡，245，290－291，310，314；董必武的影响，244－245，247；地方主义，315－316；动员，245－246；国民党员，247，312；清洗，286，310，312，314；支持立三路线，304－305；胜利，269

激进分子，辛亥革命的，227－231

铁路，220－221，244

红雨，1

叛乱领袖：鲍世荣，11，137，181，189；对……的历史评价，11，152－153；汤志，137，138－141；吴三桂，142，164－165，166，169，174，181；周子旺，48，49；邹君升，186；邹普胜，48－49，50，51，52，129，138。又见刘君孚；张献忠

叛乱（起义）：抗税，39－40；鲍世荣的，137，181；经济上的不满，214－215；粮食骚乱，39，224，242；何士荣的，181－183；自立军的，228；马朝柱的，198；兵变，197－198，215，271；农民，152－153，189；萍浏醴起义（1906），49，228；反抗清朝薙发令，145；红巾军，50－55；抗租，40；三藩，164－165，181－182，184，235；教派的，211；1630年代的，121－126；小规模的，38－41，213－215；回应……的国家暴力，187；吴三桂的，169；反抗元朝的，43，48-49，50－55；周子旺的，48，49；邹君升起义，186－187。又见奴仆叛乱；东山叛乱；捻军起义；太平起义；白莲教运动

红色，的意义，8，43，325

红军：鄂豫皖，316－317；十四世纪的，50，51，53，56；口号，53，54；二十世纪的，268，303－304，307－308，311－312，313，318

红门会，261

红卫兵，303－304，305

红枪会，250－254；与学生军的武装冲突，265，267；攻击农民协会，262－263，264，287，288；捍卫性别规范，277，282；目标，252；河南省的，323；黄安的，290；麻城的，252－254，260，262－263，277，282；会员，252；组织，251－252；先驱，138，211，251，325；包围麻城县城，263－265；统一战线试图拉拢，253－254；武器，288

红巾军，50－55，129

再封建化，111

改革者：二十世纪初期的，224，230；清末的，221－223，227；五四运动，233，244－245，309－310；清朝官员，194－195，197，202；宋学，194，202。又见东林运动

改革：新政时期的，225；税收，87，

89—90，104

宗教，见佛教；基督教

宗教，民间的：驱魔的神灵，32；鬼神学救世主传统，8，56，121；鬼，7—8，32，41，121，259；满摩教，56，57—59，198；千禧年，55—59，198—199；红枪会意识形态中的，251；在招抚运动中的运用，184. 又见寺庙；白莲教运动

任应岐，219，292—294，375 注 1

抗租运动，40

代议政府，231，232，234

镇压，42，197，215

民国时期：土匪，30，237，238；封建主义，236；中央权威缺失，237；常规的暴力，237—238；战争，238

共和革命：导致……的事件，224—231；在湖北，231—233；当地的参与者，227—231，244，302；在麻城，232，233；反对者，227；自治，249；随后的社会变化，233—234，237

民国政府：官员，244；纸币，242；红枪会对……的抵抗，251；税收，242—243，251

居民监督制度. 见保甲制

复社，见复社运动

辛亥革命，见共和革命

同盟会，227，228，235，244

水稻种植，44，61，62，63（图）

权利：奴仆的，154，157；雇工的，113—114；自然的，113—114，157

戴维·罗宾逊（Robinson, David），6，30

阮氏，62

逃跑新娘，……的故事，35—38

农村复兴工作训练学校，300

拜教城，10

宽彻普化，王子，48，51，53

三藩之乱，164—165，181—182，184，235

佐藤文俊（Sato Fumitoshi），62，111，138，157

学者官员：……之间的辩论，95—96；十九世纪的，193—195；改革者，92；宋学经世之学，92，193—194，195，201，202；著作，83—84。又见科举成功；耿定向；文人；官员

学校，见教育

坚壁清野：作为防卫措施，28；对平民的影响，212；胡林翼的，208—209；国民党的，307，309，317；夏斗寅的，292—293

第二次北伐，286

秘密警察，305，314

自卫，见地方防卫；民团自保会，137—138

自卫军，1920 年代的，248—249，250，259，263—264，269

自卫武装，农民的，268，286，291，294

僧格林沁，213

仆人，见奴仆

妖人，6

商元（音），141
商城县，22, 157, 252, 290, 305
石汉椿（Shek, Richard），58
沈会霖，140, 141, 142, 149
沈思昶（音），195
盛仁学，313
圣人堂，49, 138
沈庄，122, 123, 124, 125, 128
沈庄军，122, 123, 125
石虎，21
史可法，133, 134, 141, 144
宋埠施氏，191
施贤辅，68
石星川，235-236
史贻直，38
施家畈施氏，68, 70, 71, 72, 158, 276
岛田虔次（Shimada Kenji），106
狮子山寨，129, 132, 137
舒保，203, 204
水寨，309
顺河集，26, 245, 254, 259, 319
顺治帝，142, 156, 176
四川省：黄帮商人，191；麻城人移民到，59-60, 64, 141, 151, 230；……的国民党人，270, 271；清代再移民，151；……的红巾军，51；土豪，146；……的张献忠部队，141-142
《四川省志》，59
司马光，102-103
司马迁，4, 6
中日战争，222, 230

施坚雅（Skinner, G. William），13
奴隶：术语，110；元代的，43-44。又见奴仆
史密斯（Smith, Paul Jakov），46
斯诺（Snow, Edgar），58-59, 239, 306, 318, 319, 326
社会控制论，135
社会军事化，299
社会，见阶级矛盾；麻城社会
哥老会，214
宋朝：效忠者，129；茶叶专卖，44。又见苏东坡
宋学经世之学，92, 193-195, 201, 202, 216
宋濂，59
宋庆龄，278
宋一鹤，122, 133, 137
宋一麟，120
宋埠镇：对外国人的攻击，41, 221, 244；土匪袭击，31；龙舟赛，66；附近的堡寨，131；贫困人口，223；地理位置，22；商人，25, 62-63, 67, 191, 192, 205；传教士；名称，62-63；国民党控制，290；警局，224；学校，222；被包围，200；太平军占领，200, 212, 230；围墙，205
宋埠李氏，62
宋埠施氏，191
宋学，见宋学经世之学
术士，166, 199
南明朝廷，144-145, 147, 148-149
红巾军南支，50-53

苏维埃：黄安的，289；江西，49，310-311；当地的，304，305；中宋边区，305。又见鄂豫皖苏区

枪会，252-254，265。又见红枪会

神兵，8，198

八七精神，287

经世：实践，194；宋学，92，193-194，195，201，202

石人寨，151

石城寨，131（图），205，206（图）

土豪：逮捕和审判，261，265；大别山的，112，260；东山地区的，27，112，163-164，166，174，195，234-235，248，249-250；处决，261，265，266，267；清末的，27；东山叛乱的领导者，11；山寨，12-13；网络，146；农民协会的反……运动，267，279；权力，322；叛乱，186；降清，174；台湾的，234-235

学生军，264-267

苏东坡（苏轼），44，45，84，188

苏云峰，219

实学运动，91-92

末光高义（Suemitsu Takayoshi），251

太阳，血红色的，43

孙廷龄，181-182

孙中山，227，235，236，244，278

锁口河刘氏，79，81

瑞典传教士，41，221，222

泰昌帝，117-118

太平军起义：与捻军结盟，212；麻城人民的态度，214；战斗，200，203，204；合作者，214，227；反叛乱的策略，208-209，309；在麻城的死亡，204，216；守城，28；守卫麻城，199-208，209-211，212-213，215，217-218；对平民的影响，203，204，209，212；清剿运动，204，213；回应……的军事化，180，200，214-215；反抗……的民团领袖，195，199，200，201-202，205-207，209-211，215，235；来自麻城的参与者，214；随后的重建，215；与红枪会的关系，251

太平镇，麻城，23，25-26

泰州学派，85，91，96

谭延闿，236，265

谭一聪（音），164

谭元春，142

唐才常，228

唐朝，44

唐桂芳，54，59

唐王，见隆武帝

唐生智，270

汤应求，35，36，38

汤志，叛乱，137，138-141，155

谷口规矩雄（Taniguchi Kikuo），153

陶炯，238

税收：行政，215；衙役滥权，87，92；征收，297-298；商业，242；……中的腐败，143，224；公粮征收，39-40，87，224；不公，87，88，89，92；土地，64，87-88，92，112，295，296；国民党的，295，296；清

代的，154-55；改革，87，89-90，92，104；民国时期的，242-243，251；对……的不满，28，87，224；抗税运动，39-40；盐，48；附加税，242，295，296；太平天国的，55；元代的，46，48

教师协会，300

乡贤祠，80

寺庙：宗祠，66，68，70，72，241，297；儒学宫，56，77，78；庙产，64-65；梅之焕资助，125-126；龙湖附近的，84，95，96

佃农：自由的，110，113；卷入抗清运动，153；……所有的土地，240；地位，113，158，240，241-242，277；乡村会社，138

滕松，225

滕兆，34

滕家堡，309

田海（ter Haar, Barend J.），5-6，7，8，56，259

恐怖袭击：共产党的，303，304，305，312，319；红枪会的，267；对西式学校的，223

胁富会，259-260，325

纺织品：竞争，240；织布厂，219，238，248；棉花生产和贸易，62，63-64，220；出口，62；丝绸，23，220；贸易，191，192

汤普森（Thompson, E. P.），56

三藩之乱，164-165，181-182，184，235

三台八景，84

田桂，45

田蕙，45

田氏，66，116，178

天福泰剧团，326

天启帝，118，119

天完帝（徐寿辉），49-50，51，52，53，55

天完政权，50-52，54，55-59，60，323

亭川乡，麻城，23，26-27

脱脱，48，50，51-52

通山惨案善后委员会，272

同治帝，212

龟峰山，26，142，181，182，183

好汉，6，101-102，324-325

贸易：抵制日货运动，245；外国的，25，220，221；举水的，24，63，220-221；经过麻城的……路线，19，62；纺织品，62，63-64，191，192，220；长江流域的，220. 又见商人

交通：铁路，220-21，244；河流，24，63，220；经过麻城的交通线，19，62

诡计传说，132

直道会，138

涂氏，与杨氏的世仇，35-38

涂如松，35，36，37

团练，见社会军事化

土城寨，129

统一战线：反帝运动，256；联合红枪

会的尝试，253－254；瓦解，284－285；共产国际顾问，269，270，278，282，284；内部分裂，247；控制当地积极分子的尝试，282－285；禁止缠足，278，280；形成，244，245，252；底层动员，247，254，262；湖北省政府，263；蒋介石反对，269－270，271－272；麻城政府，248，254，260－261；军事运动，270－271；军事力量，250；武汉国民政府，247，252，269，282－283，284；占领麻城，31；农民运动与，259，263；夏斗寅反对……的叛乱，271－272。又见中国共产党；国民党

高利贷，196－197

乡村协会，138

里仁会，138－139，155，325

乡村：宗族，66，67；山区，23（图）；自保会，137－138

暴力：对外国人的袭击，40－41，221；单身汉亚文化中的，18；儿童社会化，3，5；关于……的汉字术语，3－4；长期的，21－22，237－238；关于……的集体记忆，8－9，325－26；作为麻城认同的要素，1，6－7，9；概念，2－3；文化模式，6－7，27；日常生活中的，5－8，29－34；魔鬼威胁，7－8，32，41；将敌人妖魔化，7，8；驯服，3；清初的，154；解释，322－326；表达性的，2；对敌人的憎恨，326；文人对……的迷恋，6，321；阳刚气质与，4－5，6；在中国文化中的意义，3－5；作为麻城文化的一部分，217，259，324，325；农民运动的，257－259；作为表演的，2－3，325；民国时期的，237－238；得到认可的，5；社会历史语境，2，6；国家的，42，152，185，187。又见剿灭

魏斐德（Wakeman, Frederic, Jr.），119，142，144，153

郭秩寨，146

围墙，防御的，28，41－42，122，205

万氏，162

万敏福（音），41

万延，115，123

文震孟，117

王安石，176

王葆心：论饥荒，136；东山叛乱的历史，165－166，174，175，189－190；山寨联盟的历史，11，134，145，182，226，231，326；论刘君孚，179；论刘侨，141；论梅之焕，114；激进集团的成员，230；论山区，17；论叛乱，19，27，187；论抗清斗争，145，163

王操如，246

王德威（Wang, David Der-wei），321

王鼒，146，149，150，152－153

汪敦仁，203

王峰（音），51

王封溁，197－198

王夫之，227

王艮，96

索引

王光树，145，147
王洪范，219
王宏学，245，254，304-305，306，314，316
汪精卫，269，284，285，286，311
王氏，见八里畈王氏
王宠麟，34
王勉勤，291
王明，310
王明宇，157
王民皡，197
王三宅，92
王世杰，156
王世贞，30，38，81，89，90
王树光，152
王树声：暗杀丁岳平，266；作为中共领导人，245，247，286，306，318；逃脱清洗，314；家庭，260，262，266；晚年生涯，245；军事指挥，289，09；国民党党员247；口述史，291，305-306，308；农民协会与，22，254，257，260，263，264；武装起义计划，287，288，291；论白色恐怖，273
王阳明，78，91，92，95，96，176
王翊，44
王幼安：作为中共领导人，245，246，247，286，304；教育，244；被处决，291；五四游行，244-245；国民党员，247；……创作的歌曲，255-256
王允成，137

王占元，234，236
王自立（音），259
王祖儿，35
万历帝，82，117
万人崖黄氏，12-13，89
万松书院，193；发展，45；院长，216，222；作为精英聚会之地，84；……所有的土地，64；图书馆，216；声望，45，77；学术，326
万松岭，45
万字山屠杀，319
区户制，249
军阀，民国时期的，235
《水浒传》，6，101-102，116，324
沃森（Watson，Burton），6
财富：积累和维持，73-74；以剥削劳动为基础的，76。又见精英；地主，富裕的
武器：军火库，33，224；自动的，33，248，250，288；大炮，33，122；火器，33，237；农民协会的，288；红枪会的，288
韦庆远，112
魏源，208
魏忠贤，118，119，140
温体仁，119
西王，140，141
白云寨，141，145，147，149，151
白莲教运动：针对外国人的暴力，41；抵御，208；十四世纪的，56，57；与红巾军的联系，56，57；反清叛乱，198-199，208，322；与红枪会

的关系，251

白米寨，132

抚河寨，132

白枪会，253，265. 又见枪会

白色恐怖，270，273

维克霍姆（Wikholm, O. S.），41

韦慕庭（Wilbur, C. Martin），274

魏尔（Will, Pierre-Etienne），13

武雅士（Wolf, Arthur P.），7

女性：剪发的，280－282，281（图）；尼姑，103；芝佛院的，98，103；教育，233，278；杀女婴，18，195，277；缠足，276，278，279，280，281－282；领袖，278，279，280，284；军中的，279－280，281（图）；卷入政治，277－279；妓女，99，278；……的改革要求，278－279，281－282，283；对……的压抑，276，277；逃跑新娘，35－38；1920年代的社会变化，276－277；被夏斗寅部队折磨，276，282

妇女会，247，278，279，281－282，300

女生队，280

工会，247，261，300

吴德芝，134

吴东甲 a，223

巫国玉，224

吴晗，55，57，58

吴焕先，254，259

吴惠存，259

吴克桐，105

吴林，209，211，215

吴氏，162

吴佩孚，234，236，238，244，252，272，292

吴鹏，90－92

吴三桂，142，164－165，166，169，174，181

吴伟业，109，110，120，138

吴应箕，37

吴兆泰，222

武昌：湖北全省农民代表大会，158，241－242，261－262，265；对李贽的攻击，100；被张献忠部队袭击，140；启黄中学，244，245，247，254；对……的叛乱袭击，182；红巾军攻占，51；共和革命，224，232，235；学校，244，245；南明统治，144；兵变（1688），197－198

武城曾氏，宗谱，71（图）

武汉：北洋军占领，236；抵御夏斗寅，272；工业化，220；经心书院，222，228；两湖书院，230；麻城旅居者，219，294；五四游行，244－245；国民党占领，246；国民政府，247；革命政府（1911），232；太平起义，199，200；统一战线政府，247，252，269，282－283，284. 又见汉口；汉阳；武昌

武黄营（黄州军），202

无念，95，97，98，115

夏鼎安，167，174，178

夏斗寅，235－237，275（图）；残暴行

径，274-275；与任应岐比较，292-293；腐败，306-307；县志与，274，301；教育，235，275；流亡香港，320；家庭，234-235；作为湖北省长，317，318；在湖北省政务委员会，270；作为湖北省警备司令，306-307，308；清剿湖北左派分子，272-275，287，292-293，307，308，317-318；军事生涯，235，304；兵变，271；国民党军事将领，270-271，272，301，309；在北伐中，246-247，270；军官，293；与统一战线的关系，270-271；抵抗北洋军，234，236，246-247；背叛统一战线政府，271-272，280；焦土运动，317；被视为救世主，273-274；折磨妇女，276，282；利用堡寨，309

夏朝，51

夏逢时，303

夏国儿，259，279

木樨河夏氏：科举成功，79，234，235；领袖，167；军事领袖，201，235；镇压东山叛乱，178-179，182；石城寨，131（图），205，206（图）；土豪，195，234-235

夏世鹏，235

夏梧，201，204，205，206，210-211，235

夏锾，201，202

夏仲昆，182，187

湘军，202

香山赵氏，79

仙居，黄安，314

仙居乡，麻城，23-25

萧颂圣，140

肖耀南，236，290

西村．见西村程氏

谢国桢，152-153

谢氏，66

新店宗族，66．又见新店周氏

新集，306．又见鄂豫皖苏区

熊吉，19

熊家模，279，282

熊家训，279，282

熊氏，61，70，95，250

西阳，305，313

徐鼎，155，156

徐家堡，167，170，171，177

徐光曹，201

徐海东，306，318

许继慎，311，312

徐其虚，245，256-257，264，286，310

徐寿辉（天完帝），49-50，51，52，53，55

徐向前，306，314，315，316，318

徐勇，146，147，148，149

徐子清，245，247，254，290，310

宣统帝，224，225，230

《荀子》，4

阎伯璵，44

严如熤，208

严树森，212

严正，248，250

杨定见，101，102，116

杨克利，186

杨连，118，119，124

杨氏，与涂氏的世仇，35-38

杨讷，57

杨需，201，202

杨森，247，270，271

杨廷和，60

杨同范，35-36，37-38

杨五荣，35-36，37，38

杨永泰，317

杨四寨，309

扬州，144

长江河谷：东西交通，19；洪水，307；轮船交通，220；贸易，220

阎家河：鲍世荣叛乱，137；作为市镇，24；造纸厂，192；亭台，95；枪会，253

阎家河区，山村，23（图）

姚公寨，148

姚国振，199-200

姚占，158

安野省三（Yasuno Shozo），64，111

叶开演，295

叶挺，272

叶显恩，110，111

叶子奇，43，54，56，57，59

黄柏寨，148

易道三，141，145，147，152

易光蕙，204，206，207

永乐帝，148-149，150

雍正帝，114，158，176，178，197

余诚，227-228，229（图），232

于成龙：祖传画像，168（图），169；剿匪运动，30，32，185；地籍调查，175；关于……的集体记忆，188-189；对麻城和罗田的比较，33；……崇拜，188-189；东山叛乱与，11，165，169-175，179，181-183，184，188，235；实施保甲制，175-180，183，186；清廉，169；仕途，169，175，176；论清朝攻取山寨，148；关于东山叛乱的报告，165，174-175；对麻城社会的看法，185-186；邹君升起义与，186-187

余栋臣，221

余晋芳，223，302，303

余林燮，195

余谋瑞，227

余泼泉，195

余雅时，227

余雅祥：云龙寨，205；作为万松书院院长，216；家庭，195，214，222，227；领导抵抗太平军，195，201-202，204，206，210，211；民团指挥，212，213

余应云，216，222，233

袁宝，59

元朝：对麻城的控制，46，129；……统治下的麻城社会，43-44，46-47，54；官员，46-47，53；抗元起义，43，48-49，50-55；对……的抵抗，46，129；灭亡后的社会变迁，

59-60；社会等级，54

袁宏道，83-84，96，97，100

袁枚，35，36，38

《元史》，53，55

袁世凯，228，234，302

袁铣，194-195，197

袁学均（音），195

袁英，31，219，238，248，250

袁中道，83-84，96，97，116

袁宗道，83-84

云雾山寨，132-133

玉石寺，78

曾国荃，213

曾国藩，180，195，202，210，211，212，213

曾氏，66，70，71（图）

寨．见山寨

詹兆朱，201-202，204，206，210

詹钟廉，215

张朝珍，169-170，171，175，178，183，187，190

张国焘，291，309-310，311-316，317，318，320

张汉一，197

张金禅，145

张金龙，146

张九四，51

张居正，95，98

张仁甫，45

张森，233，235，236

张文达，102，103，107

张文藻（音），195

张献忠：在四川的大屠杀，141-142；对……的历史评价，10；关于……的传说，139；新营，140；叛军，122，131-133，136-137，139-140；作为西王，140，141

张行七，45

张锡云，225，231，232

张义泽（音），140

张裕（音），93-94

张正中，156-157

张振之，251

张之洞，222，224，227，228，230，231

张作霖，238，252

赵丑厮，48

赵当儿，35

赵氏，79

赵玉峰，45

赵之英，162

浙江省：科举成功，192-193；宗族，66；鄞县，192-193

郑家驹，201，215

郑渐逵：对麻城的控制，294；死亡，294；民团，238，248，250，263-264，265，269，294，295，296；民团联盟，307，308；政治同盟，294；对国民党的抵抗，293；学生军与，265

郑康时，223，250

郑氏，249-250

郑茂前，296

郑仙槎，250

郑重：死亡，320；教育，233；县志经费，301；民团领袖，295-296；作为县长，299，300；军事将领，293-294；新生活运动促进会，300；论新政时期，223；县志序言，302-303；夏斗寅与，293

钟氏，62

中馆驿：与太平军的战斗，200；共产党攻占，317；附近的堡寨，131；林氏，62，69-70，71，191，296-297；作为市镇，24-25；商人，296；民团，296-297；太平军占领，212

中馆驿农民协会，254，257

中馆驿保卫团，249

中宋边区工作委员会，305

中宋边区苏维埃，305

周爱六，94

周堃，77

周承谟，149

周聪旷，147

周宏谟，82

周宏钥，82

周宏祖，81，82

周镃，82

新店周氏：领地，84；科举成功，79，81-82，161-162；宗谱，70；玉雾山寨，123；官员，81-82；权力，93；定居，66

周龙骧，232

周美公，167，170，174，177

周旻，77

周明明，见道一

周起文（音），198

周思敬，77，94，95，97，98，100，101，104，106-107

周思久，94-95，96，97，99，100，104

周损，143-144，146，149，150，155

周铁爪，167，181，182，183

周廷徵，82

周维柜，165，166

周维桢，228，232

周文江，139，140，142，147-148

周鲥，82

周载，82

周子旺，48，49

朱伯铭，59

朱常洛，118

朱德，318

朱珏，170-171

朱统锜（石城王），149，150

朱熹，91，92

朱元璋，49，50，51，53，59，60，67

朱允言（藩王），133，149

紫微侯庙，45，199

邹知新，132

邹君升，185，186

邹君升起义，186-187

邹来学：《戒子书》，74-75，76；仕途，81

邹氏：科举成功，75，81；创建者，46-47，48-49；官员，75-76，163；权力，66，又见八里畈邹氏

邹普胜，48-49，50，51，52，129，138

邹迁八，46-47，48，59

邹士璁，76

邹惺，148，155-156，162-163，167-169，171

左良玉，137，140-142，144

《左传》，117

译后记

《红雨：一个中国县域七个世纪的暴力史》，是美国著名中国史学家、霍普金斯大学历史系罗威廉（William T. Rowe）教授的第四部专著（四本书皆由斯坦福大学出版社出版）。该书英文版于2007年推出之际，作者正值耳顺之年。如果从20世纪70年代初在哥伦比亚大学东亚语言与文化系攻读学位算起，四本书跨越了将近四十年的时间。和某些著作等身的学者比起来可能算不了什么，但在"精品意识"颇为强烈的美国历史学界，十年磨一剑的沉潜之功certainly是众多优秀学者的共识。

对于中国近代史研究者来说，罗威廉教授的大名想必不会陌生。早在1980年代，关于汉口的两部巨著，《汉口：一个中国城市的商业和社会，1796—1889》（1984）和《汉口：一个中国城市的冲突和社区，1796—1895》（1989），已经使作者跻身美国一流中国史学家的行列。十余年后，面对他的第三部著作《救世：陈宏谋与十八世纪中国的精英意识》（2001），期待已久的读者难免有些意外：这位颇负盛名的社会史家，居然为一位官至总督、尚书的高级精英作起了长篇传记。惊愕未已，《红雨》一书却令人再次大跌眼镜，这一回，罗教授的研究焦点不仅重新回到社会史，而且从城市转向了乡村。其实并不奇怪，既然作者以"坚定的特立独行者（a dedicated contrarian）"自许，自当孜孜以求每部著作都打开一片新天地，而不会甘心在原来的领地上固步自封。

《红雨》内容之翔实、视角之新颖、叙事之流畅，读者不妨在阅读中细细品味，无须译者赘言。该书英文版面世后，学界反响强烈，好评如潮。《美国历史评论》（*American Historical Review*，Jun 2008，Vol. 113 Issue 3）、《亚洲研究》（*Journal of Asian Studies*，Nov 2007，Vol. 66 Issue 4）、

《哈佛亚洲研究》（*Harvard Journal of Asiatic Studies*，Jun 2008，Vol. 68 Issue 1）、《中国季刊》（*The China Quarterly*，Jun 2007，Issue 190）等重要学术刊物，乃至《纽约时报》（*New York Times*，Oct 26，2008），都针对该书发表了书评，有兴趣的读者不妨一阅。中文读者还可参考何汉威教授在《中国文化研究所学报》（第48卷，2008）、王笛教授在《中国图书评论》（2008年第1期）上刊发的中文书评，要言不烦，评论中肯，可为初读者之指南。

对译者来说，翻译《红雨》真是一段漫长而艰辛的旅程。译者并非初涉译事，但此前几部译稿，都是在相对集中的一段时间里，心无旁骛、一鼓作气地完成的。这本书却一拖数年，新书变成了旧著，令我无颜面对原书作者和中文责编。

四五年前，中国人民大学出版社请我翻译该书。我当时就颇为踌躇，担心自己没有足够的时间做好这件事，但最终禁不住此书的诱惑，还是接下了这项任务。担心不幸变成了现实，自己的教学和研究工作越来越繁忙，不久又做了父亲，更感时间紧迫。无奈之下，请几位研究生参与其事，译出初稿。初稿分工为：李里峰译序言、导论、第一章及参考文献，杨洋译第二、三、四、六章，张瑞娜译第五章，李世达译第七、十二章及结论，郑玥译第八、九章，张娜娜译第十、十一章。但译稿质量参差不齐，在原文理解和中文表述方面都有很多问题，校阅工作繁重，只好暂时放了下来。直到2012年，我有幸得到哈佛燕京学社资助赴美访学一年，稍得闲暇，才又重拾此事，逐句校阅译稿并查对资料，历时两月有余，始告其成。

原书中的众多人名、地名、文献名和直接引文，译者已尽其所能进行了核实（原书附有中英文名词对照表，但有许多遗漏）。所幸者，哈佛燕京图书馆的东亚文献收藏，向居西方学界之前列。作者着重参考的麻城史志资料（例如1882年、1935年、1993年印行的历部麻城县志，麻城县地名志、人物志等），以及部分章节大量引用的几部文集（主要包括《于清端公政书》、《梅中丞遗稿》、《胡林翼集》等），都能在这里找到。其他相对分散的资料，也大多通过哈佛大学图书馆的电子资源（尤其是"哈佛超星数字图书平台"和"读秀中文学术搜索"）查到了原文。这样，书中的数百个专有名词和千余个注释，绝大多数都有了着落。不过，《红雨》毕竟是一部"小地方"的"大历史"，贯穿了七个世纪的"长时段"，所用资料数量之多、来源之杂，着实令人惊叹。译者虽多方努力，仍有少量名词和引文未能找到原文，只好名词以音译、引文以意译出之，书中已一一注明。另外，原书页码，中译本以边码显示。

众所周知，国外学者在一些历史问题上的看法与我国主流学界有一定差异，在翻译过程中我们基本保持了原文意思，读者在阅读过程中请客观对待并根据自身的立场加以判断和甄别。过来人都知道，学术翻译是一件吃力不讨好的事情，虽竭能尽智，终有力所不能及者。译稿已交，终于可以松一口气，但会不会遭到"佛头著粪"之讥，译者心里实在没底。失当之处，还望作者及读者不吝批评指正。

李里峰

2013 年 3 月 12 日于哈佛

Crimson Rain: Seven Centuries of Violence in a Chinese County

By William T. Rowe

Copyright 2007 by the Board of Trustees of the Leland Stanford Junior University. All rights reserved. Translated and published by arrangement with Stanford University Press.

Simplified Chinese version 2013 by China Renmin University Press
All Rights Reserved.

图书在版编目（CIP）数据

红雨：一个中国县域七个世纪的暴力史/（美）罗威廉著；李里峰等译. —北京：中国人民大学出版社，2013.12
（海外中国研究文库）
ISBN 978-7-300-18318-3

Ⅰ.①红… Ⅱ.①罗…②李… Ⅲ.①麻城市-地方史-研究 Ⅳ.①K296.33

中国版本图书馆 CIP 数据核字（2013）第 265593 号

海外中国研究文库
红雨
——一个中国县域七个世纪的暴力史
[美] 罗威廉 著
李里峰 等译
Hongyu

出版发行	中国人民大学出版社			
社　　址	北京中关村大街 31 号	邮政编码	100080	
电　　话	010－62511242（总编室）	010－62511770（质管部）		
	010－82501766（邮购部）	010－62514148（门市部）		
	010－62515195（发行公司）	010－62515275（盗版举报）		
网　　址	http://www.crup.com.cn			
经　　销	新华书店			
印　　刷	涿州市星河印刷有限公司			
开　　本	720 mm×1000 mm 1/16	版　次	2014 年 1 月第 1 版	
印　　张	26.5 插页 2	印　次	2024 年 8 月第 13 次印刷	
字　　数	366 000	定　价	69.00 元	

版权所有　侵权必究　印装差错　负责调换